Niklas Luhmann (Hrsg.)

Soziale Differenzierung

Niklas Luhmann (Hrsg.)

Soziale Differenzierung

Zur Geschichte einer Idee

Springer Fachmedien Wiesbaden GmbH

CIP-Kurztitelaufnahme der Deutschen Bibliothek

Soziale Differenzierung: zur Geschichte e. Idee/
Niklas Luhmann (Hrsg.).

ISBN 978-3-531-11708-9   ISBN 978-3-663-11396-6 (eBook)
DOI 10.1007/978-3-663-11396-6

NE: Luhmann, Niklas [Hrsg.]

© 1985 Springer Fachmedien Wiesbaden
Ursprünglich erschienen bei Westdeutscher Verlag GmbH, Opladen 1985

Umschlaggestaltung: Horst Dieter Bürkle, Darmstadt
Satz: Ewert, Braunschweig

Alle Rechte vorbehalten. Auch die fotomechanische Vervielfältigung des Werkes (Fotokopie, Mikrokopie) oder von Teilen daraus bedarf der vorherigen Zustimmung des Verlages.

ISBN 978-3-531-11708-9

Inhalt

Vorwort des Herausgebers 7

Stephen Holmes
Differenzierung und Arbeitsteilung im Denken des Liberalismus 9

Horst Folkers
Die Neutralität gesellschaftlicher Gewalt und die Wahrheit der
Unterscheidung: Zur Geschichte der Differenzierung von Moralität
und Legalität bei Kant und zum Ursprung gesellschaftlicher
Differenzierung bei Hegel 42

Persio Arida
Soziale Differenzierung und Wirtschaftstheorie 68

Jon Elster
Drei Kritiken am Klassenbegriff 96

Niklas Luhmann
Zum Begriff der sozialen Klasse 119

Dietrich Rüschemeyer
Spencer und Durkheim über Arbeitsteilung und Differenzierung:
Kontinuität oder Bruch? 163

Hartmann Tyrell
Emile Durkheim — Das Dilemma der organischen Solidarität 181

Verzeichnis der Mitarbeiter 251

Vorwort des Herausgebers

Die Beiträge dieses Bandes sind das Ergebnis einer Tagung über die Geschichte der Idee sozialer Differenzierung, die unter Leitung von Helge Høibraaten, Stephen Holmes und mir im Oktober 1983 am Zentrum für interdisziplinäre Forschung der Universität Bielefeld veranstaltet worden ist. Es handelt sich teils um ausgewählte Beiträge, teils um Überarbeitungen, teils um ganz oder teilweise neu geschriebene Texte. Bei der Auswahl ist nicht auf Einheitlichkeit des theoretischen Ansatzes, sondern mehr auf historische und interdisziplinäre Weiträumigkeit geachtet worden. Daß dieser Band keine systematisch geschriebene „Geschichte der Idee sozialer Differenzierung" ersetzt, liegt auf der Hand. Er kann nur auf das Fehlen einer zusammenfassenden Darstellung und auf die Schwierigkeiten eines solchen Unternehmens hinweisen.

In diesem Desiderat lag denn auch der Anlaß für die Zusammenkunft. So sehr sich die heutige soziologische Theorie mit ihren Klassikern beschäftigt, so sehr fehlen befriedigende Forschungen zur Problemgeschichte. Auch und gerade für theoretisch zentrale Begriffe wie den der sozialen Differenzierung mangelt es an Überblick über Vorgeschichte und über die Gründe für theoretische Optionen, die die Terminologie in die eine oder andere Richtung gesteuert haben. Dafür mag es verschiedene Gründe geben. Einerseits waren der Begriff der Differenzierung bzw. ähnliche Begriffe längst Gegenstand der Diskussion, als die Soziologie ihren Namen bekam. Viel von dem, was als Soziologie firmiert, ist nicht neu. Der Zusammenhang von demographischer Entwicklung und Arbeitsteilung zum Beispiel, für den wir Durkheim zitieren, ist geläufiges Gedankengut der an Malthus anschließenden Diskussion in der politischen Ökonomie. Andererseits hängt der Einsatz des Begriffs der sozialen Differenzierung von theoretischen Prämissen ab, über die in der gegenwärtigen Diskussion innerhalb und außerhalb der Soziologie keine Einigkeit besteht. Der Begriff spielt vor dem Hintergrund der Differenz von Gleichheit und Ungleichheit und vor wertgeladenen Präferenzen für Gleichheit, im 19. Jahrhundert ebenso wie heute. Er hat offensichtlich auch etwas mit Systembildung zu tun, mit Negentropie, mit strukturierten Rollen- und Verhaltenserwartungen. Nicht zuletzt mag es darum gehen, ob „große Theorie" im Kontext von Differenz geschrieben wird oder letztlich einheitssüchtig angelegt werden muß. Wenn in all diesen Fragen derzeit keine Übereinstimmung erreichbar ist, läßt sich allenfalls eine Terminologiegeschichte, nicht aber eine Problemgeschichte schreiben; denn das, was dazu in Betracht käme, variiert mit dem theoretischen Ausgangspunkt.

Während diese Probleme am Rande der Tagung blieben, hat eine andere Frage die Teilnehmer fast durchgehend beschäftigt und gespalten. Vereinfacht gesagt geht es darum, wie man das Ende einer Theorie feststellen könne. Wie lange sind, mit anderen Worten, Karl Marx oder Emile Durkheim noch aktuell, so daß man sich mit der Widerlegung oder Verbesserung ihrer Theorien beschäftigen kann; und wann und wodurch werden sie historisch in dem Sinne, daß dann keine Rückschlüsse auf die gegenwärtige Theorielage mehr möglich sind, sondern man sie nur noch historisch-deskriptiv bzw. wissenssoziologisch behandeln kann? Es ist klar, daß die Historisierung der Klassiker eines Faches sie deklassiert. Andererseits kann die Geschichte eines Faches nicht so geschrieben werden, als ob man sich immer und immer wieder mit der „Kritik" vergangener Größen zu befassen habe. Es mag sein, daß es sich hier um prinzipiell nebeneinander mögliche Perspektiven handelt und daß Theoriegut sowohl aktuell als auch historisch relevant sein kann. Viel spricht aber auch dafür, daß eine sachlich-kritische Widerlegung und eine Historisierung bzw. wissenssoziologische Analyse Hand in Hand arbeiten und daß die eine die andere nahelegt. Man kann sich fragen (um Beispiele aus diesem Bande zu nehmen), was denn, wenn die Differenz von Legalität und Moralität, von Kapital und Arbeit, von Differenzierung und Solidarität nicht mehr überzeugt, die Gründe für die historische Konjunktur dieser Begrifflichkeiten gewesen waren. Ebenso wird aber auch umgekehrt eine gelungene historische bzw. wissenssoziologische Lokalisierung solcher Schemata die Zweifel daran verstärken, daß sie unter veränderten Bedingungen noch brauchbar sind.

Im übrigen bedürfen die Beiträge dieses Bandes keiner besonderen Vorstellung. Ich möchte jedoch darauf hinweisen, daß andere Teilnehmer der Tagung, die hier nicht als Autoren vertreten sind, zum Ergebnis beigetragen haben, und ich habe dem Zentrum für interdisziplinäre Forschung für eine großzügige finanzielle Förderung und für eine ausgezeichnete organisatorische Abwicklung der Zusammenkunft zu danken.

Bielefeld, April 1984   *Niklas Luhmann*

Stephen Holmes

Differenzierung und Arbeitsteilung im Denken des Liberalismus

„Es war die historische Sendung des Liberalismus, die Bedeutung der Arbeitsteilung zu entdecken."
Walter Lippmann[1]

Neue Gliederungen werden oft hinter dem Rücken der einzelnen Akteure ins gesellschaftliche Leben eingeführt, „erzeugt ohne jedes Gespür für ihre Auswirkung auf das Ganze."[2] Das ist jedoch durchaus nicht immer der Fall. Zwar wartete weder die Differenzierung von Rollen noch das Aufkommen unterschiedener Interaktionskontexte auf das Erscheinen von Sozialingenieuren mit Blaupausen in den Händen, aber dennoch — und das ist auch geschehen — kann man Disjunktionen bewußt einführen. Solche Differenzierungen, die das geplante Ergebnis eines politischen Kampfes sind, verstehen wir am besten als bewußte Alternative, als Gegenangebot. Die Reform des Kleisthenes ist dafür ein klassisches Beispiel. Vor der Reform gab es für die Bevölkerung Attikas ein eindeutiges Unterteilungsmuster: sie war segmentiert in eine Anzahl von Sippen und Phratrien. Über dieses Sippensystem legte Kleisthenes ein Netz von Klassifikationen und Abgrenzungen, „eine neue Einteilung des Volkes"[3] auf der Grundlage des Wohnortes und nicht mehr der Abstammung. Mit der Zeit „gewöhnten sich die Menschen daran, sich mehr und mehr als Gemeindeglieder und nicht als Mitglieder einer Sippe zu verstehen."[4] In der Tat hatte die Einrichtung der ‚Demen', diese Gegendifferenzierung (counterdifferentiation), zwei Funktionen, eine negative und eine positive. Sie lockerte die Umklammerung durch Blutsverwandtschaft und Kultloyalität und festigte den Sinn dafür, einer Gemeinschaft von Bürgern anzugehören. Auf diese Weise machte sie die Athener fähig, sich zum ersten Male selbst zu regieren.

Wenn der Liberalismus auch als Reaktion auf einen langfristigen und unbeabsichtigten sozialen Wandel entstand, so stellte er doch zugleich ein politisches Programm, eine Reformbewegung dar. In der Tat könnte die Geschichte des Liberalismus ohne weiteres als ein kleisthenischer Kampf beschrieben werden, in dem es darum ging, soziale Schranken neu zu definieren und ein neuartiges Differenzierungsmuster hervorzubringen und zu verteidigen. Daß „Herrscher in den ihnen gebührenden Grenzen"[5] gehalten werden müßten, war eine grundlegende Maxime liberalen Denkens. Mit der Trennung von Wissenschaft und Religion, von persönlichem Reichtum und politischer Macht, sind nur zwei der zusätzlichen Grenzsetzungen genannt, für die klassische Liberale —

bis zu einem gewissen Grade mit Erfolg — kämpften. Dieses neue Differenzierungsmuster ist nur in seinem Kontext — als eine politische Reaktion, eine erwünschte Form der Gegendifferenzierung — zu verstehen. Traditionelle europäische Gesellschaften waren wie Honigwaben von zahlreichen Trennwänden durchsetzt. Von daher waren vorliberale Gesellschaftsentwürfe weitgehend Entwürfe des richtigen Differenzierungsmusters. Die mittelalterliche „Drei-Stände-Lehre" ist dafür das auffälligste Beispiel.[6]
Analogien aus der Biologie, eine allzu simple Entgegensetzung von *Gemeinschaft* und *Gesellschaft*[7] und das suggestive Bild einer feinkörnigen Arbeitsteilung, die nicht-spezialisierte Rollen verdrängt, haben diese Sachlage verdunkelt. Der Liberalismus kämpfte darum, eine schon differenzierte Gesellschaft neu zu differenzieren, und nicht darum, in eine homogene, schwammige Masse zum ersten Male Gliederungen einzuführen. In der biologischen Evolution gibt es keine Parallele zur Entstehung sozialer Muster, die bewußt als Überlagerungen und Domestizierungen älterer Muster erfahren werden. Um sich einen richtigen Begriff von den Schranken machen zu können, die die Liberalen verteidigen wollten, müssen wir zunächst unsere Aufmerksamkeit auf die Schranken konzentrieren, die sie abzuschwächen und zuweilen zu zerstören suchten.

Grundsätzlich zogen Liberale gegen vier traditionelle, aber unerwünschte Formen sozialer Differenzierung zu Felde: gegen Sippe, Sekte, Kaste und Parochialsystem. Sie strebten danach, die mörderischen Risse zwischen rivalisierenden Gruppen, ob familiärer oder religiöser Natur, zu heilen und die Unterscheidung zwischen ‚natürlich' Über- und Untergeordneten zu untergraben. Wir werden noch sehen, daß die Liberalen die Öffnung geschlossener Gemeinschaften begünstigten. Die Abgrenzungen und Disjunktionen, die liberale Theoretiker verteidigten, erschienen ihnen attraktiv (d.h. sie waren ‚legitimiert'), weil sie auf diesem Hintergrund gesehen wurden. Sie wurden als willkommene Befreiung von einem unerträglich zerrissenen Zustand erfahren.[8]

Die Idee der Gegendifferenzierung richtet sich gegen zwei Opponenten: gegen Antiliberale, die im Pluralismus nur das mutwillige Zertrümmern einer homogenen Gemeinschaft sehen, und gegen Soziologen, die die parteiischen, reformistischen und ideologischen Ursprünge ihrer eigenen grundlegenden Kategorien vergessen haben. Positiv ausgedrückt: das Konzept der Gegendifferenzierung kann dazu beitragen, die Dimension menschlicher Zweckorientierung hinsichtlich ihrer Rationalität aber auch ihrer Irrationalität in die Diskussion der gesellschaftlichen Differenzierung wiedereinzuführen.

Privatisierung der Religion als Antwort auf den Bürgerkrieg

Die Frühgeschichte des Liberalismus ist unentwirrbar mit der Konsolidierung monarchischer Herrschaft im Frankreich und England des 16. und 17. Jahrhunderts verflochten. Wir sollten nicht zulassen, daß der spätere Antagonismus von Liberalismus und Absolutismus ihre gemeinsamen Ursprünge zudeckt:

Beide Doktrinen und ihre institutionellen Verkörperungen entstanden als Reaktion auf den konfessionellen Bürgerkrieg. In Frankreich begannen im späten 16. Jahrhundert verschiedene Politiktheoretiker wie Jean Bodin, einen säkularen Begriff der „Souveränität" als Antwort auf die Glaubenskämpfe zwischen Katholiken und Hugenotten zu formulieren.⁹ Für die Calvinisten war ein Rückkonvertieren ausgeschlossen; für die Gesellschaft wären die Kosten für die Unterdrückung jeder Abweichung ungeheuer hoch gewesen. Die Politiker schlugen daher eine grundsätzliche Neubesinnung über die Grundlagen von Frieden und Sicherheit vor, indem sie zu verstehen gaben, daß soziale Ordnung selbst dann möglich sei, wenn die Untertanen nicht dieselben Glaubenssätze teilten.

Der absolute Staat, unfähig, theoretische Lösungen für theologische Konflikte zu liefern, mußte seine Ansprüche herunterschrauben und sich damit zufriedengeben, einen modus vivendi zwischen den streitenden Gruppen zu etablieren. Der König hätte seinen protestantischen Untertanen zureden können, wieder zu konvertieren. Es ging jedoch weniger darum, ihre Seelen zu retten, als „Aufruhr, Unruhen und Bürgerkriege"[10] zu vermeiden. Statt zur moralischen Vervollkommnung seiner auf das allgemeine Glück verpflichteten Mitglieder beizutragen, entwickelte sich der Staat zu einem von Gesetzen konstituierten Rahmen, in dem in Fragen der Moral zerstrittene Gegner zusammenleben und zusammenarbeiten konnten.

Jeglicher Versuch, religiöse Unstimmigkeiten gewaltsam auszumerzen, sei unproduktiv, so argumentierte Bodin, und hieße Öl ins Feuer bürgerlichen Hasses zu gießen und die Autorität zu schwächen.[11] Und wirklich war Ungleichheit in der Religion mit Frieden vereinbar, während der Versuch, eine einheitliche Religion aufzudrängen, es nicht war. Dies war eine revolutionäre Einsicht, ein entscheidender Schritt zur liberalen Vorstellung sozialer Ordnung, in der Stabilität durch einen breiten Spielraum von Mechanismen garantiert wird, – wie beispielsweise Geld und Gesetz, die moralische Konflikte neutralisieren, indem sie deren Macht verringern, das politische Leben zu unterbrechen und lahmzulegen. Normative Integration verschwand nicht, aber ihre Bedeutung ging wesentlich zurück. Dies war der bescheidene Anfang eines säkularen französischen Staatswesens, eines Staates, der die Existenz einer liberalen Trennungslinie zwischen Politik und Religion anerkannte.

Als Locke 1698 die klassisch-liberale Begründung der religiösen Toleranz formulierte, befürwortete er sehr viel radikaler eine Scheidelinie zwischen Macht und Glauben: „So halte ich es in jedem Fall für überaus notwendig, zwischen dem Geschäfte der staatlichen Gewalt und dem der Religion genau zu unterscheiden und die rechten Grenzen festzusetzen, die zwischen beiden liegen ... Die Kirche selbst ist vom Gemeinwesen absolut separat und geschieden. Die Grenzen sind auf beiden Seiten fixiert und unbeweglich."[12]

Mit mehr als hundert Jahren Polemik im Rücken war Locke in der Lage, eine wirksame Begründung für die scharfe Differenzierung von Politik und Religion zusammenzustellen: die Grenzen, die den Regierungsbeamten auferlegt wurden, spiegelten exact die allen Beobachtern der Zeit wohlbekannten Grenzen der Vernunft wider. Sein wirkungsvollstes Argument, das durch die Aufklärung hindurch höchst nützlich werden sollte, fand Locke jedoch bei Castellio und Bayle.[13] Menschen sind von der Natur mit der Fähigkeit ausgestattet zu heucheln. Ein Versuch, sie gewaltsam zur Rechtgläubigkeit zu bekehren, würde Menschen in Lügner verwandeln. Er würde sie zu Heuchlern machen, nicht aber ihre Seelen retten. Dieses scharfsinnige Argument zerstörte die einzige religiöse Rechtfertigung dafür, Rechtgläubigkeit durch das Gesetz zu erzwingen. Vermag Verfolgung auch die Andersgläubigen zum Schweigen zu bringen und so einen äußeren Anstrich sozialer Ordnung herzustellen, sie garantiert doch niemals das Heil oder die Einheit des Glaubens.[14] Hier werden die Grenzen der Politik wiederum durch Berufung auf die menschliche Natur gerechtfertigt. Alle Menschen sind in der Lage zu täuschen, andere so zu hintergehen, daß sie Augenschein für Wirklichkeit halten. Die quasi-natürliche Unterscheidung zwischen Augenscheinlichem und Wirklichem, zwischen öffentlichem Image und privatem Glauben war die Grundlage (und Rechtfertigung) einer gesellschaftlichen Differenzierung von Kirche und Staat.

Wenn auch die Privatisierung der Religion ein erstes Beispiel gesellschaftlicher Differenzierung ist, so ist doch einleuchtend, daß man sie nicht als eine Form von Arbeitsteilung beschreiben sollte. Die Idee unverletzlicher ‚Grenzen‘, so entscheidend für Lockes Argument, ist für eine Arbeitsteilung am Arbeitsplatz nur am Rande relevant. Andererseits sind Religion und Wissenschaft nicht in derselben Weise wie Flickschuster und Schneider ‚interdependent‘. Bei einer echten Arbeitsteilung dienen alle gesonderten Aufgaben einem einzigen Zweck. Die Spezialisierung ist gerechtfertigt, weil ein gemeinsamer Zweck wirksamer erreicht werden kann, wenn verschiedene Fertigkeiten und Ressourcen vereinigt werden. Gesellschaftliche Differenzierung ist aber eine noch radikalere Form der Geteiltheit: sie schließt Differenzierung von Zwecken ebensowohl ein wie Spezialisierung von Rollen. Daraus folgt, daß gesellschaftliche Differenzierung nicht in der gleichen Weise teleologisch gerechtfertigt werden kann wie die ökonomische Arbeitsteilung. Da die Differenzierung neue ‚autonome Zwecke‘ erzeugt, wäre eine Rechtfertigung, die sich auf gemeinsame Zwecke beruft, nicht überzeugend, wenigstens nicht im frühesten oder im Übergangsstadium, in dem eine eigens hervorgetretene Sphäre der Interaktion zum ersten Mal Konturen gewinnt. Dies macht die Vermutung noch plausibler, daß wenigstens anfangs liberale Grenzlinien aus negativen Gründen als Erleichterung geschätzt wurden: als besänftigend wirkende Gegendifferenzierung, als die Beseitigung eines quälenden Zustands.

Die Trennung von Moralität und Legalität

Die ‚Politik‘ des Aristoteles setzt mit der Forderung ein, das Ziel, das das Leben der Bürger beherrsche, solle mit dem Ziel des Gemeinwesens identisch sein.[15] Der moderne Liberalismus verwarf diese Identifikation der ‚höchsten‘ Absichten des Einzelnen mit den politischen Zielen. Werden die Staatszwecke zum Ideal erhoben, ist die Wahrscheinlichkeit groß, daß die Privatbürger zu Ressourcen werden, die der öffentlichen Hand zur Verfügung stehen. Die Art und Weise, in der klassische Liberale die Ziele des Staates beschrieben, hatte daher oft wenig Inspirierendes an sich[16], – am häufigsten nannten sie Sicherheit und Wohlstand. Sie begriffen diese Güter ausdrücklich als solche, die den Zwecken der einzelnen Bürger untergeordnet waren, die ihrerseits auf der

Grundlage einer durch die Politik abgesicherten Zusammenarbeit Erlösung, Kameradschaft, Glückseligkeit, Liebe, Amüsement oder Wissen suchen mochten. Locke zum Beispiel definierte den alles andere übergreifenden Zweck der Regierung als Schutz des Eigentums[17], während er zugleich die Zwecke der Individuen für wesentlich reicher hielt: Die Menschen werden ihr Begehren auf das gesamte heterogene Feld von Gütern richten, wenn es ihnen erst durch die Sicherheit des Besitzes zugänglich gemacht worden ist. Gewiß, der Liberale ist ein Teilzeitbürger: unter seinen persönlichen Zielen finden sich durchaus gemeinschaftliche Ziele. Aber die Individuen streben *auch* nach weniger standardisierten Gütern. Der liberale Staat war nicht imstande, den edelsten dem Menschen eingeborenen Zweck zu verkörpern oder zu nähren. Er war in erster Linie ermächtigt, die Bedingungen zu sichern, unter denen die Individuen ihre privaten Pläne sorgfältig ausarbeiten und verfolgen konnten, und in zweiter Linie dazu, das Recht auf öffentlichen Dissens zu garantieren. ‚Politik‘ muß Kompromisse erleichtern und gesellschaftliche Probleme lösen; aber sie hat nichts damit zu tun, dem Wesen des Menschen Ausdruck zu geben oder einem orthodoxen Standard moralischer Gesundheit Geltung zu verschaffen.

Der Anti-Aristotelismus des liberalen Denkens ist leichter verständlich im Licht des Musters von Problem/Lösung, wie man es in der Analyse von Montesquieu[18] und Hume[19] vorfindet. Die konstitutionelle Regierung konnte den Bürgerkrieg beenden, ohne Zuflucht zu den Methoden des willkürlichen Arrestes, der Zensur und der Unterdrückung zu nehmen: Eine Regierung, der Schranken gesetzt sind, wird Ängste und Rachsucht, die Beweggründe aller Parteien, mäßigen. Liberale hatten es nicht darauf abgesehen, menschliche Vollkommenheit zu erzeugen oder Tugend zu kultivieren. Sie fanden sich wohlüberlegt mit weniger kontroversen Zielen ab, mit Frieden und mit der parlamentarischen Regierung. Ihre Absicht war, inmitten von aufgebrachten Individuen und rivalisierenden Religionsgemeinschaften einen neutralen Rahmen aufzubauen, der es den Menschen möglich machen sollte, sich selbst zu regieren.

Der Liberalismus wird oft beschuldigt, das uralte Streben nach dem ‚guten Leben‘ zugunsten einer materialistischen Jagd nach Bequemlichkeit und bloßem Überleben preisgegeben zu haben.[20] Aber dies ist ein Zerrbild der liberalen Idee. Die Liberalen haben lediglich das Streben nach dem guten Leben dezentralisiert. Selbstverwirklichung hatte nicht länger ausschließlich in der politischen Arena ihren Ort. Sie wurde zum Teil auf die gesellschaftlichen Sphären außerhalb der Politik verlagert. Die auf diese Weise entlastete Politik wurde damit verantwortlich für soziale Ordnung, für die Vorbeugung vor gegenseitigem Schaden und für die Schaffung von Grundbedingungen individueller Autonomie und demokratischer Zusammenarbeit rivalisierender Religionsgemeinschaften. Innerhalb der Domäne der Politik wurden Regeln wichtiger als Werte. Es wurden Verfahren festgelegt, an denen man als allgemein verbindlichen festhielt, während Ideologien in Frage gestellt werden konnten und Gegenstand breiter Meinungsverschiedenheiten waren. Aber die Liberalen hatten nicht vor, moralische Bindungen oder jedes Gefühl für gemeinschaftliche Anstrengung auszurotten; sie führten lediglich moralische Überschwenglichkeit auf das rechte Maß zurück, so daß Moral nicht länger ausschließlich in politische Kanäle fließen mußte.

Thomas Hobbes' Beitrag zum Liberalismus lag weniger in seinem notorischen Individualismus als in der Schärfe, mit der er zwischen den Zielen der Individuen und den Zielen des Staates unterschied. Während die Untertanen eine kunterbunte Vielfalt von Zwecken verfolgen können, ist das Ziel des Staates ausschließlich der Frieden. Das politische System, das aufhört, eine „Schule der Tugend" zu sein, ist darauf beschränkt, die notwendigen Voraussetzungen gesellschaftlicher Zusammenarbeit und individueller Selbstbestimmung bereitzustellen. Kurz, auch Hobbes war ein *politique*, ein Bewunderer Elisabeths I, der die Forderung relativer Neutralität auf Seiten des absoluten Staates als Antwort auf den Bürgerkrieg vorbrachte: Was immer die persönlichsten Ziele eines Menschen sind, er wird von Frieden und Zusammenarbeit profitieren, die daraus resultieren, daß der Souverän das Monopol auf alle legitime Gewalt erhält. Hobbes gab zu, daß die „Neutralität" seines Leviathan nicht absolut war, da sie ja die Adligen (die unsterblichen Ruhm suchten) und die puritanischen Eiferer (die ewiges Heil suchten) ausschloß. Sie konnte nur diejenigen Individuen einschließen, deren Ziele Selbsterhaltung voraussetzten, jene also, die sich eine gesunde Todesfurcht erworben hatten:

„... die Eignung der Menschen zur Gesellschaft [ist] von Natur aus verschieden ..., was von der Verschiedenheit ihrer Neigungen herrührt. Sie gleichen darin dem, was man an Steinen sehen kann, die zur Errichtung eines Bauwerks zusammengetragen wurden. Denn wie ein Stein, der wegen seiner Kanten und unregelmäßigen Form von den anderen mehr Platz verlangt, als er selbst einnimmt, und wegen seiner Härte nicht leicht behauen werden kann, das Bauen behindert und deshalb von den Maurern als unnütz und lästig weggeworfen wird, so muß auch ein Mensch, der wegen seiner natürlichen Kanten solche Dinge beibehalten will, die für ihn selbst überflüssig und für andere notwendig sind, und wegen der Hartnäckigkeit seiner Leidenschaften keines besseren belehrt werden kann, als Störenfried aus der Gesellschaft ausgeschlossen oder hinausgeworfen werden."[21]

Das Ziel des Staates wurde von den Zielen der Bürger unterschieden (und es war ‚niedriger' als diese). Das Staatsziel setzte den Zielen der Bürger jedoch wichtige Grenzen. Ziele, die mit dem Frieden unvereinbar waren, so etwa Ruhm, wurden gesellschaftlich in Mißkredit gebracht. Für Ruhmsuchende, Aufrührer und besitzgierige Individualisten der vorkapitalistischen Sorte war eine Regierung, die den Frieden wahren wollte, keineswegs neutral. Aber für alle anderen war sie neutral genug. Ohne jedes erreichbare Ideal zu tolerieren, ließ der Leviathan-Staat doch eine Mannigfaltigkeit von Lebensweisen zu.

Philosophisch interpretiert (d.h. kontextunabhängig) klingt der liberale Anspruch auf „Neutralität" hohl: die Liberalen behaupteten, der Staat könne eine rein formale Einrichtung sein, die keine Stellung zu inhaltlichen Fragen beziehe. Sie taten, als könne er peinlich genau sein bei der Wahl der Mittel, aber ohne Interesse für die Ziele. Eine strikte Unterscheidung von Form und Inhalt oder Mittel und Zweck ist jedoch unhaltbar. Jede formale Regel schließt bestimmte Inhalte ein und andere aus. Mittel geben den Zielen Form. Eine Verpflichtung auf die Regeln des Friedens und der persönlichen Sicherheit schließt feudale Selbsthilfe aus und verbietet den Kriegslüsternen blutrünstige Eskapaden. Regeln, die religiöse Toleranz institutionalisieren, beugen Kirchenverfolgungen vor und kühlen den Enthusiasmus der Eiferer ab. Aus dieser Sicht beurteilt, war der Liberalismus entweder naiv oder unehrlich: er war nicht „neutral" (und hätte es niemals sein können).[22]

Dieses Argument, erscheint es auch in seiner Logik zwingend, ist historisch nicht überzeugend. Protestanten, die im Frankreich des 16. Jh. lebten, hatten keine Mühe, die Bedeutung eines Toleranzediktes zu verstehen. Eine theoretische Unterscheidung zwischen Form/Inhalt oder Mittel/Zweck hätte sie nicht beeindruckt. In seinem Kontext gesehen ist „Neutralität" ein kohärenter und sogar unerläßlicher Begriff: er stellt einen wichtigen Charakterzug moderner Verfassungen heraus: den der Unparteilichkeit der Verfahren. Um die Triftigkeit des Gedankens darzulegen, genügt das folgende Beweisverfahren: Neutralität kann nur in Beziehung auf spezifische Parteien oder Individuen etabliert werden. Unparteilichkeit heißt, kein Parteigänger zu sein: den gleichen Maßstab gegenüber identifizierbaren Parteien anzulegen. Formale Regeln sind offen für einen bestimmten Inhalt und verbieten einen anderen. Aber ein einziger formaler Rahmen kann mit einem breiten Spektrum gegensätzlicher Inhalte kompatibel sein. Während kein Instrument zu jeder denkbaren Funktion taugt, existieren doch Vielzweck-Werkzeuge. Die Regeln des liberalen Staates ließen Raum für eine Vielzahl von Ideologien und Verhaltensweisen. Zugegeben, liberale Regierungen waren niemals neutral gegenüber rabiaten, unversöhnlichen Gegnern oder Extremisten. Aber dazu waren sie auch nicht da.

Fanatikern, die sich nach einer konfliktlosen Gesellschaft sehnen erfüllt von moralischer Einmütigkeit, die von der Polizei durchgesetzt wird, wurde vom liberalen Frieden, der auf einem gewissen Maß gegenseitiger Indifferenz und Toleranz gegenüber Mißhelligkeiten beruht, ein Strich durch die Rechnung gemacht. Dennoch hatten die Liberalen recht, darauf zu insistieren, daß Frieden ein *relativ* unparteiisches Ideal war. Die Ziele und Ideologien, die mit einer liberalen Verfassung unvereinbar waren, waren schließlich durch Jahrhunderte des Bürgerkriegs in Mißkredit geraten. Die Geschichte hatte den utopischen Charakter moralischer Einmütigkeit ans Licht gebracht. Ein Frieden, der das Recht auf Dissens sicherte, indem er zu einem gewissen Maß gegenseitiger Indifferenz ermutigte, erschien in bezug auf die meisten historisch plausiblen Ziele neutral.

Den Theoretikern der Antike zufolge hing die Stabilität von Regierungen ebensosehr von persönlichen Qualitäten wie von Institutionen ab. Die Stabilität und Ausgeglichenheit eines Ganzen, so hieß es traditionell, war abhängig von der Stabilität und Ausgeglichenheit seiner einzelnen Teile. Der moderne Liberalismus wies den antiken Gedanken, die Natur des Gemeinwesens spiegele die Natur seiner Bürger, zurück. Auch Hume und Montesquieu verteidigten diese radikal neue Sehweise: ein stabiles Ganzes kann aus nicht stabilen Gliedern errichtet werden.[23] Die tugendhaften Charakterzüge einzelner Personen wie Großzügigkeit und Mäßigkeit sind für die Tugend eines Verfassungsstaates nicht entscheidend. Kant – in seinem üblichen Hang zu extremen Formulierungen – schrieb, daß unter einer Verfassung selbst eine Bevölkerung von Teufeln friedlich koexistieren könne.[24] Wenn man erreichen kann, daß die eine Begierde der anderen entgegenwirkt, kann ein wünschenswertes Resultat herausspringen, ohne daß man sein Vertrauen ausgerechnet in die Unzuverlässigkeit des menschlichen Charakters setzen müßte. Auf dieser Linie argumentierte James Madison, daß „Erfindungen der Klugheit", (d.h. gesetzliche Belohnungen und Strafen) „einer Politik dienen könnten, die durch einander entgegengesetzte und rivalisierende Interessen den Mangel an besseren Motiven ersetzt."[25] Hamilton verteidigte die Wiederwählbarkeit des Präsidenten mit der Begründung, daß in diesem System „seine Habsucht der Wächter seiner Habsucht sein könne"[26]. Adam Smith pflichtete bei, öffentliches Wohl sei selbst dann erreichbar, wenn die Bürger es nicht fertigbrächten, den Pfadfindereid zu ehren. Blind für die soldatische Ethik des Stoizismus mögen Egoisten doch unabsichtlich das allgemeine Wohl fördern. Alle Liberalen scheinen in irgendeiner Weise zwischen den individuellen Motiven und der zustandekommenden Gesamtwirkung unterschieden zu haben. Smith' notorische Version dieser Unterscheidung führt uns unmittelbar zum liberalen Interesse an der Freiheit des Tausches.

Die Autonomie des Marktes

Die Hoffnung, Gewalt und Geld, Mord und Tausch könnten einander ersetzen, Ausgleich durch Geld könnte an die Stelle grausamer Rache treten, ist ziemlich archaisch. Der älteste erhaltene englische Gesetzeskodex, um 602 nach Chr. öffentlich verkündigt, hatte es nicht mit der Bestrafung der Schuldigen zu tun, sondern vielmehr damit, Geldäquivalente für gebrochene Zähne, ausgestochene Augen und abgeschnittene Finger festzusetzen, d.h. er lieferte „Alternativen zu Vergeltung und Blutfehden".[27] Verwüstung und Elend, die in nicht endenden Zyklen der Rache über die Gesellschaft gekommen waren, hinterließen eine tiefe und bleibende Wunde im europäischen Geist.

Der liberale Gedanke, daß der Markt eine separate gesellschaftliche Sphäre bilden solle, autonom und jenseits politischer Einmischung, kam zuerst auf dem Hintergrund des konfessionellen Bürgerkriegs in Umlauf. Obwohl Montesquieu eine aristokratische Geringschätzung für den Handel hegte, glaubte er, daß „der Handel [uns] von schädlichen Vorurteilen [heile]"[28], und er dachte insbesondere an Bigotterie und religiöse Verfolgungen. Samuel Johnson zweifelte die allgemeine Ansicht an, Eigennutz sei natürlicherweise das mächtigste menschliche Motiv: sehr viel stärker sei der Wunsch, anderen Schmerz und Ungerechtigkeit zuzufügen, in einer Weise, die für einen selbst überhaupt nichts Gutes hätte.[29] Würde der Eigennutz bestärkt, dann könnten unsoziale Leidenschaften wie Neid und Rachsucht in einem gewissen Grade gemäßigt werden.[30] Handel ist nicht das Schlimmste, was ein Mensch dem anderen antun kann.[31] Voltaire lieferte die klassische Verteidigung des gesellschaftlich autonomen Marktes:

„Treten Sie in die Londoner Börse ein, diesen Ort, der respektabler ist als selbst der Hof; dort sehen sie die Abgesandten aller Nationen für das Wohl der Menschen versammelt. Dort behandeln Juden, Mohammedaner und Christen einander, als seien sie gleichen Glaubens, und nennen nur diejenigen ‚infidèles', die Bankrott gemacht haben."[32]

Diese soziologische Einsicht Voltaires ist von wunderbarer Einfachheit: soziale Kooperation setzt gegenseitige Indifferenz voraus. Reziprokes Disengagement fördert die Verwicklung in die Angelegenheiten der Zivilisation. In einer komplexen Gesellschaft setzt Konkretheit Abstraktheit voraus. Menschlich ‚bedeutungsvolle' Beziehungen zu einigen Individuen kommen um den Preis instrumentalisierter und enterotisierter Beziehungen zu anderen zustande.[33] „Autonomie" des ökonomischen Lebens heißt, daß der Markt unsoziale Leidenschaften herausfiltert und dem Menschen so eine Chance gibt, Gewohnheiten der Koexistenz und Kooperation aufzubauen, Gewohnheiten, die möglicherweise gegenseitige Beziehungen nichtökonomischer Art begünstigen. Sind die Grenzlinien geschickt gezogen, kann Differenzierung eine Quelle sozialer Integration sein. Mit der Privatisierung der Religion werde ich gleichgültig gegenüber der Frage deines ewigen Heils. Diese Gleichgültigkeit, diese Barriere oder Grenze kann vernünftigerweise nicht als Zerstörung des gemeinsamen Lebens interpretiert werden: sie ermutigt zu Wagnissen der Zusammenarbeit und zu gegenseitigem Lernen in einem vorher nie gekannten Maß.

Es gab noch andere Gründe dafür, den autonomen Markt als eine wertvolle Form der Gegendifferenzierung zu begreifen. Wirtschaftliches Wachstum brachte die umwälzende Vereinheitlichung einer segmentierten Gesellschaft mit sich, die Demolierung „mittelalterlicher" Barrieren für den Handel. Wirtschaftsliberalismus war unter anderem Ausdruck von Platzangst. Er drückte Ungeduld mit dem steifen Parochialsystem eng miteinander verknüpfter Familien und Kommunen aus. Die Expansion von Handel und Industrie zerstörte die Selbstgenügsamkeit der Kommunen, unterbrach ihre internen Hierarchien und Solidaritätssysteme und reintegrierte die Individuen in größere Systeme. Die Spezialisierung der Beschäftigungen bedeutet, daß Interdependenzen zunahmen, vorausgesetzt wir verstehen unter „Interdependenz" die Anzahl und Verschiedenartigkeit der Tauschvorgänge zwischen Individuen. Die neue und immer mehr durch Geld vermittelte Interdependenz war jedoch im Gegensatz zu ‚face-to-face' Interdependenzen in traditionalen lokalen Einheiten depersonalisiert. Der Schneider kannte den Schumacher nicht mehr, noch kümmerte es ihn, ob er mit diesem oder jenem Schumacher Handel trieb.

Gleichzeitige Expansion öffentlicher und privater Bereiche

Grenzen gewähren nicht nur Schutz, sie sind auch produktiv. Expansion kann durch Restriktion erreicht werden.[35] Wissenschaftlicher Fortschritt begann mit dem Eingeständnis der Grenzen der Vernunft. Die moderne Demokratie setzt ein mit dem Eingeständnis der Grenzen der Politik. Georg Simmel machte geltend, daß im Laufe der Entstehung der Moderne das Öffentliche immer öffentlicher und das Private immer privater wird.[36] Diese verblüffende These steht in scharfem Gegensatz zu vielen Standarddarstellungen der Entstehung der Moderne.

So werden Souveränität und Freiheit oft als Gegensätze begriffen. Ebenso gibt es die Tendenz, das Private und das Öffentliche als Alternativen zu betrachten und zu unterstellen, daß wir, je mehr wir vom einen haben, desto weniger vom anderen haben können. C. J. Friedrich behauptete, daß „die öffentliche Freiheit in dem Maße restringiert werde, in dem die Sphäre privater Freiheit wachse und umgekehrt."[37] Albert Hirschmann scheint in seinem letzten Buch eine ähnliche Ansicht zu übernehmen, wenn er argumentiert, daß in liberalen Gesellschaften „der öffentliche und der private Bereich nicht nur unterschieden werden, sondern in Wirklichkeit einander feindlich gegenüberstehen."[38] Es ist nicht schwer, die Herkunft dieses Gedankens zu verstehen. Nehmen wir als Beispiel die Zeit: Je mehr Zeit wir in unserer Familie oder bei der Arbeit verbringen, desto weniger Zeit verbringen wir mit Abstimmungen, damit, über Politik nachzudenken oder politisch zu handeln. Zeit ist eine knappe Ressource, und wenn wir sie auf die eine Weise verbrauchen, so werden wir es nicht auf die andere tun können. Das Nullsummenmodell verdunkelt jedoch die Bedeutung der Trennung zwischen Privatem und Öffentlichem im liberalen Denken. Wenn wir in Versuchung sind, Öffentlichkeit und Privatheit schlicht als Gegensätze zu betrachten, sollten wir uns in Erinnerung rufen, daß die beiden ein Paar sind. Keins von beiden hat eine wichtige Stellung in traditionalen Gesellschaften, in denen Kasten, Korporationen und Gefolgschaften vorherrschen. Ebenso wie die Rechte des Individuums und die politische Souveränität trat auch die Trennung zwischen Öffentlichem und Privatem zum ersten Mal in der frühen Neuzeit scharf ins Bewußtsein.[39]

Weil öffentliche und private Bereiche einander gegenseitig Anreize geben und beleben, waren sie auch in der Lage, sich gleichzeitig auszudehnen.[40] Hegel stellte heraus, daß die Geldsteuer das simultane Anwachsen von Staatsmacht und individueller Freiheit zuließ, weil den Steuerzahlern eine gewisse Wahl darüber gelassen wird, durch welche besondere Tätigkeit sie ihre Steuern aufbringen wollen.[41] Hume behauptete — sogar noch radikaler —, daß das Handelsleben den „öffentlichen Zweck" stärke. Es fördert die Arbeitsamkeit, die Hume als „eine Art Warenhaus" beschreibt, „das in einer Notlage des Staates für öffentliche Belange genutzt werden kann"[42]. In der Tat, wären die Bürger nicht durch den privaten Handel angespornt, so wären sie „von keinem Nutzen für die Öffentlichkeit."[43]

Die moralisierende und prätentiöse „republikanische" Behauptung, private Aktivität untergrabe den öffentlichen Willen, Eigennutz löse bürgerliche Tugenden auf, wies Hume folgendermaßen zurück:

„Das Unterhaus ist die Stütze unserer Volksherrschaft, und alle Welt erkennt an, daß sein größter Einfluß wie seine Berücksichtigung überhaupt der Steigerung des Handels geschuldet ist, die das Gleichgewicht des Eigentums in die Hände der ‚Commons' warf. Wie inkonsequent ist es von daher, die Verfeinerung der Künste so heftig zu tadeln und sie als den Ruin der Freiheit und des Gemeinsinns hinzustellen."[44]

Private Unabhängigkeit und staatsbürgerliches Engagement, weit davon entfernt, unversöhnliche Gegensätze zu sein, können auf schöpferische Weise verbunden werden.

Shakespeares ‚Romeo und Julia' gab dem humanen Aufbegehren gegen die Blutsfehde eine dramatische Form. Der Prinz sagt, als er von den toten Liebenden spricht, deren Beziehung durch die Fehde zwischen der Sippe der Capulets und der der Montague zerstört wurde:
„Wo sind sie, diese Feinde? – Capulet! Montague!
Seht, welch ein Fluch auf eurem Hasse ruht,
Daß eure Freuden Liebe töten muß!
Auch ich, weil ich dem Zwiespalt nachgesehen
Verlor ein Paar Verwandte. – Alle büßen."[45]

Das Auffallendste an dieser Passage ist die Verbindung, die sich in ihr ankündigt, eine Allianz des absoluten Staates und der persönlichen Liebe gegen die Aufteilung der Gesellschaft in feudale Sippen. Sowohl die Liebe als auch der Staat übertreten eindeutig die Linien des Sippensystems.[46] Wenn sie an Stärke gewännen, könnten sie neue friedenstiftende Grenzlinien in einer grausam gespaltenen Gesellschaft ziehen. Der Hinweis ist unmißverständlich. ‚Öffentlichkeit' und ‚Privatheit' sollen nicht als feindliche Alternativen angesehen werden. Die Unterscheidung privat/öffentlich muß verstanden werden als Alternative zu einem vorher existierenden System von Gefolgschaftstreue und Gefolgschaftshaß: als ein Vorschlag, die Gesellschaft in einer neuen, weniger Mord und Totschlag provozierenden Weise zu gliedern.

Sieyès behauptete, daß die Dichotomie öffentlich/privat die einzige ‚rationale' Differenzierungsform sei und die absurde und ungerechte Unterscheidung zwischen den drei Ständen ersetzen solle. Anders als der Adel war das Priestertum ein öffentliches Amt:
„Wenn der Klerus nichts als ein Stand wäre, würde er jetzt gar nichts mehr sein können. In einer politischen Gesellschaft (société politique) gibt es nichts als private und öffentliche Berufe. Was darüber hinausgeht sind nichts als Hirngespinste und gefährliche Chimären."[47]

Der Gegensatz zwischen ‚öffentlich' und ‚privat' verdrängt den viel verhaßteren Gegensatz zwischen den sozialen Schichten. Daher ist dies ein erstes Beispiel für Gegendifferenzierung.

Da die Gefolgschaft allmählich von ihrer Aufgabe für die soziale Integration entlastet wird, wird das Familienleben intimer. Andererseits werden Verträge zwischen Nationen nicht mehr von Heiratspakten begleitet, sobald Politik und Gefolgschaft entkoppelt werden. Wie Simmel hervorhob, expandieren Privatheit und Öffentlichkeit zugleich als produktiv gewordene Konsequenzen der Unterscheidung.[48] Das private Gefühl der Liebe, das keine öffentliche Rechtfertigung erheischt, wurde die (gesellschaftlich) erwartete Grundlage der Familiengründung etwa zur gleichen Zeit, als Regierungsbudgets öffentlicher Überprüfung zugänglich wurden und keine private Rechtfertigung zugelassen war.

Privatisierung verstärkt das Prinzip der Öffentlichkeit auf vielfältige Weise. Die Sicherheit des Privateigentums macht politischen Dissens möglich.[49] Das Schlüsselbeispiel ist jedoch das folgende: wenn der Glaube eine öffentliche Frage ist, wenn Bürger dafür bestraft werden können, daß sie einen anderen Heilsweg wählen, dann ist die Wahrscheinlichkeit für eine demokratische Selbstregierung unendlich klein. Wird die Religion zur Privatangelegenheit, wird sie aus der politischen Tagesordnung gestrichen und dem Einzelnen überlassen, dann wird das die Bedeutung der öffentlichen Diskussion beim Lösen gemeinsamer Probleme anwachsen lassen. Da er in einem katholischen Land lebte, konnte Cesare Beccaria religiöse Bindungen nicht in einen privaten Bereich der reinen Willkür verbannen. Er konnte sie aber aus der Politik hinauswerfen und in die Kirche verlagern. Nur wenn die konzeptionelle Unterscheidung zwischen „göttlicher Gerechtigkeit" und „politischer Gerechtigkeit" in einer institutionellen Dichotomie ihre Spiegelung findet, schrieb er, wird die öffentliche Sphäre ein Schauplatz rationaler Entscheidungen werden:

„Sind diese wesentlich unterschiedenen Prinzipien erst einmal vermischt, kann es keine Hoffnung mehr geben, in öffentlichen Angelegenheiten korrekt zu urteilen. Es ist Sache der Theologen, die Grenzen zwischen den Gerechten und den Ungerechten im Hinblick auf das in einer Handlung enthaltene Böse oder Gute zu bestimmen, die Relation des politisch Gerechten zum Ungerechten zu bestimmen, kommt dem Staatsmann zu."[50]

Der Liberalismus ist für den Übergang zur Demokratie wie maßgeschneidert. Eine begrenzte Regierung auf der Basis einer aufgeklärten Anerkennung der Grenzen der Vernunft, ist der Selbstbestimmung und der Regierung mittels Diskussion förderlich. Ohne ein liberales Modell gesellschaftlicher Differenzierung ist keine Demokratie möglich.

Wenn man die Differenzierung als Gegendifferenzierung auffaßt, ist es auch leichter, die Bedeutung von Grenzüberschreitungen oder Entdifferenzierung im Zuge der Entstehung der Moderne zu erklären. Wenn neue Differenzierungen eingeführt werden, werden alte untergeordnet, geschwächt oder getilgt. „Fortschritt" ist ein Prozeß der gleichzeitigen Zunahme und Abnahme von Differenzierung. Ein klassisches Beispiel dafür ist die Reformation und der Versuch, ein Priestertum aller Gläubigen zu errichten. Viele Funktionen des Klerus, die zuvor herausgelöst und einem besonderen Beruf zugeordnet waren, wurden vom Laienstand absorbiert. Für den politischen Liberalismus stellt die Entwicklung der Souveränität des Parlaments ein paralleles Beispiel dar. Im England des 16. Jh. wurde unter den Tudors eine sehr strikte Differenzierung zwischen den Angelegenheiten des Staates und denen des ‚Commonwealth' gewahrt. Ersteres, Krieg, Thronfolge und Religion eingeschlossen, ging die Krone, und zwar nur sie an. Letzteres, wobei es in der Hauptsache um Fragen des Handels und der sozioökonomischen Belastungen ging, fiel in die Zuständigkeit des Parlaments. Die liberale Revolution, die im 17. Jh. aufkam, war nun genaugenommen ein Kampf um Entdifferenzierung, ein Versuch des Parlaments, die Angelegenheiten des Staates unter seinen eigenen Einfluß zu bringen. Mit anderen Worten: fortschreitende Differenzierung implizierte in keiner Weise, daß diejenigen Bereiche schrumpften, die für die Menschen von öffentlichem Belang waren. Die Bedeutung dieses Punktes wird sich erweisen, wenn die zweideutige Beziehung von sozialer Differenzierung und Wohlfahrtsstaat zur Debatte steht.

Differenzierung innerhalb des politischen Systems

Liberale Verfechter des Verfassungsstaates hatten nicht nur zum Ziel, die Macht des Souveräns einzuschränken, sondern auch, souveräne Macht zu organisieren und sogar aufzubauen. Die ‚*séparation des pouvoirs*' ist eine Form von Arbeitsteilung; sie ist nicht bloß hemmend, sondern erzeugt auch Neues, da Spezialisierung Effizienz, persönliche Verantwortung und Sensibilität für eine größere Vielfalt sozialer Probleme fördert.[51] Die Konstitutionalisten wollten nicht nur dem Amtsmißbrauch vorbeugen, sondern auch die hemmend wirkende Vermengung von Funktionen bereinigen. Eine genaue Skizzierung von Aufgaben stachelt zu Kooperation und gegenseitiger Aktivierung an. Ebenso favorisierten die Liberalen die vom Gesetz auferlegte Toleranz aus zwei Gründen: sie schränkt die Gewalt der Intoleranz ein und schafft zugleich Bedingungen, die öffentliche Debatten, Mobilisierung dezentralen Wissens und Ideenreichtum begünstigen. Die Liberalen kämpften nicht darum, die Regierung auszuschalten, sondern dafür, eine intelligente Regierung zu schaffen.[52] Verfassungen boten Anreize zur Selbstkorrektur und zum Lernen aus Erfahrung und förderten das Bedürfnis, sich an Fakten – nicht an Ideologien – zu halten.[53] Aus diesem Grund mußten Parlamentsdebatten und Gerichtsverhandlungen ‚öffentlich' sein. In der Tat wirkt liberale Öffentlichkeit gleichzeitig dämpfend und stimulierend: sie entmutigt Korruption und ermutigt den produktiven Widerstreit von Ideen.[54] Von besonderer Bedeutung ist der verfassungsmäßige Schutz abweichender Minderheiten. Das Herzstück des Liberalismus ist die Rechtmäßigkeit und die schöpferische Wirkung der Opposition. Die Minorität akzeptiert die gesetzliche Verbindlichkeit des Mehrheitsvotums, aber sie fährt fort (gemäß dem Recht auf Opposition) über die Weisheit legislativer Entscheidungen zu debattieren und moralisch zu protestieren.[55] Es zeigt sich, daß es einen großen Unterschied macht, ob die Rivalität zwischen Parteien vor oder nach der Etablierung eines konstitutionellen Systems auftaucht. In Amerika und England war zuerst das System der Gesetze und Verfahren da, und die Parteien entwickelten sich anschließend.

Wenn gegnerische Parteien vorkonstitutionelle Wurzeln haben wie im heutigen Libanon und in Nordirland, wird eine demokratische Regierung fast unmöglich. Dies legt nahe, daß nur eine besondere Art von „Öffentlichkeit" in der Lage ist, sich selbst zu regieren, eine Öffentlichkeit, die gelernt hat, gewisse heiß umstrittene Fragen aus der politischen Tagesordnung herauszuhalten.

Die meisten Liberalen stimmten darin überein, daß das Repräsentativsystem eine Entdeckung der Neuzeit war.[56] Daß die Volksvertretung nach britischem Muster in der republikanischen Antike keinen Vorläufer hatte, ist nicht ganz überraschend. Moderne Bürger schätzen Repräsentation aus einem modernen Grund: sie stellt einen institutionellen Rahmen bereit, der ihr Bedürfnis befriedigt, nicht fortwährend und ausschließlich an der Politik zu partizipieren. Die parlamentarische Regierung ist die politische Anerkennung der modernen Spaltung von Staat und Gesellschaft. Überdies dehnt sie die Arbeitsteilung bis in die Regierung hinein aus. Die meisten Befürworter der Stellvertretung im 18. Jh., so Thomas Paine, berufen sich in ihrer Verteidigung auf die territoriale Ausdehnung und die Größe der Bevölkerung.[57] Andere, so Benjamin Constant, zogen es vor, die Zeit in den Mittelpunkt zu stellen.[58] Anders als Handelsvertreter repräsentieren gewählte Abgeordnete die Einheit der Nation, und sie müssen dies in der Öffentlichkeit tun, nicht hinter verschlossenen Türen. Dennoch priesen die Liberalen die parlamentarische Regierung, weil sie die Bürger von zeitraubender politischer Arbeit entlastet. In einer komplexen kommerziellen Kultur, in der alle Individuen von Leuten abhängen, die sie niemals kennen werden, muß man den Begriff der „Autonomie" behutsam definieren. Wenn Autonomie erfordert, daß die Individuen bei jeder Entscheidung, die sie berührt, etwas zu sagen haben, dann kann es in einer modernen Gesellschaft keine Autonomie geben. In der Tat, um ein effektives Leben zu führen, müssen die Individuen heute mehr als je mit ihren Ressourcen, Zeit eingeschlossen, haushalten und sich auf spezielle Aufgaben konzentrieren. Sie müssen es zulassen, daß wichtige Entscheidungen für sie und ohne ihre Mitwirkung getroffen werden. Dies ist eine unvermeidliche Konsequenz der Arbeitsteilung. Liberale Freiheit ist die Art von Autonomie, die in einer Gesellschaft möglich ist, der Arbeitsteilung zugrundeliegt, einer Gesellschaft, die eine ständige Knappheit von Zeit hervorgebracht hat, indem sie mehr Möglichkeiten erzeugt, als irgendjemand mit einer Hand ausbeuten oder genießen kann. Das Bürger-sein in einer solchen Gesellschaft kann nicht das Lebenszentrum des Einzelnen ausmachen. Aber es löst sich deshalb nicht in Luft auf. Tatsächlich insistierten die Liberalen immer auf beiden Dimensionen parlamentarischer Regierung. Die Repräsentation schließt die Bürger in das politische Leben ein und befreit sie doch zugleich davon. Das ist ihr Nutzen und ihre Stärke. Je nach Anlaß betonten die Liberalen die eine Funktion und legten weniger Nachdruck auf die andere. Aber der grundlegende liberale Gesichtspunkt war, daß das System der Repräsentation beiden Zwecken zugleich diente.

Eine weitere zentrale Kategorie liberaler Theorie und Politik war die des ‚Konsens'.[59] Die Rechtmäßigkeit einer Regierung hängt nicht von ihrer Beachtung traditioneller Zuweisung gesellschaftlicher Macht und Privilegien ab, sondern allein von der aus freien Stücken gegebenen Zustimmung (consent) der Regierten. Auch dieses neue Prinzip der Legitimation reflektiert die anwachsende Differenzierung in modernen Gesellschaften. Die Regierten akzeptieren die Autorität nicht länger, weil sie von Natur aus einen niedrigeren Rang im Staatskörper einnehmen. Vielmehr gilt: ich akzeptiere deine Herrschaft aus meinen eigenen Gründen, – Gründen, die nichts mit deinem durch Geburt erworbenen Recht zu herrschen zu tun haben oder meiner durch Geburt erworbenen Pflicht zu gehorchen. „Konsens" zeigt die neuerworbene Fähigkeit der Individuen an, ihre eigenen Interessen außerhalb der hierarchischen Ordnung, in die sie hineingeboren wurden, zu definieren.

Ein weiterer wichtiger Aspekt der Differenzierung im liberalen Denken ist der Föderalismus. Im § 10 von James Madisons ‚Federalist' geht es um einen neuen Mechanismus zur Überwindung des Problems der Majorisierung durch eine Clique, das seiner Ansicht nach alle früheren Republiken der Geschichte geplagt hat. Verflechtungen aufgrund von Cliquen waren weniger in einem großen als in einem kleinen Staat zu fürchten, und zwar wegen der Anzahl unterschiedlicher Parteien und Interessen, die den Staat bildeten. Das Heilmittel gegen Cliquen ist: noch mehr Cliquen.[60] Wenn ein Staat sich ausdehnt, wird eine größere Bandbreite von Parteien und Interessen einbezogen; und damit wird es weniger wahrscheinlich, daß eine Mehrheit ein gemeinsames Motiv findet, die Rechte anderer Bürger zu verletzen. In einem großen Land gibt es so viele verschiedene Interessengruppen, daß niemals irgendeine dauerhafte Koalition oder Mehrheit aufkommen kann. Es gibt lediglich zeitlich begrenzte, unbeständige und schwankende Mehrheiten, Mehrheiten, die um eines einzigen Zieles willen zusammenhalten können, aber nicht quer durch alle gesellschaftlichen Probleme und politischen Angelegenheiten gehen. Eine der neuartigen Einsichten des politischen Denkens der Aufklärung ist die, daß Entzweiung heilsam sein kann. Frieden ist mitten in der Vielfältigkeit möglich, Gerechtigkeit im Pluralismus, sozialer Zusammenhalt in der Aufsplitterung und im (domestizierten) Konflikt. Madison fügte diesem Argument noch hinzu, daß eine Partei, stiege sie auch in einem großen Land zur Majorität auf, doch nicht leicht zur Zusammenarbeit fähig wäre. Aber sein Hauptargument war, daß eine potentiell tyrannische Mehrheit schlicht erst gar nicht hochkommen würde. Die große Zahl und Verschiedenheit der Parteien bietet die Gewähr dafür, daß keine einzelne Partei imstande sein wird, den übrigen zahlenmäßig überlegen zu werden und sie zu überstimmen. So ist die gesellschaftliche Untergliederung gerade eine Quelle sozialer Integration: „Der Einfluß der Parteiführer mag in ihren Teilstaaten eine Flamme entzünden, aber er wird nicht in der Lage sein, eine allgemeine Feuersbrunst über die anderen Einzelstaaten hin auszubreiten."[61] Eine hochgradig parzellierte Gesellschaft ist stabiler als eine homogene, weil sich Krisen nicht so schnell ausbreiten. Was Amerika vor religiösen Fanatikern schützt, ist die Tatsache, daß es so viele verschiedene Fanatiker gibt. Keiner ist gewillt, sich dem anderen zu fügen. Eine Vielfalt von Eiferern, die einander ausgleichen, ist nach einer säkularen Gesellschaft das Zweitbeste. Viele einander ausgleichende Cliquen kommen sozialer Harmonie am nächsten. Frieden kommt dadurch zustande, daß kleine, miteinander unvereinbare Gruppen wuchern; oder vielleicht würde man besser sagen, gegenseitige Indifferenz kann an die Stelle absoluter Macht in den Händen des Hobbes'schen Leviathan-Staates treten.

Die „Federalist Papers" liefern auch ein Korrektiv zu dem Gedanken, Differenzierung bedeute Aufteilung in Einheiten ohne Kommunikation. Abgegrenzte Einheiten sind nicht nur interdependent, sie beeinflussen sich gegenseitig auch auf vielfältige Weise. Samuel Beer hat aus diesem Blickwinkel eine gedankenreiche und -provozierende Beschreibung des amerikanischen Systems gegeben:

„Das Wesen der Erfindung von 1787[62] war, daß von derselben Wählerschaft zwei verschiedene Regierungen gewählt wurden, jede unter dem Schutz der Verfassung ... Indem er sich vermittels zweier verschiedener Regierungen regiert, sieht der Wähler die politische Welt aus zwei Perspektiven, einer, die vom sozialen Pluralismus der allgemeinen Regierung, und einer anderen, die vom territorialen Pluralismus des Einzelstaats ausgeht. Als Mitglied einer Nation trennt er die beiden Perspektiven und die Interessen, die eine jede in ihm ans Licht bringt, in seinem politischen Leben nicht voneinander. Seine Einzelstaatsperspektive affiziert sein Wahlverhalten und seine Entscheidungen in der Bundespolitik ebenso, wie seine bundespolitische Perspektive Wahlverhalten und

Entscheidungen in der Einzelstaatspolitik affiziert. Man kann diesen Prozeß „repräsentativen Föderalismus" nennen, weil in der allgemeinen Regierung der territoriale Pluralismus der Einzelstaaten und in der Regierung der Einzelstaaten der soziale Pluralismus der allgemeinen Regierung vertreten wird."[63]

Man ist versucht, Beers Einsicht zu verallgemeinern: funktionale Differenzierung erfordert nicht, ja erlaubt nicht einmal, eine saubere Trennung von Aktivitäten im Leben der Individuen. Die Differenzierung von Rollen bestärkt die soziale Integration auch dadurch, daß in jedem Bereich die anderen Bezugsgruppen eines jeden Mitglieds repräsentiert werden.

Differenzierung und Gleichheitsnorm

Obgleich der Gedanke, daß alle Menschen vor Gott (oder im Gegensatz zu den Tieren) gleich sind, im Mittelalter weitgehend anerkannt war, stellte er doch in keiner Weise eine Bedrohung für die soziale Hierarchie dar, für die ungleiche Verteilung von Privilegien und Lasten.[64] Erst im 18. Jh. wurde die Gleichheitsnorm zu einer zersetzenden Kraft, zu einer Herausforderung für die Stratifikation und zu einem Reformprogramm. Dies ist im wesentlichen einem Bedeutungswandel im Begriff der Gleichheit zuzuschreiben. Gleichheit wurde zum Codewort, das ein bestimmtes Modell gesellschaftlicher Differenzierung symbolisierte. Eine Gesellschaft von Gleichen ist eine Gesellschaft der Grenzen, Grenzen, die auf spezifische Weise gezogen sind. Gesetzgeber „müssen nach öffentlich bekanntgemachten feststehenden Gesetzen regieren, die nicht für besondere Fälle geändert werden dürfen, sondern nur ein Maß anlegen für Reich und Arm, für den Günstling bei Hof und den Landmann am Pflug."[65] Und wirklich sind liberale Justizsysteme von einer Reihe von Filtern umgeben, die (im Idealfall) Rasse, Glauben, ökonomischen Status, Familienbeziehungen und politische Parteizugehörigkeit für den Status des Individuums als einer Rechtsperson irrelevant machen.[66] Gleichheit erfordert nicht „Nivellierung", sondern lediglich selektive Indifferenz: mein Status in dem einen sozialen Umfeld muß nicht starr mit meinem Status in anderen Kontexten verknüpft sein. Politische Macht sollte nicht vom persönlichen Reichtum abhängen, und sie ist heute tatsächlich weniger vom Eigentum abhängig als in vergangenen Zeiten. Wir versteigern nicht das Recht der Gesetzgebung an den Höchstbietenden, vielmehr bewahrt die Verfassung die politischen Amtsinhaber davor, sich großzügig mittels Konfiskationen zu bereichern. Die Revolution im Zeichen der Gleichheit war im wesentlichen ein Kampf zur Errichtung einer Reihe von „Barrieren gegen die Konvertierbarkeit" unterschiedlicher sozialer Güter, wie z. B. öffentliche Ämter, Geld, Glaube, Wissen und Gefolgschaft.

Das liberale Modell der Differenzierung ist ausdrücklich als Alternative zu einer Kastengesellschaft konzipiert. Der Zugang zu den verschiedenen Subsystemen der Gesellschaft war vom Gesetz her nicht mehr vom Status der Familie abhängig. Toqueville gibt einen prägnanten Bericht über den Zusammenbruch der französischen Aristokratie des 11. Jahrhunderts. Die Reinheit und edle Einfachheit der Stratifikation war garantiert gewesen, weil alle Macht und alles Ansehen aus dem Besitz an erobertem Land stammte. Dieses System wur-

Differenzierung und Arbeitsteilung im Denken des Liberalismus 25

de allmählich zerfressen, als „neue Wege an die Macht zu kommen" aufgetan wurden.[67] Kirche, Gerichtsbarkeit, Handel und Wissenschaft stellten selbst Menschen von niedriger Abkunft glänzende Karrieren bereit. Die Liberalen des 18. Jahrhunderts (die Toqueville übrigens verachtete) waren damit beschäftigt, diese Aufstiegschancen, bisher für die ‚lucky few' reserviert, allgemein zu machen. Dazu mußte das Prinzip der Vererbung mit aller Macht bekämpft werden. Für Liberale wie Tom Paine bedeutete Nobilität geradezu Unfähigkeit (no-ability). Die wichtigste „Barriere gegen die Konvertierbarkeit" hatte zum Ziel, die Bedeutung des Familienstatus eines Individuums für seine eventuelle Karriere einzuschränken. Das gesellschaftliche Leben sollte in einer Weise gestaltet werden, die die Übernahme eines politischen Amtes unabhängig vom Geburtsrang machte.

In der Tat scheint die Talenten offenstehende Karriere im Beschäftigungssystem so etwas wie der Nominalismus in der Erkenntnistheorie gewesen zu sein. Es existieren nur Individuen, und es gibt ein nicht auszuschaltendes Element der Kontingenz, wenn Individuen unter Beschäftigungsgruppen subsumiert werden. Folglich dürfen Individuen niemals der Heilungschance beraubt werden, den Job zu wechseln. Das ist essentiell für jede liberale Regierung. Schon im 18. Jahrhundert, lange bevor das Faktum bestand, nahm Rousseau die ‚Karriere-Mobilität', die die liberale Gesellschaft versprach, aufs Korn, um sie zu brandmarken.[68]

Die Unterscheidung von Person und Amt geht auf die Antike zurück.[69] Sie war in der mittelalterlichen Kirche von Bedeutung und half sogar, den kirchlichen Anspruch auf das Recht, Könige abzusetzen, zu rechtfertigen.[70] Aber wenngleich die Unterscheidung alt ist, wurden ihre radikalen und egalitären Implikationen doch erst in der Neuzeit ans Licht gebracht. In seinem ‚Politischen Testament' war Richelieu eifrig bemüht, den König davor zu warnen, auf Frauen zu hören.[71] Frauen riefen nach seiner Ansicht die persönliche, leidenschaftliche Seite des Königs wach, die um der Rationalisierung des Staates willen stillgestellt werden mußte. Im 19. Jahrhundert führte die wachsende Bedeutung der Unterscheidung von Amt und Person dazu, daß Speichellecker immer weniger Gelegenheit fanden, aufgrund persönlicher Kriecherei befördert zu werden.

Wenn ihre Implikationen hinlänglich entfaltet sind, bringt die Unterscheidung von Amt und Person den fundamentalen Egalitarismus zum Ausdruck, der mit der liberalen Kritik an der Teleologie verbunden ist. Gleichheit bedeutet Irrelevanz der Vergangenheit. Der Hintergrund der Familie ist nicht mehr das Kriterium, nach dem die Gesellschaft soziale Rollen oder Lebenschancen zuweist. Im Mittelalter erbte man mit dem Besitz von Land zugleich das Recht auf Rechtsprechung und andere ‚politische' Privilegien und Rechte. Die Unterscheidung privat/öffentlich war dementsprechend Teil einer Kampagne, die vom dritten Stand gegen die Feudalherrschaft unternommen wurde. Aber die endgültige Vernichtung des Feudalismus machte die Unterscheidung öffentlich/privat nicht überflüssig. Sie gewann neue Feinde, als die alten ausstarben.

Betrachten wir die Uniform des Polizeibeamten und die Robe des Richters, machtvolle Embleme der liberalen Differenzierung von privater und öffentlicher Sphäre. Wenn Sie das Gesetz brechen, kann ein Polizist Sie verhaften und ein Richter kann Ihnen eine Strafe auferlegen, die mit Ihrem Gesetzesbruch kommensurabel ist. Dies ist ein unpersönlicher Vorgang oder sollte es jedenfalls sein. Die Persönlichkeit des Polizisten oder des Richters oder ihre privaten Ansichten sollten nicht zählen. Wenn der Urteilsspruch doppelt hart ist, weil der Richter Ihre Rasse, Ihren ökonomischen Status oder Ihre politischen Ansichten persönlich verachtet, haben Sie eine krasse Verletzung der Gesetze erlitten. Diese Verletzung ebenso wie Brutalität seitens der Polizei signalisiert ein ‚Durchsickern' der Person ins Amt oder des Privaten ins Öffentliche. Ein solches ‚Lecken' kommt noch immer vor, es wird aber tatkräftig zu verhindern gesucht, ins Verborgene gezwungen und manchmal bestraft.

Einige Neo-Aristoteliker behaupten, daß die Liberalen niedrige Leidenschaften anstelle edler Tugenden auf den Thron hoben. Aber die zentrale Stellung der Unterscheidung von Person/Amt im liberalen Denken macht eine solche Behauptung zweifelhaft. Aus vergleichender Perspektive gibt es wahrscheinlich kein System, das für Beeinträchtigung durch Persönliches unempfindlicher ist als liberaler Konstitutionalismus.[72] Gesetzlich definierte Rollen spornen zu persönlicher Geduld an; zum Verlagern emotionaler Expressivität in die Domäne des Privaten. Man könnte sagen, das liberale Rechtswesen setze voraus, daß Inhaber eines Amtes (mit all ihren Vorurteilen und Leidenschaften) von ihrem Amt entfremdet seien. Zumindest gedeiht auf dem Boden selektiv angewandter Indifferenz Gerechtigkeit. Institutionelle Filter helfen, die irrelevanten Bindungen der Bürger und die irrelevanten Passionen der Träger eines politischen Amtes auszusondern.

Ein weiteres Beispiel für die demokratische Funktion sozialer Abgrenzungen kann man dem Repräsentativsystem entnehmen. Die liberale Demokratie wurde als das einzige moderne System beschrieben, das den Bürgern gestattet, ihre Herrscher zu wechseln, ohne sie zu töten. Dafür sollten die Herrscher dankbar sein – und ebenso die Bürger. Die Person ist die eine Sache, das Amt eine andere. Das Amt und nicht die Person wird mit Macht ausgestattet. Die Person übt nur solange Macht aus, wie sie das Amt innehat, und sie hat das Amt nur solange inne, wie sie sich an gewisse Regeln hält. (Regeln, die ausschließen, daß es allzu viele undichte Stellen der oben beschriebenen Art gibt.) Von größter Wichtigkeit ist, daß die Politiker wissen, daß sie im Falle ihrer Absetzung nicht getötet werden, was sie wahrscheinlich für ein Engagement in der öffentlichen Diskussion und Debatte, die wir Demokratie nennen, etwas aufgeschlossener macht.

Rousseau war über den liberalen „Riß" zwischen Mensch und Bürger natürlich erzürnt.[73] Die Unterscheidung hatte jedoch ursprünglich eine humane Rechtfertigung. In bezug auf Schriftsteller, die glaubten, Eroberer könnten rechtmäßig eroberte Völker ermorden, schrieb Montesquieu:

„Sie kamen auf diesen Gedanken, weil sie eben glaubten, der Eroberer habe das Recht zur Vernichtung der Gesellschaft. Daraus haben sie geschlossen, er habe auch das Recht, die Menschen zu töten, aus denen sie sich zusammensetzt. Das ist eine falsche Folgerung aus einem falschen Prinzip. Aus der Auflösung der Gesellschaft würde nämlich nicht folgen, daß die Menschen, aus denen sie gebildet ist, gleichfalls vernichtet werden dürfen. Die Gesellschaft ist die Vereinigung von Menschen und nicht dasselbe wie Menschen als solche. Als Bürger kann man zugrunde gehen und als Mensch weiterleben."[74]

Wenn das ‚Bürgerrecht' als ein Amt begriffen wird, kann die Unterscheidung zwischen Amt und Person das Überleben trotz einer Niederlage im Krieg garantieren. Das Bürgerrecht umfaßt nicht den ganzen Status einer Person; diese kann daher fortfahren, ihr Leben zu leben.[75]

Es ist vielleicht nützlich, hier innezuhalten und die fünf verschiedenen Mechanismen noch einmal zu betrachten, durch die der liberalen Theorie zufolge gesellschaftliche Differenzierung soziale Integration steigern kann.[76]
(1) Die Aufteilung einer Nation in Parzellen, die das politische Leben stabilisiert, indem sie den Sinn für lokale Kontrolle steigert und der Verbreitung von Konflikten vorbeugt[77];
(2) Interdependenz zwischen Einheiten und Subsektoren;
(3) Zusammenprallen und gegenseitige Ausgleichung unterschiedlicher Interessen und Perspektiven, die auf die öffentlichen Zwecke Licht werfen und gemeinsame Probleme lösen helfen;
(4) Säkularisierung oder (allgemeiner gefaßt) Privatisierung von solchen emotional belasteten Ansichten und Zusammengehörigkeitsgefühlen, die eine demokratische Regierung durch Diskussion lahmlegen würden, würden sie öffentlich vertreten;
(5) direkte Interaktion zwischen Bürgern von unterschiedlichem rassischen und ethnischen ‚background', die von der „abstrakten Gesellschaft" ermutigt und nicht ausgeschaltet wird und die der sozialen Integration selbst in einer fortgeschrittenen Gesellschaft eine durchgängig persönliche Dimension verleiht.

Liberale und nicht-liberale Konsequenzen der Arbeitsteilung

Die Unterteilung des Arbeitsprozesses ist auch für den Gleichheitsgedanken von entscheidender Bedeutung. Der Gegensatz zwischen Platon und Adam Smith macht das deutlich.[78] Platon empfiehlt die Arbeitsteilung als die einzige Einrichtung, die unseren angeborenen natürlichen moralischen Fähigkeiten adäquat ist.[79] Im Gegensatz dazu ist für Smith die sich aus der Arbeitsteilung ergebende Produktivitätssteigerung in keiner Weise von der Zuweisung von Aufgaben nach Maßgabe vorgegebener „Veranlagungen" abhängig. In Wirklichkeit resultieren die „Veranlagungen" erst aus der wiederholten Ausführung einer willkürlich übertragenen Aufgabe.[80] Diese neue Zugangsweise hatte radikal egalitäre Implikationen. Für Platon besaß jeder Beruf (Flickschusterei, Weberei, Flötenbau, Ackerbau) eine natürliche Integrität. Arbeitsteilung war für ihn die Zuweisung unterschiedlicher Beschäftigungen, die selbst nicht weiter zerlegt werden konnten. Im Gegensatz dazu war Smith daran interessiert, jede Beschäftigung in häppchengroße Stücke minutiös zu unterteilen, in so geistlose Aufgaben, daß sie von Maschinen übernommen werden konnten.[81] Es gab keine natürliche oder ‚atomartige' Einheit der Arbeit, kein moralisches (nur ein praktisches) Non-plus-ultra für das Zerlegen der Gewerbe. Die Arbeitsteilung war lediglich durch die Ausdehnung des Marktes begrenzt. Wenn es nun aber in bezug auf die Einheit der Arbeit des Schuhmachers nichts Vorherbestimmtes oder Selbstevidentes gibt, dann ist es nicht denkbar, daß jemand „zum Schuhmacher geboren" ist. Wenn gesellschaftliche Aufgaben in dieser Weise radikal der Konvention anheimgestellt werden, kann ihre Zuweisung nicht unter Berufung auf inhärente, vorher vorhandene moralische Charakterzüge gerechtfertigt werden. Der Eifer beim Auseinanderreißen des Arbeitsprozesses macht die traditionellen Argumente für gesellschaftliche Hierarchie zunichte. Sobald die Berufe ihren Naturcharakter verlieren, werden sie offen für Begabung.

Smith stellte klar, daß die Arbeitsteilung (angetrieben durch die Eröffnung neuer Märkte, die in der Lage waren, Fabrikwaren zu absorbieren) gesellschaftliches Wohl und zugleich persönlichen Nachteil brachten. Dies ist ein hervorragendes Beispiel für den „höheren Realismus" der liberalen Tradition. Zu Anfang seines Buches gibt Smith folgende optimistische Einschätzung: „Jemand, der ausschließlich mit einem einzelnen Gegenstand befaßt ist, wird wahrscheinlich eher einfachere und geeignetere Methoden entdecken, um ein bestimmtes Ziel zu erreichen, als wenn seine Aufmerksamkeit auf viele Dinge gerichtet ist."[82] Später scheint er diese Hoffnung auf gesteigerte Erfindungsgabe in Frage zu stellen: „Jemand, der tagtäglich nur wenige einfache Handgriffe ausführt, die zudem immer das gleiche oder ein ähnliches Ergebnis haben, hat keinerlei Gelegenheit, seinen Verstand zu üben. Denn da Hindernisse nicht auftreten, braucht er sich auch über deren Beseitigung keine Gedanken zu machen. So ist es ganz natürlich, daß er verlernt, seinen Verstand zu gebrauchen, und so stumpfsinnig und einfältig wird, wie ein menschliches Wesen nur eben werden kann."[83]

Arbeitsteilung heißt, die Arbeiter zu Automaten zu machen. Die ökonomische Entwicklung wird auf Kosten „stumpfsinniger Trägheit" und selbst „seelischer Verstümmelung, Entstellung und Erbärmlichkeit" des Arbeiters erkauft.[84]

Viele Seiten lang sorgt Smith sich darüber, daß die moderne Industrie das kriegerische Ethos zerstören werde. Für einen Historiker, der *als Liberaler* mit der Arbeitsteilung nicht einverstanden ist, ist jedoch Smith' wichtigste Aussage die folgende:

„Solch geistige Trägheit beraubt ihn [d. spezialisierten Arbeiter] nicht nur der Fähigkeit, Gefallen an einer vernünftigen Unterhaltung zu finden oder sich daran zu beteiligen, sie stumpft ihn auch gegenüber differenzierten Empfindungen, wie Selbstlosigkeit, Großmut oder Güte ab, so daß er auch vielen Dingen gegenüber, selbst jenen des täglichen Lebens, seine gesunde Urteilsfähigkeit verliert. Die wichtigen und weitreichenden Interessen seines Landes kann er überhaupt nicht beurteilen."[86]

Wirtschaftswachstum bedroht politische Selbstverwaltung. Die Arbeitsteilung untergräbt indirekt, aber unerbittlich das Bürgerrecht und zerfrißt die Grundlagen öffentlicher Diskussion.

Adam Ferguson und Tocqueville teilten die Sorge des Adam Smith.[87] Darüber hinaus richteten sie ihre Aufmerksamkeit auf die neuen Formen der Hierarchie und Unterordnung, die mit der Spezialisierung industrieller Aufgaben verbunden waren. Ferguson zufolge „blühen Manufakturen dort am meisten, wo der Verstand am wenigsten zu Rate gezogen wird ..."[88] Die Arbeits-

Differenzierung und Arbeitsteilung im Denken des Liberalismus 29

teilung verdummt den Arbeiter und macht seine Teilhabe an einer demokratischen Regierung unmöglich.[89] Kritisch ist für Ferguson die Möglichkeit, „das Denken selbst könne im Zeitalter der Spezialisierung ein besonderes Handwerk werden."[90] Während automatisierte Arbeiter den weiten Überblick verlieren, der für eine Beurteilung öffentlicher Angelegenheiten unerläßlich ist, sind ihre Arbeitgeber nicht in der gleichen Weise eingeschränkt:

„Wenn auch viele Teile in der Ausübung einer jeden Kunst und in den Details jeder Abteilung keine große Geschicklichkeit erfordern oder vielmehr dahin tendieren, die Geisteskräfte zusammenzuziehen und einzuschränken, gibt es andere, die zu allgemeinen Überlegungen und zur Erweiterung der Gedanken führen. Selbst in einer Manufaktur wird vielleicht die Begabung des Meisters kultiviert, während die des geringen Arbeiters brachliegt."[91]

Die Arbeitsteilung wird zur Grundlage einer neuen Hierarchie von Befehl und Gehorsam. Tocqueville stellt eine ähnliche Behauptung auf:

„Während der Arbeiter seinen Verstand mehr und mehr auf die Beschäftigung mit einem einzigen Gegenstand beschränkt, läßt der Industrieherr täglich seine Blicke über ein umfassendes Ganzes schweifen, und sein Geist erweitert sich im gleichen Verhältnis wie der des anderen einschrumpft."[92]

Meister und Arbeiter haben nichts gemein. Ihre Beziehung von Befehl und Gehorsam ist rigide und unerschütterlich. Was ist das, so fragt Tocqueville, wenn nicht Aristokratie, eine neue Aristokratie, die inmitten der industriellen Gesellschaft geboren wurde.

Die Liberalen waren bestrebt, durch das Ziehen neuer Grenzlinien die alten auszulöschen, besonders die Barrieren, die die Bürger der unteren Klassen im Ghetto hielten, in Positionen der Unterordnung und Entbehrung. „Klassen" sollten vielleicht nicht durch das definiert werden, was ihre Mitglieder gemein haben, sondern durch das, wovon sie ausgeschlossen sind.[93] Die Liberalen versprachen, daß die Mauern zusammenbrechen, daß die alten Grenzen überschritten würden. Zuvor unerreichbare, hinter hohen Zäunen verborgene Vorrechte und Vergnügungen sollten jetzt selbst von den Gruppen mit dem niedrigsten Einkommen erworben werden können. Nach Tocqueville war diese Verheißung schrecklich voreilig: Die Industrialisierung schafft eine ausweglose Situation für die arbeitenden Armen, eine Situation, der mit liberalen Reformen nicht beizukommen ist.[94]

Als Diagnose, die aus der industriellen Erfahrung des 19. Jahrhunderts, d.h. ohne Wissen des Kommenden gestellt wurde, scheint dies plausibel genug. Was mich daran interessiert, ist die Differenz zwischen liberalen und antiliberalen Antworten auf das Problem, auf das Tocqueville unsere Aufmerksamkeit gelenkt hat. Man kann Marx nicht gerade besondere Klarheit in der Zielsetzung zum Vorwurf machen, aber sein Essay über Bruno Bauer „Zur Judenfrage" legt zweifellos nahe, daß er die Lösung des Problems der Versklavung der Arbeiter in der Entdifferenzierung sah: das universalistische „Paradies" gleicher Bürgerrechte muß auf die Erde heruntergeholt und in die irdische Erfahrung der Fabrik und des Marktes integriert werden.[95] Die liberale Antwort war dem genau entgegengesetzt. Was die Liberalen an der Welt, die Tocqueville beschreibt, schrecklich fanden, war, daß der gesamte Status des Individuums eingekapselt sein sollte in seine Rolle im Berufsleben. Diese Entwicklung schien barbarisch und „mittelalterlich".[96] Folglich verlangten die Liberalen als Antwort auf die Verbrechen der Industrialisierung mehr Differenzierung, eine Verkürzung des Arbeitstages und den Zugang zu anderen Rollen (z. B. der des Familienmitglieds und des Bürgers), die zu der des Arbeiters hinzukommen sollten. Mit anderen Worten, die Liberalen sahen in der sozialen Differenzierung einen Ausgleich für die geistige Inkompetenz, die den Menschen durch die Arbeitsteilung auferlegt wurde.[97]

Arbeitsteilung macht zwangsläufig die gesellschaftliche Interdependenz dichter. Vom menschlichen Gesichtspunkt aus ist dann jedoch die Unterscheidung von persönlicher und unpersönlicher Interdependenz wichtig. Wenn ich von einem einzigen Individuum abhängig bin und keine Alternative habe (während dieses Individuum mich ersetzbar findet), wird aus Interdependenz Dependenz im traditionellen Sinn: Verletzung der Autonomie. Die Unterscheidung, die gewöhnlich zwischen Macht und freiwilligem Austausch getroffen wird, ist nur in bestimmten Kontexten sinnvoll, in Gesellschaften, in denen alternative Möglichkeiten für alle erreichbar sind. Unter den Bedingungen der Knappheit haben Beziehungen des „freien Tauschs" oft nicht weniger Zwangscharakter als die Prügelstrafe und ermöglichen es den Höherstehenden, die Untergeordneten mit den üblen Konsequenzen einer Verweigerung einzuschüchtern: „Als die Armut allgemein war, rackerten sich die freien Arbeiter aus Furcht vor dem Hungern und anderen Entbehrungen ab, den Alternativen zum Geldverdienen."[98] Mit dem Wohlstand ging gesteigerte Mobilität, Ausdehnung der Beschäftigungsmöglichkeiten und sogar Entgelt bei Arbeitslosigkeit einher. All dies machte die Löhne und Gehälter weniger dazu geeignet, als Droh- und Machtmittel zu dienen. Und das alles gehörte zum liberalen Programm — die unerwünschten Folgen der Arbeitsteilung verlangten nach Abhilfe und die wurde auch geschaffen.

In diesem Fall, als Monopole gebrochen und Wettbewerb eingeführt wurde, wurde Dependenz zu Interdependenz „humanisiert".

Weil es den Antiliberalen üblicherweise nicht gelingt, Arbeitsteilung und soziale Differenzierung zu unterscheiden, können sie nicht sehen, wie ein Anwachsen der Differenzierung gerade die Probleme lösen kann, die von der Arbeitsteilung produziert werden. In einem bekannten Angriff auf die Politik von Interessengruppen argumentiert William Conolly, daß selbst dann, wenn alle Gruppen und Individuen in einer pluralistischen Politik vertreten wären, das liberale System mangelhaft bliebe, da es auf „einer Tendenz zur Zersplitterung in Gruppen" aufbaut.[99] Dabei nimmt er stillschweigend an, daß jede gesellschaftliche Differenzierung im Grunde Segmentierung ist. Als Mitglied einer Untergruppe identifiziere ich mich ausschließlich mit den Mitgliedern meiner Gruppe: was immer ich tue, ich tue es als Mitglied dieser einzelnen Untergruppe. Folglich finden nationale Gesichtspunkte und Ziele innerhalb des politischen Prozesses niemals Gehör.

Soweit diese Diagnose stimmt, ist die liberale Antwort: mehr Pluralismus! Von besonderer Bedeutung ist dabei Pluralismus *im* Individuum selber. Wie Beer hervorhob, muß ein Bürger viele Rollen besetzen und den sich überschneidenden Erwartungsdruck fühlen. Rollenpluralismus impliziert nicht gesellschaftliche Segmentierung. Wenn Gewerkschaftsmitglieder unter sich abstimmen, blenden sie ihre anderen Rollen als Staatsbürger und Familienmitglieder nicht aus. Vielmehr bringen sie bürgerliche und familiäre Gesichtspunkte in den Gewerkschaftsabstimmungen zum Tragen. Ad-hoc-Segmentierungen können sicherlich diesen Prozeß anreizen. Geheime Stimmzettel können dem Einzelnen erlauben, zahlreiche gesellschaftliche Gesichtspunkte abzuwägen, selbst wenn er physisch von einer besonderen Untergruppe umgeben ist. Auch auf diese Weise können liberale Abgrenzungen die gesellschaftliche Integration fördern.

Reinheit der Sphären: Fragen an eine politische Metapher

Reiche Leute dürfen keine politischen Ämter kaufen. Sie können jedoch Fernsehgesellschaften kaufen, die dem Kandidaten helfen, ein Amt zu ergattern. Politiker dürfen sich nicht durch Konfiszierungen bereichern; aber sie können ihre Memoiren schreiben und Millionen verdienen an der Begierde der Bürger zu wissen, was gewählte Funktionäre tatsächlich tun und denken. Wir werden nicht für einen Kandidaten stimmen, weil er gut aussieht, aber die äußere Erscheinung hat unwägbare Wirkungen auf jeden nicht ganz und gar rationalen Wähler. Es ist nicht mehr legal zu fordern, daß bei Eheschließungen die Grenzen der Klasse, der Religion und des ethnischen Hintergrunds beachtet werden, aber dennoch geschieht es oft. Richter dürfen Angeklagten der weißen Oberschicht nicht mildere Strafen auferlegen als den Angeklagten der unteren schwarzen Klassen, aber sie können aufgrund der Annahme, daß ein zweites Rechtsvergehen wahrscheinlich sei, diskriminieren; und diese Wahrscheinlichkeit spiegelt indirekt Rassen- und Klassenunterschiede. Wissenschaftler jagen nach der Wahrheit und schauen weder nach rechts noch nach links; aber Forschungsinteressen (die z.B. den IQ oder die Verbrechensrate betreffen) sind oft Ausdruck außerwissenschaftlicher Bindungen.

Solche undichten Stellen und Grenzüberschreitungen kommen jeden Tag vor. Unsere Gesellschaft toleriert derartige Unreinheiten, derartigen Mißbrauch mit mehr oder weniger Verlegenheit, jedoch mit einem gewissen Gefühl, daß sie unvermeidlich sind. Wie groß ist das Problem, daß diese undichten Stellen den liberalen Gesellschaften und Theorien stellen? Was sollen wir über Korruption denken? Über Verletzungen unserer liberalen Trennungslinien?

Das neue Buch von Michael Walzer „Spheres of Justice" gibt eine extreme Antwort. Simonie und Prostitution sind seine Modelle gesellschaftlichen Übels. Ämter sollten denen zugesprochen werden, die ihrer würdig sind, und Liebe sollte an die verschwendet werden, die liebenswert sind oder vielleicht an die, die wir spontan und irrational lieben. Keines von beiden sollte jemals gegen Geld getauscht werden. Simonie und Prostitution bringen ein schändliches Beschmutzen von Grenzlinien, eine Entweihung des Tempels, einen Mangel an Reinheit in den Beziehungen zu den Mitmenschen mit sich. Reichtum ist kein „rechter Grund" für die Verteilung solcher Güter, und alles, was wir tun, muß aus dem „rechten Grund" getan werden.

Walzers Argument für Schranken der Konvertierbarkeit ist in vielen Fällen überzeugend. Störend ist jedoch sein Bedürfnis, den Gedanken zu verallgemeinern und ihn absolut zu setzen, sein Bedürfnis, den Begriff der Differenzierung übermäßig zu moralisieren. Sein Utopia erscheint oftmals als segmentierte Gesellschaft, die nicht im mindesten eine offene Gesellschaft ist, als Ansammlung sauberer Abteilungen — eher das Vorlesungsverzeichnis einer Universität als ein Ort, an dem Menschen leben. In dieser parzellierten Vorstadtwelt ist jede Grenzüberschreitung ein Akt der „Tyrannei". Eifersüchtig wird die Reinheit der heiligen Bezirke von der Bürgerpolizei bewacht und erzwungen. Aber was für Menschen müßten wir sein, wenn gutes Aussehen niemals außerhalb der ‚richtigen' Sphäre Einfluß hätte? Nicht die Art von Menschen, die wir sind, das steht fest. Benjamin Constant erzählt eine bekannte Geschichte:

„Der Reiche ... ist stets damit beschäftigt, zu bewirken, daß man in seiner Nähe das Gefühl ehelicher, brüderlicher oder kindlicher Liebe nachäfft. Er ist sicher, daß er sich mit der Erscheinungsweise all dieser Gefühle umgeben kann; und solcherart ist das Elend unserer Natur, daß ich fast sagen möchte, daß der Reichtum den Gefühlen, die er regiert, eine Art Wirklichkeit verleiht. Um große und reiche Menschen ist eine Atmosphäre zärtlicher Freundlichkeit, die nicht ganz und gar gekünstelt ist."[100] Diese Art der Durchlässigkeit zwischen den Bereichen ist in liberalen Gesellschaften fast die Norm. Ist sie völlig disfunktional? Sind Liberale dazu verpflichtet, jedes einzelne ‚Leck' zuzustöpseln? Die liberale Verteidigung von Grenzen muß sicherlich die begrenzten Fähigkeiten der Menschen, ihre Gefühle und ihr Verhalten puritanisch zu disziplinieren, anerkennen. Aber wie sehr sollten wir dahinterhersein, Grenzen, zu denen wir alle Lippenbekenntnisse ablegen und die wir alle ‚mehr oder weniger' respektieren, durchzusetzen? Diese Fragen zwingt Walzer uns auf, wenn er das Konzept sozialer Differenzierung radikal moralisiert.

Eine vollständige Antwort kann hier nicht gegeben werden. Aber soviel kann zur Klarstellung gesagt werden:

Um das Ansehen der Monarchie von Gottes Gnaden zu überbieten, gaben die Liberalen des 17. Jahrhunderts eine quasi-religiöse Rechtfertigung für die Einschränkung der königlichen Macht. Sie verkündeten und rechtfertigten das „heilige" Recht auf Eigentum. Im 17. Jahrhundert war diese ‚Gegen-Sakralisierung' politisch von Nutzen. Heute, wo Autorität nicht mehr religiös gerechtfertigt wird, erscheint eine Sakralisierung von Grenzen, von den Grenzen politischen Handelns, als irrationaler Anachronismus. Sicherlich sollte es solche Grenzen geben, aber sie sollten öffentlich gerechtfertigt werden können und nicht gegen Kritik und Reorganisation immun gemacht werden.

Differenzierung und Wohlfahrtsstaat

Der klassische Liberalismus sah den gesellschaftlichen Pluralismus und die Freiwilligkeit individueller Entscheidungen hauptsächlich durch die Agenten und besonders die subalternen Agenten des Staates bedroht. Spätestens im 18. Jahrhundert hatte der zentralisierte Staat die meisten Konkurrenten um sein Machtmonopol auf wirksame Weise ausgeschaltet. Daher konzentrierten die Verfechter von Freiheit, Sicherheit und Unabhängigkeit ihre Angriffe natürlich auf die Regierung und ihre Amtsträger, während sie das freie Unternehmertum in der

Tauschgesellschaft mit Wohlgefallen betrachteten. Im Lauf des 19. Jahrhunderts wurden jedoch noch nie dagewesene Anhäufungen von Macht in der ‚bürgerlichen Gesellschaft', und zwar in ihrem ökonomischen Bereich, aufgebaut. Die unreglementierte Freiheit der Verträge, die die illiberalen Korporationen des alten Regimes aufgelöst hatte, begann eigene illiberale Muster zu erzeugen. Neuartige Formen persönlicher Abhängigkeit kamen auf, die nicht mehr in Patronat und Landbesitz gründeten, aber nichtsdestoweniger als Abhängigkeit und Verletzung des Ideals der Aufklärung von Autonomie und Freiheit erkennbar waren. Wie konnte der liberale Staat zwischen Parteien, die eine derart ungleiche Verhandlungsbasis hatten, ‚neutral' bleiben? Wie konnte er dem Starken erlauben, den Schwachen zu schikanieren? Die müßige Fixierung auf den Staat als einzige Bedrohung des gesellschaftlichen Pluralismus machte Liberale wie Spencer unsensibel für die neue Allgegenwärtigkeit von Gefahren, die von denen ausgehen, die keine politische Macht ausüben.[101] Das Aufkommen der allgemeinen Schulpflicht und schließlich des Wohlfahrtsstaates signalisierte ein verschärftes Bewußtsein dafür, daß die Freiheit der Verträge nicht das einzige Organisationsprinzip einer liberalen Gesellschaft sein konnte. Die gesellschaftlichen Klassen und der fluktuierende Markt mußten ebenso „eingeschränkt" werden wie zuvor die Politik. Der Ausgleich der Inkompetenz des Marktes wurde zu einer zentralen Kompetenz des liberalen Staates. Die liberale Sorge um politische Tyrannei wurde dadurch aber nicht obsolet. Wirtschaften im sowjetischen Kommando-Stil demonstrieren überzeugend, daß Arbeitern durch die exzessive Macht politischer Amtsträger Schaden zugefügt werden kann, während eine dezentralisierte Wirtschaft die vielfältigen Inkompetenzen der Regierung ausgleichen helfen kann. Die alte, liberale Fixierung auf den Mißbrauch politischer Macht wurde jedoch ausgeglichen, indem sie sich mit mehr Verständnis um die vielfältigen Gefährdungen des gesellschaftlichen Pluralismus kümmerten und durch die Freiheit, außerhalb der Politik gesellschaftlich zusammenzuarbeiten.

Die ersten Theoretiker des Wohlfahrtsstaates waren Liberale.[102] Sozialisten begünstigten ursprünglich Kollektiveigentum, sie bekehrten sich nur allmählich zur liberalen Sache und unterstützten Wohlfahrtsmaßnahmen. Die enge Verbindung zwischen dem Liberalismus des 17. und 18. Jahrhunderts und der Theorie des Wohlfahrtsstaates ist leicht zu verstehen. Die Liberalen haben immer geglaubt, daß der Staat seinen Bürgern „Sicherheit" garantieren müsse. Ursprünglich bedeutete Sicherheit Frieden. Als die Ressourcen zunahmen, wurde jedoch der Begriff der Sicherheit immer mehr ausgedehnt, bis er schließlich allgemeine Maßnahmen der Gesundheitsfürsorge, Arbeitslosenversicherung u.a.m. einschloß.

Walzer nennt sein Buch eine Argumentation für einen ausgebauten amerikanischen Wohlfahrtsstaat.[103] Gewöhnlich wird die Vorstellung von ‚Grenzen' und ‚Schranken' dazu verwendet, den Wohlfahrtsstaat anzugreifen, und es ist erfrischend zu sehen, daß hier der Spieß umgedreht wird. Letzten Endes enthüllt sich aber auch im Zugang Walzers derselbe grundlegende Mangel, der den Gedankengang seiner konservativen Gegner beeinträchtigt. Gegner wie Anwälte des Wohlfahrtsstaats zeigen eine übertriebene und irrationale Starrsinnigkeit bei der Verteidigung derjenigen Grenzen, die sie bewundern.

Die praktischen Gründe für die Aufrechterhaltung der Dezentralisierung des Wohlstands sind so stark, daß sie kaum widerlegt werden können. Die Staatsbeamten haben die Gewehre. Wenn sie auch noch die Produktionsmittel kontrollierten, gäbe es keine Möglichkeit legaler Opposition oder einer Regierung mittels Diskussion (nicht zu reden von individueller Sicherheit). Aber dieses Argument impliziert nicht, daß Eigentum heilig ist. Vor allem sanktioniert es nicht einen vollkommen undifferenzierten Gebrauch der Kategorie ‚Eigentum‘, als ob der Staat gezwungen wäre, alle Formen privaten Besitzes gleich zu behandeln, blind für offensichtliche Unterschiede.

Spencer stützte seine Argumentation für einen minimalen Staat auf eine Theorie zunehmender sozialer Differenzierung. Eine zentrifugale Gesellschaft kann kein *Zentrum* haben, keinen politischen Kommandoplatz. Größere Komplexität kann nur durch solche dezentralisierte gegenseitige Regelungen koordiniert werden, die auf einem freien Markt vorkommen. Hobhouse hat im Gegensatz dazu den Begriff wachsender gesellschaftlicher Differenzierung benutzt, um vermehrte Zentralisierung und politische Macht zu rechtfertigen.[104] Sein Argument hat eine gewisse Plausibilität prima facie.[105] Adam Smith glaubte, daß der Staat eine ernste Anstrengung unternehmen müsse, um ein öffentliches Schulwesen einzurichten, das die zerstörerischen Nebenwirkungen der Arbeitsteilung ausgleichen sollte.[106] Diese erste Konzession, so könnte man behaupten, öffnete dem Wohlfahrtsstaat Tür und Tor.

Der Disput zwischen Spencer und Hobhouse erteilt uns eine wichtige Lektion. Die Liberalen müssen lernen, die Geschichte nicht zu mißbrauchen, sie müssen lernen, die moralischen Probleme, die eigentlich ihre eigenen sind, nicht auf den ‚sozialen Wandel‘ zu schieben. Die Geschichte stellt Hindernisse bereit und Möglichkeiten, aber keine Lösungen. Daher müssen die Liberalen der Versuchung widerstehen, den Begriff der Differenzierung zu überschätzen. Er ist eine analytische Kategorie, weder ein ethisches Gebot noch eine Polizeidirektive noch eine Garantie für Freiheit, Gleichheit und Gerechtigkeit. Max Weber brachte starke Argumente für eine solche besondere Art der Arbeitsteilung vor, für die Differenzierung zwischen Tatsachen und Werturteilen, soziologischer Untersuchung und politischer Entscheidung. Wenn auch die Grenze, die er verteidigte, nicht heilig oder „unverletzlich" ist, scheint sie doch ziemlich fruchtbar und aus pragmatischen Gründen vertretbar. Außerdem müssen gewisse Strategien der Argumentation schon ausgeschlossen, gewisse Grenzen einfach vorausgesetzt sein, bevor wir die Verdienste dieser (oder irgendeiner) Grenzlinie diskutieren können.

Übersetzt von *Monika Kloth*

Anmerkungen

1 Walter Lippmann, The Good Society, New York: Grosset und Dunlap, 1943, S. 174. (dt.: die Gesellschaft freier Menschen, übers. v. E. Schneider, Bern: Francke, 1945, S. 239).

2 Adam Ferguson, An Essay on the History of Civil Society 1767, hrsg. v. Duncan Forbes, Edinburgh: University Press, 1966, S. 182. (dt.: Versuch über die Geschichte der bürgerlichen Gesellschaft, Leipzig bey Johann Friedrich Junius, 1768. Vgl. dort S. 281.)
3 Viktor Ehrenberg, From Solon to Socrates, London: Methuen, 1973, S. 91.
4 Alfred Zimmern, The Greek Commonwealth, London: Oxford University Press, 1961, S. 146. Weil die Mitgliedschaft in den Demen erblich wurde, begannen die Athener (die ihre Wohnsitze wechselten) sich weder als Sippenangehörige noch als Gemeindeglieder, sondern als Individuen und als Bürger zu verstehen.
5 John Locke, The Second Treatise of Government, New York: Bobbs-Merrill, 1952, S. 79 (§ 137).
6 Georges Duby, „The Origins of a System of Social Classifikation", The Chilvarous Society, Berkeley, Univ. of California Press, 1977, S. 88—93; und ders. ‚Les trois ordres ou l'imaginaire du féodalisme, Paris: Gallimard, 1978. (dt.: Die drei Ordnungen. Das Weltbild des Feudalismus, Ffm 1981.)
7 deutsch im Original (A.d.Ü.)
8 Der psychologische Halt, der sich aus rigiden Grenzen ergibt, sollte nicht unterschätzt werden. Carl Schmitt behauptete, daß die neue Leidenschaft für scharf gestochene territoriale Grenzen, die im späten 16. Jh. einsetzte und in der französischen Revolution ihren Höhepunkt erreichte, eine kompensatorische Antwort auf das neue erschreckend grenzenlose Universum gewesen sei, das die moderne Wissenschaft entworfen hatte. Vgl. Carl Schmitt, „Staat als ein konkreter, an eine geschichtliche Epoche gebundener Begriff", Verfassungsrechtliche Aufsätze aus den Jahren 1924–1954, Berlin, Duncker und Humblot, 1958, S. 379–380. Wie immer die Verdienste dieses besonderen Beispiels eingeschätzt werden, keine Darstellung der Bedeutung gesellschaftlicher Differenzierung für das liberale Denken kann das primitive menschliche Bedürfnis nach Sicherheit ignorieren. Formierung von Grenzen kann man nicht nur als Tilgung alter, ärgerlicher Grenzen, sondern auch als einen im Fall des Notstands hochgezogenen Damm in einer radikal unsicheren, ungeordneten, bedrohlichen Welt schätzen.
9 Henry Kamen, The Rise of Toleration, New York: McGraw-Hill, 1967, S. 139–145; Julian H. Franklin, Jean Bodin and the Rise of Absolutist Theory, Cambridge: Cambridge University Press, 1973, S. 41 ff.
10 Jean Bodin, Les Six Livres de la République, Paris 1583, IV, 7.
11 Bezogen auf den Verstand der Menschen schrieb Bodin: „Je stärkerem Zwang die Menschen unterliegen, desto störrischer werden sie." ebd. (dt.: ‚Über den Staat', Auswahl, übers. v. Gottfried Niedhart, Stuttgart: Reclam, 1976, S. 94.)
12 Locke, A Letter Concerning Toleration, Indianapolis: Bobbs-Merrill, 1975, S. 17, 27. (dt.: John Locke, Ein Brief über Toleranz, übers. v. Julius Ebbinghaus, Hamburg: Meiner 1966, S. 11).
13 Sebastian Castellio, De haereticis, an sint persequendi (1554); Bayle, Commentaire philosophique sur ces paroles de Jesus Christ, „Contrains-les d'entrer" (1686).
14 In bezug auf einen hohen Kirchenbeamten, der mit der Ausübung der Zensur beschäftigt war, schreibt Voltaire: „Er spielt eine böse Rolle, und er richtet mehr Unheil an, als er denkt. Er sollte wissen, daß es ein trauriges Geschäft ist, Heuchler hervorzubringen." Zitiert bei Norman L. Torray, „Duplicity and Protective Lying," in: Voltaire, hrsg. v. William F. Bottiglia, Englewood Cliffs: Prentice Hall, 1968, S. 20. Jefferson wiederholte einfach die Standardansicht: „alle Versuche, das Denken durch zeitliche Strafen oder Lasten oder durch staatliche Hinderungen zu beeinflussen, führen lediglich dazu, die Gewohnheit des Heuchelns zu erzeugen." Thomas Jefferson, „A Bill for Establishing Religious Freedom" (1777), The Portable Thomas Jefferson, hrsg. v. Merrill Peterson, New York' Viking, 1975, S. 251. Das ‚Laissez croire' hatte die folgende moralische Basis: da sie kein Recht hatten, ihre Bürger zu verderben, sollten die Regierungen auch nicht versuchen, ihre Seelen zu retten.

15 Aristoteles, Politeia, 1252a7.
16 Georg Jellinek, Allgemeine Staatslehre, Kronberg: Athenäum, 1976, S. 246–250.
17 John Locke, The Second Treatise of Government, New York: Bobbs-Merrill, 1952, S. 71 (IX, 124). dt.: John Locke, Über die Regierung, hrsg. v. P. C. Mayer-Tasch, Stuttgart 1974. Locke bietet dann wieder eine äußerst weitgefaßte Definition von Eigentum. Es schließt Leben und Freiheit ein, die beide als *Mittel* zur Verfolgung der nachfolgenden Ziele verstanden werden.
18 Montesquieu war an „höchsten Zwecken" uninteressiert. Mehr noch, er akzeptierte die offensichtliche Alternative zu einer teleologischen Politik nicht, sein Festhalten am Verfassungsstaat durch den Verweis auf eine Reihe natürlicher „Rechte" zu rechtfertigen, die ein solcher Staat zu beschützen hätte. Wenn Rechte auch entscheidend waren, so waren sie doch nicht grundlegend. Statt dessen bezieht der Staat Montesquieus seine Legitimität aus dem allgemeinen öffentlichen Bewußtsein eines *summum malum* (d.i. Blutrache, religiöser Bürgerkrieg oder das endlose Auf und Ab von Anarchie und Tyrannei), das die politischen Amtsträger erfolgreich zu vermeiden oder zu unterdrücken hatten. Die legtimierte Autorität hat kein Ideal, das sie durchsetzen kann, oder ein Fundament, auf dem sie aufbaut, sondern lediglich ein Problem, das sie lösen kann.
19 David Hume, A treatise of Human Nature, Oxford: Clarendon Press, 1967, S. 477 ff. Jeder, der europäischen Liberalismus studiert, ist John Mackie für seine Rekonstruktion der antiteleologischen Theorie der Gerechtigkeit Humes zu Dank verpflichtet. Vgl. J. L. Mackie, Hume's Moral Theory, London, Routledge and Kegan Paul, 1980, S. 76–119.
20 Jürgen Habermas, Theorie und Praxis, Frankfurt/M.: Suhrkamp, 1974, S. 48–88; Leo Strauss, Natural Right and History, Chicago: University of Chicago Press, 1953, S. 169 passim. Dt.: Leo Strauss, Naturrecht und Geschichte, Ffm. 1977.
21 Thomas Hobbes, Leviathan, Oxford: Oxford University Press, 1965, S. 116. Deutsche Ausgabe: Thomas Hobbes, Leviathan, hrsg. v. Iring Fetscher, Frankfurt/M.: Ullstein, 1976, S. 116.
22 Ein Beispiel für eine solche Argumentation gegen die Möglichkeit „totaler Neutralität des Staates" findet sich in Brian Barry, Political Argument, London: Routledge and Kegan Paul, 1965, S. 75 ff; auch William Galton besteht darauf, daß „Neutralität ... niemals möglich ist." In: Defending Liberalism", The American Political Science Review, Bd. 76, Nr. 3, Sept. 1982, S. 627.
23 „Gute Gesetze können Ordnung und Mäßigkeit in der Regierung erzeugen, wo Sitten und Gebräuche dem Naturell der Menschen nur wenig Humanität oder Gerechtigkeit eingeflößt haben." David Hume, Essays. Moral, Political and Literary, Oxford: Oxford University Press, 1963, S. 23. Vergl. auch Duncan Forbes, Hume's Philosophical Politics, Cambridge: Cambridge University Press, 1975, S. 224–230. Zu Montesquieus Glauben, daß die Engländer gute Bürger, aber schlechte Menschen seien, vergl. Judith Shklar, „Virtue in a Bad Climate: Good Men and Good Citizens in Montesquieu's L'Esprit des Lois." in: Enlightenment. Studies in Honor of Lester G. Crocker, hrsg. v. Alfred J. Bingham und Virgil W. Topazio, Oxford: Voltaire Foundation, 1979, S. 315–328.
24 Immanuel Kant, „Zum ewigen Frieden", Kleinere Schriften zur Geschichtsphilosophie. Ethik und Politik, hrsg. v. K. Vorländer, Hamburg: Meiner, 1964, S. 146.
25 The Federalist Papers § 51, hrsg. v. C. Rossiter, New York: Mentor, 1961, S. 322.
26 The Federalist Papers § 72, hrsg. v. C. Rossiter, New York: Mentor, 1961, S. 438.
27 A. W. B. Simpson, „The Laws of Ethelbert", in: „On the Laws and Customs of England. Essays in Honor of Samuel E. Thorne", M. Arnold et al., 1981, S. 3–17. Zitat von S. 14.
28 Montesquieu, Œuvres complètes, hrsg. v. Roger Callois, Paris: Pléiade, 1951, Bd. 2, S. 585. Dt.: Vom Geist der Gesetze, hrsg. v. Kurt Weigand, Stuttgart: Reclam, 1965, S. 319.

29 Samuel Johnson, „The Rambler," 17. Dez. 1751, in: Rasselas, Poems and Selected Prose, hrsg. v. Bertrand H. Bronson, New York: Holt, Rinehart and Winston, 1958, S. 125–128.
30 „Ich war ein Anwalt des Handels, weil ich ein Freund seiner Wirkungen war. Es ist ein friedliches System, daß die Menschen herzlicher machen kann, indem es Nationen ebenso wie Menschen nützlich füreinander macht." Tom Paine, Rights of Man, Harmondsworth: Penguin, 1969, S. 234.
31 „Es gibt kaum eine unschuldigere Beschäftigung als das Geldverdienen." Boswell's Life of Johnson, Oxford: Oxford University Press, 1933, Bd. 1, S. 567. Albert Hirschman bemerkt richtig, daß die Frühliberalen den Eigennutz heftigen Leidenschaften gegenüberstellten wie der Rachsucht und niemals dem Wohlwollen oder der ‚amour social'. Er geht fehl, wenn er behauptet, daß dies lediglich Ideologie oder ein Gedankenexperiment war, das nie besonders plausibel und schnell vergessen war. Selbst heute könnten Belfast und Beirut von mehr Handelsgeist und weniger sektiererischem Haß profitieren. – Ders.: The Passions and the Interests. Political Arguments for Capitalism before its Triumph, Princeton: Princeton University Press, 1977.
32 Voltaire, Lettres philosophiques, Paris: Garnier-Flammarion, 1964, S. 47.
33 Wir müssen Montesquieus Anspruch deshalb verallgemeinern: „Zwar verbindet der Handelsgeist die Nationen, aber nicht auf gleiche Art die Privatleute." Vom Geist der Gesetze, a. a. O. S 320 (frz. Ausgabe a. a. O. S. 586).Während der autonome Markt die Menschen in einigen Hinsichten dissoziiert, assoziiert er sie in anderen Hinsichten.
34 Zur Unterscheidung zwischen persönlicher und unpersönlicher Arbeitsteilung vgl. John Stuart Mill, Principles of Political Economy, New York: Colonial Press, 1899, Bd. 1, S. 113–115. (dt. „Grundsätze der Politischen Ökonomie" übers. v. Adolf Soetbeer. Bd. 1. Neudr. d. Ausg. Leipzig 1881, Aalen 1968. Bd. 5 d. Ges. Werke, Hrsg. v. Theodor Gumperz.)
35 „Es ist ein konstitutives Moment der Neuzeit, daß sie durch Einschränkung expandiert, durch Reduktion Progressionen erzielt." Hans Blumenberg, Aspekte der Epochenschwelle: Cusaner und Nolander, Frankfurt/M.: Suhrkamp, 1976, S. 53.
36 Simmel glaubte, „das allgemeine Schema kultureller Differenzierung" impliziere, daß „das Öffentliche ... immer öffentlicher, das Private immer privater" werde. In: Soziologie, Berlin: Duncker und Humblot, 1908, S. 277.
37 C. J. Friedrich, Man and his Government, New York: McGraw-Hill, 1963, S. 356.
38 Albert Hirschman, Shifting Involvements. Public and Private Action, Princeton: Princeton University Press, 1982, S. 125.
39 Emile Durkheim, Leçons de sociologie, Paris, Presses universitaires de France, 1964, Kap. 5.
40 Tocqueville war dazu erzogen worden zu glauben, daß Tugend mit Arbeit für den Lebensunterhalt unvereinbar sei. Aber er war aufmerksam genug, seine vorgefaßten Urteile durch seine Beobachtungen zerschlagen zu lassen. Eine der bewegendsten Passagen in ‚De la démocratie en Amérique' drückt seine Verwunderung über die Leichtigkeit aus, mit der Amerikaner private Interessen und öffentliche Angelegenheiten miteinander verbinden: „Sie lieben beides, das eine um des anderen willen." in: De la démocratie en Amérique, Paris, Gallimard, 1961, Bd. 2, S. 148. In der Tat hätte man die gegegenseitige Steigerung öffentlicher und privater Bereiche leicht voraussagen können. Sie erscheint nur im Lichte des aristokratischen Glaubens, daß Arbeit von Natur aus etwas Schmutziges sei, schockierend.
41 G. W. F. Hegel, Grundlinien der Philosophie des Rechts, Frankfurt/M., Suhrkamp, 1976, § 299, S. 466. Hegel argumentiert hier insgeheim gegen Rousseaus: „ich glaube, daß die Fronarbeit der Freiheit weniger entgegensteht als die Steuern." in: Œuvres complètes, Paris: Pléiade, 1964, Bd. 3, S. 429.

42 David Hume, „Of Refinement in the Arts", Essays. Moral, Political and Literary, Oxford: Oxford University Press, 1963, S. 279.
43 ebd.
44 ebd. S. 284.
45 Romeo und Julia, Akt V, Szene 3, 304—308.
46 Zur Transformation von ‚Liebe' in ein ‚do-it-yourself-Projekt' vgl. Karl Deutsch, „On Nationalism, World Regions and the Nature of the West," Mobilization, Center-Periphery Structures and Nation-Building, hrsg. v. Per Torsvik, Oslo: University Press, 1981.
47 Emmanuel Sieyès, Qu'est-ce que le Tiers Etat?, Paris: Presses Universitaires de France, 1982, S. 30.
48 „Im 19. Jahrhundert ... erobert sich die Publicität die Staatsangelegenheiten in dem Maße, daß nun die Regierungen selbst die Daten offiziell veröffentlichen, ohne deren Geheimhaltung bis dahin überhaupt kein Regime möglich schien. So haben Politik, Verwaltung, Gericht ihre Heimlichkeit und Unzugänglichkeit in demselben Maße verloren, in dem das Individuum die Möglichkeit immer vollständigeren Zurückziehens gewann, in dem das moderne Leben eine Technik zur Sekretierung der Privatangelegenheiten inmitten der großstädtischen Zusammengedrängtheit ausbildete, wie sie früher allein durch räumliche Einsamkeit herstellbar war." Georg Simmel: Soziologie, Berlin: Duncker und Humblot, 1908, S. 277.
49 Vgl. Harvey C. Mansfield, Jr., „On the Political Character of Property in Locke," Powers, Possessions and Freedom, hrsg. v. Ä. Kontos, Toronto: University of Toronto Press, 1979, S. 23—38.
50 Cesare Beccaria, On Crimes and Punishments, Indianapolis: Bobbs-Merrill, 1963, S. 6.
51 „... ist die Trennung von richterlicher und vollziehender Gewalt ursprünglich aus der starken Gewerbetätigkeit, ihrerseits eine Folge der fortschreitenden Entwicklung eines Volkes, entstanden." Adam Smith, Der Wohlstand der Nationen hrsg. v. H. C. Recktenwald, rev. Fassung, 1978, München.
52 George Sabine, „The Historical Position of Liberalism," American Scholar 10 (1940—1941), S. 49—58.
53 Der Liberalismus ist daher anfällig für die Beschuldigung, daß „die Öffentlichkeit" dumm sei und die Legislative unfähig sei zu lernen. Vgl. Joseph Schumpeter, Capitalism, Socialism and Democracy, New York: Harper & Row, 1950, S. 250—268.
54 Das Vertrauen, die Meinungsfreiheit werde die schlummernden Kräfte der Bürgerschaft wecken und ihre Intelligenz und Erfindungskraft zur Lösung gemeinsamer Probleme mobilisieren, ist für Mills Liberalismus zentral. Vgl. John Stuart Mill, Considerations on Representative Government, London: Parker, Son and Bourn, 1861, S. 57—58, 61, 253; und „On Liberty", New York: Norton, 1975, S. 21—22, 36. (dt.: ‚Betrachtungen über Repräsentativregierung' übers. v. E. Wessel, Aalen 1968, Neudr. d. Ausg. Leipzig 1873. Ges. Werke Bd. 8 hrsg. v. Gomperz; Über die Freiheit, Leipzig 1869, Ges. Werke, Bd. 1. Neudr. Aalen 1968.)
55 So erscheint die Differenzierung von Legalität und Moralität ebenso essentiell für demokratische Regierungen wie für persönliche Sicherheit.
56 Adam Smith schrieb: „Der Gedanke der Repräsentation war in der Antike unbekannt." An Inquiry into the Nature and Causes of the Wealth of Nations, New York: Modern Library, 1965, S. 588. Ebenso Kant, auf „das repräsentative System" bezugnehmend: „Keine der alten sogenannten Republiken hat dieses gekannt ..." Immanuel Kant, „Zum ewigen Frieden", Kleinere Schriften zur Geschichtsphilosophie, Ethik und Politik, hrsg. v. Karl Vorländer, Hamburg, 1964, S. 130. Ein Gegenargument findet sich bei Madison, vgl.: „die These über die Unkenntnis antiker Regierungen hinsichtlich der Repräsentation ist in dem Ausmaß, in dem sie gewöhnlich vertreten wird, keineswegs akkurat." The Federalist Papers (No. 63), New York, Signet, 1961, S. 386.

57 Auch Paine glaubte, „daß Repräsentation in den alten Demokratien unbekannt war. In jenen traf sich die Volksmenge und erließ Gesetze in der ersten Person (grammatisch gesprochen)." Er rechtfertigte sie damit, daß zeitgenössische Gesellschaften „zu volkreich und zu ausgedehnt für die einfache demokratische Form" geworden seien." in: Rights of Man, New York, Penguin, 1969, S. 199.

58 Genau wie die antike partizipatorische Demokratie die improvisierte Antwort auf den Überfluß an freier Zeit war, ist die moderne Repräsentativdemokratie eine Antwort auf Knappheit von Zeit: „das System der Repräsentation ist eine Vollmacht, die einer Anzahl von Menschen von der Volksmenge erteilt wird, die will, daß ihre Interessen verfochten werden und die gleichwohl nicht die Zeit hat, sie immer selbst zu verfechten." Cours de politique, Paris: Gallimard, Guillaumin, 1872, Bd. 2, S. 588.

59 Vgl. z. B. Bolingbroke, „A Dissertation upon Parties", The Works of Lord Bolingbroke, Philadelphia: Carey and Hart, 1841, Bd. 2, S. 26–27; und Diderot, „Autorité politique", Œuvres politiques, hrsg. v. P. Vernière, Paris: Garnier, 1963, S. 9–10.

60 Dies ist eine Einsicht, die Madison von Voltaire entlehnt hat. "Wenn es in England nur eine einzige Religion gegeben hätte, wäre Despotismus zu befürchten gewesen; hätte es zwei gegeben, sie hätten sich die Hälse abgeschnitten; aber es gibt ihrer dreißig, und sie leben glücklich und in Frieden." Voltaire, Lettres philosophiques, Paris: Garnier-Flammarion, 1964, S. 47.

61 The Federalist Papers, New York: Mentor, 1961, hrsg. v. C. Rossiter, S. 84.

62 Im Mai 1787 trat die ‚Federal Convention' in Philadelphia zusammen, die die amerikanische Bundesverfassung verabschiedete. Gegenüber der Gewalt, die jeder der 13 Einzelstaaten auf seinem Boden ausübt, wurde eine Bundesgewalt geschaffen, die unter anderem die Richtlinien für den Handel festlegte und über Krieg und Frieden zu entscheiden hatte. (Anm. d. Ü.)

63 Samuel H. Beer, „Federalism, Nationalism and Democracy in America," American Political Science Review, Bd. 72, Nr. 1, März 1978, S. 14–15.

64 Niklas Luhmann, Gesellschaftsstruktur und Semantik, Bd. 1, Frankfurt/M.: Suhrkamp, 1980, S. 79.

65 John Locke, Second Treatise of Government, New York: Bobbs-Merrill, 1952, S. 81 (§ 142).

66 Niklas Luhmann, Grundrechte als Institution, Berlin: Duncker und Humblot, 1974, S. 162 passim.

67 Alexis de Tocqueville, De la démocratie en Amérique, Paris: Gallimard, 1961, Bd. 1, S. 2. (dt.: Über die Demokratie in Amerika, in: A. D. T., Werke und Briefe, Bd. II, Stuttgart 1962.)

68 „In der sozialen Ordnung, wo alle Positionen festgelegt sind, muß jeder für die seine erzogen werden. Wenn ein Einzelner, der für seine Position ausgebildet ist, sie verläßt, taugt er zu gar nichts mehr. ... In Ägypten, wo der Sohn verpflichtet war, den Beruf des Vaters zu ergreifen, hatte die Erziehung zumindest ein abgesichertes Ziel. Aber bei uns, wo nur die Stellung übrigbleibt, und die Menschen unablässig darin wechseln, weiß niemand, der seinen Sohn für die seine erzieht, ob er nicht gegen ihn arbeitet." Rousseau, Œuvres complètes, Paris: Pléiade, 1964, Bd. IV, S. 251.

69 Vgl. die klassische Definition des Tyrannen als eines Herrschers, der den Staat als ein Stück Privateigentum behandelt.

70 Augustinus, dem schmerzlich bewußt war, daß Heiligkeit eine knappe Ressource war und der den bevorstehenden Zusammenbruch des Römischen Reiches antizipierte, schrieb, daß Sakramente selbst dann gültig seien, wenn sie von Sündern ausgeteilt würden. Dies ist möglicherweise der ‚Miniatur-Prototyp' des späteren Versuchs der Liberalen, eine stabile Gesellschaft aus nicht-stabilen Teilen zu bilden.

71 Richelieu, Political Testament, Madison: University of Wisconsin Press, 1961, S. 116.

72 Dieser Anspruch kann nur in vergleichender Perspektive geltend gemacht werden. Kein Beobachter kann die fortdauernde Bedeutung persönlicher Rache in liberaler Politik anzweifeln.
73 „All die Institutionen, die den Menschen in Widerspruch zu sich selbst bringen, taugen nichts." Rousseau, „Du contract social", Œuvres complètes, Paris: Pléiade, 1964, Bd. 3, S. 464.
74 Montesquieu, Œuvres complètes, hrsg. v. Roger Gallois, Paris, 1951, Bd. 2, S. 379. (dt.: ‚Vom Geist der Gesetze', hrsg. v. Kurt Weigand, Stuttgart 1976, S. 202–203.)
75 Das mag etwas naiv klingen, und das ist es auch. Im totalen Krieg hängt das Schicksal der Individuen vom Schicksal ihrer Nationen ab. Der Liberalismus des 18. Jahrhunderts ist nicht nur angesichts der Greuel des 20. Jahrhunderts hilflos, sondern er hat allgemein Schwierigkeiten mit Krieg und Außenpolitik. Seine kosmopolitische Neigung führt ihn dazu, ein System zu favorisieren, in dem nationale Grenzen porös und leicht zu überschreiten sind. Das funktioniert im Westen zufriedenstellend, aber es ist kein plausibles Prinzip für eine Weltordnung.
76 Diese Liste hat nur Versuchscharakter.
77 Natürlich kann die Parzellierung die Zentralregierung davon abhalten, lokale Buschfeuer zu löschen, bevor sie zu nationalen Feuersbrünsten werden: wenn eine Nazi-Bewegung im Département du Nord begonnen hätte, hätte die Pariser Regierung die Armee entsandt und die Bewegung niedergeschlagen. Die föderalistische Weimarer Republik konnte das nicht. Ganz allgemein können wir sagen, daß der politische Zentralismus moralisch ambivalent ist.
78 Vgl. Joseph Schumpeter, History of Economic Analysis, New York: Oxford, 1954, S. 56. (dt. Ausg.: Geschichte der ökonomischen Analyse, nach dem Manuskript hrsg. v. E. B. Schumpeter, Göttingen 1965).
79 „... daß zuerst jeder einzelne dem anderen nicht sehr ähnlich geartet ist, sondern von Natur verschieden und jeder zu einem anderen Geschäft geeignet;" Platon, Politeia, 370b.
80 „Der Unterschied in den Begabungen der einzelnen Menschen ist in Wirklichkeit weit geringer, als uns bewußt ist, und die verschiedensten Talente, welche erwachsene Menschen unterschiedlicher Berufe auszuzeichnen scheinen, sind meist mehr Folge als Ursache der Arbeitsteilung." Adam Smith, Der Wohlstand der Nationen, hrsg. v. H. C. Recktenwald, München 1978 (rev. Fas.), S. 18.
81 Simmel ging daher fehl in der Behauptung, Maschinen konfiszierten irgendwie die geistige und bedeutsame Seite der Arbeit und ließen den Arbeiter mit einem sterilen Residuum zurück. Georg Simmel, Soziologie, a.a.O., S. 343–344.
82 Adam Smith, a.a.O., S. 13.
83 ebd., S. 662.
84 ebd., S. 663 und 667.
85 Zum Beispiel: „Ein solch monotones Dasein erstickt allen Unternehmungsgeist und verleitet ihn, das unstete, ungewisse und abenteuerliche Leben eines Soldaten mit Widerwillen zu betrachten." ebd. S. 662.
86 ebd., S. 662.
87 Ähnlich Comte: „Wenn die Trennung sozialer Funktionen einerseits einen nützlichen Sinn für das Detail entwickelt, so tendiert sie andererseits dazu, das, was wir den Geist des Gesamten oder Allgemeinen nennen können, auszulöschen oder zu beschränken." in: Auguste Comte und Positivism, hrsg. v. G. Lenzer, New York: Harper, 1975. S. 273.
88 Adam Ferguson, An Essay on the History of Civil Society, 1767, hrsg. v. Duncan Forbes, Edinburgh: University Press, 1966, S. 183.

Differenzierung und Arbeitsteilung im Denken des Liberalismus 41

89 „Sei es in großen oder in kleinen Staaten — bei der Ungleichheit der Bedingungen und der ungleichen Bildung des Geistes, die eine Vielfalt von Zwecken und Anwendungen begleiten, die die Menschen beim fortgeschrittenen Stand gewerblicher Künste voneinander trennen, ist eine Demokratie nur schwer aufrechtzuerhalten.", ebd., S. 187.
90 ebd., S. 183.
91 ebd., S. 183.
92 Tocqueville, De la démocratie en Amérique, Bd. 2, S. 165. (dt. Ausg. a.a.O., S. 176.)
93 Die Erfahrung eines langsam fortschreitenden Aufstiegs, der über mehrere Familiengenerationen erreicht wurde, erklärt, warum die Amerikaner zumindest dazu neigen, Freiheit, Gleichheit und technischen Fortschritt miteinander zu identifizieren.
94 „Hat ein Arbeiter einen beträchtlichen Teil seines Daseins auf diese Weise verwendet, so bleibt sein Denken für immer an den täglichen Gegenstand seines Mühens gehettet; sein Körper hat bestimmte feste Gewohnheiten angenommen, die er nicht loswerden kann. Mit einem Wort, er gehört nicht mehr sich selber, sondern dem Beruf, den er gewählt hat. Vergeblich haben die Gesetze und die Sitten dafür gesorgt, alle Schranken, die diesen Menschen umgeben, zu zerbrechen und ihm überallhin tausend verschiedene Wege zum Reichtum zu öffnen; eine industrielle Theorie, mächtiger als Sitten und Gesetze, bindet ihn fest an seinen Beruf und oft an einen Ort, den er nicht verlassen kann. Sie hat ihm in der Gesellschaft einen festen Platz angewiesen, von dem er sich nicht mehr entfernen kann. Sie hat ihn inmitten der alles ergreifenden Bewegung unbeweglich gemacht." Tocqueville, a.a.O., S. 175—176 (frz. Ausg. S. 165—166).
95 MEW, Berlin, Bd. 1, S. 347—370.
96 „Die Eigentümlichkeit des mittelalterlichen Einungswesens dem modernen gegenüber ist vielfach hervorgehoben worden: es okkupierte den ganzen Menschen." Georg Simmel, Soziologie, Berlin: Duncker und Humblot, 1908, S. 317.
97 Vgl. Odo Marquard, „Inkompetenzkompensationskompetenz?" in: Abschied vom Prinzipiellen, Stuttgart: Reclam, 1982, S. 23—38.
98 John Kenneth Galbraith, The Anatomy of Power, Boston: Houghton-Mifflin, 1983, S. 17.
99 William Conolly, „The Challenge to Pluralist Theory," The Bias of Pluralism, hrsg. v. W. Conolly, New York: Lieber-Atherton, 1973, S. 17.
100 Benjamin Constant, Commentaire sur l'ouvrage de Gaetano Filangieri, Paris: Dufart, 1924, Bd. 2, S. 43—44.
101 Herbert Spencer, The Man Versus the State, Caldwell: Caxton, 1945.
102 Leonard Hobhouse, Liberalismus, Oxford: Oxford University Press, 1964; John Dewey, Liberalism and Social Action, New York: Putnam, 1935.
103 Michael Walzer, Spheres of Justice, New York, Basic Books, S. 64 ff.
104 L. T. Hobhouse, Social Development. Its Nature and Conditions, New York: Belt & Comp., 1924, S. 74—75.
105 Beer übernimmt diese Position und argumentiert: „der zentrale Mechanismus des Modernisierungsprozesses ... ist die Interaktion zwischen Differenzierung und Stufen, aus der jene immer größeren und komplexeren Netzwerke der Interdependenz hervorgehen, die die Hintergrundbedingungen für den fortwährenden Trend moderner Gesellschaften zu mehr Zentralisierung konstituieren." Samuel H. Beer, „The Modernization of American Federalism," Publius, Bd. 3, Nr. 2, Herbst 1973, S. 54.
106 Adam Smith, Wohlstand der Nationen, a.a.O., S. 667.

Horst Folkers

Die Neutralität gesellschaftlicher Gewalt und die Wahrheit der Unterscheidung

Zur Geschichte der Differenzierung von Moralität und Legalität bei Kant und zum Ursprung gesellschaftlicher Differenzierung bei Hegel

I. Die Gewährung des beneficium emigrandi und die Freigabe des religiösen Gewissens in der Konstituierung des modernen Staates

Stellen wir uns — in rein analytischer Absicht — die mittelalterliche Gesellschaft Europas unter dem Begriff des corpus christianum als einheitlich, als „undifferenzierte" Einheit vor[1], so können wir die auf die Reformation folgende Sonderung von Staat und Kirche als erste große soziale Differenzierung im werdenden modernen Europa auffassen[2]. Meist findet als Resultat der Sonderung nur eines der beiden nunmehr „ausdifferenzierten" Gebilde Beachtung, indem von „der Entstehung des modernen Staates als einer — von den sich bekämpfenden Konfessionen distanzierten — säkularen Friedens- und Herrschaftsordnung aus eigenem, unabgeleitetem Recht" gesprochen wird[3]. Was aber enthält das „eigene, unabgeleitete Recht" des Staates, wenn es durch die Distanzierung von der in Konfessionen zerfallenden Kirche bedingt und von einem in der Distanzierung liegenden Verzicht abgeleitet ist? In der Beantwortung dieser Frage kann geklärt werden, in welchem Sinn und mit welchem Recht die Trennung von Staat und Kirche als „Differenzierung" begriffen wird. Differenzierung enthält drei Momente. Die *Differenz* der neuen Gebilde zu sich im alten Zustand, in dem sie Teile einer ungeschiedenen Einheit waren, die Bestimmtheit ihrer relativen *Selbständigkeit* gegeneinander und ihre (relative) *Identität* mit dem alten Zustand.

Der moderne Staat entstand als eine neutrale Macht, weil weltliche Herrschaft die Kraft gewann, unabhängig von der zwischen den Religionsparteien strittigen Frage nach der wahren Religion den Frieden dieser Parteien untereinander zu garantieren. Der Staat löst die Aufgabe, die der französische Kanzler Michel de L'Hopital 1562 formulierte: „Nicht darauf kommt es an, welches die wahre Religion ist, sondern wie man beisammen leben kann."[4] Der Staat entsteht, weil er für unwesentlich erklärt, was dem in streitende Parteien zerfallenen Volk als das Wesentlichste erscheint: die wahre Religion.

Verwickelter als in Frankreich, aber nicht minder lehrreich sind die zur Entstehung des Staates führenden Verhältnisse in Deutschland, genauer im „Heiligen Römischen Reich deutscher Nation". Indem das Reich in *Religionssachen* Frieden herstellt, gelingt es ihm im Reichsabschied von Augsburg 1555 sich zu erhalten. Dieser Friede besteht im wesentlichen darin, daß das Reich sich einer eigenen Entscheidung in der strittigen Sache enthält. Damit „solcher Fried auch der spaltigen Religion halben ... aufgericht und erhalten werden möchte", soll keine Macht im Reiche einen „Stand des Reiches von wegen der Augsburgischen Konfession und derselbigen Lehr, Religion und Glaubens halb mit der Tat ... beschädigen ..., sondern (die Stände) bei solcher Religion ... ruhiglich und friedlich bleiben lassen." (§ 15 Augsburger Religionsfrieden[5]). Im entscheidenden Punkt, der im ganzen Reich geltenden bischöflichen Gerichtsbarkeit, der jurisdictio ecclesiastica, spricht das Reichsrecht einen Rechts- und Machtverzicht der kirchlichen Gewalt aus, indem für die Stände Augsburgischer Konfession „die geistliche Jurisdiktion ruhen, eingestellt und suspendiert sein und bleiben soll" (§ 20)[6]. Nicht nur enthalten sich der Kaiser und alle Stände des gewaltsamen Übergriffs auf andere Stände der Religionssachen wegen, sondern die reichseinheitlich geltende, letztlich auf die Jurisdiktionsgewalt des Papstes zurückführende bischöfliche Jurisdiktion wird in den Ländern Augsburgischer Konfession zurückgezogen. Hiermit wird das Reichsrecht „neutral" gegenüber der Wahrheitsfrage der Religion, der Kaiser als oberster Schirmherr der Kirche gibt seine Rechte gegen die protestantischen Parteien auf. Durch „die religiöse Neutralisierung des Reichskirchenrechts"[7] wird „das mittelalterliche Reich ... in seinen alten Zeiten ‚modern'"[8]. Berücksichtigt man, daß die reichsrechtliche Regelung des Augsburgischen Religionsfriedens in der Frage der Neutralität der Reichsgewalt gegenüber der „neuen Religion" in den reformierten Reichsländern bereits im Speyerer Reichsabschied von 1526 festgesetzt[9] und damit faktisch ein ius reformandi der Stände des Reiches anerkannt wurde, so zeigt sich die dem Reiche abgerungene Neutralität in Religionsfragen als die ursprüngliche Form, in der sich in Europa politische Macht in Distanz zur strittig gewordenen Frage religiöser Wahrheit konstituierte.

Die dann im Reichsrecht von 1555 voll ausgebildete Neutralität der Reichsgewalt gegenüber religiöser Wahrheit trägt freilich noch vormoderne Züge. Das ius reformandi, die religiöse Selbstbestimmung, kam nur den reichsunmittelbaren Ständen, also den Kurfürsten, Fürsten und reichsfreien Städten, und auch diesen nur insoweit zu, als sie entweder altgläubig bleiben oder sich der Augsburgischen Konfession anschließen wollten. Von einem ius reformandi als Recht religiöser Selbstbestimmung des einzelnen Gewissens war unmittelbar keine Rede, vielmehr sollte die Neutralität des Reiches gerade die Geschlossenheit des Gottesdienstes in den Ländern und Städten des Reichs ermöglichen. „Das Reich beschränkt sich darauf, den Frieden zu wahren und gibt im übrigen nur einen allgemeinen Rahmen, der für beide Konfessionen paßt. Es hält sich in den konkreten Fragen in der Regel im Hintergrund und läßt den Territorien freie Hand, ihr Partikularkirchenwesen nach Gutdünken zu regeln. Auf die Territorien gehen die Zügel des Kirchenregiments über."[10] Neutralität des Reiches, aber Staatskirchentum der Territorien, das ist der Grundzug der neuen Regelung.

Die vormodernen Züge der Neutralisierung des Reichsrechts haben einer späteren, gleichsam von Natur aus individualistischen Geschichtsbetrachtung die politische Bedeutung dieses Vorgangs verdeckt. Den Aufstieg Preußens und den Niedergang des Reiches vor Augen hat man sich angewöhnt, allein die Territorien als politisch zukunftsreich zu betrachten, die Stände des Reiches als souveräne Staaten in spe zu behandeln[11]. Dann aber zeigt sich, jedenfalls im 16. Jahrhundert, sofort eine gravierende Rückständigkeit der Territorien. Sie bleiben „der geschlossene Konfessionsstaat, in dem nur eine der Glaubensrichtungen als öffentliche Staatsreligion anerkannt ist"[12]. „Die modernen Staatsgebilde in den Territorien entstehen und leben ‚mittelalterlich'".[13] Dies Urteil muß noch verschärft werden, sieht man auf das Schicksal der suspendierten geistlichen Jurisdiktion, die nicht nur wegen der Ehesachen eine außerordentliche Bedeutung hatte. Diese Jurisdiktion konnte in den protestantisch gewordenen Gebieten auf niemand anderen als auf den Landesherren übergehen, war es doch sein aus der Kirchenvogtgewalt abgeleitetes ius reformandi, das die Einführung lutherischer Lehre, gewissermaßen als Abstellung eines Mißstandes, ermöglichte. Die Landesherren gewannen mit jener Jurisdiktion und diesem Recht, „Religion, Glauben, Bestellung der Ministerien, Kirchengebräuchen, Ordnungen, Zeremonien" aufzurichten (§ 20 ARF)[14], eine zugleich weltliche und geistliche Macht über ihre Untertanen, wie sie so vollständig nie ein Fürstbischof, der an die Gesamtkirche gebunden blieb, nie auch Kaiser oder Papst allein innegehabt hatten[15].

Allerdings war in anderer Hinsicht diese neue, dem Mittelalter unbekannte, landesherrliche Vollgewalt von vorneherein beschränkt. Sie blieb zum einen eine prinzipiell durch das Reichsrecht auf die Stände übertragene Rechtsmacht; zum anderen, und diese Schranke macht den Ursprung einer neuen Epoche aus, räumte das Reichsrecht auch dem einzelnen Untertanen unmittelbar ein Recht ein, nämlich sich dem in seinem Lande herrschenden Gottesdienst zu entziehen. § 24 des Augsburger Religionsfriedens bestimmt: „Wo aber Unsere (sc. der Königlichen Majestät Ferdinands), auch der Kurfürsten, Fürsten und Stände Untertanen der alten Religion oder Augsburgischen Konfession anhängig, von solcher ihrer Religion wegen aus Unseren, auch der Kurfürsten, Fürsten und Ständen des Heiligen Reichs Landen, Fürstentumen, Städten oder Flecken mit ihrem Weib und Kindern an andere Orte ziehen und sich niedertun wollten, denen soll solcher Ab- und Zugang auch Verkaufung ihrer Hab und Güter gegen ziemlichen, billigen Abtrag der Leibeigenschaft und Nachsteuer, wie es jedes Orts von altershero üblichen, hergebracht und gehalten worden ist, unverhindert männiglich zugelassen und bewilligt, auch an ihren Ehren und Pflichten aller Ding unentgolten sein. Doch soll den Oberkeiten an ihren Gerechtigkeiten und Herkommen der Leibeigenen halben, dieselbigen ledig zu zählen oder nicht, hierdurch nichts abgebrochen oder benommen sein."[16] Wenn das Recht des Staates am Untertan, selbst am leibeigenen Untertan, dort endet, wo der Untertan sich aus freiem Willen dem ihm öffentlich verordneten Gottesdienst entziehen kann, dann ist der Herrschafts- und Gehorsamsanspruch des Staates bereits prinzipiell beschränkt[17]. „Toleranz, Gewissens- und Religionsfreiheit" halten „über das beneficium emigrandi ihren Einzug in das deutsche Staatskirchenrecht."[18] Der Form nach ist das beneficium emigrandi eine — freilich das bisherige System sprengende — reichsrechtliche Einräumung. Doch ist seine eigentliche Wurzel nicht staatliche Gewährung, sondern der freiwillige Entschluß des Einzelnen. Die Unfähigkeit des Reichsrechts, über wahre Religion zu entscheiden, macht das Gewissen des Einzelnen zum Ort dieser Entscheidung. Deshalb folgt das Verlangen nach Gewährung der „Religionsfreiheit" auch im Territorium mit Notwendigkeit aus dieser ersten Entscheidung. „Das Problem der Religionsfreiheit stellt sich in der Frage, ob es einen Zwang zur Emigration gebe oder nicht? Müssen die Untertanen das Land verlassen, wenn sie nicht konvertieren wollen? Steht es nicht vielmehr in ihrem Belieben, dorthin auszuwandern, wo ihr Bekenntnis öffentlich gilt, oder auch lieber zu bleiben, auf die öffentliche Ausübung zu verzichten und ihren Glauben privatim zu pflegen ohne Beteiligung an der abweichenden Staatsreligion ihres Territoriums? In einheitlicher Front hat die evangelische Publizistik diese letzte Meinung vertreten."[19]

Aber auch von der Seite des Verhältnisses des Reiches zu seinen Ständen ist das reichsrechtlich geregelte beneficium emigrandi von hervorragender Bedeutung. An ihm zeigt sich „der Vorrang, den das Reichsrecht beansprucht. Es mischt sich hier unmittelbar in die Verhältnisse der Untertanen ein, obgleich diese sonst keine Reichsunmittelbarkeit besitzen, und gibt ihnen selbst Rechte. Hierin liegt eine Besonderheit und eine Durchbrechung des normalen Reichsrechts, die bewußt als solche empfunden wird. Die Frage, ob und wie der Religionsfriede auch für die Untertanen gelten könne, wird deshalb häufig erörtert. Daran ist zu sehen, daß der Religionsfriede als Verfassungsordnung mit Vorrang gegenüber allen anderen Gesetzen zu behandeln ist. Der sonst geltende Grundsatz von der Subsidiarität des Reichsrechts gegenüber dem Partikularrecht hört hier auf."[20]

Jetzt läßt sich die eingangs gestellte Frage beantworten, wodurch sich der neu gebildete Staat vom alten corpus christianum unterscheidet und worin sein eigenes Recht besteht.

Betrachten wir zunächst das Reich, so erhält es sich durch *Verzicht* auf die einheitliche Religion im ganzen Reich, durch die ausdrückliche *Anerkennung der gleichen Geltung* zweier ihrem Selbstverständnis und ihrem Wahrheitsanspruch nach sich ausschließender Konfessionen. Das Reich hat sein eigenes Recht in der Aufrichtung einer (religions-)*neutralen Herrschaftsform*, in der die Einheit des Reiches, des Oberhauptes und des Beschlußorgans des Reichstags gewahrt bleibt, indem es gegenüber der unlösbar gewordenen religiösen Wahrheitsfrage *Verfahren* des friedlichen Zusammenlebens ausbildet.

Zur Stabilität dieser Verfahren trägt bei, daß dem Untertan im beneficium emigrandi das Recht eingeräumt wird, den Gottesdienst seines Gewissens im Reiche aufzusuchen. Die Überlegenheit des Reichskirchenrechts bewährt sich, indem es das ius reformandi der Stände durch das beneficium emigrandi der Untertanen ergänzt: Wie den Ständen ist auch den Untertanen der Wechsel der beiden anerkannten Religionen freigestellt; können jene für ihr Gebiet bestimmen, so haben diese immerhin freien Abzug.

Betrachten wir unter derselben Frage der Differenzierung weltlicher und geistlicher Gewalt die Länder des Reiches, so zeigt sich ihre neue Stellung vor allem in zwei Hinsichten. In den reformierten Territorien wird mit der Suspendierung der geistlichen Jurisdiktion die vormals jedenfalls bereichsweise überlegene Entscheidungsgewalt der Kirche[21] aufgehoben, die Kirche wird dem Regiment des Landesherrn untergeordnet. Der Landesherr rückt in die Stellung des Bischofs ein[22], es entsteht das landesherrliche Kirchenregiment. Umgekehrt endet der wahre Gottesdienst an den Landesgrenzen, das Territorium entscheidet über wahr und falsch und tritt damit erst in den Mittelpunkt staatsrechtlicher Aufmerksamkeit und Unterscheidungskunst[23]. Der Landesherr hat zwar noch zu wissen, daß auch für ihn „der Herr im Himmel ist und bei ihm kein Ansehen der Person gilt" (Eph 5, 9)[24], aber der Herren in Rom und auf dem nächsten Bischofssitz ist er ledig geworden. Doch ist die neu gewonnene Vollmacht des Landesfürsten zugleich durch die Freiheit seiner Untertanen, sich dem im Lande geltenden Gottesdienst zu entziehen, begrenzt. Indem der Staat nicht mehr der einen Kirche unterworfen ist, sind auch die Untertanen nicht mehr seiner Kirche unterworfen. Die Entscheidungsfreiheit der Untertanen ist dem Gehorsamsanspruch des Staates vorgeordnet. Für die Untertanen sind die Territorialgrenzen, in die der Landesherr mit seiner Wahrheit eingeschlossen ist, überschreitbar. In der Entscheidung für den wahren Gottesdienst manifestiert sich im Gewissen des Einzelnen eine Macht, an der sich jede Macht des Staates bricht.

Wenigstens kurz muß noch ein Blick auf die andere Seite der ehemaligen Einheit des corpus christianum, aus der sich der Staat ausdifferenzierte, geworfen werden. Ist der Begriff der Differenzierung richtig gewählt, so muß auch die Kirche sich ausdifferenziert haben und sowohl vom alten Zustand wie gegenüber dem Staat durch eine neue Bestimmung ihres eigenen Rechtes unterschieden sein.

Während wir aber die Macht des Staates, freilich in einer schon traditionellen Pluralität der Staaten, zu einer neuen Geschlossenheit sich entwickeln sehen, bietet die Kirche ein zersplittertes Bild, ihre alte Universalität ist zerstört. In ihrem Kern, Trägerin der seligmachenden Wahrheit zu sein, stellt sie sich in zwei Konfessionen dar, die dem Anspruch der je anderen auf Wahrheit das „anathema sit" bzw. die Vermutung, sie gehöre dem „regnum diaboli" an, entgegenstellen[25]. Damit ist die Frage nach der Wahrheit institutionell unentscheidbar geworden und die kunstvolle Leistung der mittelalterlichen Kirche durch die Ausbildung einer allgemeinen Bußpraxis, eines Ketzerrechts und des päpstlichen Jurisdiktionsprimats, alle Wahrheitsfragen prinzipiell und aktuell entscheiden zu können, hinfällig. Zwar wird der Anspruch auf Wahrheit von den Konfessionen in aller Schärfe aufrechterhalten, aber auf ein gemeinsames Verfahren, diese Wahrheit auch auszusprechen, müssen die konfessionell beschränkten Kirchen verzichten. Das Wesen der Wahrheit und ihre Existenz treten für beide Seiten, beide Kirchen auseinander.

Institutionell bilden sich die Kirchen beider Konfessionen zunächst sehr verschieden aus. Die römische Kirche bleibt eine Universalkirche, die aber nicht mehr universal ist. Sie muß sich mit einer regional begrenzten Durchsetzungsgewalt abfinden und in den protestantischen Territorien die Enteignung des Kirchengutes und die Aufhebung der geistlichen Jurisdiktion hinnehmen. Die lutherische Kirche, die sichtbare Versammlung der unsichtbaren geistlichen Kirche, der ecclesia spiritualis[26], wird von vornherein regional als Landeskirche ausgebildet und unter dem Regiment des Landesherrn als vornehmste Landeseinrichtung betrachtet — universal ist sie nur in der Lehre der Theologen, als Kirche des Glaubens.

In der gleichmäßigen Anerkennung beider Wahrheiten und der Freistellung der Einzelnen vom Zwang, gegen ihr Gewissen beim falschen Gottesdienst zu bleiben, hat das neue Reichskirchenrecht die Entscheidung der Frage nach der Wahrheit des Heils zwar regional und herrschaftlich in die Entscheidung der Reichsstände, prinzipiell aber in das Gewissen des Einzelnen gelegt. Setzt sich in den Territorien zunächst das „katholische" Prinzip der öffentlich geltenden wahren Religion durch[27], so setzt sich im Reich mit dem beneficium emigrandi das „protestantische" Prinzip der Freigabe des Gewissens als letzter Wahrheitsinstanz durch. Diese Differenzierungsresultate zeigen, wie die formgebenden Kräfte von der Kirche auf die politischen Instanzen, zunächst auf Kaiser und Reich, später, in der Ausbildung der Toleranz in den Territorien, auch auf die Landesherren übergehen. Die Kirche lebt von nun an in Formen, die ihr der Staat vorprägt. Aber dies ist nur die eine Seite und geht nur ihre öffentliche Gestalt an. Um ihre Form zu bestimmen, muß der Staat selbst auf den in den Kirchen vertretenen Wahrheitsanspruch verzichten. Nur im eigenen Land gilt die Wahrheit öffentlich, im Reiche nicht. Im Reiche gilt die Neutralität, die Unentscheidbarkeit und damit vielmehr die Freiheit, sich selbst zur Wahrheit entscheiden zu können. Der Landesherr bleibt an den von ihm aufgerichteten öffentlichen Gottesdienst gebunden, der Untertan nicht. Sein Gewissen ist der Grund dieser Freiheit zur Wahrheit. Es ist dem Staate unerreichbar geworden. Das Gewissen, vom Mittelalter aus betrachtet der letzte Fluchtpunkt der ehemaligen päpstlichen Jurisdiktionsgewalt über die Wahrheit, wird selbst zur Quelle sozialer Gestaltung. Ihm ist, was die Wahrheit angeht, keine Instanz mehr überlegen, und deshalb ist das Gewissen zugleich der freieste Ort der Selbstbestimmung. Es ist, zunächst noch ganz in den Formen des Glaubens, Nachfolger der Kirche gegenüber dem Staat. Es repräsentiert die Freiheit: das gläubige, wahrheitsfähige Gewissen wird zum Stützpunkt der Freiheit in der Welt und zum Ausgangspunkt der Weltherrschaft der Freiheit.

II. Vom Ursprung der Vernunft aus der Öffentlichkeit und der Privatheit

Unter diesen reichsrechtlichen, territorialen und kirchlichen Ausgangsbedingungen bildet sich die große Unterscheidung der Öffentlichkeit der Herrschaft des Staates und der Innerlichkeit und Privatheit der Wahrheit des Gewissens aus. Der Staat herrscht, aber er ist neutral; zur Wahrheit hat er nichts zu sagen. Das Gewissen spricht die Wahrheit, aber öffentlich kann es nur werden, wenn es — zufällig — mit dem im Staat aufgerichteten Gottesdienst übereinstimmt. Die Abstraktion der öffentlichen Gewalt von ihrer Bewährung im einzelnen Gewissen und Glauben und die Abstraktion der tiefsten Gewißheit der Wahrheit von ihrer Bewährung in der Öffentlichkeit, das ist zunächst das Grundgesetz des modernen souveränen Staates. Schon nach dem Augsburger Religionsfrieden und erst recht nach dem Westfälischen Frieden gilt dem Prinzip nach das, was später für den eigentlich modernen Verfassungsstaat gesagt werden kann: „Der freiheitlich säkularisierte Staat lebt von Voraussetzungen, die er selbst nicht garantieren kann."[28]

Die schlechthin konstitutive Bedeutung des Öffentlichen und der öffentlichen Repräsentation im neuzeitlichen absoluten Staat hat hier ihren Grund. Denn die Öffentlichkeit bezeichnet die Grenze der Staatsgewalt, nur was öffentlich werden kann, ist dem Staat und seiner Herrschaft erreichbar[29]. Damit aber ist das Geheimnis die Macht, die dem Staat die Notwendigkeit diktiert, alles öffentlich zu machen, was er beherrschen will; und er selbst erkennt diese Macht in der Geheimdiplomatie nach außen und der Intrige nach innen an. Wo so der Wille, alles öffentlich zu machen, herrscht, weil das Entscheidende, der Spruch über wahr und falsch, geheim oder privat bleibt, wird wie von selbst das Öffentliche zum Theater und die Welt zum theatrum mundi. Der Schauplatz, sei es der des Hofes, des Krieges oder des Theaters, behauptet seine Macht – und gesteht auch seine Ohnmacht[30]. Im dunklen Gegenlicht zu dieser hell erleuchteten Sphäre der Öffentlichkeit steht das Private, und zwar gerade dann, wenn es der nur tolerierten, weil dissentierenden Minderheit angehört. Welcher Triumph der Privatheit, zu Hause, im stillen Kämmerlein, der devotia domestica nachzugehen, nur der eigenen Wahrheit zu folgen! Den Fürsten, den öffentlichen Kirchgängen, den Gebräuchen im Lande, den Kirchtürmen und Glocken zum Trotz – der Wahrheit anzuhängen, den wahren Gott in wahrer Form anzubeten! Wie könnte sich die Überlegenheit des Gewissens und der Wahrheit über alles herrschende Öffentliche, über das sichtbare Äußere besser bewähren als hier! Die wahre Ecclesia ist invisibel. Dahin ist es gekommen, daß jeder „sein Selbst als solches, als das Wesen weiß, zu diesem Eigensinn kommt, vom daseienden Allgemeinen abgetrennt, doch absolut zu sein – in seinem Wissen sein Absolutes unmittelbar zu besitzen."[31] Und schließlich der Hochmut und die Überlegenheit derer, die aus dieser bevorrechtigten Einsamkeit herkommend, sich an anderem Orte zu erkennen geben können. Hier in den abgeschlossenen Stuben sind die Energien gewachsen, die den alten Staat sprengen und ihn auf die neue Grundlage bürgerlicher Freiheit stellen sollten. Denn hinter der Öffentlichkeit und ihrer zunehmenden Äußerlichkeit steht der repräsentative Stand, der Adel, und hinter der Privatheit einer sich im Gewissen konzentrierenden und verdichtenden Innerlichkeit steht das Bürgertum. Noch bleibt dem Bürger ein Rätsel, wie seine wahrhafte Innerlichkeit ins Äußere herauskommen soll, noch hat die bürgerliche Ökonomie in der politischen und wirtschaftlichen, der wissenschaftlichen und kulturellen Revolution nicht den Schlüssel zur Auflösung dieses Rätsels gefunden, noch gelten die adligen Formen der Öffentlichkeit, in denen sich auch jene innerliche Freiheit bewähren sollte. Für einen Augenblick der Geschichte konnte das Theater als der Ort erscheinen, wo sich Bürger und Adlige treffen, wo der Bürger sich als öffentliche Person darstellen kann.

In seinem Wilhelm Meister hat Goethe diesen Ort für die Weltgeschichte festgehalten. Der Adlige ist „eine öffentliche Person ... er sei kalt aber verständig; verstellt aber klug. Wenn er sich äußerlich in jedem Momente seines Lebens zu beherrschen weiß, hat niemand eine weitere Forderung an ihn zu machen".[32] „Anstatt daß dem Bürger nichts besser ansteht, als das stille Gefühl der Grenzlinie, die ihm gezogen ist. Er darf nicht fragen: Was bist du?, sondern nur: Was hast du? Welche Einsicht, welche Kenntnis, welche Fähigkeit, wieviel Vermögen? Wenn der Edelmann durch die Darstellung seiner Person alles gibt, gibt der Bürger durch seine Persönlichkeit nichts und soll nichts geben. Jener darf und soll scheinen; dieser soll nur sein, und was er scheinen will, ist lächerlich und abgeschmackt. Jener soll tun und wirken, dieser soll leisten und schaffen."[33] Wilhelm aber glaubt, auf dem Theater diese Schranken überschreiten zu können. „Du siehst wohl, daß das alles für mich nur auf dem Theater zu finden ist, und daß ich mich in diesem einzigen Elemente nach Wunsche rühren und ausbilden kann. Auf den Brettern erscheint der gebildete Mensch so gut persönlich in seinem Glanz, als in den oberen Klassen; Geist und Körper müssen bei jeder Bemühung gleichen Schritt gehen, und ich werde da so gut sein und scheinen können, als irgend anderswo."[34]

Weil die Bretter des Theaters eine Versöhnung von Adligem und Bürger so wenig tragen konnten wie die Überwindung der Trennung von Öffentlichkeit und Privatheit, scheitert die „Theatralische Sendung" des Wilhelm Meister und mündet in seine „Lehrjahre" ein. Die Abgesandten des Turms nehmen ihn in die Lehre des Jahrhunderts, in die Lehre der Vernunft. Gleich in der ersten Begegnung Wilhelms mit dem „Unbekannten"[35] gibt dieser ihm zu bedenken: „Das Gewebe dieser Welt ist aus Notwendigkeit und Zufall gebildet; die Vernunft des Menschen stellt sich zwischen beide und weiß sie zu beherrschen; sie behandelt das Notwendige als den Grund ihres Daseins; das Zufällige weiß sie zu lenken, zu leiten und zu nutzen, und nur, indem sie fest und unerschütterlich steht, verdient der Mensch, ein Gott der Erde genannt zu werden."[36]

Wie hier die Vernunft zwischen Notwendigem und Zufälligem hauszuhalten weiß, so scheint dem 18. Jahrhundert in ihr der Quell zu jeder Einigung, zum Ausgleich aller Differenzen zu liegen. In der Linie der bisherigen Interpretation ist die Differenz von Staat und Kirche, das Auseinandertreten von Öffentlichkeit und Privatheit, der Gegensatz von absoluter Fürstenmacht und Freiheit des einzelnen Gewissens herausgearbeitet worden. Recht und Moralität — in ihrer Kantischen Fassung — sind dann diejenige letzte Interpretation jener Momente, die ihren Gegensatz in der schärfsten Weise zur Darstellung bringen. Aber diese aus dem Begriff der Freiheit entwickelte, bis zum wechselseitigen Ausschluß getriebene Distanzierung jener Momente im Begriff des Äußeren und Inneren hat das Vertrauen in die Vernunft als die dem Zeitalter zufallende und es haltende Macht zum Hintergrund. Der radikalste Interpret der Vernunft in deutscher Sprache ist Kant. In der Vernunft sind die Mächte der Zeit vereinigt, die Vernunft geht aus der Schule der Geschichte Deutschlands, des neben den Niederlanden und der Schweiz einzigen dauerhaft konfessionell gespaltenen Landes, hervor. In der Vernunft ist einerseits die politische Leistung überlegener, durch Distanz gewonnener Neutralität aufgenommen, andererseits aber die jurisdiktionelle Vollmacht, wie sie der päpstliche Jurisdiktionsprimat beansprucht, wie sie dem Jüngsten Gericht Gottes zugeschrieben wird und wie sie das protestantische Gewissen erfährt. Die *Neutralität* im Streit, die Überlegenheit durch Abstraktion von Widersprüchen, kurz, die Enthaltung von eigener Entscheidung bei Angabe eines Verfahrens des Nebeneinanderbestehens ist das moderne politische Erbe der Vernunft[37]; selbst unfehlbare *oberste Entscheidungsgewalt* zu sein, indem sie dem, dem päpstlichen Jurisdiktionsprimat noch überlegenen Jüngsten Gericht Gottes ebenso zugeordnet ist, wie dem in jedem Einzelnen existiernden Gewissen, ist ihre vormoderne Mitgift[38]. Klug geworden wie die Politik, sich aus unlösbaren Wahrheitsfragen herauszuhalten, hat die Vernunft zugleich wie nur je eine Instanz Entscheidungsgewalt in sich versammelt. Je länger, desto deutlicher war sie es, nicht Staat, nicht Kirche als solche, die in der Aufrichtung von Ordnung begriff, daß sie keine Instanz über sich anzuerkennen habe, daß sie „sich selbst als Urheberin ihrer Prinzipien ansehen (müsse), unabhängig von fremden Einflüssen"[39]. In die Vernunft gehen die Kräfte ein, die die politische Leistung des Westfälischen Friedens waren: „Das IPO (Instrumentum Pacis Osnabrugensis), das sich als Bestätigung des Augsburger Religionsfriedens betrachtet, baut die dort angelegte reichsrechtliche Parität der Bekenntnisse zum System aus. Die aequalitas exacta mutuaque (Art. V, § 1) prägt von nun an die Verfassungsinstitutionen."[40] „Das Reich hat damit die konfessionelle Spaltung endgültig in einem kunstvollen System paritätischen Ausgleichs legalisiert, wenngleich die Idee der einen, durch die endliche Vereinigung der streitenden Parteien herzustellenden Reichskirche, das Leitbild auch dieser Verfassungsordnung blieb."[41]

Das Ideal des Systems als universeller Ausgleich widerstreitender Kräfte trat in der Zeit des Westfälischen Friedens mit Spinozas Werken zum ersten Mal in der Geschichte der Philosophie auf und blieb für 200 Jahre maßgebend. Spinoza vereinigte die streitenden, unvereinbaren res des Cartesius, indem er sie zu Attributen der Substanz herabsetzte. Dem Geist des Zeitalters entsprach es, daß er das System der Wahrheit als „Ethik" und als „Theologisch-politischen Traktat" veröffentlichte. In der Kraft, einen neutralen Boden zu gewinnen, sowohl in der ausgleichenden Kraft der politischen Friedensordnung des Westfälischen Friedens wie in der Kraft der Vereinigung von res extensa und res cogitans im System der Philosophie, erkannte das 18. Jahrhundert die Kraft der Vernunft. Die Vernunft erhob sich über den Streit der Glaubensparteien, also war sie es, die zunächst in der Gestalt einer neutralen Macht den freigewordenen Platz der Wahrheit einnahm. Der Vernunft kam es zu, Extreme nach ihrem wahren Wert zu begreifen, sie nahm die Gerichtsgewalt göttlicher Vernunft in sich auf. Für die im Konfessionsstreit Europas gestählte Vernunft, die ihrer neu errungenen Allgemeinheit zutraut, die Differenz aller Religionen zu überwinden, Mohammedaner, Juden, Christen zu vereinigen, legt Lessings „Nathan" Zeugnis ab.

Wenn der Tempelherr spricht: „Zudem ich seh nun wohl, Religion ist auch Partei, und wer sich drob auch noch so unparteiisch glaubt, hält ohn' es selbst zu wissen, doch nur seiner die Stange"[42] — so spricht er in Wahrheit im Namen der Vernunft den streitenden Parteien das Urteil. Von Mord und Totschlag der Religionsparteien, vom Mord der Christen an seiner Frau und sieben hoffnungsvollen Söhnen herkommend, kann Nathan sprechen: „Doch nun kam die Vernunft allmählig wieder. Sie sprach mit sanfter Stimm: und doch ist Gott!"[43] Die Vernunft allein weist den Weg auf Gott, nicht die Religion, die zur Partei herabgesunken ist. Die Vernunft hat Kräfte göttlicher Vollmacht zu entscheiden wie zu versöhnen erworben. Und wenn Nathan dann zum Klosterbruder spricht: „Denn was mich Euch zum Christen macht, das macht Euch mir zum

Juden"⁴⁴, so ist dies wiederum die Vernunft, die Gott selbst zum Verwechseln ähnlich geworden ist.

III. Die vernünftige Differenzierung von Recht und Moralität bei Kant

Vor der Hybris dieser Konsequenz, der Ununterscheidbarkeit von Gott und Vernunft, zurückschreckend, aber alle Gewalten neutraler Allgemeinheit und letzter Entscheidung der Vernunft bewahrend und radikalisierend, konzipiert Kant seinen Vernunftbegriff. Die Allgemeinheit der Vernunft ist Resultat einer sich auf sich selbst beziehenden Jurisdiktion. Die Vernunft setzt einen „Gerichtshof"⁴⁵ ein, vor dem sie selbst als Klägerin und Beklagte steht, und ihr Urteil geht dahin, der beklagten Vernunft ihre „gerechten Ansprüche"⁴⁶ zuzusprechen wie der klagenden Vernunft „alle grundlosen Anmaßungen"⁴⁷ abzusprechen. Richter, Kläger und Beklagter in einer Person ist die kritische Vernunft. Kant versäumt nicht auszusprechen, aus welchen Auseinandersetzungen ihr diese inkomprehensible, irresistible und inappellable⁴⁸ Vollmacht zukommt: die Heiligkeit der Religion wie die Majestät der Gesetzgebung, die sich gemeiniglich der Vernunft entziehen wollen, haben sich jetzt, wie alles, der Kritik zu unterwerfen⁴⁹. Denn „unverstellte Achtung" bewilligt die Vernunft nur demjenigen, „was ihre freie und öffentliche Prüfung hat aushalten können"⁵⁰. Gilt dies schon in ihrem theoretischen Gebrauch, in dem die Vernunft immerhin noch Belehrung annimmt, wenngleich nur in der Rolle eines „bestallten Richters, der die Zeugen nötigt, auf die Fragen zu antworten, die er ihnen vorlegt"⁵¹, so gilt es erst recht in ihrem praktischen Gebrauch. Hier ist sie gedacht „unter der Idee einer Vernunft, die über alle subjektive Bewegursachen völlige Gewalt hätte"⁵², und nur mit Rücksicht auf den Menschen betrachtet, stößt sie auf Hindernisse als eine Vernunft, die zwar „Gesetze bestimmt, nach denen alles geschehen soll (− und auch alles geschähe, wenn sie völlige Gewalt hätte − d. Verf.), aber doch auch mit Erwägung der Bedingungen, unter denen es öfters nicht geschieht"⁵³.

Praktische Vernunft hat die Vernunft zur *Gesetzgeberin* des Willens, sie kulminiert in der Tugend, in der sich die „eigene gesetzgebende Vernunft ... zu einer das Gesetz *ausführenden Gewalt* selbst konstituiert"⁵⁴. Vernunft ist nicht nur gesetzgebende und ausführende Gewalt, sie ist auch in der inneren Beziehung der Vernunft auf sich, im Gewissen, „das Bewußtsein eines inneren Gerichtshofes im Menschen"⁵⁵, eine „über die Gesetze in ihm *wachende Gewalt*"⁵⁶. Als gesetzgebende, ausführende und richtende (wachende) Gewalt ist die praktische Vernunft Vollgewalt, der ihre Widersacherin, die Sinnlichkeit, höchstens aktuell, aber niemals prinzipiell entgegentreten kann.

Aber nicht die Einheit praktischer Vernunft, sondern vielmehr die bis zum wechselseitigen Ausschluß gehende Differenz von Recht und Moralität tritt dem Betrachter des auf die „Kritik der praktischen Vernunft" folgenden Systems, der „Metaphysik der Sitten", unmittelbar entgegen. Eine Gesetzgebung, „welche eine Handlung zur Pflicht, und diese Pflicht zugleich zur Triebfeder macht, ist *ethisch*. Diejenige (sc. Gesetzgebung) aber, welche das Letztere nicht im Gesetze mit einschließt, mithin auch eine andere Triebfeder, als die

Idee der Pflicht selbst, zuläßt, ist *juridisch*"[57]. Entsprechend nennt man *Legalität* „die bloße Übereinstimmung oder Nichtübereinstimmung einer Handlung mit dem Gesetze, ohne Rücksicht auf die Triebfeder derselben"[58], dagegen *Moralität* oder Sittlichkeit der Handlung diejenige Übereinstimmung einer Handlung mit dem Gesetze, „in welcher die Idee der Pflicht aus dem Gesetze zugleich die Triebfeder der Handlung ist"[59]. Legale Handlungen geschehen pflichtgemäß, moralische Handlungen aus Pflicht. Von außen betrachtet weisen sie keinerlei Unterschied auf, *beide* stimmen mit der Pflicht überein. Wo immer eine Handlung erscheint, wo sie ins Licht der Öffentlichkeit tritt, ist ihr nur anzusehen, ob sie der Pflicht gemäß ist. Die Öffentlichkeit kann nur nach pflichtgemäß und pflichtwidrig unterscheiden. Aber hinter dieser Öffentlichkeit, ihren Augen unentdeckbar, in der Selbstbestimmung des Willens durch Vernunft, macht jeder Einzelne die Entdeckung, daß er sich *aus* Pflicht bestimmen kann, indem er die „Pflicht zugleich zur Triebfeder macht"[60]. Erst dann bestimmt er sich aus Vernunft, erst dann wird er frei und bleibt frei. Diese innere Gesetzgebung, der er sich freiwillig unterwirft, weil er selbst sie sich gibt, kann von keiner äußeren erreicht werden, selbst nicht der Gesetzgebung „eines göttlichen Willens"[61].

Die eigene Gesetzgebung allein zählt für ihn, weil sie ihm die unüberwindliche Stärke der Freiheit verleiht. Einen Zweck zu erfüllen mag man ihn zwingen können, aber dann ist er nur Mittel zum Zweck eines anderen. Aber dazu, etwas sich zum Zweck zu machen, ist er nicht zu zwingen, „und doch kann ich keinen Zweck haben, ohne ihn mir zu machen"[62]. Aus dieser Freiheit der Selbstbestimmung wirft die im Gewissen gerechtfertigte praktische Vernunft den Blick zurück in das öffentlich erscheinende Handeln. Gewiß ist es rechtmäßig, der Pflicht gemäß; wenn es das nicht wäre, könnte und würde es zur Rechtmäßigkeit gezwungen werden, die Willkür eines jeden nach striktem Recht zu bestimmen „fußet sich ... auf dem Prinzip der Möglichkeit eines äußeren Zwanges, der mit der Freiheit von jedermann nach allgemeinen Gesetzen zusammen bestehen kann"[63]. Aber ist das Handeln nicht rechtmäßig nur deshalb, weil es unter der Drohung des Zwanges steht? Notgedrungen geschehend, so läßt sich jede rechtmäßige Handlung öffentlich betrachten. Freiwilligkeit ist an ihr nicht zu entdecken. Da ihr Prinzip zwar nicht von der Freiheit, aber wohl von der Freiwilligkeit der Selbstbestimmung abstrahiert, liegt es immer nahe, ihre Triebfeder „von den pathologischen Bestimmungsgründen der Willkür der Neigungen und Abneigungen"[64] hergenommen anzusehen. Es mag niederträchtig sein, aber es ist nicht zu leugnen: wer nur notgedrungen tut, was er tun soll, wer sich fremden Zwang und Befehl unterwirft, den achtet die freie Vernunft nicht. „Verstellt aber klug" nennt Wilhelm Meister den Adligen.

Man mag mich, der ich reformierten Bekenntnisses bin, nötigen, am lutherischen Gottesdienst, dem öffentlichen Gottesdienst des Landes teilzunehmen, aber an meinen Glauben reicht diese Nötigung nicht heran, „der Glaube ist etwas rein Innerliches, von Beziehungen zu Anderen vollkommen Unabhängiges."[65] Ich unterwerfe mich den Ordnungen, aber nicht dem Bekenntnis[66]. Sind aber nicht auch die anderen Heuchler, verstellt aber klug? Nur dort, wo ich darauf vertraue, daß das, was geschieht, aus freier Selbstbestimmung geschieht – und das öffentliche Kennzeichen dafür ist die Abwesenheit von

Zwang —, bleibt mein Respekt erhalten. Gerade das, was das Recht, nach seiner Form der äußeren Pflichtgemäßheit, der öffentlichen Erzwingbarkeit nicht erreicht, nötigt mir Achtung ab, ist als Halt und Grund auch rechtmäßigen Tuns zu achten. Jenseits der öffentlichen Sphäre des Rechts, der Sphäre der Verstellung und des Scheins, liegen die Wurzeln der Wahrheit und der Macht[67]. Nur wem es gelingt, die *Freiwilligkeit* der Einzelnen zu erreichen und *sie* zu Handlung und Gemeinschaft zu verbinden, kann von nun an das Gesetz der (bürgerlich gewordenen) Geschichte bestimmen.

Aber auch eine umgekehrte Betrachtungsweise muß erwogen werden. Recht ist zwar äußerlich mit Zwang verbunden, innere Bestimmung nötigt es mir nicht ab. Alle Sittenprediger und Religionsvertreter hingegen wollen mich auch zur inneren Zustimmung, zur Bestimmung meines Handelns nicht nur gemäß der Pflicht, sondern aus Pflicht bewegen. Das Recht umfaßt moralisches wie nichtmoralisches Handeln — es bleibt gleichgültig dagegen, welche Triebfeder ich mir zum Zwecke mache, es gewährt mir die Wohltat einer Liberalität der Indifferenz. „Die Pflichten nach der rechtlichen Gesetzgebung können nur äußere Pflichten sein, weil diese Gesetzgebung nicht verlangt, daß die Idee dieser Pflicht, welche innerlich ist, für sich selbst Bestimmungsgrund der Willkür des Handelnden sei."[68] Es ist die Großmut des Rechts, daß es wie die Sonne Gerechte und Ungerechte bescheint, moralische und unmoralische Handlungen erlaubt — solange sie nur rechtmäßig sind. Die Formalität des Rechtes, der Spielraum der Freiheit, den es gewährt, seine Zurückhaltung und Selbstbescheidung gegenüber der inneren Bestimmung, dem Ort der Entscheidung über alle letzte Dinge, machen seine Überlegenheit aus[69]. Nur wem es gelingt, das Recht auf die *Form des Zusammenbestehens*, auf das äußerlich Erzwingbare zu beschränken, kann sich der Zustimmung aller versichern, nur er kann von nun an das Gesetz der Geschichte bestimmen.

Umfaßt so einerseits die Moralität, das Handeln aus Pflicht, auch pflichtgemäßes Handeln, so umfaßt andererseits die Legalität, das pflichtgemäße Handeln, außer moralischem auch schlicht legales (nicht-moralisches) Handeln. Ist zum einen das pflichtgemäße Handeln das Allgemeine, das moralische Handeln aber das Besondere, so ist zum anderen die ethische Gesetzgebung das Allgemeine, wozu die juridische Gesetzgebung das Besondere ist. Ob Legalität Moralität oder Moralität Legalität umfaßt, das hängt davon ab, von welcher Seite der Gesetzgebung her, vom Gesetz oder von der Triebfeder her, wir sie betrachten. „Zu aller Gesetzgebung (sie mag nun innere oder äußere Handlungen, und diese, entweder a priori durch bloße Vernunft, oder durch die Willkür eines anderen vorschreiben) gehören zwei Stücke: *erstlich*, ein *Gesetz*, welches die Handlung, die geschehen soll, *objektiv* als notwendig vorstellt, d.i. welches die Handlung zur Pflicht macht, *zweitens*, eine Triebfeder, welche den Bestimmungsgrund der Willkür zu dieser Handlung *subjektiv* mit der Vorstellung des Gesetzes verknüpft"[70]. Unter dem Gesichtspunkt der Triebfeder können moralische und nichtmoralische Triebfedern zu legalem Handeln führen, Legalität umfaßt Moralität. Umgekehrt umfaßt unter dem Gesichtspunkt der Gesetzgebung ethische Gesetzgebung zugleich die juridische. Und in einer weiteren Unterscheidung, die den Vernunftgrund von Moralität und Legalität reflektiert, spitzt sich ihr Verhältnis zu einem Gegensatz zu, indem „das Wesentliche alles sittlichen Werts der Handlungen" darauf ankommt, *„daß das moralische Gesetz unmittelbar den Willen bestimme"*[71]. Wenn hingegen die Willensbestimmung zwar gemäß dem Gesetze, „aber nur vermittelst eines Gefühls" geschieht, „nicht um des Gesetzes willen: so wird die Handlung zwar *Legalität*, aber nicht *Moralität* enthalten"[72]. Da eine Handlung nun nicht zugleich unmittelbar und mittelbar sein kann, so sind Legalität und Moralität als Formen der Handlung, insofern auf ihre Vernunftbestimmung gesehen wird, Gegensätze.

Es ergeben sich drei verschiedene Konstellationen im Verhältnis von Moralität und Legalität:

1. *Ihr Gegensatz*

Der „durch Mittelbarkeit und Unmittelbarkeit festgestellte Gegensatz, dessen Entgegensetzungen zugleich aufeinander verweisen"[73]. Ethische und juridische Gesetzgebung sind entgegengesetzt, die ethische kann keine äußere sein, die juridische kann die innere Triebfeder nicht in ihr Gesetz einschließen[74].

2. *Der Vorrang der Moralität*

Die ethische Gesetzgebung enthält die juridische, indem sie „die Pflichten, die auf einer anderen, nämlich äußeren Gesetzgebung beruhen, *als Pflichten* in ihre Gesetzgebung zu Triebfedern aufnimmt"[75]. Die juridische Gesetzgebung ist ein Sonderfall der ethischen. Kein äußeres Gesetz kann der Moralität widersprechen, denn als solches verstieße es zugleich gegen das allgemeine Pflichtgebot des kategorischen Imperativs, und somit fehlte ihm die *Allgemeinheit*, durch die es überhaupt Gesetz wird.

3. *Der Vorrang der Legalität*

Sieht man schließlich auf die Triebfedern zur Handlung, auf die innere Bestimmung des Willens, so umfaßt die juridische Gesetzgebung in ihrem Bereich, dem äußeren, öffentlichen, pflichtgemäßen Handeln sowohl die Handlungen aus Pflicht wie auch solche aus anderen Triebfedern. Die Gleichgültigkeit gegen die Moralität der Handlung ist das Gesetz der Legalität.

Die innere Freiheit der Willensbestimmung dissoziiert Moralität und Legalität und erlaubt es zugleich der Moralität, die Legalität zu umfassen. Die Freiheit, die Willensbestimmung allein aus Prinzipien der Vernunft, setzt sich jeder anderen Willensbestimmung entgegen und ist doch zugleich Grund aller anderen Willensbestimmungen. Die Freiheit des Gewissens ist nicht nur unerreichbar für alle äußeren Gesetze, sie ist ihrerseits Grund dafür, daß auch äußere Gesetze als allgemeine gelten können, daß sie vereinbar sind mit „einem allgemeinen Gesetz der Freiheit"[76].

Das Recht wiederum ist entsprechend beschränkt, was nicht erzwungen werden kann, gehört nicht in seinen Bereich. Von vorneherein gibt es den Bereich frei, in dem die Selbstbestimmung des Gewissens einsetzt. Das Recht beschränkt seine Gesetzgebung auf dasjenige allgemeine Gesetz, durch das die Willkür des einen mit der Willkür des anderen zusammen bestehen kann. Recht schränkt nur denjenigen Gebrauch der Willkür ein, der weder pflichtgemäß ist noch gar aus Pflicht geschieht, das heißt frei ist, vielmehr die freie Willkürbestimmung des anderen verletzt, der Freiheit des anderen „durch äußere Handlung"[77] Eintrag tut. Da Recht nur Schranke derjenigen unfreien Handlungen aus den Triebfedern der Neigung oder der Selbstliebe ist, die zugleich in die freie Bestimmung der Willkür eines anderen eingreifen, so kann das Recht zwar als Einschränkung der Willkür, aber nicht als Einschränkung der freien Willkür betrachtet werden[78]. Recht ermöglicht gerade dadurch Freiheit, daß es Handlungen der Unfreiheit einschränkt. Als äußere Einschränkung von Unfreiheit zugunsten des Spielraums der Handlungen aus Freiheit ist Recht für Kant zwar nicht unmittelbar als Dasein der Freiheit, wohl aber als der Inbegriff der (äußeren) Bedingungen der Freiheit bestimmt.

Wie gegensätzlich auch Recht und Moralität in ihrer Differenzierung bestimmt werden, beide bleiben Gestalten der Pflicht, des kategorischen Imperativs der Vernunft im praktischen Gebrauch. Sie haben ihre letzte Quelle in der Vernunft. Durch die Vernunft ist der Mensch zu einer Kausalität fähig, die nicht von den Gesetzen der Erscheinungswelt abhängig ist. Freiheit ist „diejenige Eigenschaft der Kausalität ..., da sie unabhängig von fremden sie bestimmenden Ursachen wirkend sein kann"[79]. Kant macht nicht den Versuch, die „Wirklichkeit der Freiheit"[80] zu erweisen, ja nicht einmal ihre „Möglichkeit"[81] möchte er erschließen, sondern lediglich, „daß Natur der Kausalität aus Freiheit wenigstens nicht widerstreite ..., woran ... es auch einzig und allein gelegen war"[82]. Weil Freiheit im theoretischen Gebrauch der Vernunft unerfahrbar, unerkennbar und unerklärbar ist, weil sie aber dennoch von der Vernunft, die selbst „ihr vornehmstes Geschäfte darin beweist, Sinnenwelt und Verstandeswelt voneinander zu unterscheiden"[83], auch nicht ausgeschlossen werden kann, deshalb ist sie der in der Vernunft selbst gegenwärtige, dem Ganzen der Empirie vorausliegende Grund. Sich als Sinnenwesen der Vernunft zu unterwerfen, ist die wahrhafte Befreiung des Vernunftwesens Mensch. Die tugendhafte Moralität ist als Kulminationspunkt jener Unterwerfung und dieser Befreiung die – protestantische – Religion der Vernunft.

Zugleich definiert die Vernunft die Kategorien des Äußeren, in ihr sind die Prinzipien der Sinnenwelt ebenso enthalten wie die der Verstandeswelt. Deshalb bestimmt Vernunft nicht nur die Prinzipien der Moral, sondern auch die Prinzipien des Rechts, sie begründet das äußerlich erzwingbare allgemeine Gesetz und seine es öffentlich sichernde Zwangsgewalt. Der Zwang als Inbegriff der vereinigenden Bedingungen von allgemeinem Gesetz und Willkür der Einzelnen kann als zusammen bestehend mit dem Gesetz der Freiheit gedacht werden; ebenso ist die öffentlich sichernde Gewalt als allgemein vereinigter Wille zu interpretieren. In der Aufrechterhaltung einer äußeren Ordnung, die dem Prinzip der Freiheit nicht widerspricht, verzichtet das Recht und die es öffentlich sichernde (Staats)gewalt allerdings auf den Versuch, die innere Zweckbestimmung des Menschen zu beeinflussen. So betrachtet, ist das Recht die von ihrem Überbegriff auf das Innere befreite, also vernünftig gewordene, – katholische – Religion der äußeren Gesetzlichkeit.

Weil Vernunft den Gesetzen der Sinnenwelt nicht unterworfen ist, ist ihr die Idee Gottes notwendig. Aus ihr leitet sich die Idee der Übereinstimmung des Gewissens als des inneren Gerichtshofes in jedem Menschen mit dem Begriffe des äußeren Rechtes her, welche Übereinstimmung weltgeschichtlich in der Idee des ewigen Friedens kulminiert, einer Idee, „die zwar in theoretischer Absicht überschwenglich, in praktischer aber ... dogmatisch und ihrer Realität nach wohl gegründet ist"[84].

So sehr die Freiheit im kantischen Systemaufriß die Dissoziation der Gestalten des Rechts und der Moral vorantreibt, so sehr bewährt sich die Vernunft als konstruktive Baumeisterin darin, diesen Gestalten einen Raum anzuweisen, in dem sie zusammen bestehen können. Die Vernunft als stärkste Einheit ist der alle Differenzen, zwar nicht vereinigende, aber doch erträglich machende, weil wenigstens in der Idee versöhnende Boden. Sie ist zugleich die letztinstanzliche Quelle der Wahrheit. Aber ihre Einheit hat das Getrenntsein des Menschen in Sinnen- und Verstandeswesen ebenso wie das Getrenntsein des sittlichen, gemeinschaftlichen Lebens in die Innerlichkeit der Moral und die Äußerlichkeit des Rechts zur Voraussetzung und zur Folge. An diesem Punkt setzt die Kritik Hegels ein.

IV. Bürgerliche Gesellschaft als Stand der Gleichheit bei Hegel und die soziale Differenzierung als Differenzierung der Gleichen

Programmatisch schon in der Differenzschrift von 1801 ausgesprochen ist die Versöhnung der Getrennten, von Vernunft und Sinnlichkeit, von Innerem und Äußerem das Grundthema Hegelscher Philosophie. Betrachtet man das ausgereifte Resultat solcher in Synthesen sich aussprechenden Versöhnung im Bereich von Moralität und Recht, wie es in der Rechtsphilosophie von 1821 vorliegt, so ist es dort unter dem Namen der Sittlichkeit gestaltet. Sittlichkeit ist die, Recht und Moralität enthaltende, Mitte. Die komplexeste Darstellung und zugleich der Prüfstein der Realität der Sittlichkeit ist wiederum ihre Mitte, die Gesellschaft, die Synthese der Synthese. Bürgerlich heißt die Gesellschaft, weil der Bürger die Revolution, die Aufhebung der Differenz von außen und innen, von Moral und Recht praktisch vollbracht und bürgerliches Sein zum sittlichen Sein schlechthin gemacht hat. Der Bürger hat gelernt aufzutreten, der Adlige hat sich gebildet, und beide sind als Menschen zu erkennen. Der Bürger will nicht länger nur sein, er will auch scheinen, er will sich darstellen. Dem Adligen genügt es nicht mehr, seine Person zu repräsentieren, er muß die neue Ökonomie der Güterverwaltung lernen. Wessen Sein nicht dadurch im Innern sich befestigt, daß es, indem es aufhört Herrschaft zu sein, Arbeit wird, die den Gewinn nicht aus den Augen verliert, dessen Güter verfallen und er selbst fällt dem Kaufmannsgeist der Gesellschaft zum Opfer.

Diese Gedanken wären für Kant, dem die Adelswelt Naturgrund des Bürgertums blieb, wie das Ding an sich der Vernunft unaufgeschlossen vorauslag, noch nicht denkbar gewesen, und auch Hegel erreicht sie erst nach einer Reihe von Zwischenschritten, besonders in der Jenaer Zeit, in der, wie der Rückblick zeigt, zugleich die Binnenstrukturen bürgerlicher Gesellschaft aufgehellt wird.

Hegels ersten Entwurf zu einer Wissenschaft des Sittlichen, die als Teil eines voll ausgebildeten eigenen Systementwurfes gelten kann, bietet die Differenzschrift. In Auseinandersetzung mit Fichte, seinem Naturrecht und seiner Sittenlehre, den Nachfolgegestalten zu Kants Rechts- und Tugendlehre, versucht Hegel, die fichtesche und kantische Differenz von Außen und Innen zu überwinden und die Trennung von Recht und Moralität aufzuheben. Nur das Äußere ist lebendig, das inneren Halt hat, nur das Innere ist wirklich, das die

Kraft zur Äußerung hat. Deshalb treten die Mächte, die zuvor das Geschick der Völker bestimmten, Staat, Kirche und Gewissen zusammen, und in ihrer Mitte tritt der Mensch als das freie Lebewesen hervor. Für dieses freie Wesen ist „die Gemeinschaft der Person mit anderen ... als eine Erweiterung ... der wahren Freiheit des Individiuums"[85] anzusehen. In den Kategorien ästhetischer Vollkommenheit entwirft Hegel eine „echtfreie Gemeinschaft lebendiger Beziehungen"[86]. Die vormalige und noch herrschende Verstandeskultur aber muß dem höchsten Ziel der Vernunft unterworfen werden, um „die Gesetze durch Sitten, die Ausschweifungen des unbefriedigten Lebens durch geheiligten Genuß, und die Verbrechen der gedrückten Kraft durch mögliche Tätigkeit für große Objekte — entbehrlich zu machen"[87]. Die Vernunft, im Innern des Bürgers herangewachsen, beginnt, die öffentliche Szene der Weltgeschichte zu beherrschen; die Vernunft tritt, wie Hegel es ausdrückt, „in der vollkommensten Organisation, die sie sich geben kann"[88], auf.

Es kann ein ironischer Tatbestand darin gesehen werden, daß Hegel, gerade weil er so energisch die Vereinigung des Getrennten, der Gestalten von Recht und Moral in der vernünftigen Sittlichkeit betreibt und (bürgerliche) Vernunft aus der Enge der Innerlichkeit herauszuführen versucht, auf die Frage, wie die schon in der Differenzschrift ausgesprochene Idee der Sittlichkeit reale Gestalt haben soll, mit einer Ständelehre — d. h. geschichtlich rückwärts gewandt — antwortet. „Lebendiges Einssein"[89] ist nach dem Naturrechtsaufsatz (1802) die Idee der Sittlichkeit, ihre Realität aber enthält nicht nur das Einssein, sondern ebenso den Gegensatz ihrer Momente, und zwar nicht nur potentia, sondern actu[90]. Die Realität dieses Gegensatzes bestimmt die Form seiner Versöhnung. Freilich kann dann nicht mehr die Spaltung der abstrakten Momente von Recht und Moralität, vielmehr muß die Trennung der lebendigen Glieder des Volkes als der sittlichen Totalität den Gegensatz, nunmehr der Stände, ausmachen. Die Gliederung der Stände in den Stand der Freien, den Adel, und den Stand der Unfreien, Bürger und Bauern, ist weniger der aristotelischen Polis geschuldet als der Realität Preußens, wie sie im Allgemeinen Landrecht von 1794 ihren Niederschlag fand und wie sie noch im Jahre 1802 herrschte.

War es die Kantische Leistung einer abstrahierenden Vernunft, den Gegensatz von Adel und Bürgertum zugunsten einer Allgemeinheit auszuhöhlen, in der sich schließlich immer noch eher das Bürgertum als der Adel einfinden konnte, so ist es die Hegelsche Leistung, dieser Allgemeinheit lebendige Gestalt, institutionelle Wirklichkeit verliehen zu haben. Zu dieser Leistung ist die erneute Wahrnehmung der Realität des ständischen Wesens ein erster Schritt. Denn das Ständewesen ist nicht mehr ein unaufklärbarer Naturgrund des Staates und des Volkes, vielmehr ist sein Gegensatz in der Einheit des Volkes begründet und in ihm auch, wenngleich vorerst (im Naturrechtsaufsatz) nur in der Tragödie des Sittlichen, zu versöhnen.

Zur gleichen Zeit bestimmt Hegel im „System der Sittlichkeit" (1802) den zweiten, den unfreien Stand als Stand der Arbeit und des Rechtes: „Der Stand der Rechtschaffenheit ist in der Arbeit des Bedürfnisses, dem Besitz und Erwerb und Eigentum."[91] Weil dieser Stand den Gegensatz des Sittlichen in seiner schärfsten Form ausbildet, ist er auch dazu vorherbestimmt, der realen Gestalt des Sittlichen, nämlich ihrer Entzweiung, die deutlichste Gestalt zu geben. Bevor es zu dieser Lösung kommen kann, muß der historische Ausgleich von Adel und Bürgertum als ein Moment der sittlichen Selbstgestaltung erfaßt werden. Dies gelingt Hegel in der Phänomenologie des Geistes von 1807 im Begriff des Kampfes um Anerkennung. Denn in diesem Kampf zwischen dem Herrn als dem Nachfolger des Standes der Freiheit aus dem Naturrechtsaufsatz und dem Knecht als dem Nachfolger des Standes der Unfreien wird weltgeschichtlich der gemeinsame Boden des Anerkanntseins erzeugt.

Anerkennung ist die praktische Selbstgleichsetzung solcher (von Natur) Ungleichgesetzter, deren keiner ohne den anderen leben kann. Anerkanntsein ist der zweite Boden, die zweite Natur derer, die durch den Kampf auf Leben und Tod gleich geworden sind. An diesen Boden ihrer eigenen Freiheit gebunden, erkennen sie sich alle als Glieder der neuen Sittlichkeit, als prinzipiell gleiche Personen an. Die „Individualität des Volkes"[92] gliedert sich, so führt bereits das realphilosophische Manuskript von 1805/06 aus, in die „niederen Stände"[93] und den „Stand der Allgemeinheit"[94]. Sie hat ihre Spitze in der Regierung, die – im Krieg – die „Organisation der Stände"[95] erschüttern kann, worin zur Anschauung kommt, „das sie (sc. die Stände) in der Macht des Allgemeinen verschwinden"[96]. „Der Einzelne hat seine absolute Freiheit und eben dies ist die Kraft der Regierung."[97]

In der Rechtsphilosophie dann treffen wir die Stände wieder, gemeinsam herabgesetzt zu Gliedern der Gesellschaft[98]. Sie unterscheiden sich nur noch innerhalb der Sphäre, die in den Kategorien des Rechts und der Arbeit, des ehemaligen unfreien Standes, des „Standes der Rechtschaffenheit", des bürgerlichen Standes ausgebildet wird. In dieser einheitlichen Sphäre der Entzweiung ist für jeden die Freiheit abstrakt – sie gehört nur dem Rechtszusammenhang des Allgemeinen an, und die Unfreiheit konkret – die Beschränktheit seines Vermögens; wie umgekehrt jedem seine Freiheit konkret – er hat nur seine eigenen Zwecke zu verwirklichen und die Unfreiheit des Ganzen abstrakt ist – die Abhängigkeit aller von allen.

Den frühen Hegel aufnehmend könnte paradox formuliert werden: Indem jeder unfrei geworden ist, wie zuvor nur war, wer dem Stand der Bürger angehörte, ist das sittliche Sein mit sich selbst versöhnt worden. In der bürgerlichen Gesellschaft Hegels hat der Bürgerstand sein Gegenüber, den Adel, verloren, wie ebenso seine substantielle Grundlage, den Bauernstand. Adlige, Bürger und Bauern sind vereinigt in den Formen der Bürgerlichkeit. Die Vergleichgültigung der Stände, die Herausbildung des *Standes der Gleichheit* als des einzigen Standes der Gesellschaft ist die Basis für den Begriff der sozialen Diffenzierung, der die nun erst mögliche Soziologie, die Theorie der Gesellschaft, beherrscht.

In der Vernichtung von Unterschieden, die im Rückblick als naturwüchsig erscheinen, konstituiert sich der einzige Stand der Gleichheit von vornherein als sich differenzierender. Der erste große Begriff dieser Differenz ist die Spaltung des Standes der Gleichheit in die widerstreitenden Klassen der Bourgeoisie und der Arbeiter. Zwei Klassen, die doch friedlich vereint sind in der ausschließlichen Anerkennung der Arbeit als der eigentlich menschlichen, weil schöpferischen Tätigkeit. Die Arbeit, die durch die Übersetzung des inneren Zwecks in das äußere Produkt definiert ist, ist ihrem Wesen nach die Aufhebung der vormaligen Differenz von Innen und Außen, von privat und öffentlich, ja von Moralität und Recht. Die Moralität der Arbeit ist das Recht ihres Produktes auf dem Markt und die Immoralität des Kapitalisten besteht darin, daß er diesen Zusammenhang unterbricht und die Arbeitskraft ihrerseits als Produkt dem Markt unterwirft. Soziale Differenzierung setzt erst ein, nachdem die große Differenz noch der neuzeitlichen Welt verloren gegangen ist. Der Prozeß der Geschichte hat der Ungleichheit das Gericht gehalten und auf die Gleichheit als neues Grundrecht erkannt. Differenzierung ist zunächst nichts weiter als die Entfaltung der zur Gleichgültigkeit ihrer vormaligen Extreme gekommenen Einheit der Gleichgewordenen. Differenzierung setzt an dem doppelten Prinzip und Standpunkt der Gesellschaft, der unbeschränkten Freiheit des Einzelnen, in seinen Zwecken gebrochen durch die abstrakte Gleichheit aller, die zusammenbestehen, an. Sie kann sich um so mehr Verschiedenheit erlauben, als sie von vorneherein der Gleichgültigkeit des je verschiedenen gewiß ist.

Die Kraft der Vergleichgültigung ist das große Formprinzip, das sozial gut differenzierte Gesellschaften beherrscht. Es hat seine Überlegenheit darin, daß es soziale Konflikte in immer neuen Formen absorbiert, gesellschaftliche Ungleichheit niemals zur Naturgewalt anwachsen läßt. Um so mehr haben alle Einzelnen, in denen die Sehnsucht, sich zu unterscheiden, neben der Behaglichkeit, wie alle anderen zu sein, immer neu aufblüht, die Last der aufgehobenen Konflikte zu tragen. Sie müssen für sich selbst zugleich gleich und ungleich sein. Alle müssen ertragen, da sie in der besten aller denkbaren Welten leben, für ihre Lage selbst verantwortlich zu sein; daß sie, wo sie die Wahrheit sagen wollen, doch nur eine Meinung aussprechen können, daß sie die Einzigkeit des eigenen Lebens mit der Ersetzbarkeit aller anderen vergleichen müssen. Das läßt dann doch die Frage offen, wie in der Gesellschaft wiederholbar wird, was als Gerechtigkeit von Herrscher und Staat zu repräsentieren und was als Wahrheit einstmals von der Kirche zu bezeugen war. Denn an nichts ist Vergleichgültigung stärker gebunden als an den Unterschied.

Anmerkungen

1 Christoph Link definiert das corpus christianum als „einheitlich konzipierten geistlichweltlichen Sozialverband" (Sp. 783). Ernst Wolfgang Böckenförde spricht von einer „religiös-politischen Einheit" (S. 43—45). Das Wahrheitsmoment in der Vorstellung des Mittelalters als undifferenzierter Einheit liegt darin, daß erst die Spaltung von Staat und Kirche ein Gesetz diktiert, das für heutiges staatliches und gesellschaftliches Leben herrschend bleibt, wohingegen alle mittelalterlichen Differenzierungen teils überhaupt verloren sind (z. B. Kaiser und Papst), teils nur in untergeordneten Formen verwandelt, weiterbestehen (z. B. Stadt und Land).
2 Böckenförde faßt den Investiturstreit und sein Resultat, die Trennung von geistlich und weltlich (S. 45—47), als erste Epoche der Säkularisation des Staates auf. Entsprechend ist für ihn die nachreformatorische Entwicklung des kirchenunabhängigen Staates die „zweite Stufe der Säkularisierung" (S. 49). Für die hier herauszuarbeitenden konstituierenden Momente moderner Staatlichkeit war jedenfalls die Glaubensspaltung die conditio sine qua non und insofern ist die Reformation die erste Stufe der Betrachtung. Inwie-

weit reformatorische Lehren, insbesondere Luthers Unterscheidung von Reich Gottes und Reich der Welt sowie die Lehre von den beiden Regimenten oder Regierweisen Gottes (zur Rechten und zur Linken) ihrerseits die von Böckenförde herausgestellte Trennung von geistlich und weltlich zur Voraussetzung haben, ist hier nicht zu untersuchen.

3 Christoph Link, Sp. 784.
4 Zitiert nach Böckenförde, S. 43 f.
5 Hofmann, Quellenkunde, S. 100 f.
6 AaO., S. 103.
7 Martin Heckel (1), S. 205.
8 AaO., S. 204; Link spricht in diesem Zusammenhang von der „Lösung der Reichsverfassung von der theologischen Wahrheitsfrage", Sp. 793.
9 Link, Sp. 786; vgl. auch Niebergall, Kirchenordnung, Sp. 763.
10 Martin Heckel (1), S. 206.
11 So bemerkt etwa Otto Hintze, daß die päpstliche Kurie schon im 15. Jahrhundert „mit richtigem Blick nicht die Reichsgewalt, sondern die einzelnen Landesfürsten, auf denen damals schon die politische Zukunft beruhte, durch Konzessionen ... gewonnen" habe, S. 56.
12 Martin Heckel (1), S. 203.
13 AaO., S. 203 f.
14 Hofmann, S. 102.
15 Faktisch wurde diese Vollgewalt in geistlichen und weltlichen Angelegenheiten, jedenfalls gegenüber Altgläubigen, meist mit Vorsicht gehandhabt. Anders allerdings, jedenfalls in einigen Fällen, gegen Calvinisten in lutherischen Ländern. Vgl. dazu die Bemerkung von Erik Wolf, S. 381.
16 Hofmann, S. 104. Der grundsätzliche Charakter dieser Bestimmung würde auch nicht in Frage gestellt, wenn die Bemerkung Rehms historisch zutreffend ist, daß der Reichsabschied von 1555 nur ein ehemals geltendes Recht des „freien Abzugs" unter den neuen Bedingungen in eingeschränkter Form wiederherstellen wollte. Vgl. dazu Rehm: „Die Anwendung des Reformationsrechtes konnte für den einzelnen Untertan der Anlaß zur Auswanderung werden, wenn er es nicht auf Landesverweisung ankommen lassen wollte. Freilich brachte er dann seinem Glauben materielle Opfer. Denn die Auswanderung war in den meisten Territorien seit Ende des 15. Jahrhunderts von staatlicher Nachsteuer abhängig. Immerhin war sie aber im übrigen noch frei, d.h. nicht an landesherrliche Zustimmung gebunden. Das Recht des polizeilich freien Abzugs galt noch. Nun konnte der Landesherr aber, im Glaubenseifer die Sache der Religion höher stellend als den finanziellen Vorteil der Nachsteuer, dazu übergehen, die Auswanderung an seine Erlaubnis zu binden und so direkteren Bekenntniszwang zu üben. Solchem Verfahren beugt der Reichsabschied von 1555 vor, indem er befiehlt (§ 24), es solle den Bekennern beider Konfessionen, den ‚Untertanen der alten Religion oder der Augsburgischen Konfession anhängig, so an anderen Ort ziehen und sich niedertuen wollten, solcher Abzug (wenn auch ‚gegen ziemliche billige Nachsteuer') *unverbindert* männiglichs zugelassen und bewilligt sein'). Es lag darin allerdings ein Rückschritt gegen den Augsburger Abschied von 1530, § 60 desselben hatte für die Anhänger des alten Glaubens nachsteuerfreien Abzug (‚freien Abzug ohne Beschwerde einiger Nachsteuer oder Abzug ihrer Güter') garantiert gehabt. Nun war noch ein Druck auf das Gewissen vorhanden, denn der Untertan war immerhin vor die Frage gestellt, entweder das Bekenntnis der Väter oder einen Teil seines Hab und Guts zu opfern" (S. 212 f., Anm. 2). Einer anderen Spur folgend findet Burkhardt v. Bonin den Ursprung des ius emigrandi in den territorial durchgeführten kirchlichen Visitationen, „die ungefähr mit dem Jahre 1526 begannen und sich vielfach durch das ganze 16. Jh. fortsetzten" (Niebergall. Sp. 765). Den Visitatoren war aufgetragen,

"auch bei den Laien zu forschen und etwaige Irrtümer zu beseitigen. Sollten sich aber welche finden, die sich nicht belehren lassen wollten, so sei ihnen Zeit zu geben, ihr Gut zu verkaufen und auszuwandern; wollten sie aber auch das nicht, so seien sie zu bestrafen. Hierin, nicht im § 10 des Reichsabschiedes von 1530 ist der Ursprung des ius emigrandi zu suchen; als dieses von Reichs wegen aufgerichtet wurde, war es schon längst allgemeines Landesrecht, ich wäre sogar geneigt, auch hier gemeines Gewohnheitsrecht anzunehmen" (S. 34).

17 Es muß zu denken geben, daß dort, wo auch heute das elementarste Recht des Bürgers gegen seinen Staat überhaupt, nämlich ihn zu verlassen, nicht gewährt wird, die Freiheit des Bürgers unter das Niveau herabgedrückt wird, das von 1555 an selbst Leibeigenen zukam.

18 Martin Heckel (2), S. 275 f.

19 AaO., S. 274; vgl. dazu auch Link, der bemerkt, daß die evangelische Staatsrechtslehre bestrebt ist, „das benificium emigrandi in ein allgemeines Recht der Untertanen auf Freistellung (d.h. auf Glaubensfreiheit im Rahmen der in den Augsburger Religionsfrieden eingeschlossenen Konfessionen) umzudeuten, um so auch in den katholischen Territorien den Fortgang der Reformation zu ermöglichen, später um die Religionsausübung der bedrängten Protestanten auf einen Rechtstitel zu gründen, der sie der prekären Instabilität landesherrlicher Toleranzmandate entzog." (Sp. 794) Anders verhielt es sich jedoch in den katholischen Territorien. Dort erschien „die ‚Freistellung' der Untertanen ebenso unerträglich wie etwa eine mehr als partielle Exemtion der Augsburger Konfessions-Verwandten von der bischöflichen Jurisdiktion." (Sp. 794).
Der aufgeklärte Territorialismus späterer Zeit (z.B. Thomasius) hat dann die Toleranz gegenüber dem Gewissen allgemein gemacht: „Toleranz und Gewissensfreiheit in den Grenzen der (weitgespannten) polizeilichen Gemeinwohlverträglichkeiten limitieren daher als immanente Prinzipien der Staatsgewalt alle *iura ecclesiastica* des Landesherrn." (Link, Sp. 798)

20 Martin Heckel (1), S. 207.

21 Die Reichsstadt Nürnberg zum Beispiel unterhielt vor der Reformation dauernd einen Bevollmächtigten in Rom, um in Ehesachen des Nürnberger Patriziats günstige römische Entscheidungen zu erzielen.

22 Vgl. dazu Martin Heckel (1): „Mit der Suspension der jurisdictio ecclesiastica durch den Augsburger Religionsfrieden von 1555, § 20, wurden die geistliche Jurisdiktion und alle jura episcopalia in den evangelischen Territorien von dem katholischen Bischof auf den evangelischen Landesherren übertragen. Der evangelische Landesherr rückte dadurch gewissermaßen in die Rechtsstellung eines Bischofs ein, und von ihm werden die geistlichen Rechte nun ausgeübt." (S. 211)
Diese Rechtsstellung wurde später als eigenständige, aus der Territorialhoheit fließende Rechtsmacht wahrgenommen. „Nicht mehr kraft reichsrechtlicher Devolution, auch nicht kraft innerkirchlichen Notrechts, sondern kraft Landeshoheit und der aus ihr fließenden Gemeinwohlverantwortung kommt der *summa potestas* die Direktionsbefugnis im religiösen Bereich zu." (Link, Sp. 797)

23 Daß sich erst vom späten 16. Jahrhundert an die „scharfen Lineargrenzen" des Staates herausbildeten, beschreibt Carl Schmitt, der die Gründe für diesen Prozeß in der „planetarischen Raumrevolution", also den Folgewirkungen der „kopernikanischen Wende" sieht. (S. 379 f.)

24 Mit einer Wendung, die in vielen Fürstenspiegeln gestanden haben könnte, nimmt Wolf Helmhardt von Hohberg in seinem Buch „Georgica curiosa oder Adeliches Land- und Feldleben" von 1682 die Worte des Epheserbriefes (5,29) auf, in dem er die Herren warnt, sie sollten „allzeit gedenken, daß wie gegen ihre Untertanen auch Gott gegen sie verfahren werde (1,71)" (zitiert nach Brunner, S. 286). Mit dieser Schrift setzt sich

Otto Brunner auseinander, der die Georgica curiosa als Höhepunkt der Hausväterliteratur bezeichnet (vgl. S. 238 f. und S. 286).

25 Das „anathema sit" ist die ständige Verwerfungsformel der römischen Konzilssprache im Tridentinum gegen Lutheraner und Calvinisten. Das „regnum diaboli" findet sich in der Apologie VII (Lutherische Bekenntnisschriften). Vgl. hierzu auch die Schmalkaldischen Artikel, wo der Papst der „Widerchrist" genannt wird, „der sich über und wider Christum gesetzt und erhöhet, weil er will die Christen nicht lassen selig sein ohne sein Gewalt, welche doch nichts ist, von Gott nicht geordnet noch geboten". (Lutherische Bekenntnisschriften, S. 430)

26 Zum Begriff der ecclesia universalis vgl. Johannes Heckel (1), S. 275.

27 Vgl. Martin Heckel (1), S. 203 f.: „Die modernen Staatsgebilde in den Territorien entstehen und leben ‚mittelalterlich'".

28 Böckenförde, S. 60.

29 Der repräsentative und herrschaftliche Charakter der Öffentlichkeit war das Motiv für Kant, in seiner Schrift: „Was ist Aufklärung?" einen Enteignungsversuch des Begriffes vorzunehmen, und alles, was sich auf Amt und Herrschaft gründet, privat, was aber allein in Wahrheit gegründet und für das Publikum der Welt bestimmt ist, öffentlich zu nennen. Vgl. zu diesem Teil der Sprachpolitik instruktiv Hölscher, besonders S. 99–105.

30 Wie das Spiel auf diesem Schauplatz zum Spiel eines Anderen wird, wie das Jüngste Gericht alles Licht auf diesen Schauplatz wirft und den handelnden Akteuren ihre Traurigkeit gibt, das hat Walter Benjamin in seinem Trauerspielbuch dargestellt.

31 Hegel, GW 8, S. 262^{12-15}.

32 Goethe, Werke VII, S. 312.

33 AaO., S. 313.

34 AaO., S. 314.

35 AaO., S. 72.

36 AaO., S. 75; einige Jahre zuvor hat Kant „vom sehr vermischten Gewebe menschlicher Erkenntnis" gesprochen und versucht, es mit der Frage nach dem „quid juris" und „quid facti" zu ordnen (KrV, S. 126^{7-8}).

37 Zur Urteilsenthaltung als Grundzug der skeptischen Methode bei Kant, deren Leistung es ist, die Antinomien der Vernunft aufzulösen, vgl. Rudolph. Ihre Neutralität bewährt die Vernunft, wo sie die streitenden Parteien auf „einem dialektischen Kampfplatz, wo jeder Teil die Oberhand behält, der die Erlaubnis hat, den Angriff zu tun" (KrV, S. 411^{15-16}) beobachtet. „Diese Methode, einem Streite der Behauptungen zuzusehen" – oder vielmehr, doch das überschreitet zunächst die hier gebotene Analogie, ihn selbst zu veranlassen – „dieses Verfahren, sage ich, kann man die skeptische Methode nennen." (S. 412^{6-7})

38 Der Dreh- und Angelpunkt der Verbindung dieser drei auf den ersten Blick sehr verschieden wirkenden Instanzen des päpstlichen Jurisdiktionsprimats, des Jüngsten Gerichtes und des Gewissens samt ihren sie begründenden Gedankenkreisen, ist die reformatorische Lehre von der Rechtfertigung allein aus Gnade. Sie hat ihrerseits die vorherrschende Stellung des auf dem Jurisdiktionsprimat des Papstes beruhenden Bußsakraments in der mittelalterlichen Kirche zur Voraussetzung. In der mittelalterlichen Kirche rückt das Bußsakrament in dem Sinne in den Mittelpunkt, in dem „das vierte Laterankonzil 1215 die regelmäßige Beichtpflicht jedes Christen statuierte und den Empfang der Sakramente von ihrer Erfüllung abhängig machte. Erst die Interpretation dieses neuen Instituts zeigt die ganze Tragweite der Umbildung, die die Kirchen in den Jahrhunderten der Reform erfahren hatte. Diese Regelung, die vom Papst bis zum letzten Bettler jeden Christen einer regelmäßigen und ordentlichen geistlichen Gerichtsbarkeit unterwarf, bedeutete die

umfassendste institutionelle Anstrengung, welche die Kirche jemals sich selbst und ihren Gläubigen abverlangt hat." (Dombois, S. 109)
Im Bußsakrament ist „überhaupt jedes mögliche Handeln der Kirche zusammengeschlossen ... Von der Zusprechung oder Versagung der Absolution hängt nunmehr schlechthin der Zugang zu allen geistlichen Gaben der Kirche vorweg ab" (aaO., S. 113). Diesen imposanten Aufbau eines universalen „Gewissensrechtes" weist Luther in seiner reformatorischen Entscheidung zurück. Gegenüber der allein rechtfertigenden Gnade Gottes depotenziert sich alles geistliche Recht und wird ein bloßes Menschenwerk. Geistliches und weltliches Recht sind insofern dasselbe. Im Kern ist der Christ ihrer Gewalt entnommen. Modell für diese Exemtion vom Recht – von jedem Recht – ist für Luther „das kanonische privilegium fori des Klerus" (Johannes Heckel (2), S. 330), das aber nicht dem Klerus, sondern dem wahren geistlichen Stande zukommt, „dem geistlichen Stand des göttlichen Rechts, d.h. dem Christenstand der innerlichen Christenheit, nämlich den echten Jüngern des Heilands. Sie und sie allein sind die wahren „Geistlichen", die homines spirituales, von denen der Apostel (1. Kor. 2,15) sagt: Omnia judicant et a nemine judicantur. Obgleich sie noch der Sünde verhaftet sind (Simul iusti, simul peccatores), sind sie doch nicht mehr perversi, sondern conversi, haben ihren geistlichen Rechtsstand im Reich der Gnade, nicht im Reich der Welt und genießen in der Gemeinschaft mit Christus die Freiheit des Christenmenschen" (S. 330). Aus der Exemtion des geistlichen Standes vom weltlichen Gericht wird die Exemtion der wahren Gläubigen vom geistlichen Gericht. Der Schritt von einem so umgedeuteten privilegium fori zum „forum internum", als das Kant das Gewissen bestimmt, so groß er gedanklich auch durch das Dazwischentreten der Autonomie der Vernunft erscheinen mag, ist doch kein prinzipieller Überschritt mehr.

39 Kant, GMS, S. 380^{23}.
40 Link, Sp. 795.
41 Link, Sp. 796.
42 Lessing, S. 295.
43 AaO., S. 316.
44 AaO., S. 317.
45 Kant, KrV, S. 13^9.
46 AaO.
47 AaO., S. 13^{10}.
48 Untadeligkeit, Unwiderstehlichkeit und Unabänderlichkeit sind die Charakteristika der zum „allgemein vereinigten Willen" entfalteten Vernunft. Vgl. dazu die Gewaltenteilungslehre in der Metaphysik der Sitten, § 45 (S. 431^{29}) und § 48 (S. 435$^{13-16}$).
49 Kant, KrV, S. 13$^{35-38}$.
50 AaO., S. 13$^{38-40}$.
51 AaO., S. 23$^{31-32}$. Der ontotheologische Naturbegriff Kants ließe sich auch in der Frage erschließen, wofür denn dasjenige, von dem Vernunft allein Belehrung annimmt, zeugen soll. Es kann nichts anderes sein als dasjenige, was jenseits der Selbstsuffizienz der Vernunft, die als Vermögen der Ideen Urheberin ihrer Prinzipien ist, noch übrig bleibt und dessen Inbegriff das Ding an sich ist. Zeugnisse des Dings an sich belehren die Vernunft und sind Manifestationen der Vernunft undenkbaren Einheit mit dem Ding an sich, einer Einheit, die alle Prädikate des vormaligen Gottesbegriffs vereinigte. Aber nur getrennt vom Ding an sich bleibt der Vernunft die Vollmacht des bestellten Richters, in Einheit mit ihm würde sie selbst zur Gerichteten. Was aber Richter und Gerichtetes zugleich ist, kann in den Kategorien des Rechts nicht mehr zureichend gedacht werden. Dazu bedarf es Kategorien der Wahrheit und Freiheit, Kategorien der Liebe und Kategorien der Gnade.
52 GMS, 50$^{32-33}$. Zum Gewaltbegriff bei Kant vgl. Folkers.

53 GMS, S. 11³¹⁻³³.
54 Kant, MdS, S. 537¹⁰⁻¹².
55 AaO., S. 573⁵⁻⁶.
56 AaO., S. 573¹².
57 AaO., S. 324⁹⁻¹³.
58 AaO., S. 324²¹⁻²³.
59 AaO., S. 324²⁴⁻²⁵.
60 AaO., S. 324¹⁰.
61 AaO., S. 325⁴.
62 AaO., S. 511²⁻³.
63 AaO., S. 339²⁷⁻³⁰.
64 AaO., S. 324¹⁵⁻¹⁷.
65 Rehm, S. 357.
66 Vgl. aaO., S. 359 (Anm. 1).
67 Ein schönes Dokument für die Entdeckung der überlegenen Macht der Freiwilligkeit — dreißig Jahre nach der ‚Metaphysik der Sitten' Kants — liegt in einem Brief Varnhagens an Rahel vor. Varnhagen hatte Nachricht erhalten, daß der König (Ludwig I. von Bayern) von seinem Badeort aus eigens zum 78. Geburtstag Goethes am 28. August 1827 nach Weimar gereist war, ihm dort zum Angebinde das Großkreuz des Ordens der Bayerischen Krone zu überreichen. Am 7. September schreibt Varnhagen von München aus an Rahel: „Was Goethe alles erlebt! Ein solches Alter, eine solche Größe, sind beispiellos. Was ein Mann, ein Dichter, seiner Nation, und durch sie der Welt, werden kann, durch bloßes Bilden und Leben, ohne Gewalt und Günstlingschaft, bleibt eine merkwürdige Geschichtstatsache, und als solche nimmt sie gewiß auch Goethe und freut sich derselben, mit erlaubtem Wohlgefallen." (S. 151)
68 Kant, MdS, S. 324²⁴⁻³¹.
69 Wo der Staat diese Grenze überschreitet, setzt der Protest der liberalen Meinung ein. So plastisch in einem Brief des 25-jährigen Hegel an Schelling vom 30. August 1795: „Ich fühle innigst das Bejammernswürdige eines solchen Zustandes, wo der Staat in die heilige Tiefe der Moralität hinabsteigen und diese richten will; bejammernswürdig ist er, auch wenn der Staat es gut meinte, noch unendlich trauriger, wenn Heuchler dies Richteramt in die Hände bekommen, welches geschehen *muß*, wenn es anfangs auch gut gemeint gewesen wäre."
70 Kant, MdS, S. 324¹⁴⁻²².
71 Kant, KpV, S. 191¹⁸⁻²⁰.
72 AaO., S. 191²²⁻²⁶.
73 Friedrich Kaulbach, S. 45.
74 Vgl. Kant, MdS, S. 324³⁶⁻325³.
75 AaO., S. 325⁴⁻⁷.
76 AaO., S. 337²³.
77 AaO., S. 338⁷.
78 Anders Höffe: „Recht ist seinem Begriff und Wesen nach eine Freiheitseinschränkung (nämlich die Einschränkung absoluter Willkürfreiheit) um des Freiheitsschutzes willen, wobei dieser doppelte Freiheitsbezug unter strikt allgemeinen Gesetzen steht." (S. 25)
79 Kant, GMS, S. 81⁹⁻¹¹.
80 Kant, KrV, S. 505²⁻³⁷.
81 AaO., S. 506⁵.
82 AaO., S. 506¹⁶⁻¹⁸.
83 Kant, GMS, S. 88¹⁶⁻¹⁸.
84 Kant, Ewiger Frieden, S. 218⁸⁻219².
85 Hegel, GW 4, S. 54³⁶⁻³⁸.

86 AaO., S. 55^{11}.
87 AaO., S. 55^{35}–56^{1}.
88 AaO., S. 58^{14}.
89 Hegel, Naturrechtsaufsatz, GW 4, S. 427$^{27-28}$.
90 AaO., S. 454^{21}.
91 Hegel, System der Sittlichkeit, S. 477$^{19-20}$.
92 Hegel, GW 8, S. 266^{16}.
93 AaO., S. 267^{1}.
94 AaO., S. 270^{14}.
95 AaO., S. 276^{3}.
96 AaO., S. 276$^{5-6}$.
97 AaO., S. 276$^{11-12}$.
98 Hegel, Rechtsphilosophie §§ 202–208.

Literatur

Apologie der Konfession (1531). In: Die Bekenntnisschriften der evangelisch-lutherischen Kirche, Göttingen 1979, S. 139–404
Becker, H. J., Art. Kirchengut, in: Handwörterbuch zur Deutschen Rechtsgeschichte, 2. Bd., hrsg. von Adalbert Erler und Wolfgang Stammler, Berlin 1978, S. 754–761.
Böckenförde, Ernst Wolfgang, Die Entstehung des Staates als Vorgang der Säkularisation, in: ders., Staat-Gesellschaft-Freiheit. Studien zur Staatstheorie und zum Verfassungsrecht, Frankfurt 1976, S. 42–64; zuerst abgedruckt in: Säkularisation und Utopie, Ebracher Studien, Ernst Forsthoff zum 65. Geburtstag, Stuttgart/Berlin 1967, S. 75–94
Bonin, Burkhard von, Die praktische Bedeutung des Ius reformandi. Eine rechtsgeschichtliche Studie. In: Kirchenrechtliche Abhandlungen, hrsg. von Ulrich Stutz, Heft 1, Stuttgart 1902
Briefe von und an Hegel Bd. I, 1785–1812, hrsg. von Johannes Hofmeister, Hamburg 1952 (1969^{3})
Brunner, Otto, Adeliges Landleben und Europäischer Geist. Leben und Werk Wolf Helmhards von Hohberg 1612–1688, Salzburg 1959
Die Schmalkaldischen Artikel (1537). In: Die Bekenntnisschriften der evangelisch-lutherischen Kirche, Göttingen 1979, S. 405–468
Dombois, Hans, Das Recht der Gnade. Ökumenisches Kirchenrecht Bd. II, Bielefeld 1974
Folkers, Horst, Der Begriff der Gewalt bei Kant und Benjamin, in: Günter Figal/Horst Folkers, Zur Theorie der Gewalt und Gewaltlosigkeit bei Walter Benjamin, Heidelberg 1979, S. 25–57
Goethe, Johann Wolfgang, Wilhelm Meisters Lehrjahre (1794–1796), Artemis Gedenkausgabe, Bd. 7, Zürich 1949, Nachdruck 1977
Heckel, Johannes (1), Lex charitatis. Eine juristische Untersuchung über das Recht in der Theologie Martin Luthers, 2. überarbeitete und erweiterte Auflage, zuerst 1953, Köln/Wien 1973, S. 1–294
Heckel, Johannes (2), Im Irrgarten der Zwei-Reiche-Lehre (1957), in: ders., Lex charitatis. Eine juristische Untersuchung über das Recht in der Theologie Martin Luthers, 2. überarbeitete und erweiterte Auflage, Köln/Wien 1973, S. 317–353
Heckel, Martin (1), Staat und Kirche nach den Lehren der evangelischen Juristen Deutschlands in der ersten Hälfte des 17. Jahrhunderts, in: Zeitschrift der Savigny-Stiftung für Rechtsgeschichte, Bd. 73, Kan. Abt. 42 (1956), S. 117–227
Heckel, Martin (2), Staat und Kirche nach den Lehren der evangelischen Juristen Deutschlands in der ersten Hälfte des 17. Jahrhunderts. II. (Schluß-)Teil, in: Zeitschrift der Savigny-Stiftung für Rechtsgeschichte, Bd. 74, Kan. Abt. 43 (1957), S. 202–308

Hegel, Georg Wilhelm Friedrich, Differenz des Fichteschen und Schellingschen Systems der Philosophie (1801), in: Gesammelte Werke, Bd. 4 Jenaer Kritische Schriften, hrsg. von Hartmut Buchner und Otto Pöggeler, Hamburg 1964, S. 1–92

Hegel, Georg Wilhelm Friedrich, Über die wissenschaftlichen Behandlungsarten des Naturrechts, seine Stelle in der praktischen Philosophie und sein Verhältnis zu den positiven Rechtswissenschaften (1802), in: Gesammelte Werke, Bd. 4 Jenaer Kritische Schriften, hrsg. von Hartmut Buchner und Otto Pöggeler, Hamburg 1964, S. 417–485

Hegel, Georg Wilhelm Friedrich, System der Sittlichkeit, in: Sämtliche Werke, hrsg. von Georg Lasson, Bd. VII, Schriften zur Politik und Rechtsphilosophie, Leipzig 1913, S. 417–503

Hegel, Georg Wilhelm Friedrich, Jenaer Realphilosophie 1805/06, in: Gesammelte Werke, Bd. 8 Jenaer Systementwürfe III, hrsg. von Rolf-Peter Horstmann, Hamburg 1976

Hegel, Georg Wilhelm Friedrich, Grundlinien der Philosophie des Rechts, in: Werke in 20 Bänden, Bd. 7 (Suhrkamp-Ausgabe), Frankfurt 1970

Hintze, Otto, Die Epochen des evangelischen Kirchenregiments in Preußen (1906), in: ders., Gesammelte Abhandlungen Bd. III (Regierung und Verwaltung), hrsg. von Gerhard Oestreich, Göttingen 1967^2, S. 58–96

Höffe, Otfried, Recht und Moral: ein kantischer Problemaufriß, in: Neue Hefte für Philosophie 17, Göttingen 1979, S. 1–36

Hölscher, Lucian, Öffentlichkeit und Geheimnis, Stuttgart 1979

Hofmann, Hanns Hubert (Hrsg.), Quellen zum Verfassungsorganismus des Heiligen Römischen Reiches Deutscher Nation 1495–1805 (ausgewählte Quellen zur deutschen Geschichte der Neuzeit; Bd. 13), Darmstadt 1976

Kant, Immanuel, Kritik der reinen Vernunft (1781), in: Werke in 6 Bänden, hrsg. von Wilhelm Weischedel, Bd. 2 (zitiert als KrV), Darmstadt 1966^2

Kant, Immanuel, Grundlegung zur Metaphysik der Sitten (1785), in: Werke in 6 Bänden, hrsg. von Wilhelm Weischedel, Bd. 4 (zitiert als GMS), Darmstadt 1956, S. 11–102

Kant, Immanuel, Kritik der praktischen Vernunft (1788), in: Werke in 6 Bänden, hrsg. von Wilhelm Weischedel, Bd. 4 (zitiert als KpV), Darmstadt 1956, S. 103–302

Kant, Immanuel, Die Metaphysik der Sitten (1797), in: Werke in 6 Bänden, hrsg. von Wilhelm Weischedel, Bd. 4 (zitiert als MdS), Darmstadt 1956, S. 303–634

Kant, Immanuel, Zum ewigen Frieden. Ein philosophischer Entwurf (1795), in: Werke in 6 Bänden, hrsg. von Wilhelm Weischedel, Bd. 4 (Schriften zur Anthropologie, Geschichtsphilosophie, Politik und Pädagogik), Darmstadt 1964, S. 191–251

Kaulbach, Friedrich, Moral und Recht in der Philosophie Kants, in: Jürgen Blühdorn und Joachim Ritter (Hrsg.), Recht und Ethik. Zum Problem ihrer Beziehung im 19. Jahrhundert, Frankfurt 1970, S. 43–58

Lessing, Gotthold Ephraim, Nathan der Weise (1779), in: ders., Werke 2, hrsg. von Herbert G. Göpfert, München 1971, S. 205–347

Link, Christoph, Art. Kirchenrecht (Staatskirchenrecht), in: Handwörterbuch zur Deutschen Rechtsgeschichte, hrsg. von Adalbert Erler und Wolfgang Stammler, 2. Band, Berlin 1978, Sp. 783–824

Niebergall, A., Art. Kirchenordnung, in: Handwörterbuch zur Deutschen Rechtsgeschichte, 2. Bd., hrsg von Adalbert Erler und Wolfgang Stammler, Berlin 1978, Sp. 762–771

Rehm, Hermann, Der Mitgliedschaftserwerb in der evangelischen Landeskirche und landeskirchlichen Ortsgemeinde Deutschlands, in: Deutsche Zeitschrift für Kirchenrecht 2 (ZfK. R. 24) (1892), S. 192–256 und S. 329–420

Rudolph, Enno, Skepsis bei Kant. Ein Beitrag zur Interpretation der Kritik der reinen Vernunft, München 1978

Schmitt, Carl, Staat als ein konkreter, an eine geschichtliche Epoche gebundener Begriff (1941), in: ders., Verfassungsrechtliche Aufsätze, Berlin 1958, S. 375–385

Varnhagen von Ense, Carl August, Briefwechsel zwischen Varnhagen und Rahel, hier: VI. Band, Leipzig 1875. Wiederabgedruckt in: Rahel Varnhagen, Gesammelte Werke, hrsg. von Konrad Feilchenfeldt, Uwe Schweikert und Rahel E. Steiner als Band VI, München 1983. Vgl. ebenfalls: Goethe in vertraulichen Briefen seiner Zeitgenossen, zusammengestellt von Wilhelm Bode, Bd. III, 1817–1832, Nachdruck München 1982, die Nummern 2313 und 2315

Wolf, Erik, Ordnung der Kirche. Lehr- und Handbuch des Kirchenrechts auf ökumenischer Basis, Frankfurt 1961

Persio Arida

Soziale Differenzierung und Wirtschaftstheorie

Die Arbeitsteilung stand im Mittelpunkt der Betrachtung des wirtschaftlichen Fortschritts, wie sie in *The Wealth of Nations* unternommen wird. Doch obgleich mit Adam Smith bekanntlich die Entstehung der Nationalökonomie als eigenständige Sozialwissenschaft beginnt, hat die Arbeitsteilung in der modernen Wirtschaftstheorie keinen Platz. Ich verfolge hier zwei Ziele. Erstens möchte ich etwas über die Gründe sagen, die zum Verschwinden der Arbeitsteilung aus der post-Marshallschen Wirtschaftstheorie beigetragen haben. Diese allgemeinen historischen Anmerkungen bilden Abschnitt I. Zweitens möchte ich eine Reihe von analytischen Ergebnissen einbringen, die m. E. zur Wiedereinführung sozialer Differenzierung in die Wirtschaftstheorie beitragen könnten. Erläuterung und Diskussion dieser Ergebnisse sind das Thema von Abschnitt II. Der Schluß III schließlich enthält in Kürze noch eine Überlegung zu Prozessen sozialer Differenzierung.

I. Geschichte

Als Joan Robinson 1922 im englischen Cambridge ankam, prägte sie zur Beschreibung der akademischen Atmosphäre in Cambridge den Satz „Marshall was economics" (Robinson, 1980, S. vii) und bezeichnete das Werk *Principles of Economics*, das 1887 erschienen war und 1920 in der 8. Auflage herauskam, als die „Bibel" (S. vii) der Wirtschaftswissenschaft. In diesem Abschnitt werde ich Marshall *Principles* rekonstruieren mit dem Ziel, eine folgenschwere Sackgasse in seiner Behandlung der sozialen Differenzierung aufzudecken. Diese Sackgasse verdankt sich einer Ambivalenz von methodologischen und mechanischen Modellen, die in späteren Jahren zu zwei gegensätzlichen Ansätzen zur sozialen Differenzierung führen. Der erste, der auf Sraffa (1926) zurückgeht und in die Zeit der Wertrevolution Anfang der dreißiger Jahre fällt, setzte sich schließlich in der Wirtschaftstheorie durch. Der zweite, der sich mit dem Namen Young verbindet, lebte unauffällig, in der Unterwelt, wie Keynes es ausdrückt (S. 32), weiter und wurde erst in den siebziger Jahren wiederentdeckt. Ich möchte nachweisen, daß die Arbeitsteilung bei beiden antithetischen Ansätzen als ein natürlicher Prozeß erscheint, der außerhalb des Gegenstandes der Wirtschaftstheorie abläuft. Im zweiten Abschnitt des vorliegenden Papers wird die Natürlichkeit der Arbeitsteilung in Frage gestellt.

Marshall betrachtete die Ökonomie als „a branch of biology broadly interpreted" (Marshall, 1948, S. 637). Die Biologie war das Mekka des Ökonomen (S. xii), und in den *Principles* findet sich eine Fülle von biologischen Metaphern. Aber nirgendwo hebt er die Lehren, die aus der Biologie zu ziehen sind, stärker hervor als zu Beginn von Kapitel 7 Buch IV, betitelt „Industrial Organization". Er erwähnt die „general rule, to which there are not very many exceptions, that the development of the organism, whether social or physical involves an increasing subdivision of functions between its separate parts on the one hand, and on the other a more intimate connection between them" (S. 200–1). Im Hinblick auf die Industrie sagt Marshall anschließend: „This increased subdivision of functions, or "differentiation", as it is called, manifests itself ... in such forms as the division of labour, and the development of specialized skills, knowledge and machinery; while integration, that is, a growing intimacy and firmness of the connections between the separate parts of the industrial organism, shows itself in such forms as the increase of security of commercial credit, and the means and habits of communication ..." (S. 201).

Man erwartet nun, daß Marshall sich der Analyse der industriellen Organisation, dem Hauptthema der Kapitel 8 bis 13 von Buch IV, in Begriffen des dynamischen Kräftespiels von Differenzierung und Integration widmet. Aber sobald er beginnt, über Einzelaspekte der industriellen Organisation nachzudenken, wendet er sich von diesem systemischen Rahmen ab. Die Schwierigkeiten, die ihm der Versuch einer Anwendung eines dynamisch-systemischen Ansatzes bereitete, resultierten aus seiner methodologischen Position.

Die Biologie war das Mekka des Ökonomen, aber Marshall fügte dem sogleich hinzu, daß die Konzepte der Biologie weitaus komplexer wären als die der Mechanik. Er hielt an der zentralen Vorstellung von der Ökonomie als einer lebendigen Kraft und organischen Bewegung fest; gleichwohl sollten statische Hypothesen mechanischer Art vorläufig als Hilfsmittel bei der Entwicklung biologischer bzw. dynamischer Konzeptionen dienen (S. xii–xiii). Als Annäherungen, die geeignet sind, die komplexe Realität in Teile zu zerlegen, um einzelne Ursachen aufzufinden, waren mechanische Gleichgewichtsmodelle, versehen mit ceteris paribus-Klauseln von grundlegender Bedeutung für die Wissenschaft; und in dieser Hinsicht gleicht die Ökonomie jeder anderen Wissenschaft (S. 30, S. 304). Marshall gab eine freimütige Antwort auf die Äußerung von Edgeworth, daß „to treat variables as constants is the characteristic vice of the unmathematical economist" (Edgeworth, S. 127). „It is true that we provisionally treat variables as constants", schrieb Marshall und gab damit die Verzerrungen an, die durch die Anwendung analytischer, der Mechanik entnommener Instrumente die angemessene Wahrnehmung von Veränderungen belasteten, „but it is also true that this is the only method by which science has ever made any great progress in dealing with complex and changeful matter, whether in the physical or moral world." (Marshall, S. 315).

Die Schlüssigkeit dieser Behauptung war damals und ist bis heute nicht erwiesen. Marshall wollte mechanische, statische Gleichgewichtsmodelle, deren Phänomene sich in einer reversiblen Zeit befinden, mit dem dynamischen, biologischen Charakter irreversibler Veränderungen in Einklang bringen, und grenzte den Gleichgewichtsbegriff auf wohldefinierte Verfahren zur Ausschaltung des Zeitflusses ein (Granger, 1958, S. 101). So führte er Gleichgewichte für kurze und lange Perioden ein, obgleich ihm bewußt war, daß die Zeit ein absolutes Kontinuum ist und eine derartige Aufteilung nicht kennt (Marshall, S. vii, S. 314). Der Versuch einer Harmonisierung von mechanischen und biologischen Modellen war also problematisch. Der Zeit, „the centre of the chief difficulty of almost every economic problem (S. vii), konnte man durch statische Methoden nicht beikommen; die Statik wurde ausdrücklich als Teil der Dynamik begriffen (S. 304), aber über das schwierige Problem ihrer richtigen Zuordnung herrschte Schweigen. Georgescu-Roegen hat in diesem Zusammenhang zu Recht darauf hingewiesen, daß sich Wandel und Evolution einer arithmomorphen Schematisierung entziehen. Konzepte, die sich in einer Grauzone befinden, in der sich Gegenteiliges überschneidet, von Georgescu-Roegen als dialektisch bezeichnet, sind notwendig, um Wandel zu erfassen; genau umgrenzte Konzepte aus der Mechanik sind für das Verständnis der Evolution unzureichend (Georgescu-Roegen, Kap. 2, Kap. 11, Teil 3).

Die ungelöste methodologische Spannung zwischen mechanischen Modellen, die die analytischen Instrumente prägen, und biologischen Modellen, die die charakteristischen Merkmale des Forschungsobjektes wiedergeben, findet sich überall in den *Principles*. Das rein mechanische Modell der „composition of forces" war nach Marshalls Ansicht für eine Reihe von Problemen ausreichend, aber er fügte hinzu, daß bei der Behandlung von „nearly all problems of large scope and importance, regard must be had to biological conceptions of growth" (Marshall, S. 350—1). In der Behandlung der Entwicklung der Industrie als der eines lebenden Organismus, eines zweifachen Prozesses von Differenzierung und Integration, bestand das explizite Vorhaben Marshalls in Buch IV der *Principles*. Die der Mechanik entnommenen analytischen Instrumente verhinderten jedoch die praktische Verwirklichung seines Plans. Um zu verstehen, wie diese Instrumente seinen ideal konzipierten, systemischen Ansatz beeinträchtigten, ist es erforderlich, zunächst näher auf seine Behandlung der industriellen Organisation in Buch IV einzugehen. Im ersten Kapitel von Buch IV, das den Titel „The agents of production — land, labour, capital and organization" trägt, weicht Marshall von der Taxonomie der Produktionsfaktoren ab, indem er der üblichen Auflistung die „Organisation" hinzufügt. Die von der Tradition überlieferte dreiteilige Klassifikation war bestimmt vom Interesse an den Determinanten der Einkommensverteilung, d.h. den Eigentumsrechten an der bestehenden Menge der Faktoren und ihren relativen Ertragsraten — Renten, Zinsen, Löhne. Tatsächlich ist Marshalls Thema in Buch IV jedoch nicht die Einkommensverteilung, auf die er erst später, in Buch VI näher eingeht, sondern vielmehr das Verhalten der Angebotspreistabellen. Der Angebotspreis war definiert als der Stückpreis, der den zur Produktion einer bestimmten Warenmenge benötigten Kräfteaufwand abdeckte (S. 118). Formal betrachtet werden durch die Angebotspreistabelle hypothetische Outputvolumen zu den Einheitspreisen in Beziehung gesetzt, die die Produzenten erzielen müssen, um diese Mengen verfügbar zu machen. Das Verständnis der Determinanten der Angebotspreistabelle ist das Anliegen von Buch IV, so wie das Verständnis der Nachfragepreistabelle in Buch III thematisiert wird. Beide Bücher bilden die Voraussetzungen für Buch V, das analytische Kernstück der *Principles*, in dem der Wert aus Gleichgewicht von Angebot und Nachfrage erklärt wird, „... a Fundamental Idea running through the frames of all the various parts of the central problem of Distribution and Exhange" (p. vii).

Marshall behandelte Organisation separat in Buch IV, weil sie die Angebotspreistabellen entscheidend beeinflußt. Er unterschied zwischen abnehmenden und zunehmenden Skalenerträgen. Bei abnehmenden Erträgen steigt die Kurve der Angebotspreistabelle positiv an. Denn ein Mehr an Kapital und Arbeitskraft, bezogen auf die Produktion einer gegebenen Ware, hat eine unterproportionale Erhöhung der produzierten Warenmenge zur Folge; deshalb muß der mit der größeren Outputmenge verbundene Angebotspreis höher sein. Das Gesetz der abnehmenden Erträge wurde durch Bezug auf einen konstant gegebenen Faktor erklärt. Es war gültig für die Landwirtschaft, wenn technische Neuerungen nicht die Gegebenheit des Bodens ausglichen (S. 126). Neben verschiedenen anderen Themen behandeln die Anfangskapitel von Buch IV die Tendenz zu abnehmenden Erträgen. Aber als Marshall sich der industriellen Organisation zuwandte, erkannte er, daß ein gegenteiliges Ergebnis zu erwarten war. Die Vorteile der Organisation bzw. der Arbeitsteilung im weiteren Sinne (d.h. Facharbeit, Spezialmaschinen, Unterteilung der Management-Funktionen, räumliche Spezialisierung usw.) ermöglichten es, eine überproportional größere Warenmenge zu erzielen, verglichen mit einem gegebenen Mehreinsatz an Arbeitskraft und Kapital. Bei zunehmenden Skalenerträgen weist die Kurve der Angebotspreistabellen einen negativen Verlauf auf; d.h. es ist möglich, bei niedrigeren Stückpreisen mehr zu produzieren. Marshall formulierte das Gesetz der zunehmenden Erträge so: „An increase of labour and capital leads generally to improved organization, which increases the efficiency of the work of labour and capital." (S. 256).

Marshall war der Auffassung, daß abnehmende Erträge im allgemeinen in der Landwirtschaft sowie einigen Industrien zum Abbau von Naturprodukten zu finden sind, während zunehmende Erträge bzw. die Vorteile der Massenproduktion sich am ehesten bei der Manufaktur nachweisen lassen (S. 123, S. 232). „The part which nature puts in production shows a tendency of diminishing return, the part which man plays shows a tendency to increasing return" (S. 265). An Ricardo hatte er auszusetzen, daß dieser den Umfang der abnehmenden Erträge übertrieben darstellte (S. 137); dagegen stimmte er Adam Smith und Babbage darin zu, daß sich Produktionsvorteile, die sich aus der Arbeitsteilung ergeben, nur dann erzielen lassen, wenn eine ausreichende Nachfrage nach einem erhöhten Output besteht (S. 119—20). Jedoch hatte sich seit dem Erscheinen von *The Wealth of Nations* eine bedeutsame, wenn auch kaum spürbare Verschiebung ergeben. Die Arbeitsteilung als solche war nicht mehr von so großem Interesse. In der wirtschaftstheoretischen Diskussion spielte sie lediglich bei der Beurteilung ihrer möglichen Auswirkungen auf den Angebotspreis noch eine Rolle. Formal betrachtet, betrafen die einzig relevanten Fragen den Verlauf der Kurve der Angebotspreistabellen. Die drei nachfolgenden Abbildungen sollen dies verdeutlichen:

In allen drei Abbildungen werden der Output q auf der Abszisse und der Stückpreis p auf der Ordinate abgetragen; DD stellt die aggregierte Nachfragepreistabelle und SS die aggregierte Angebotspreistabelle dar; q_E ist der Gleichgewichtsoutput. DD bildet eine abfallende Kurve, weil die Konsumenten größere Mengen nur zu kleineren Stückpreisen kaufen; der Kurvenverlauf von SS hängt davon ab, von welchen Annahmen man bei den Skalenerträgen ausgeht.

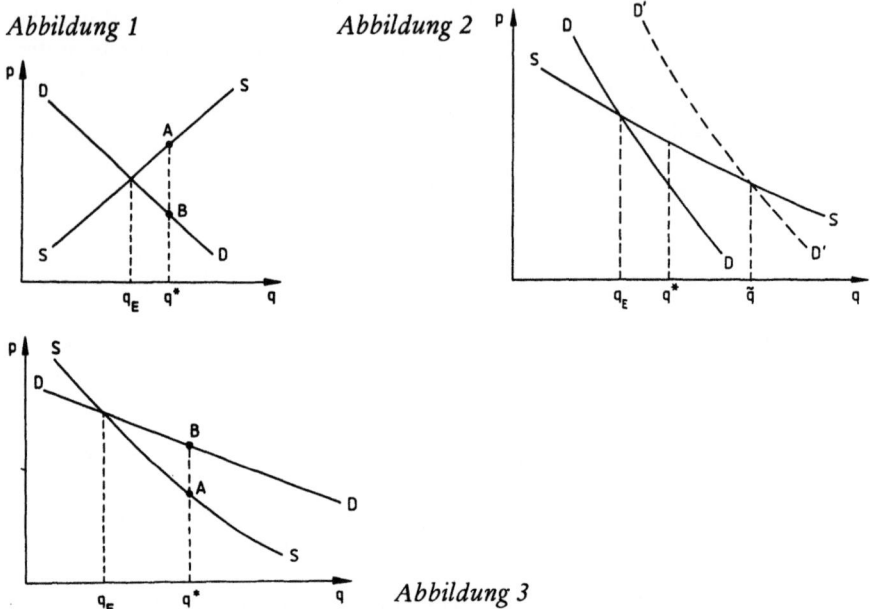

Abbildung 1

Abbildung 2

Abbildung 3

In Abbildung 1 dominieren die abnehmenden Erträge. Angenommen der Output steigt aufgrund einer Störung über q_E hinaus, also z.B. auf q^*. Werden die Marktkräfte, wenn die Störung vorüber ist, den Output wieder auf q_E senken? Laut Abbildung 1 ist die Antwort darauf positiv. Denn bei q^* übersteigt der Angebotspreis den Nachfragepreis um das Intervall AB. Da die Produzenten einen Gesamtverlust von $(AB) \cdot q^*$ befürchten müssen, wird die Produktion gesenkt. Das Gleichgewicht ist insofern stabil, als das Marktgeschehen über selbstregulierende Eigenschaften verfügt „... just as, if a stone hanging by a string is displaced from its equilibrium position, the force of gravity will at once tend to bring it back to its equilibrium position" (S. 288).

Die mechanische Metapher der Schwerkraft bezeichnet natürlich die statische Natur eines stabilen Gleichgewichtskonzepts. Aber wenden wir uns Abbildung 2 zu. Nehmen wir an, daß eine Störung ein Ansteigen des Output auf q^* bewirkt. Bei q^* erzielen die Produzenten Gesamtgewinne in Höhe von $(BA) \cdot q^*$, da der Nachfragepreis den Angebotspreis um das Segment BA übersteigt. Der Output steigt weiter und vergrößert die Differenz zwischen der laufenden Produktion und den Gleichgewichtslagen dieser Produktion. Die Gleichgewichtslage des Marktes ist labil in dem Sinne, daß eine kleine Störung, die die Produktion über (oder unter) die Gleichgewichtslage steigen (bzw. fallen) läßt, diese unbegrenzt ansteigen (oder auf Null fallen) läßt.

Wir kommen zu Abbildung 3. Bei q* übersteigt der Angebotspreis den Nachfragepreis um AB. In dieser Hinsicht ist die Situation mit Abbildung 1 vergleichbar, und das Gleichgewicht des Marktes ist stabil. Es bleibt jedoch eine Schwierigkeit bestehen. SS stellt die Gesamtangebotstabelle dar. Falls eine Firma, für sich betrachtet, eine Angebotstabelle mit negativem Kurvenverlauf aufwiese, könnte sie die Preise der Konkurrenz unterbieten und den gesamten Markt beherrschen, da die Produktionskosten pro Stück aufgrund der eigenen Produktionssteigerung abnehmen würden. Will man aber am Konzept des Wettbewerbs festhalten, um damit auch das Gespenst des Monopols zu bannen, muß man notwendig unterstellen, daß die zugrundeliegenden Angebotstabellen einen positiven Kurvenverlauf aufweisen. Dann ist jedoch schwer zu verstehen, wie die negativ verlaufende Angebotskurve SS aus dem Aggregat der Angebotstabellen der einzelnen Firmen resultieren konnte.

In Abbildungen 2 und 3 überwiegen die zunehmenden Skalenerträge, und die oben beschriebenen störenden Folgerungen basieren einzig auf dem Postulat vernünftigen Verhaltens, daß nämlich die Produzenten die Produktion immer dann erhöhen (bzw. senken), wenn sie mit dem jeweiligen Outputvolumen Gewinne (bzw. Verluste) verzeichnen. Zunehmende Erträge führen deshalb zu dem Dilemma, entweder auf die Vorstellungen von Gleichgewicht und Stabilität (wie es Abb. 2 nahelegt) zu verzichten oder das Wettbewerbskonzept zugunsten einer Variante der Monopoltheorie (gemäß Abb. 3) aufzugeben. Im erstgenannten Fall gilt der Kompromiß zwischen mechanischen und biologischen Modellen nicht mehr, und die in Marshalls *Principles* enthaltene methodologische Spannung tritt offen zutage. Im zweiten Fall läßt sich die Sichtweise vom wirtschaftlichen System als ein sich selbst regulierendes Subsystem der Gesellschaft nicht mehr aufrechterhalten, z.T. deswegen, weil durch eine generelle Aufgabe des Wettbewerbskonzepts, d.h. also eine universale Anwendung des Monopols, die Grundlage entfallen wäre, auf der ökonomische Gesetze entwickelt werden können, wie Hicks befürchtet hatte (S. 83–4), und z.T. auch, weil das Vorhandensein von Monopolen die Möglichkeit für eine sozial wünschenswerte Regulierung durch den Staat eröffnet, wie später von Pigou (Kap. 21) eindrucksvoll gezeigt wurde, wodurch das wirtschaftliche Subsystem für Störungen durch andere gesellschaftliche Subsysteme anfällig wird.

Marschall war sich über die Schwierigkeiten, die mit zunehmenden Skalenerträgen verbunden waren, im klaren. Um den Rahmen seiner Analyse des Wandels in Begriffen des mechanischen Gleichgewichtskonzepts zu retten, steckte er sorgfältig die empirische Gegebenheit (im Gegensatz zur theoretischen Möglichkeit) von zunehmenden Skalenerträgen ab. So vertrat er die Auffassung, daß die Tendenz zu zunehmenden Erträgen sich selten kurzfristig zeigt (Marshall, S. 378, 414–5); er wies darauf hin, daß „the two tendencies towards increasing and decreasing return constantly press against each other" (S. 266) und daß, sollten sich durch das Auspendeln dieser beiden entgegengesetzten Tendenzen konstante Erträge ergeben, sich die oben erwähnten Fragen erübrigen würden; er war der Meinung, daß den Produktionschancen auf Grund zunehmender Erträge häufig Schwierigkeiten des Absatzes entgegenstehen (S. 379); und schließlich lehnte er Abbildung 2 als eine plausible Erklärung der Wirklichkeit mit der Begründung ab, daß bei einer uneingeschränkten Produktionssteigerung der Nachfragepreis notwendigerweise fast auf Null, der Angebotspreis jedoch nicht in gleichem Maße sinken würde, für ein ausreichend großes Outputvolumen daher der Angebotspreis über (und nicht unter, wie in Abb. 2) dem Nachfragepreis liegen muß (S. 655).

Marshall gab jedoch nicht der Versuchung nach, die Bedeutung der zunehmenden Erträge zu gering einzustufen. Abbildung 2 wurde aufgegeben, aber Abbildung 3 behielt ihre Gültigkeit für die Darstellung der Determinanten des Wertes in der gewerblichen Produktion. Cournot hatte 1838 formal dargelegt, daß einzelne Angebotstabellen mit einer abwärts verlaufenden Kurve mit dem reinen Wettbewerb nicht vereinbar waren (Cournot, Kap. 5). Um die Schwierigkeiten auszuräumen, die sich ergaben, wenn die Wettbewerbsbedingungen mit der Vorherrschaft zunehmender Erträge in Einklang gebracht werden sollten, blieb Marshall nur die Wahl, das Konzept der repräsentativen Firma einzuführen.

Die repräsentative Firma war definiert als „that particular sort of average firm, at which we need to look to see how far the economies, *internal and external*, of production on a large scale have extended generally in the industry and country in question" (Marshall, S. 265). Interne Vorteile waren danach solche, die die Outputsteigerung einer einzelnen Firma begleiten, d.h. die sich aus einer funktionalen Spezialisierung von Arbeitskraft und Maschinen innerhalb einer Firma ergeben. Externe Vorteile wurden definiert im Hinblick auf die Entwicklung der Industrie allgemein. Sie umfaßten alle Auswirkungen auf den Output einer Firma, die aus einer Differenzierung auf der Ebene des Industriezweiges der betreffenden Firma resultieren (S. 221). Systemtheoretisch formuliert ist das Unternehmen ein System, dessen Umwelt aus all den anderen Systemen (Firmen) besteht, die innerhalb eines gegebenen Marktes konkurrieren; die internen Vorteile reflektieren den innerhalb eines gegebenen Systems ablaufenden Differenzierungsprozeß, während die externen Vorteile die Auswirkungen der Differenzierung der Umwelt auf ein bestimmtes System widerspiegeln. Die repräsentative Firma ist konstruiert als Hilfsmittel, das die Skalenerträge beider Arten erfaßt und dadurch eine Veranschaulichung der Angebotsseite des Marktes in Miniaturform ermöglicht (Frisch, S. 79).

Die Unterscheidung zwischen internen und externen Vorteilen war durch die schwierige Interpretation der obenerwähnten SS-Kurve bedingt. Wenn alle Skalenerträge extern begründeter Art wären, wiesen die einzelnen Angebotstabellen einen positiven Kurvenverlauf auf, aber das Gesamtangebot SS verhielte sich so wie in Abbildung 3 beschrieben. Die bestehenden Skalenerträge der externen Variante zuzuschreiben, erschien daher als ein mögliches, wenn auch vielleicht wenig überzeugendes Mittel, die Koexistenz von Wettbewerb und zunehmenden Erträgen abzusichern. Diesen vielversprechenden Weg schlug Marshall ein. Interne Vorteile galten als anfällig für ständige Schwankungen (S. 263); das Vorherrschen externer Vorteile führte dazu, daß man es für falsch hielt, individuelle Angebotsbedingungen als typisch für jene zu betrachten, die das Gesamtangebot bestimmen (Marshall, S. 378—80). Marshall war vernünftig genug, diese Argumentation nicht ins Extreme zu überdehnen und interne Vorteile aus dem Satz der von der Wirtschaftstheorie anerkannten Phänomene auszuschließen. Erst Pigou berücksichtigte Jahre später die Möglichkeit, daß externe Vorteile bei einer bestimmten Größenordnung für die Industrie insgesamt zunehmende Erträge bringen können, während die einzelne Firma mit den Bedingungen abnehmender Erträge konfrontiert ist (Pigou, S. 221—2). Der der Marschallschen repräsentativen Firma zugrundeliegende Gedanke wird deutlicher, wenn wir uns mit Marshalls Beschreibung der Entwicklung einzelner Firmen auseinandersetzen.

Nach Marshall durchlaufen Unternehmen in der realen Welt einen typischen Lebenszyklus. Wenn die Analyse sich der Wirklichkeit nähert, so Marshall, können die ausgleichenden Kräfte des mechanischen Gleichgewichts eines Steins, der an einem Gummiband hängt, keine angemessene Metapher für wirtschaftliche Prozesse mehr liefern. Geeignete Metaphern für das Gleichgewicht sind eher in der Biologie zu finden. „A business firm grows and attains great strength, and afterwards perhaps stagnates and decays; and at the turning point there is a balancing or equilibrium of the forces of life and decay." (Marshall, S. 269). Das konditionale „perhaps" im obigen Zitat zeigt Marshalls Abneigung gegen absolute Verallgemeinerungen; Ausnahmen von diesem biologischen Entwicklungsmuster sind jedoch kaum zu erwarten, selbst wenn man die Aktiengesellschaften berücksichtigt, deren Vitalität die ihrer Gründer überdauern kann (S. 263—4). Marshall vergleicht das Wachstum von Unternehmen mit dem Wachstum von Bäumen. Junge Bäume streben nach oben, und die erfolgreichen erreichen eine größere Höhe als ihre älteren Konkurrenten; aber früher oder später wirkt sich die Bürde des Alters aus, und sie müssen ihre Überlegenheit aufgeben (S. 263, S. 379). Der repräsentative Baum, ein analytisches Konstrukt, repräsentiert die durchschnittliche Höhe des Waldes. In einem expandierenden Wald würde er gleichmäßig in die Höhe wachsen, sich in einer stationären Umwelt aber nicht verändern. Zu jedem beliebigen Zeitpunkt kann ein wirklicher Baum die Identität eines repräsentativen Baumes annehmen, aber sein Lebenslauf bedingt die Trennung seiner Identität von der des repräsentativen Baumes zu einem späteren Zeitpunkt. Der repräsentative Baum — im Gegensatz zu einem wirklichen Baum — ist nur eine Leerstelle, die von den Eigenschaften des Waldes, die sie repräsentiert, bestimmt wird.

Die repräsenatative Firma hat mit ihrem metaphorischen Gegenstück das Charakteristikum einer Leerstelle gemein, die einzig von systemischen Eigenschaften bestimmt wird (S. 305). Marshall ging nicht näher darauf ein, ob diese Stelle ein wirkliches Unternehmen einnimmt; die von ihm als repräsentativ angesehene Firma sollte eine ziemlich lange Lebensdauer und guten Erfolg haben, mit durchschnittlicher Fähigkeit geführt werden und einen normalen Zugang zu Skalenerträgen haben (S. 265). Die Unmöglichkeit, objektive Aussagen über normale, angemessene Bedingungen zu machen, war eines der wichtigsten Argumente von Robbins, der 1928 die repräsentative Firma als ein überflüssiges und irreführendes Konstrukt attackierte. Robbins' Kritik ging jedoch am Kernpunkt vorbei. Die Unternehmen der realen Welt, die dem unabänderlichen Zyklus von Lebenskraft und Verfall unterworfen sind, würden in ihrer Branche selbst dann keine Monopolstellung erreichen, wenn sie über interne Skalenerträge verfügen, einfach weil ihre Willenskraft und Energie dieser großen Aufgabe nicht gewachsen wären. Marshall schrieb, daß „the full life of a large firm seldom lasts very long" (S. 239), und, so hätte er hinzufügen können, nur selten lange genug, um alle Konkurrenten vom Markt zu verdrängen. Nach Marshall bergen die großen Kräfte, die einem Unternehmen den Aufstieg ermöglichen, auch den Verfall in sich; die große Firma kann unter günstigen Umständen für lange Zeit einen herausragenden Marktanteil behaupten, aber die Vorteile von Unternehmergeist, Können und harter Arbeit sind im Wettbewerb mit jüngeren und kleineren Rivalen nicht mehr ausschließlich nur auf ihrer Seite (S. 264). Im Gegensatz dazu läßt sich von der repräsentativen Firma sagen, daß sie in der Lage ist, grenzenlos zu wachsen und ihre Stückkosten uneingeschränkt zu senken — aber es gibt in Wirklichkeit kein Unternehmen, „no identifiable entity with a continuing will and purpose of its own, which has both the power and the inducement to expand its output" (Robertson, S. 88) bis zu jenem extremen Punkt, an dem der gesamte Markt beherrscht wird, wie es Robertson in seiner Erwiderung an Robbins ausdrückte, mit Worten, die durch und durch von der Tradition Marshalls geprägt waren.

Marshall löste das in Abbildung 3 enthaltene Problem so, daß er die SS-Kurve weder als aggregierte noch als monopolistische Einzelangebotstabelle, sondern vielmehr als das Angebot der repräsentativen Firma interpretierte. Einige Angebotskurven können aufgrund interner und externer Skalenerträge nach unten abfallen, aber Expansion im Vertrauen auf die Kraft der Jugend wird durch unaufhaltsamen Verfall gebrochen. Während ein wirkliches Unternehmen bei zunehmenden Erträgen nicht in einer Gleichgewichtslage verharren kann, weil sie ihren Output steigern müßte, kann die repräsentative Firma in ähnlichen Umständen in einer Gleichgewichtslage bleiben, weil sie als ein Konstrukt ohne eigenes Leben ihren Output nur als Reaktion auf evolutionäre Veränderungen der Beschaffenheit des Marktangebots erhöhen würde. Mit dieser Interpretation der SS-Kurve als Angebotskurve der repräsentativen Firma erschien es Marshall möglich, zunehmende Erträge mit einem Wettbewerbsgleichgewicht in Einklang zu bringen.

So löste Marshall also das in Abbildung 3 enthaltene Problem — aber auf diese Weise wurde auch der brüchige Kompromiß zwischen mechanischen und biologischen Modellen sichtbar. Denn auf der Nachfrageseite hatte er von zeitlich unspezifizierten Konsumenten gesprochen, die sich wie isolierte mechanische Teilchen verhielten, und auf der Angebotsseite mußte er ein in den Fluß der Zeit gebettetes Wesen einführen, das nicht das atomistische Verhalten einzelner Teilchen (Firmen) zeigt, sondern vielmehr supra-individuelle Eigenschaften eines sich in der Zeit entfaltenden Systems aufweist.

Marshall liebte die biologische Metapher der Bäume im Wald; doch erkannte er, daß die repräsentative Firma ein Konstrukt war, das nicht den analytischen Gleichgewichtskonzepten der Mechanik entsprach. Er erwähnt, daß die Schwierigkeiten und Risiken der statischen Methode ihren höchsten Punkt in Verbindung mit zunehmenden Erträgen erreichen (S. 315); er widmet den Anhang H der *Principles* den „Limitations of the use of statical assumptions in regard to increasing return" (S. 655—99), nachdem er erklärt hatte, daß die „statical theory of equilibrium is therefore not wholly applicable to commodities which obey the law of increasing returns" (S. 415). Am Schluß von Kapitel 12, Buch V, in dem er das Verhältnis von Angebot und Nachfrage in bezug auf Waren, die mit zunehmenden Skalenerträgen produziert werden, erörtert, verteidigt er immer noch die Theorie des stabilen Gleichgewichts mit der Begründung, daß sie zur Präzisierung unklarer Gedanken zwingt; abschließend sagt er, daß, „when pushed to its more remote and logical consequences, it (the theory of stable equilibrium) slips away from the conditions of life. In fact we are verging on the high theme of economic progress; and here therefore it is specially needful to remember that economic problems are imperfectly presented when they are treated as problems of statical equilibrium, and not of organic growth" (S. 382).

Die anschließende Entwicklung der ökonomischen Theorie war nachhaltig geprägt von der bei Marshall spürbaren methodologischen Spannung zwischen dem statischen Gleichgewicht der Mechanik und dem organischen Wachstum biologischer Modelle. In seinem Paper im Jahre 1928 übernahm Young die Sichtweise der biologischen Modelle. Er konzentrierte sich in seiner Analyse ganz explizit auf das „high theme of economic progress" und bemühte sich nicht um die Erfassung der Kräfte, die wirtschaftliches Gleichgewicht schaffen, sondern derjenigen Kräfte, die vom Gleichgewicht wegführende Bewegungen verursachen, wie Abbildung 2 zeigt (Young, S. 528). Sraffa hat im Gegensatz dazu in seiner Arbeit im Jahre 1926 das Schwergewicht auf die Schlußfolgerungen gelegt, die aus der strengen Logik mechanischer Gleichgewichtsmodelle zu ziehen sind.

Sraffas Lehre war nicht neu. Er vertrat die Ansicht, daß Vorteile, die für jedes Unternehmen von externer, aber für die Industrie insgesamt von interner Art sind, in der Praxis höchst selten auftreten. Die Skalenerträge, die zu zunehmenden Erträgen führen, sind eben jene, die von einer verstärkten internen Arbeitsteilung herrühren. Er berief sich zudem auf das mathematische Argument, das im vorigen Jahrhundert von Cournot geltend gemacht wurde, daß ein Unternehmen bei zunehmenden Erträgen seinen Output steigert, bis die Nachfragegrenze erreicht ist. In bezug auf die repräsentative Firma argumentierte er, daß sie nicht dazu beitragen könnten, den Widerspruch zwischen zunehmenden Erträgen und einem unbegrenzten Wettbewerb zu lösen. Er gab eine einfache Begründung. Angenommen in Abbildung 3 steigt die Nachfrage von DD bis zur gestrichelten Kurve D'D'. Bei jedem Preis kaufen die Konsumenten jetzt mehr als vorher. Die neue Gleichgewichtslage liegt bei q+ im Unterschied zur vorhergehenden Gleichgewichtslage bei q_E. Demnach hat die repräsentative Firma ihre Output von q_E auf q+ erhöht. Aber die repräsentative Firma ist eine Leerstelle; die bestehenden Firmen, die auf der Basis von q_E existieren, unterscheiden sich von denen, die auf dem Niveau der neuen Gleichgewichtslage q+ produzieren. Die neuen Firmen produzieren mehr bei niedrigeren Stückkosten — aber wenn das so ist, warum sind sie nicht eher entstanden? (Sraffa, 1930, S. 92). Sraffa hielt Argumentationsweisen, die sich auf Modelle organischen Wachstums stützten, nicht für glaubwürdig. Vor die Wahl gestellt, entweder die Existenz zunehmender Erträge zu leugnen oder die Annahme eines reinen Wettbewerbs aufzugeben, entschied sich Sraffa für das letztere: „It is necessary, therefore, to abandon the path of free competition and turn to the opposite direction, namely, towards monopoly" (Sraffa, 1926, S. 542).

Dieser Vorschlag erwies sich als fruchtbar. Er inspirierte insbesondere die Wertrevolution der dreißiger Jahre, die sich auf die Begriffe eines unvollkommenen und monopolistischen Wettbewerbs konzentrierte (Shackle, Kap. 5, 6). Den Beginn dieser Revolution kann man in das Jahr 1932 datieren, als Joan Robinson ihr Paper „Imperfect Competition and Falling Supply Price" veröffentlichte. Der Titel gibt bereits Auskunft über den Rahmen der Abhandlung, und es ist bezeichnend, daß die Autorin, obwohl es ihr ausdrücklich um den unvollkommenen Wettbewerb ging, nachdrücklich auf den Bedarf an Annahmen hinwies, die es ermöglichten, „to eliminate the problems connected with time" (Robinson, 1932, S. 545). Der Triumph der mechanischen Komponente der Methodologie der *Principles* sollte sich schon bald vollends durchsetzen; die Unvereinbarkeit von zunehmenden Erträgen und reinem Wettbewerb sowie die mechanischen Konzepte des statischen Gleichgewichts wurden Jahre später Teil der ökonomischen Standardtheorie.

Die Argumentation Sraffas war deshalb so zwingend, weil sie auf einer rein logischen Tatsache beruhte, daß nämlich bei zunehmenden Erträgen und einem unbegrenzten freien Wettbewerb einer Steigerung des Output durch die Firma nichts entgegensteht (Cournot, Kap. 5). Marshall war sich dieser Logik bewußt. Während er aber die Genialität und führende Stellung des französichen Gründers der mathematischen Volkswirtschaft (Marshall, S. viii–ix) anerkannte, und obwohl er selbst eine mathematische Vorbildung hatte, wie der Anhang zu den *Principles* zeigt, warnte er vor dem Umgang mit formalen Begründungen im Zusammenhang mit zunehmenden Erträgen: „Abstract reasonings as to the effects of the economics of production, which an individual firm gets from an increase of its output are apt to be misleading, not only in detail, but even in their general effect" (S. 380).

Man könnte Marshalls Mißtrauen bezüglich der rein deduktiven Denkweise von Cournot auf die Großzügigkeit des englischen Geistes zurückführen im Gegensatz zum französischen Geist, „strong enough to be unafraid of abstraction and generalization, but too narrow to imagine anything complex before it is classified in a perfect order" (Duhem, S. 64); ich möchte hier jedoch nicht über die Unterschiede nationaler Denkweisen spekulieren, deren bemerkenswerte Rolle in der Entwicklung mechanischer Modelle in der Physik Duhem nachgewiesen hat (Duhem, Kap. 4; Granger, 1978). Marshall schlug vor, zwecks Lösung der mit zunehmenden Erträgen verbundenen Probleme so vorzugehen, daß jeder konkrete Fall als unabhängiges Problem „under the guidance of stable general reasonings" (Marshall, S. 380) behandelt wird. Die Unschlüssigkeit seines Vorschlags ist deutlich. Eine Lösung, die den Denkansätzen von Sraffa diametral entgegengesetzt war, wurde von Young vorgeschlagen.

Young betitelte sein Paper „Increasing Returns and Economic Progress". Er trug es am 10. September 1928 in Glasgow als Presidential Address der Sektion F der „British Association for the Advancement of Science" vor. Glasgow war hierfür der geeignete Ort, denn Young wollte mit dem Paper einige abweichende Anmerkungen zum Theorem von Adam Smith machen, daß die Arbeitsteilung von der Größe des Marktes abhängt, „one of the most illuminating and fruitful generalizations which can be found anywhere in the whole literature of economic" (Young, S. 529). Marshall hatte die Diskussion über die zunehmenden Erträge, als sie „the high theme of economic progress" erreichte, unterbrochen (Marshall, S. 382); Young nahm sie genau an diesem Punkt wieder auf.

Young schrieb, daß Marshall Recht hätte, wenn er zwischen internen und externen Skalenerträgen unterschied. Diese Unterscheidung wurde als Absicherung gegen den verbreiteten (Sraffa'schen) Irrtum aufgefaßt, wonach zunehmende Erträge mit einer effektiven Tendenz zum Monopol in Verbindung gebracht werden (Young, S. 527). Aber Young entfernte sich von Marshall, als er sich von der Frage des Warenwertes abwandte. Das „high theme of economic progress" sollte nicht in einem Kapitel über „equilibrium of normal demand and supply with reference to increasing returns" (Kap. 12, Buch V der *Principles*), sondern vielmehr im Lichte der einfacheren und umfassenderen Auffassung von Wirtschaft, wie sie Adam Smith vertrat, abgehandelt werden. Anstatt eines Versuchs zur Lösung der Fragen, die die zunehmenden Erträge für die Bestimmung des Wertes aufgeworfen hatten, befaßte sich Young mit der Wirkung des Gesetzes der zunehmenden Erträge als eines Mechanismus, der sicherstellt, daß „change becomes progressive and propagates itself in a cumulative way" (S. 533). Marshall hatte dieses Prinzip der kumulativen Verursachung im Teil H des Anhangs angedeutet, als er auf der Irreversibilität der Bewegungen entlang einer abfallenden Angebotskurve bestand; aber was bei Marshall in den Anhang über die Grenzen statistischer Annahmen über zunehmende Erträge verbannt war, wurde bei Young zum Kernstück eines theoretischen Arguments.

Youngs Distanz zu Marshall wurde jedoch noch vergrößert von Differenzen im Gegenstand der Analyse. Anstatt das Funktionieren eines isolierten Marktes zu analysieren, befaßte sich Young mit der Entwicklung des wirtschaftlichen Systems insgesamt, kurz gesagt, mit dem wirtschaftlichen Fortschritt. Für die erstgenannte, Marshallsche Aufgabe reichte vielleicht ein statischer Gleichgewichtsbegriff; aber die für die letztgenannte Aufgabe geeignete Konzeption ist die eines beweglichen Gleichgewichts (Young, S. 535). Er hielt Marshall entgegen, daß „The apparatus which economists have built up for the analysis of supply and demand in their relations to prices does not seem to be particularly helpful for the purpose of an inquiry into these broader aspects of increasing returns" (S. 535). Diese allgemeineren, nicht-Marshallschen Aspekte der zunehmenden Erträge bilden den Kern des wirtschaftlichen Fortschritts. Die an den der Mechanik entstammenden, analytischen Instrumenten geäußerte Kritik trug zu seinem Verständnis der wechselseitigen Nachfrage bei.

Young distanzierte sich vom Say'schen Gesetz, indem er argumentierte, es sei von bestimmten Elastizitätsbedingungen abhängig. Sieht man von technischen Aspekten einmal ab, bedeutet eine Steigerung des Output einer Ware eine gesteigerte Nachfrage nach anderen Waren, und jede Steigerung der Nachfrage zieht wiederum eine Steigerung des Angebots nach sich. Zunehmende Erträge werden mit allen ihren spill-over Effekten berücksichtigt, wenn der Zusammenhang wechselseitiger Nachfrage in die Betrachtung einbezogen wird. Die Arbeitsteilung wird durch die Größe des Marktes begrenzt; aber die Größe des Marktes ist selbst eine Funktion der Arbeitsteilung. Adam Smith' Aussage wird demnach wie folgt modifiziert: „the division of labour depends in a large part upon the division of labour" (Young, S. 533). Young fügte sogleich hinzu, daß dies mehr als bloße Tautologie sei. „It means, if I read its significance rightly, that the counter forces which are continually defeating the forces which make for economic equilibrium are more pervasive and more deeply rooted in the constitution of the modern economic system than we may commonly realize" (S. 533).

Nachdem es endlich von den überflüssigen, durch mechanische Gleichgewichtsmodelle bedingten Komplikationen befreit war, erschien Young das Marshallsche Programm des Verstehens der industriellen Organisation in Begriffen eines systemischen Zusammenspiels von Integration und Differenzierung als praktikabel. Integration wurde als offensichtliche Folge der Steigerung des Output angesehen; „but the opposed process, industry differentiation, has been and remains the type of change characteristically associated with the growth of production" (S. 537). Adam Smith hatte auf die Differenzierung innerhalb eines Unternehmens in Form einer Unterteilung der Berufe und handwerklichen Tätigkeiten hingewiesen; in Anlehnung an Marx (MEW 23, Kap. 12, 13) und Marshall (Kap. 9, Buch IV) hob Young die Umwandlung von komplexen Prozessen in eine Aufeinanderfolge von einfacheren Prozessen mittels Arbeitsteilung hervor, die die Einführung von Maschinen ermöglicht (Young, S. 530). Die innerbetriebliche Differenzierung war jedoch, verglichen mit der Differenzierung der Industrie nur von zweitrangiger Bedeutung. Nicht alle externen Vorteile lassen sich durch Addition der internen Vorteile aller Firmen erfassen; bei der Betrachtung der Differenzierung eines bestimmten Unternehmens stellen wir uns einen Zustand relativer Stabilität vor, während die Bedingungen für die Entfernung vom Gleichgewicht auf der Ebene der Industrie als Ganzes ganz klar als Differenzierung und Spezialisierung erscheinen: Young wandte sich auf diese Weise gegen den Atomismus der Mechanik und vertrat die Auffassung, daß die wesentlichen Phänomene auf der systemischen Ebene zu suchen seien: „Not much is to be gained by probing into it (the field of external economies) to see how increasing returns show themselves in the costs of individual firms and in the prices at which they offer their products" (S. 528).

Die hervorragende Rolle, die man der industriellen Differenzierung zuschreibt, wird verständlicher, wenn man an die umwegigen oder zeitkonsumierenden Produktionsmethoden denkt. Young hielt diese für die Hauptquelle der Vorteile, die man mit der Arbeitsteilung moderner Prägung im Gegensatz zu ihren frühen Smith'schen Formen verbindet. Umwegige Methoden werden durchführbar, „when their advantages can be spread over the output of the whole industry" (S. 539). Seine Begründung für die angebliche Verbindung zwischen industrieller Differenzierung und umwegigen Technologien bleibt dunkel; aber aus der hier vertretenen Sicht ist die Rolle, die der industriellen Differenzierung zugeschrieben wird, insofern von Bedeutung, als sie das Interesse am Konstrukt der repräsentativen Firma in Frage stellt. „With the extension of the division of labour among industries the Representative Firm, like the industry of which it is a part, loses its identity" (S. 538). So wurde in der Übertragung der Differenzierung auf die systemische Ebene das Konzept der repräsentativen Firma gehaltlos.

Aus dieser kurzen Rekonstruktion des Schicksals der zunehmenden Erträge in der post-Marshallschen Wirtschaftstheorie folgt, daß sowohl Sraffa als auch Young trotz ihrer weitreichenden Differenzen das Konzept der repräsentativen Firma aufgaben. Das überrascht nicht. Die Begründung für die repräsentative Firma basierte auf dem Marshallschen Kompromiß zwischen mechanischen und biologischen Modellen; nachdem dieser Kompromiß zugunsten des einen oder anderen Modells zerbrochen ist, besteht an der repräsentativen Firma kein Interesse mehr. Auch in einem anderen Punkt kreuzten sich die gegensätzlichen Denkweisen von Sraffa und Young. Beide betrachteten die Differenzierung unter dem übergreifenden Titel der zunehmenden Skalenerträge. Die Differenzierung wird durch diese Subsumierung voll anerkannt und doch verzerrt. Als natürlicher Prozeß findet sie Eingang in die theoretische Auseinandersetzung.

Die Naturalisierung der Arbeitsteilung, die, allgemein interpretiert, die Differenzierung sowohl innerhalb der Unternehmen als auch der Unternehmen untereinander umfassen sollte, läßt sich am besten in Kaldors Aufsatz aus dem Jahre 1972 mit dem Titel „The Irrelevance of Equilibrium Economics" nachvollziehen. Der Aufsatz sollte zugleich eine Kritik der vorherrschenden, ökonomischen Theorie vom allgemeinen Gleichgewicht sein und den in Vergessenheit geratenen Weg, den Young mit der theoretischen Einarbeitung der zunehmenden Erträge beschritten hatte, verteidigen. Kaldor behauptete zu Recht, daß nachdem Sraffa den Versuch Marshalls, sowohl zunehmende als auch abnehmende Erträge im selben analytischen Rahmen unterzubringen, als logisch unrichtig nachgewiesen hatte, die ökonomische Theorie die Abwesenheit zunehmender Erträge als Axiom festschrieb. Das Wissen um die enge Verbindung zwischen Sozialökonomie und zunehmenden Erträgen, wie Smith es besaß, war vergessen. Seit sich die gängige bzw. allgemeine Gleichgewichtsökonomie ausschließlich mit der Preisbestimmung in einer statischen und wettbewerbsbedingten Umwelt befaßte, war die axiomatische Ablehnung zunehmender Erträge nicht zu verhindern. Aber die Wirklichkeit entspricht nicht der allgemeinen Gleichgewichtstheorie; auf einer empirischen Ebene bezweifelt niemand, daß zunehmende Erträge in der Wirtschaft vorherrschen, und zwar „for the very reasons given by Adam Smith in the first chapter of the Wealth of Nations: reasons which are fundamental to the nature of technological processes and not to any particular technology" (Kaldor, S. 1242). Den von Young genannten Gründen fügt Kaldor einige andere hinzu, die sich einfach aus der Dreidimensionalität des Raumes ergeben. Zunehmende Erträge werden als Merkmal der materiellen Organisation der Welt dargestellt, so verändern sich die Kosten für die Herstellung eines Zylinders je nach der Größe des Durchmessers, aber der Inhalt wächst mit dem Quadrat des Radius (Anm. S. 1242).

Ich will hier nicht näher auf Kaldors Behauptung eingehen, daß zunehmende Erträge überall in der modernen Industriewelt zu finden sind. Die scheinbar harmlose Frage nach dem Umfang zunehmender Erträge war schon immer ideologisch belastet, weil sie eng mit der Frage des optimalen Funktionierens der kapitalistischen Wirtschaftsordnung zusammenhängt. Seit Sraffa besteht die weitverbreitete Ansicht, die im Widerspruch zu Marshall und Young steht, daß zunehmende Erträge unvermeidlich von einem unvollkommenen bzw.

monopolistischen Wettbewerb begleitet sind, der wiederum zur Rechtfertigung einer staatlichen Regelung dienen soll. Ich will auch nicht darauf eingehen, ob Kaldors Kritik im Lichte neuerer Arbeiten der herrschenden Wirtschaftswissenschaft, die sich mit Fragen der zunehmenden Erträge beschäftigen, noch angemessen ist (Krugman, Weitzman). Mir erscheint es hier lediglich wichtig festzustellen, daß Kaldor die Grundlagen jener Theorien teilt, die er in einem wesentlichen Aspekt kritisiert. Zunehmende Erträge werden dahingehend definiert, daß sie alles einschließen, was zu einer höheren Durchschnittsproduktivität führt, wenn der Output steigt. Physikalische bzw. natürliche Flächen- oder Größenvorteile, wie sie z. B. Kaldors Zylinder veranschaulicht, haben den gleichen Stellenwert wie sozial begründete Vorteile, die auf Differenzierungsprozesse zurückzuführen sind. Nachdem sie unter die zunehmenden Skalenerträge subsumiert worden ist, wird die soziale Differenzierung naturalisiert in dem Sinne, daß sie so betrachtet wird, als sei sie ein natürlicher Prozeß. Die physikalischen Gesetze der materiellen Welt sind nicht Gegenstand ökonomischer Analyse; ebensowenig können soziale Differenzierungsprozesse, die fälschlicherweise zu einem einzigen Argument zusammengezogen werden, den Glauben an die weite Verbreitung zunehmender Erträge untermauern.

Um die Naturalisierung der Arbeitsteilung (im weiteren Sinn) zu verstehen, muß man bis zur Konstitution der Wirtschaftswissenschaften zurückgehen. Für Kaldor wie auch für die allgemeine Gleichgewichtstheorie bestehen die Wirtschaftswissenschaften darin, herrschende Preise und Produktionsmengen als abhängig von gegebenen verhaltensmäßigen und technologischen Annahmen zu erklären. Änderungen der Annahmen führen meistens zu Modifizierungen der abgeleiteten Implikationen; aber die Annahmen werden hypothetisch postuliert und nicht erklärt. Technologische (oder verhaltensmäßige) Annahmen zu untersuchen, hieße unerlaubt in das Ingenieurwesen (oder die Psychologie) einzudringen. Selbst für Kaldor, der die ersten drei Kapitel von *The Wealth of Nations* als die Grundlage der Wirtschaftswissenschaften betrachtete, spielt die Arbeitsteilung einzig deshalb eine Rolle, weil man Theorien entwickeln muß, die auf realistischen Annahmen basieren. Die Frage ist, ob zunehmende Erträge in der realen Welt vorkommen oder nicht; die Antwort ergibt sich aus empirischen Untersuchungen, die die Wirkung des Output auf die Durchschnittsproduktivität abschätzen. Das Beispiel der Nadelfabrik in *The Wealth of Nations* bestärkt die Plausibilität der zunehmenden Erträge; und diese Beweise sollen mit Beweisen, die sich aus rein natürlichen Merkmalen der materiellen Organisation der Welt ergeben, verbunden werden. Wenn die Arbeitsteilung einmal mit physikalischen, natürlichen Zusammenhängen, die in diesen Vermutungen den Technologien zunehmender Erträge zugrundliegen, verbunden ist, hört sie auf, ein besonderer Gegenstand ökonomischer Analyse zu sein.

Die Naturalisierung der Arbeitsteilung, die im Zuge dieser Begrenzung des Kernbereichs der Wirtschaftswissenschaften unvermeidlich war, fand ihren Abschluß bereits mit Sraffa und Young; und sie wurde auch von Kaldor und der allgemeinen modernen Gleichgewichtstheorie nicht thematisiert. Um sie *in statu nascendi* zu verstehen, bedarf es der Rückbesinnung auf Marshall. Wir haben gesehen, daß Marshalls „correlation of the tendencies to increasing and diminishing return" (Marshall, S. 262) nicht symmetrisch war, denn die Rollen von Natur und Gesellschaft unterscheiden sich in den beiden Fällen. Marshall war mit dieser Formulierung nicht zufrieden. Er unterstützte Bullocks Argument dahingehend, daß der Begriff „Economy of Organization" an die Stelle der zunehmenden Erträge treten sollte. Dies war keine terminologische Frage. „He (Bullock) shows clearly that the forces which make for Increasing Return are not of the same order as those that make for Diminishing Return; and there are undoubtedly cases in which it is better to emphasize this difference by describing causes rather than results ..." (S. 266). Um die Ursachen anstatt der Ergebnisse zu beschreiben und die *differentia specifica* der industriellen Organisation als eines Systems, das sich im Laufe der Zeit differenziert, zu erläutern, müßte die Frage der Arbeitsteilung zum Gegenstand ökonomischer Forschung erklärt werden. Aber Marshall schlug diesen Weg nicht ein; er schuf das Muster für spätere Entwicklungen in diesem Bereich, indem er sich auf die Diskussion der Gründe, warum zunehmende Erträge sich durchsetzen, sowie der Auswirkungen auf das Gleichgewicht des Unternehmens beschränkte.

Das Unternehmen in den *Principles* ist ein Beispiel für den oben beschriebenen Marshallschen Kompromiß. Einerseits ist es ein lebendiges Wesen mit einer Geschichte und einer Identität; andererseits ist es eine black box, in der Input in Output transformiert wird. Das Transformationsgesetz kann mit zunehmenden oder abnehmenden Erträgen formuliert werden; dieses Transformationsgesetz, das die Preise sowohl für Input als auch Output berücksichtigt, spiegelt sich in der Form der jeweiligen Angebotspreistabelle wider. Das Unternehmen erscheint dann einfach als eine Funktion mit Input- und Output-Koordinaten (s. dazu kritisch Leibenstein). Rosen und Marglin haben sich kürzlich mit der black box des Unternehmens beschäftigt. Bei Rosen wird die Arbeitsteilung als ein innerbetriebliches Standardallokationsprogramm gesehen. Sind charakteristische Merkmale der Arbeitskraft gegeben, definiert das Unternehmen Arbeitsplätze, die die komparativen Vorteile der Arbeiter bei der Erfüllung produktiver Aufgaben ausschöpfen. Bei dem radikalen Ansatz von Marglin ergibt sich die innerbetriebliche Arbeitsteilung im Kontext des Klassenkampfes aus der Notwendigkeit der Machterhaltung am Arbeitsplatz. In Abschnitt II wird ein anderer Ansatz zur sozialen Differenzierung vorgestellt.

II. Theorie

In Abschnitt I wurde deutlich, daß Prozesse sozialer Differenzierung, wenn sie einmal in der Kategorie „zunehmende Skalenerträge" subsumiert sind, keinen besonderen Einfluß auf die Bestimmung von Preisen und Mengen haben. Die bloße Kritik an der Natürlichkeit der Arbeitsteilung reicht jedoch nicht, um der sozialen Differenzierung einen Platz im Gebäude der Wirtschaftswissenschaften zu sichern. Die Wiedereinführung der sozialen Differenzierung in die ökonomische Theorie hängt von der Existenz von Theoremen ab, die soziale Differenzierung mit der Bestimmung von Preisen und Mengen spezifisch in Beziehung zu setzen. In diesem Abschnitt werde ich eine Theorie skizzieren, in der die soziale Differenzierung angemessen berücksichtigt wird. Entsprechend dieser Theorie suchen die Unternehmen eine Arbeitsorganisation, die die Kosten unter Bedingungen der Unsicherheit minimiert. Mögliche Kandidaten einer Arbeitsorganisation, die die Gesamtkosten minimieren, müssen die Ähnlichkeitsbedingung („requirement of similarity') erfüllen. Auf dieser Basis läßt sich ein Theorem entwickeln, das die soziale Differenzierung in kapitalistischen und vorkapitalistischen Gesellschaften vergleicht. Dieses Theorem gründet auf der Annahme einheitlicher Profitraten in der klassischen Ökonomie. Deshalb ist es auch von direkter Relevanz für die Bestimmung von Preisen und Mengen. Das nachstehend beschriebene Vergleichstheorem belegt, wie nützlich eine Erforschung der Auswirkungen der denaturalisierten sozialen Differenzierung für die ökonomische Theorie ist.

In seinen Ausführungen über die Beziehungen zwischen Wirtschaftswissenschaft und Psychologie vertrat Simon (1982) die Auffassung, daß die herrschende Wirtschaftswissenschaft versucht hat, ihre Abhängigkeit von kognitiven Theorien durch das Postulat zu minimieren, daß der Mensch über unbegrenzte Rechenkapazitäten verfügt. Dieses Postulat läßt sich jedoch angesichts der komplexen Probleme, deren einfache Lösung jenseits menschlich begrenzter Rationalität liegt, nicht aufrechterhalten. Handelnde können sehr komplexe Probleme, die formal in komplexen Suchräumen dargestellt sind, nur durch Selektion und Verwendung heuristischer Suchregeln bewältigen, die die Wahrscheinlichkeit, zufriedenstellende Lösungen zu finden, durch das Abtasten nur kleiner Ausschnitte komplexer Suchräume maximieren (Simon, 1978).

Die Anwendung von Theorien der ‚bounded rationality' auf die Arbeitsteilung liegt somit nahe. Eine Arbeitsorganisation ist eine Sammlung von Arbeitskategorien; und jede Kategorie faßt wiederum mehrere Aufgaben zusammen, die im Rahmen der bestehenden Produktionstechnik erforderlich sind. Adam Smith zählte 18 Aufgaben in seiner Nadelfabrik (Smith, S. 4); das Fließband für das Modell T bei Ford, um noch ein berühmtes Beispiel zu nennen, umfaßte 45 Aufgaben (Arnold und Faurote, S. 140–150). Jede unterschiedliche Zuammenfassung von Aufgaben zu Arbeitskategorien läßt eine ganz bestimmte Arbeitsorganisation entstehen. Wenn man von simplifizierenden Annahmen ausgeht (Arida, 1980), kann nachgewiesen werden, daß die Anzahl möglicher Arbeitsorganisationen oder Designs für eine Technologie von N Aufgaben 2^{N-1} beträgt. Bei einer imaginären Technologie von zwei Aufgaben z.B. wäre die Anzahl möglicher Designs zwei: ein Design mit einer Kategorie, die beide Aufgaben einschließt, und ein weiteres Design mit zwei Kategorien, die jeweils eine Aufgabe umfassen. Durch die Formel 2^{N-1} nimmt die Zahl der Aufgaben exponentiell zu; im Falle der Smithschen Nadelfabrik wären 131 072 verschiedene Organisationsformen denkbar.

Gemäß den Theorien der ‚bounded rationality' hat der Suchraum für die Arbeitsteilung 2^{N-1} mögliche Kandidaten. Bei diesem Szenario gibt es keine externe Informationsquelle bezüglich der Vorteile des jeweiligen Designs. Alternative Designs liegen nicht vollständig *ab initio* vor, sondern müssen gedanklich konzipiert und praktisch erprobt werden. Da Experimentieren kostspielig ist, muß das Unternehmen eine heuristische Suchregel selegieren, die aus aprioristischen Gründen einen Großteil jener 2^{N-1} möglichen Alternativen ausschließt.

Von historischem Interesse ist die Suchregel, die auf der Parzellierung von Arbeitskategorien beruht. Diese Suchregel kann wie folgt formuliert werden: ist ein Design gegeben, so versuche, durch Unterteilung ein weiteres zu finden. Wenn sie erfolgreich ist, führt diese zu einer minuziösen Fragmentierung der Arbeit. Es handelt sich um eine sehr restriktive Suchregel. Sie erfaßt nur einen Bruchteil des Suchraumes – weniger als 1% übertragen auf die Smithsche Nadelfabrik, und für Technologien mit einer größeren Zahl von Aufgaben ist dieser Prozentsatz noch geringer (Arida, 1981). Unter welchen Bedingungen ist diese selektive Regel angemessen und erfolgreich bei der Entwicklung optimaler Designs?

Im Sinne einer vorläufigen Antwort auf die obige Frage sollte darauf hingewiesen werden, daß diese Suchregel in der Frühzeit des Kapitalismus wichtige kognitive Vorteile besaß. In der Anfangszeit waren die Unternehmen sehr stark von der traditionellen Arbeitsorganisation des Handwerks abhängig. Je nachdem welche Ware produziert wird, kann ein Unternehmen entweder mehrere unterschiedliche Handwerkszweige vereinen oder einfach einen bereits bestehenden entsprechend angleichen (Marx, MEW 23, Kap. 12); in beiden Fällen verfügten die Handwerker über das technische Wissen. Es gab keine Blaupausen darüber, wie die Produktion vonstatten gehen sollte. Um alternative und möglicherweise effizientere Designs in den Blick zu bekommen, mußten die Unternehmen detaillierte Informationen über die Produktion sammeln. Da das technische Wissen in praktischer Form in Können und Fertigkeiten der Handwerker verkörpert war, bestand die einfachste Informationsquelle über Produktionstechniken in der aufmerksamen Beobachtung der handwerklichen Fertigung. Um die bestehenden Handwerkszweige zu kombinieren, zusammenzufassen bzw. zu unterteilen, mußten die Unternehmen zunächst die bestehenden Arbeitsgänge beherrschen. Die damit verbundene intellektuelle Aufgabe besteht in der Analyse: Auflösung in einfachere Elemente. Im Falle der obigen Suchregeln sind es dieselben intellektuellen analytischen Verfahren, mit deren Hilfe sich die Unternehmen das Knowhow der Handwerker aneigneten, die auch die Suche nach effizienteren Organisationsformen der Arbeit anleiten. Die sorgfältige Untersuchung der genauen Verfassung des traditionellen Handwerks auf gedanklicher Ebene, führte dann zur Teilung der Arbeit in der Praxis. Auf der Fragmentierung des Handwerks gegründete alternative Designs ergaben sich ganz selbstverständlich aus einer genauen Beobachtung der handwerklichen Praxis in der frühkapitalistischen Phase.

Hinsichtlich des zweiten Teils der Frage nach der Effektivität der Suchregel, die auf der Aufteilung von Arbeitskategorien basiert, gibt es ein interessantes Ergebnis. Betrachten wir ein Unternehmen im Frühkapitalismus, das nach kostenminimierenden Formen der Produktionsorganisation sucht. Die bestehende Organisation der Arbeit wurde von früher übernommen und enthält so gut wie keine Arbeitsteilung. Mögliche Designs werden nach einem Kontinuum gruppiert zwischen überhaupt keiner Arbeitsteilung (ein Handwerkszweig subsumiert alle anfallenden Aufgaben) und maximaler Arbeitsteilung (jede Kategorie deckt eine Aufgabe). Es läßt sich nachweisen (Arida, 1981), daß die hier behandelte Suchregel möglicherweise effizient ist, wenn das optimale Design sich jeweils einem der beiden Extreme annähert; ihre Leistung läßt jedoch stark nach, wenn sich das optimale Design im mittleren Bereich zwischen den Extremfällen befindet.

Für dieses Ergebnis gibt es eine interessante Erklärung. Die auf der Fragmentierung der Arbeitskategorien basierende Suchregel hatte im Frühkapitalismus kognitive Vorteile. Als Instrument zur Behandlung komplexer Suchräume ist sie jedoch bei Suchprozessen im mittleren Bereich nicht mehr als rational zu betrachten. Die Suche im Frühkapitalismus erfolgte dann nur in der Nähe des Nullpunktes oder des Maximalpunktes von Arbeitsteilung. Im erstgenannten Fall gibt es kaum einen Unterschied zur Arbeitsorganisation der vorkapitalistischen Gesellschaft. Aber im letztgenannten Fall sehen wir die Nadelfabrik von Adam Smith vor uns.

Dieses Ergebnis ist attraktiv, aber es unterliegt einer entscheidenden Einschränkung. Es entstand aus dem Problem, den langen Irrweg zur optimalen Arbeitsorganisation abkürzen zu müssen. Wir haben gesehen, daß es 2^{N-1} Kandidaten für das Optimum eines Produktionsprozesses mit N Aufgaben gibt; und die Anzahl möglicher Wege im Irrgarten ist noch größer. Die 2^{N-1} Formel ergibt sich aus einem elementaren kombinatorischen Kalkül. Die Anzahl realisierbarer Arbeitsorganisationen ist jedoch meistens kleiner. Denn Arbeitskategorien werden durch die Gruppierung ähnlicher Aufgaben definiert. Aufgaben erfordern spezifische Fertigkeiten, die, allgemein ausgedrückt, sowohl die Geschicklichkeit im Umgang mit den Materialien als auch ein abstraktes Verständnis, das zu ihrer Durchführung notwendig ist, umfassen. Ähnliche Aufgaben erfordern ähnliche Fertigkeiten; nicht jede Aufgabenkombination ergibt eine Arbeitskategorie, weil letztere die Bedingung erfüllen müssen, daß die Ähnlichkeit der Aufgaben innerhalb der Kategorien immer größer ist als die Ähnlichkeit der Aufgaben verschiedener Arbeitskategorien. Ich nenne diese Bedingung die ‚Ähnlichkeitsbedingung' (‚requirement of similarity'); und es ist offensichtlich, daß die Anzahl möglicher Designs, die diese Bedingung erfüllen, kleiner als die an Hand einer unbegrenzten kombinatorischen Formel errechnete ist. Die Einführung der Ähnlichkeitsbedingung reduziert deshalb die Komplexität des Suchraumes und ich werde im folgen näher auf diese Tatsache eingehen.

Die Ähnlichkeitsbedingung wurde von Babbage (S. 175–6) als eine wesentliche Quelle der mit der Arbeitsteilung verbundenen Vorteile betrachtet. Im Rahmen einer Diskussion der von Adam Smith genannten Vorteile (d.h. zunehmende Geschicklichkeit durch Spezialisierung, Zeitersparnis durch Verzicht auf Wechsel zwischen verschiedenen Aufgaben und größere Erfindungsgabe durch Konzentration der Aufmerksamkeit auf ein begrenztes Phänomenfeld), vertrat Babbage die Auffassung, daß der wichtigste und wirksamste Grund völlig unbemerkt geblieben sei. Der für eine bestimmte Arbeit gezahlte Lohn verhält sich proportional zur Vielfalt der damit verbundenen Fertigkeiten; je größer das Spektrum der für die Arbeit vorausgesetzten Fähigkeiten, desto höher ist tendenziell der dafür gezahlte Lohn. Für eine Arbeit, die unterschiedliche Fähigkeiten voraussetzte, erhielten die Arbeiter mehr Lohn als für eine Arbeit, die sich auf ähnliche Aufgaben beschränkte. Nach Ansicht von Babbage bestand die beste Strategie zur Kostensenkung darin, die durch die Ähnlichkeitsbedingung ermöglichten Kostenvorteile voll auszuschöpfen. Das Babbage-Prinzip, wie man es später nannte, besteht darin, daß die Unterschiedlichkeit der mit einer bestimmten Arbeit verbundenen Fertigkeiten möglichst gering gehalten wird, indem Arbeiten so definiert werden, daß sie nur sehr ähnliche Aufgaben umfassen. Diese minimale Heterogenität hängt von der Stärke der Faktoren ab, die einer funktionalen Spezialisierung (Arida, 1982a) entgegenwirken. Je höher der Anteil der Löhne an den Gesamtkosten, desto größer wird die Bedeutung des Babbage-Prinzips; im frühen Manufakturkapitalismus, als das fixe Kapital eine relativ geringe Bedeutung hatte, war das Befolgen des Babbage-Prinzips für den geschäftlichen Erfolg bzw. Mißerfolg von ausschlaggebender Bedeutung (Marx, MEW 23, S. 356 ff.; und Marshall, S. 220–23).

Die Ähnlichkeitsbedingung ist jedoch kein spezifisches Merkmal kapitalistischer Arbeitsorganisation. Ungeachtet der Eigenschaften der zugrundeliegenden Technologie scheint es doch so zu sein, daß in jeder sozialen Organisation die intra-kategorialen größer als die inter-kategorialen Ähnlichkeiten sind. Die Arbeitsorganisation im Frühkapitalismus erfüllte diese Bedingung ebenso wie das Handwerk in vorkapitalistischen Gesellschaftsformen. Arbeitskategorien sind nichts weiter als Bündel ähnlicher Aufgaben. Aus der Allgemeingültigkeit der Ähnlichkeitsbedingung ergibt sich folgende Definition von Gleichgewicht. Betrachten wir alle mit der Produktion aller Waren in einer gegebenen Gesellschaft verbundenen Aufgaben. Dann wäre Gleichgewicht ein Satz von Arbeitskategorien, wonach (i) jede Aufgabe unter eine einzige Kategorie subsumiert wird und (ii) die Ähnlichkeitsbedingung immer gilt.

Mit anderen Worten, Gleichgewicht entsteht durch die Zuweisung von Aufgaben zu Kategorien derart, daß alle Aufgaben zugewiesen werden, sich keine Kategorien überschneiden und die Ähnlichkeiten der Aufgaben innerhalb der Kategorien stets größer sind als die Ähnlichkeiten im Vergleich mit anderen Kategorien. Diese Definition von Gleichgewicht ist nicht von spezifischen Merkmalen irgendeiner Gesellschaftsform abhängig. Gleichgewichtspositionen hängen lediglich von der vorhandenen Technologie sowie von den gängigen Verfahren zur Wahrnehmung und Einschätzung der Ähnlichkeiten der Aufgaben ab. Ich spreche von Gleichgewichten im Plural, weil sich bei einer gegebenen Technologie und Wahrnehmungsweise die Arbeitskategorien in dem Maße verändern wie die Ähnlichkeitsbedingung zwingender wird. Interpretiert man die Ähnlichkeitsbedingung zu allgemein, werden alle Aufgaben zusammengefaßt, und die Gesellschaft weist überhaupt keine Arbeitsteilung auf. Wird die Ähnlichkeitsbedingung zu eng verstanden, dann gibt es ebenso viele Kategorien wie Aufgaben. Keines der beiden Extreme liefert eine hinlängliche Beschreibung bestehender Gesellschaftssysteme. Zwischen diesen Extremen gibt es im allgemeinen viele intermediäre Positionen sozialer Gleichgewichte.

Diese Definition von Gleichgewicht ist eigentlich ganz harmlos. Aber durch sie wird eine wichtige Eigenschaft sozialer Systeme sichtbar. Nach Simon (1981) ist eine Struktur zerlegbar, wenn die Interaktionen zwischen den Subsystemen schwächer sind als Interaktionen innerhalb der Subsysteme. Ein mittleres Gleichgewicht, wie oben beschrieben, läßt die Existenz einer zerlegbaren Struktur sichtbar werden, weil die Ähnlichkeiten (oder Interaktionen) der verschiedenen Arbeitskategorien (oder Subsysteme) untereinander schwächer sind als jene innerhalb der Kategorien (oder Subsysteme). Simon entwickelte zwei Überlegungen zur Frage der zerlegbaren Strukturen, die im Zusammenhang mit Prozessen sozialer Differenzierung von Interesse sind.

Erstens erscheint die Komplexität häufig in Form hierarchischer, zerlegbarer Strukturen, d.h. von zerlegbaren Strukturen, die sich aus Subsystemen zusammensetzen, welche wiederum eigene Subsysteme haben usw. Diese Überlegung soll Merkmale erfassen, die unterschiedlichen Arten von komplexen Systemen (sozialer, biologischer, physikalischer und symbolischer Art) gemeinsam sind. Zweitens belegt die Verbreitung dieser hierarchischen Ordnung von Komplexität die Tatsache, daß hierarchische Systeme sich viel schneller entwickeln als nicht-hierarchische Systeme. „Among possible complex forms, hierarchies are the ones that have time to evolve" (Simon, 1981, S. 209). Dieser zweiten Überlegung zur Architektur der Komplexität liegt die Behauptung zugrunde, daß die Wahrscheinlichkeit der Evolution von der Existenz intermediärer stabiler Gleichgewichtskonfigurationen abhängt, ohne die die Evolution nur auf dem Wege abrupter Diskontinuitäten erfolgen würde. Die Existenz intermediärer Gleichgewichte macht die Evolution wahrscheinlicher; und diese Gleichgewichte sollen sich häufiger in hierarchischen als in nichthierarchischen Systemen finden.

Diese Überlegungen lassen sich leicht in für Prozesse sozialer Differenzierung bedeutungsvolle Begriffe umformulieren. Stellen wir uns vor, die soziale Differenzierung vollzöge sich ohne Veränderungen weder der Technologie noch der Wahrnehmungsweise von Aufgaben. Die Differenzierung geht dann einher mit Ähnlichkeitsbedingungen, die zunehmend stringenter werden. Sie markiert eine Sequenz von Gleichgewichten. Innerhalb dieser Sequenz werden frühere Arbeitskategorien (Subsysteme) in stärker spezialisierte Kategorien (Subsubsysteme) dekomponiert. Auf diese Weise wird der Prozeß sozialer Differenzierung zu einem Simonschen Evolutionsprozeß innerhalb eines hierarchischen Systems. Es ergeben sich zwei Fragen. Erstens: ist es sinnvoll, keine Veränderung von Technik und Wahrnehmung anzunehmen? Zweitens: bei Simon wird die Geschwindigkeit der Evolution mit der Existenz intermediärer Gleichgewichte verknüpft; und im Hinblick auf Prozesse sozialer Differenzierung bei einer gegebenen Technik und Wahrnehmung sind Gleichgewichte nur von der Strenge der Ähnlichkeitsbedingung abhängig. Gibt es ein erkennbares Kriterium für die Dichte der Gleichgewichtspositionen im Verlauf der Prozesse sozialer Differenzierung? Diese zweite Frage steht im Zusammenhang mit dem Problem der Beschleunigung der historischen Entwicklung, denn je größer die Anzahl bzw. die Dichte der Gleichgewichte, desto wahrscheinlicher wird die Evolution im Sinne der Simonschen Überlegung.

Auf die erste Frage gibt es keine allgemeine Antwort. Entsprechend der Marxschen Geschichtsperiodisierung ist die Antwort für die Manufaktur positiv, für die Großindustrie jedoch negativ. Die Manufaktur gründet sich nämlich auf ein „subjektive(s) Prinzip" (Marx, MEW 23, S. 401); technischer Wandel beschränkt sich auf die Differenzierung und Spezialisierung der Werkzeuge, die vom arbeitenden Subjekt (S. 361) benutzt werden; ähnlich wird der Produktionsprozeß in bezug auf seine Praxis betrachtet, denn es „fällt die Analyse des Produktionsprozesses in seinen besonderen Phasen hier ganz und gar zusammen mit der Zersetzung einer handwerksmäßigen Tätigkeit in ihre verschiedenen Teiloperationen" (S. 358). Im Fall der Manufaktur vermittelt die Arbeitsteilung „eine allgemeine Beleuchtung, worin alle übrigen Farben getaucht sind und sie in ihrer Besonderheit modifiziert" (Marx, MEW 13, S. 637). Gemessen an analytischen Zielen, wird die historische Realität der Manufaktur-Periode durch die doppelte Ausschließung von Veränderungen in den Bereichen Technik und Wahrnehmung nicht übermäßig verzerrt. Im Gegensatz dazu gilt: „im Maschinensystem besitzt die große Industrie einen ganz objektiven Produktionsorganismus" (Marx, MEW 23, S. 407). Maschinen und die Anwendung naturwissenschaftlicher Erkenntnisse in der Industrie entwickeln sich weiter, und der technische Wandel wird unabhängig von den Ansprüchen des arbeitenden Subjekts (S. 510 f.); der Produktionsprozeß wird „an und für sich" (S. 510) betrachtet, und zwar ohne Bezug zu den von der bestehenden Arbeitsteilung gesetzten Maßstäben (s. Arida, 1982b, zu diesem Gegensatz zwischen den beiden Perioden). Die Veränderungen in den Bereichen Technik und Wahrnehmung in der Periode der Großindustrie unberücksichtigt zu lassen, kann selbst aus rein analytischen Erwägungen heraus kaum gerechtfertigt werden.

Was die zweite Frage angeht, so wurde ein relevantes Vergleichstheorem in Arida, 1982a, bewiesen. Ich vergleiche zwei institutionelle Anordnungen für dieselbe Technik und dasselbe Verfahren zur Wahrnehmung von Ähnlichkeiten. Bei den Zünften beherrscht die Ähnlichkeitsbedingung alle Aufgaben der sozialen Produktion. In der Manufaktur wird die Reichweite der Bedingung eingeschränkt. Die Ähnlichkeitsbedingung gilt nur noch für die unter einen gegebenen Produktionsprozeß subsumierten Aufgaben. Um den Unterschied zu verdeutlichen, stellen wir uns zwei Waren vor, X und Y. Nehmen wir an, Aufgabe x des Produktionsprozesses von X ist der Aufgabe y des Produktionsprozesses von Y sehr ähnlich. Bei den Zünften bedeutet dies, daß x und y in dieselbe Arbeitskategorie gehören. Aber in der Manufaktur muß das nicht notwendigerweise so sein, weil Ähnlichkeiten unterschiedlicher Waren keine Rolle spielen. Die Ähnlichkeitsbedingung ist deshalb in der Manufaktur schwächer als bei den Zünften.

Die oben verwendeten Begriffe „Zunft" und „Manufaktur" lassen sich daraus ableiten, daß die stärkere Zunftversion der Ähnlichkeitsbedingung die Arbeitsteilung innerhalb des Produktionsprozesses einer gegebenen Ware ausschließt. Diese Tatsache ist formal bewiesen worden (Arida, 1982a). Ihre Interpretation entspricht der Marxschen Bemerkung, daß, während die Arbeitsteilung in der Gesellschaft insgesamt gesehen „den verschiedenartigsten ökonomischen Gesellschaftsformationen angehört, ist die manufakturmäßige Teilung der Arbeit eine ganz spezifische Schöpfung der kapitalistischen Produktionsweise" (Marx, MEW 23, S. 380). Ungeachtet der bekannten, mit dem Begriff der Produktionsweise verbundenen Schwierigkeiten erscheint mir die Feststellung von Marx eine korrekte komparative Beschreibung der Gegensätze zwischen den institutionellen Strukturen der Manufaktur und der Zünfte. Marx erklärte in diesem Zusammenhang, daß die Arbeitsteilung in vorkapitalistischen Strukturen entweder zu einer Differenzierung oder Duplikation der Produktion verschiedener Waren führt, jedoch niemals zu einer Differenzierung innerhalb der Produktion einer Ware: „Riefen äußere Umstände eine fortschreitende Teilung der Arbeit hervor, so zerspalteten sich bestehende Zünfte in Unterarten oder lagerten sich neue Zünfte neben die alten hin, jedoch ohne Zusammenfassung verschiedener Handwerke in einer Werkstatt" (S. 380). Arbeitskategorien (bzw. Handwerke) waren bei den Zünften nie an Untergruppen von Aufgaben eines gegebenen Produktionsprozesses gebunden. Durch die Zuordnung der stärkeren Ähnlichkeitsbedingung zu den Zünften und der schwächeren zur Manufaktur läßt sich auf einer hohen Abstraktionsebene die *differentia specifica* der beiden Strukturformen gesellschaftlicher Produktion erfassen.

Marx beschrieb die Differenzierung bei den Zünften als spontan und vergleichbar mit der Wirkung „der unverbrüchlichen Autorität eines Naturgesetzes" (S. 379). Im Gegensatz dazu wird der Differenzierunsprozeß im Kapitalismus der Manufaktur von Marx als ein beabsichtigtes Ergebnis von Unternehmensentscheidungen hingestellt. Hieraus ergibt sich ein zusätzliches Argument, das die Zuordnung der Manufaktur zur schwächeren Version der Ähnlichkeitsbedingung unterstützt. Denn Entscheidungseinheiten (Unternehmen) agieren getrennt und unabhängig; der Grad der Strenge, mit der ein Unternehmen X bei der Organisation des Produktionsprozesses der Ware X die Ähnlichkeitsbedingung anwendet, hat für das Unternehmen Y und die Ware Y keine zwingende Bedeutung. Bei dezentralisierten Entscheidungen gibt es a priori keinen Grund zu erwarten, daß die Ähnlichkeitsbedingung mit gleicher Intensität für alle Produktionsaufgaben gilt.

Wir können jetzt das Vergleichstheorem erklären, das in Arida, 1982a, bewiesen wurde. Nehmen wir zwei extreme Situationen sozialer Differenzierung, Situation A mit keiner und Situation Z mit maximaler sozialer Differenzierung. Wir haben gesehen, daß kein Extremfall eine angemessene Beschreibung bestehender Gesellschaften liefert, denn bei A ist die Ähnlichkeitsbedingung zu weit (A hat nur eine Arbeitskategorie), bei Z dagegen zu streng (Z hat ebensoviele Kategorien wie Aufgaben). Aus Gründen logischer Klarheit stellen wir uns soziale Differenzierung als einen Prozeß vor, der von A nach Z verläuft, mit der einschränkenden Bedingung, daß weder in der Technik noch in der Wahrnehmung ein Wandel stattfindet. Das Vergleichstheorem besagt dann, daß die soziale Differenzierung im Verlauf von A nach Z unter den institutionellen Bedingungen der Manufaktur mehr intermediäre Gleichgewichtslagen aufweist als im Fall der Zünfte. Genauer ausgedrückt, es zeigt, daß sich für jedes Gleichgewicht bei den Zünften eine Entsprechung in der Manufaktur findet, aber nicht umgekehrt. Rein logisch betrachtet ist der Kapitalismus ein allgemeineres System als vorkapitalistische Systeme.

An dieser Stelle erscheinen mir drei interpretative Anmerkungen zum Vergleichstheorem angebracht.

Erstens zeigt es, daß der Prozeß sozialer Differenzierung im Kapitalismus nicht als Fortsetzung des Prozesses betrachtet werden kann, der in der vorkapitalistischen Ordnung zu verzeichnen war. Zur Erläuterung der ersten Anmerkung setzen wir E für das Gleichgewicht bei den Zünften, das kurz vor dem Aufkommen des Manufaktur-Kapitalismus vorherrschte, und M als das aktuelle Manufaktur-Gleichgewicht. Es ließe sich die Frage stellen, ob, wenn es keinen

Kapitalismus gegeben hätte, die soziale Differenzierung bei den Zünften ohnehin früher oder später das Gleichgewicht M erreicht hätte? Nach dem Vergleichstheorem ist die Antwort auf diese Frage negativ. Nicht alle mittels Kapitalismus erreichbaren Gleichgewichte sind auch von den Zünften realisierbar. Institutioneller Wandel schafft virtuell Neues.

Die zweite Anmerkungen basiert auf Simons Überlegungen zur Komplexität. Soweit diese Überlegungen zutreffen, impliziert das Vergleichstheorem eine Beschleunigung der sozialen Differenzierung nach einer institutionellen Veränderung von den Zünften zur Manufaktur. Da für Simon die Geschwindigkeit evolutionärer Prozesse von der Häufigkeit stabiler intermediärer Gleichgewichte abhängt, impliziert das Vergleichstheorem, daß die Geschichte der sozialen Differenzierung im Kapitalismus schneller voranschreitet als in vorangegangenen Gesellschaften. Im Sinne dieser Argumentation läßt das Vergleichstheorem auch vermuten, daß Duplikation als Phänomen eher bei den Zünften verbreitet ist als im Kapitalismus. Marx beobachtete, daß das Handwerk in den Zünften eine Gleichgewichtslage zunächst mittels Erfahrung erreichte, dann aber „die einmal gefundene Form (ein Gleichgewicht, P. A.) traditionell festzuhalten strebt und in einzelnen Fällen jahrhundertelang festhält" (Marx, MEW 23, S. 385). Im Licht des Vergleichstheorems läßt sich diese Unveränderlichkeit vielleicht durch die Knappheit intermediärer Gleichgewichtspositionen erklären. Externe Störungen können meistens im Rahmen des *status quo* Gleichgewichts durch eine Duplikation der bestehenden sozialen Struktur aufgefangen werden, indem neben den alten neue Zünfte gebildet werden (S. 379), so daß sich für das System keine neue Gleichgewichtslage ergibt. Denn gerade die Häufigkeit intermediärer Gleichgewichtslagen ermöglicht eine Evolution, ohne daß diese plötzlichen Diskontinuitäten unterworfen ist. Systeme mit selten auftretenden Gleichgewichtslagen müssen sich häufiger der Duplikation bedienen als solche, die über eine reiche Vielfalt von Gleichgewichten verfügen.

Die dritte Bemerkung betrifft ein Thema, das eher in den Bereich der eigentlichen Wirtschaftswissenschaft fällt: der Ausgleich der Profitraten. Die klassische Wirtschaftswissenschaft hat im großen und ganzen die Vorstellung unterstützt, daß harter Wettbewerb im Kapitalismus zum Ausgleich der Profitraten führt. Unter vereinfachenden Annahmen stehen die mit einem gegebenen Kapitaleinsatz erwirtschafteten Gewinne in Beziehung zum Ausmaß der Anwendung des Babbage-Prinzips. Die Gewinnspannen sind dann ausgeglichen, wenn dieses Prinzip von allen Unternehmen in gleich starkem Maße angewandt wird. Es läßt sich nachweisen, daß es sich bei dem Satz von Arbeitskategorien, der vorherrscht, wenn das Babbage-Prinzip für alle Waren gleichermaßen gilt, um ein Gleichgewicht handelt, wie es oben definiert wurde. Und doch geht es um ein Gleichgewicht, daß im Bereich der Gleichgewichtslagen, die den Zünften offenstehen, ein Gegenstück hat (Arida, 1982a). Die Annahme einer einheitlichen allgemeinen Profitrate kann also in der Weise gerechtfertigt werden, daß die zugrundeliegenden Arbeitskategorien ein Gleichgewicht bilden; aber diese Annahme läßt das Neue am Kapitalismus, nämlich die eigentlichen Gleichgewichtslagen, die für das Zünftesystem unerreichbar sind, außer acht. Die jüngste Entwicklung hin zu dualistischen Marktstrukturen, bei denen es keinen Mechanismus gibt, der den Ausgleich der Gewinnspannen regelt (Piore), kann sich deshalb nicht nur auf empirische, sondern auch auf tiefgreifendere, theoretische Gründe stützen.

Diese drei interpretativen Anmerkungen belegen, wie fruchtbar es ist, zum Verständnis historischer Prozesse formale Modelle heranzuziehen. Das Vergleichstheorem zeigt die Empfindlichkeit sozialer Differenzierung gegenüber bestehenden institutionellen Strukturen; es belegt ein beschleunigtes Tempo im Kapitalismus; es untergräbt den traditionellen Glauben an den Ausgleich der Gewinnspannen und bewirkt so eine Trennung zwischen der korrekten Feststellung, daß Wettbewerb ein Element des Kapitalismus ist, und der unbewiesenen Annahme einheitlicher Gewinnspannen. Der Wunsch nach logischer Präzision geht jedoch auf Kosten der Genauigkeit bei der Beschreibung. Häufig geschieht es bei der Modellierung komplexer historischer Phänomene, daß einige Aspekte eines Forschungsgegenstandes erst dann in ihrer reinsten Form erscheinen, wenn bei der Analyse Elemente voneinander getrennt werden, die in der konkreten historischen Erfahrung unauflöslich miteinander verbunden sind. Der Beweis des Vergleichstheorems ergibt sich aus der doppelten Annahme, daß weder in der Technik noch in der Wahrnehmung ein Wandel stattfindet. Einige Anmerkungen zu den historischen Voraussetzungen, unter denen diese doppelte Annahme voraussichtlich als eine erste Approximation an die Wirklichkeit Gültigkeit hat, habe ich bereits erläutert; zur abschließenden Klärung dieses Abschnitts möchte ich noch einige theoretische Anmerkungen zu dieser doppelten Annahme machen.

Im Vergleichstheorem erscheint die Arbeitsteilung in einer denaturalisierten Form, nicht nur, weil andere Quellen zunehmender Skalenerträge ausgeschlossen wurden, sondern auch, weil eine spezifische Eigenschaft sozialer Arbeitsorganisationen nämlich die Ähnlichkeitsbedingung, explizit zur Anwendung kam. Aus dem Vergleichstheorem ergeben sich Zweifel an der Annahme einheitlicher Gewinnspannen; folglich impliziert dies, daß einige klassische Modelle wie das des späten Sraffa (1960), in denen die Preisbildung dergestalt ist, daß für alle Sektoren eine einheitliche Gewinnspanne gilt, möglicherweise eine irreführende Beschreibung des Kapitalismus liefern. Das Vergleichstheorem wirkt sich auf die Bestimmung von Preisen und Mengen, des eigentlichen Gegenstandes wirtschaftswissenschaftlicher Betrachtungen, aus, weil die Preise herrschende Profitraten reflektieren, und die produzierten Mengen wiederum die Preise, zu denen Waren verkauft werden können. Das Vergleichstheorem dient dem Zweck, die soziale Differenzierung wieder in die wirtschaftstheoretische Diskussion einzubringen. Den technischen Wandel nicht in Rechnung zu stellen, der notwendigerweise einen Stoffwechsel zwischen Mensch und Natur (Marx, MEW 23, Kap. 5) voraussetzt, läßt die rein sozialen Merkmale der sozialen Differenzierung hervortreten und löst sie aus dem Kontext der materiellen, natürlichen Organisation der Welt.

Für die Nichtbeachtung des Wandels der Wahrnehmung gibt es nicht so befriedigende Gründe. Die Wahrnehmung von Ähnlichkeiten und Nichtähnlichkeiten von Aufgaben ist nichts weiter als das Register einer sinnvoll strukturierten Welt. Die Eigenheit von Aufgaben abzuschätzen heißt, ihnen eine differentielle Bedeutung zu geben, den sozialen Organisationen von Arbeit Sinn zu verleihen. Die Feststellung, daß sich die Dimension des Suchraumes verringert, wenn die Ähnlichkeitsbedingung, wie oben beschrieben, gilt, heißt nicht mehr als daß notwendig differentieller Sinn als ein Verfahren zur Reduktion der Komplexität sozialer Systeme wirksam wird. Es gibt daher kein stichhaltiges Argument, das die Annahme rechtfertigt, daß Sinn im Verlauf sozialer Differenzierung unverändert bleibt. Ein Beweis des Vergleichstheorems, der einen Wandel in der Wahrnehmung berücksichtigt, scheint jedoch sehr schwierig, denn er ist nur denkbar im Verbund mit einer Theorie des Sinns, der von der sozialen Differenzierung konditioniert wird, aber auch umgekehrt wieder auf letztere einwirkt. Diese rein pragmatische Begründung ist die einzige Erklärung für eine ansonsten gänzlich unbegründete Annahme.

III. Schluß

Anstatt mit einer Zusammenfassung des Vorangegangenen zu schließen, möchte ich eine weitere Auswirkung des Vergleichstheorems erläutern, die, so meine ich, einige vernachlässigte Aspekte sozialer Differenzierung erhellt.

Das Vergleichstheorem zeigt, daß der Kapitalismus virtuell Neues schafft, insoweit als er, selbst wenn man Veränderungen in der Technik und Wahrnehmung nicht berücksichtigt, auf Dauer auf Gleichgewichtspositionen verbleiben könnte, die nicht zum Katalog möglicher Gleichgewichtslagen der vorkapitalistischen Gesellschaften gehören. Stellen wir uns einen Differenzierungsprozeß vor, der von A nach E in einer vorkapitalistischen und von F nach Z in einer kapitalistischen Gesellschaft verläuft. Läßt sich der Verlauf von A nach Z als ein gerader Differenzierungsprozeß beschreiben?

Das Vergleichstheorem gibt auf diese einfache Frage eine etwas enttäuschende Antwort: nicht unbedingt. Die Differenzierung der Arbeitskategorien *kann* mit der biologischen Metapher der Differenzierung von Gattungen in Arten verglichen werden. Ich sage *kann*, weil das Theorem die interessante Möglichkeit der Redifferenzierung offenläßt. Redifferenzierung darf nicht mit Abwesenheit von Differenzierung verwechselt werden; eine rückwärts verlaufende Zeit ist hypothetisch ausgeschlossen. Die durch das Vergleichstheorem verbleibende Möglichkeit besteht darin, Arbeitskategorien umzuformen, Differenzierung wieder herzustellen, anstatt eine weitere Differenzierung in der bereits differenzierten, aus der vorkapitalistischen Vergangenheit übernommenen Gesellschaft zu betreiben.

Ich betrachte diese Unbestimmtheit nicht als negativ. Rein formal gesehen ist es richtig, daß man nicht entscheiden kann, ob Kapitalismus im Zusammenhang mit einer weiteren Differenzierung oder einer Redifferenzierung gesehen werden sollte. Meine Überlegung läuft darauf hinaus, daß beide Möglichkeiten relevant sind; daß eine formale Unbestimmtheit gerade den Reichtum historischer Erfahrung widerspiegelt; daß Redifferenzierung, die auf den ersten Blick als eine lediglich formale Möglichkeit erscheint, in Wahrheit einer Schattenseite der Geschichte entspricht; daß Redifferenzierung als historischer Prozeß möglicherweise ebenso wichtig ist wie weitere Differenzierung. Vielleicht ergibt sich aus zukünftigen Erkenntnissen die Notwendigkeit, biologische Metaphern aufzugeben, nicht um die mechanischen Metaphern, die die Kehrseite des Marshallschen Kompromisses bildeten, zu rehabilitieren, sondern weil es sein könnte, daß biologische Metaphern zu einfach sind, um die historischen Phänomene sozialer Differenzierung zu erfassen.

Übersetzt von *Adelheid Baker* und *Dirk Baecker*

Literatur

Arida, P. (1981), The Division of Labour as a Search Process, Texto para Discussao no 22, Departamento de Economia, PUC/RJ

Arida, P. (1982a), The Division of Labour: Rationality, History, Structure, Ms.

Arida, P. (1982b), Piagetian Decentration in Marx?, Ms.

Arnold, H. und Faurote, F. (1972), Ford Methods and Ford Shops, New York: Arno Press

Babbage, Ch. (1852), On the Economy of Productive Forces, 4. erw. Aufl., Reprint New York: Augustus M. Kelly 1971

Bullock, H. (1902), The Variation of Productive Forces, in: Quarterly Journal of Economics 16, S. 473–513

Cournot, A. (1927), Researches in the Mathematical Principles of the Theory of Wealth, New York: Macmillan Company

Duhem, P. (1977), The Aim and Structure of Physical Theory, New York: Atheneum

Edgeworth, F. Y. (1932), Mathematical Psychics, London

Frisch, R. (1950), Alfred Marshall's Theory of Value, in: Quarterly Journal of Economics 64, S. 495–524

Georgescu-Roegen, N. (1971), The Entropy Law and the Economic Process, Cambridge: Harvard University Press

Granger, G. G. (1958), Methodologie Economique, Paris: P.U.F.

Granger, G. G. (1978), Essai d'une Philosophie du Style, Paris: A. Colin

Hicks, J. (1968), Value and Capital, Oxford: Oxford University Press

Kaldor, N. (1972), The Irrelevance of Equilibrium Economics, in: Economic Journal 82, S. 1237–1255

Keynes, J. M. (1964), The General Theory of Employment, Interest an Money, New York: Harcourt

Krugman, P. (1980), Scale Economies, Product Differentiation and the Pattern of Trade, in: American Economic Review 70, S. 950–959

Leibenstein, H. (1979), A Branch of Economics is Missing: Micro-Micro Theory, in: Journal of Economic Literature 17, S. 477–502

Marglin, S. A. (1976), What Do Bosses Do? The Origins and Functions of Hierarchy in Capitalist Production, in: A. Gorz (ed.), The Division of Labour, Atlantic Highlands: Humanities Press, S. 13–54

Marshall, A. (1949), Principles of Economics, London: Macmillan

Marx, K. (MEW 13), Einleitung zur Kritik der Politischen Ökonomie, Karl Marx Friedrich Engels Werke Band 13, Berlin 1961, S. 615–642

Marx, K. (MEW 23), Das Kapital. Kritik der Politischen Ökonomie, Erster Band, Karl Marx Friedrich Engels Werke Band 23, Berlin 1972

Pigou, A. C. (1946), The Economics of Welfare, Reprint der 4. Aufl., London: Mcmillan

Piore, M. J. (1980), The technological foundations of dualism and discontinuity, in: M. J. Piore und S. Berger, Dualism and Discontinuity in Industrial Societies, Cambridge: Cambridge University Press, S. 55–81

Robbins, L. (1928), The Representative Firm, in: Economic Journal 38, 387–404

Robertson, D. H. (1930), The Trees of the Forest, in: Economic Journal 40, S. 80—89
Robinson, J. (1932), Imperfect Competition and Falling Supply Price, in: Economic Journal 42, S. 544—554
Robinson, J. (1980), Collected Papers, Vol. I, Cambridge: MIT Press
Rosen, S. (1978), Substitution and the Division of Labour, in: Economica 45, S. 235—250
Shackle, G. L. S. (1967), The Years of High Theory, Cambridge: Cambridge University Press
Simon, H. A. (1982), Economics and Psychology, in: ders., Models of Bounded Rationality, Vol. II, Cambridge: MIT Press, S. 318—355
Simon, H. A. (1981), The Architecture of Complexity, in: ders., The Sciences of the Artificial, Cambridge: MIT Press, S. 84—118
Simon, H. A. (1978), Rationality as Process and as Product of Thought, in: American Economic Review Papers & Proceedings 68, S. 1—16
Smith, A. (1965), The Wealth of Nations, New York: Modern Library
Sraffa, P. (1926), Laws of Return under Competitive Conditions, in: Economic Journal 36, S. 535—550
Sraffa, P. (1930), A Criticism, in: Economic Journal 40, S. 89—93
Sraffa, P. (1960), Production of Commodities by means of Commodities, Cambridge: Cambridge University Press
Weitzman, M. (1982), Increasing Returns and the Foundations of Unemployment Theory, in: Economic Journal 92, S. 787—804
Young, A. (1928), Increasing Returns and Economic Progress, in: Economic Journal 38, S. 527—540

Jon Elster

Drei Kritiken am Klassenbegriff *

I. Einleitung

Nicht alle Gesellschaften bestehen aus Klassen in dem Sinn, in dem Marx den Begriff verwendet hat und in dem er im 2. Abschnitt definiert wird. Gesellschaften, die aus Klassen bestehen, können wir als Klassengesellschaften bezeichnen. Dieser Terminus ist jedoch insofern irreführend, als er suggeriert, solche Gesellschaften seien vorwiegend um Klassen herum organisiert. Ich möchte untersuchen, ob Klassen in allen Gesellschaften, in denen es sie gibt, gleichermaßen im Mittelpunkt stehen. Im einzelnen möchte ich fragen, ob es nicht andere, ebenso bedeutende Zentren kollektiven Handelns gibt, andere Gliederungsformen, die Solidarität und Mobilisierung hervorrufen. Nachdem ich meine Auffassung der Marxschen Theorie dargelegt habe, werde ich drei Kritiken an seiner Ansicht erörtern. Im 3. Abschnitt werden die Klassen den *Ständen* oder Ordnungen gegenübergestellt, die als das wichtigste Organisationsprinzip vorkapitalistischer Gesellschaften aufgefaßt wurden. Im 4. Abschnitt wird *Macht* als eine andere Quelle von Konflikt und Loyalität betrachtet. Im 5. Abschnitt geht es um eine Kritik am Begriff der Klasse, der die von *kultureller Identität* ausgeht, die auf Sprache, Religion, ethnischer oder nationaler Zugehörigkeit beruht.

Das Problem, um das es gehen soll, ist die *Erklärung kollektiven Handelns*. Daher berücksichtige ich diejenige Kritik am Klassenbegriff nicht, die an dem Problem ansetzt, Verhalten auf der Ebene des Individuums zu erklären. Zur Erklärung der unterschiedlichen Gesundheit von Individuen mag es z.B. fruchtbarer sein, ihre Position in der technischen Arbeitsteilung zu betrachten als ihre Klassenlage. Wenn dem so ist, so liegt darin doch kein Widerspruch zum traditionellen Marxismus. Marx hat sich wenig um das gekümmert, was wir das Gewebe des täglichen Lebens nennen können: Gesundheit und Neigung zu Krankheiten, Freizeitbeschäftigungen, Kriminalität usw. Dazu herausgefordert, hätte er solche Erscheinungen allerdings leicht unter Bezug auf die Klassenstruktur erklären können. Tatsächlich behauptet er – freilich ironisch – Verbrechen seien durch ihre vorteilhafte Funktion als Nebengeleis kapitalistischen Wettbewerbs[1] zu erklären; ebenso – ernsthafter – daß die Aufstiegsmobilität durch ihre nützlichen Folgen für die kapitalistische Herrschaft erklärt werden müsse.[2] Wie immer es um die Gültigkeit solcher Argumente bestellt ist, für die Diskussion hier sind sie nicht relevant.

In jeder vorhandenen Gesellschaft könnte man zwei Landkarten zeichnen. Zunächst ist da die Karte der Klassen im noch zu definierenden Sinn. Dann gibt es die Karte der empirisch beobachtbaren kollektiven Akteure. (Ich definiere einen ‚kollektiven Akteur' als Interessengruppe, die das Mitläufertum als Hindernis für gemeinschaftliches Handeln überwunden hat.) Die marxistische Auffassung ist nun nicht, daß diese beiden Karten in eins fallen oder konvergieren. Vielmehr kann die zweite Karte *erklärt werden*, indem man sie auf die erste bezieht. Wenn z. B. ein organisierter Konflikt zwischen Arbeitergruppen vorkommt, so ist dies mit dem Marxismus vereinbar, wenn gezeigt werden kann, daß der Konflikt durch seine stabilisierende Wirkung auf die Klassenstruktur erklärt werden kann. Ich komme auf derartige Argumente des „teile und herrsche" im 5. Abschnitt zurück.

II. Marx' Klassentheorie

Es ist wohlbekannt, daß Marx den Klassenbegriff, den er in vielen Schriften benutzt, nirgends definiert hat. Um eine Definition zu rekonstruieren, die ihm zugeschrieben werden kann, ist man genötigt, zweierlei zu beachten. Zunächst einmal muß die Definition weitgehend mit dem Marxschen Gebrauch im Einklang stehen. Im Idealfall sollten aus ihr alle Gruppen, auf die er sich als gesonderte Klassen bezieht, abgeleitet werden können und keine der Gruppen, denen er diesen Namen verweigert. (Sollte die Definition zusätzlich Gruppen umfassen, denen der Terminus weder zugesprochen noch verweigert wird, so tut dies dem Vorschlag im wesentlichen keinen Abbruch.) Zum zweiten muß die Definition mit der theoretischen Absicht Marx', kollektives Handeln zu erklären, vereinbar sein.

In verschiedenen Schriften erwähnt Marx an die *fünfzehn Gruppen*, die in den verschiedenen Produktionsweisen als Klassen erscheinen: Bürokratie und Theokratie in der asiatischen Produktionsweise; Sklaven, Plebejer und Patrizier in der Sklavengesellschaft; Herr und Knecht, Zunftmeister und Handwerksgeselle im Feudalismus; Industriekapitalisten, Finanzkapitalisten, Grundherren, Bauern, Kleinbürger und Arbeiter im Kapitalismus.[4] Es soll nun eine strenge Definition ausgearbeitet werden, die sowohl mit dem Aufgezählten als auch mit den theoretischen Anforderungen an den Begriff vereinbar ist. Die oben erwähnte allgemeine strenge Anforderung an die Erklärung hat mehrere Implikationen. Soll der Klassenbegriff in eine Theorie des gesellschaftlichen Konflikts eingehen, so muß er in einer Begrifflichkeit erklärt werden, die für die Handelnden subjektive Bedeutung hat. Darüberhinaus besteht die Notwendigkeit, Klassen so zu definieren, daß ihre Anzahl in jeder beliebigen gegebenen Gesellschaft relativ klein ist.

Unter Berücksichtigung dieser Anforderungen werde ich *vier mögliche Definitionen der ‚Klasse'* untersuchen, die jeweils Eigentum, Ausbeutung, Marktverhalten und Macht in den Vordergrund stellen. In keinem dieser Kriterien wird für sich genommen das zu finden sein, was wir suchen, aber ihre Erörterung wird uns ermöglichen, einen Begriff zu konstruieren, der einigermaßen angemessen erscheint, wenn er auch zugleich ziemlich komplex ist. Zum Teil stammt die Komplexität aus der Notwendigkeit, den Unterschied zwischen Marktwirtschaften und Wirtschaften ohne Markt zu berücksichtigen. Ferner verursacht die Unterscheidung von privatem und korporativem Eigentum an Produktionsmitteln bei jeder Bemühung, eine einfache Definition zu konstruieren, Schwierigkeiten.

Die Ansicht, die Marx am häufigsten unterstellt wird, besagt: eine Klasse ist eine Gruppe von Personen, die alle in einem gleichen Verhältnis zu den Produktionsfaktoren (Arbeitskraft und Produktionsmitteln) stehen, d.h. in der Relation des Eigentums oder Nichteigentums. Dieser Vorschlag stößt auf verschiedene Schwierigkeiten. Es ist klar, daß Eigentum und Nicht-Eigentum zu grobe Indikatoren für die Klassenzugehörigkeit sind. Sie erlauben uns z.B., weder zwischen Grundbesitzern und Kapitalisten zu unterscheiden noch zwischen einem Kleinkapitalisten und einem Lohnarbeiter, der einige seiner Produktionsmittel besitzt (z.B. bei Heimarbeit). Ferner warnt Marx vor jedem Versuch, Klassen hinsichtlich der *Art* oder des Umfangs an besessenem Eigentum zu definieren. Das erste Kriterium hätte die absurde Konsequenz, daß „Weinbergbesitzer, Äckerbesitzer, (..) Bergwerkbesitzer (und) Fischereibesitzer"[5] eigene gesellschaftliche Klassen bilden würden, das zweite würde zu einer „unendlichen Zersplitterung"[6] von Klassen führen. Eine letzte Schwierigkeit entsteht durch korporatives Eigentum, wie z.B. in Kirchen- und Staatsbesitz. Die Verwalter solchen Eigentums bilden eine Klasse, allerdings nicht kraft ihres Gutsbesitzes, denn in Wirklichkeit gehört das Gut eher der Korporation als irgendeinem einzelnen oder mehreren einzelnen.[7] Wie weiter unten dargestellt wird, bilden sie eine Klasse aufgrund ihrer Macht zu entscheiden, wie die Produktionsfaktoren genutzt werden sollen, d.h. aufgrund ihrer Befugnis, legitimierte Befehle zu erteilen. Ihre Befehlsgewalt über Eigentum entsteht als Resultat der Klassenposition, die sie erreicht haben, und ist nicht ein vorgängiges Faktum, das ihre Klassenzugehörigkeit erklärt.

Betrachten wir als nächstes den Vorschlag, Klassen hinsichtlich der Ausbeutung zu definieren. Die Hauptklassen der Gesellschaft wären dann gebildet aus 1. denen, die weniger arbeiten, als notwendig ist, um das zu produzieren, was sie bekommen; 2. denen, die mehr arbeiten, und 3. denen, die annäherungsweise so viele Stunden arbeiten, wie zur Produktion dessen, was sie bekommen, nötig sind. Daraus ergibt sich eine kleine, wohldefinierte Anzahl von Klassen. Mehr noch, wenn Ausbeutung Klassen konstituiert, ergibt sich daraus die Motivation für den Klassenkampf. Bei näherem Hinsehen ist der Vorschlag weder in dem, was er abdeckt, noch theoretisch adäquat. Weder läßt er eine Definition der Kleinbourgeoisie zu — da diese Klasse nicht mit der 3. Gruppe zusammenfällt, sondern Ausbeuter ebenso umfaßt wie Ausgebeutete[8] — noch läßt er eine Unterscheidung zwischen Grundbesitzern und Kapitalisten zu oder zwischen Sklaven und Lohnarbeitern in Gesellschaften, in denen sie nebeneinander existierten. Darüberhinaus kann Ausbeutung nicht als Motiv für kollektives Handeln dienen, da niemand in einer Gesellschaft genau wissen kann, wo die Trennungslinie zwischen Ausbeutern und Ausgebeuteten gezogen werden muß. Die Berechnungen des Arbeitswerts, die zur Bestimmung dieser Linie notwendig wären, wären äußerst komplex.

Ein dritter Vorschlag, der sich als brauchbarer erweisen wird, sieht vor, Klassen hinsichtlich des Marktverhaltens zu definieren. In Wirtschaftsformen mit einem Arbeitsmarkt ergäben sich drei Hauptklassen: diejenigen, die Arbeitskraft kaufen, diejenigen, die sie verkaufen und die Kleinbourgeoisie, die keines von beidem tut. In einer Wirtschaft mit Kreditmärkten können Klassen entsprechend über das Leihen und Verleihen von Kapital definiert werden. Ein auf der Hand liegender Einwand ist, daß diese Definition im Fall einer Wirtschaftsform ohne Markt nicht weiterhilft. Ich zeige im 3. Abschnitt, daß Marx versucht war, Klassen lediglich in Marktgesellschaften anzusiedeln, aber sein wichtigster Gesichtspunkt war zweifellos, daß Klassen auch in Gesellschaften existieren, in denen die Aneignung der Mehrwert produzierenden Arbeit eher durch außerökonomische Zwangsmittel als durch den Austausch auf dem Markt stattfand. Ich werde jedoch zeigen, daß eine weitreichende Analogie zu diesem Vorschlag oder vielmehr zu einer rekonstruierten Version dieses Vorschlags auch auf Wirtschaftsformen ohne Markt angewendet werden kann.

Die Notwendigkeit einer solchen Rekonstruktion ergibt sich, weil in diesem Vorschlag tatsächliches Verhalten überbetont wird, während die kausale Ursache in der Struktur der Ausstattung (mit Produktionsfaktoren) vernachlässigt wird. Klassen sollten hinsichtlich dessen, was Leute (in gewissem Sinne) tun *müssen* und nicht in bezug auf das, was sie tatsächlich tun, definiert werden.[9] Xenophons Gutsbesitzer, der auf dem Gehöft arbeitet, „um des Vergnügens willen und um der physischen und moralischen Wohltat willen, die solche Übung gewähren kann und nicht, weil ihn die ökonomische Notwendigkeit zwingt zu arbeiten"[10], gehört nicht zur selben Klasse wie einer, der selbst auf seinem Land arbeiten *muß*. Ein Rockefeller kann sich nicht einfach zum Arbeiter machen, indem er einen bezahlten Job annimmt, es sei denn, er gibt auch seinen Reichtum weg. Ein Student, der sich selbst zum Proletarier macht, wird nicht zum Mitglied der Arbeiterklasse, wenn für ihn die Möglichkeit, sich selbst zu beschäftigen, offen bleibt. Diese Bemerkungen sind notwendig, weil der Klassenbegriff letztlich in einer Theorie des sozialen Konflikts verwendet werden soll. Wir werden von denen, die arbeiten oder ihre Arbeitskraft verkaufen müssen, nicht erwarten, daß sie sich mit denen zusammenschließen, die dasselbe tun, ohne dazu gezwungen zu sein.

John Roemer hat eine allgemeine Theorie der Klasse vorgeschlagen, die mit dem Begriff zwangsmäßigen Marktverhaltens arbeitet.[11] Er nimmt an, daß die in der Wirtschaft Agierenden mit unterschiedlichen Anteilen an Produktionsfaktoren (Arbeit ausgenommen) ausgestattet sind und sich dann auf Transaktionen auf dem Markt einlassen, um ihr Einkommen (bei ausgeglichenen Preisen) zu maximieren. Ein solches Verhalten hat zum Ergebnis, daß sich die Handelnden spontan selbst in eine kleine Anzahl von Klassen aufteilen: in solche, die ihre Arbeitskraft verkaufen müssen, um optimalen Gewinn zu erzielen; in solche, die nur optimalen Gewinn erzielen können, wenn sie Arbeitskraft kaufen; und in solche, die optimieren können, indem sie für sich selbst arbeiten. Ein ähnlicher Ansatz gilt auch für Wirtschaftsformen mit einem Kreditmarktsystem. Diesem Vorschlag zufolge wird das *durch die Ausstattung erzwungene Marktverhalten* zum Kriterium für Klassenzugehörigkeit.

Wie bei anderen Vorschlägen, müssen wir überlegen, ob die Definition in ihrer Reichweite adäquat ist. Wiederum ist die Unterscheidung von Grundbesitzer und Kapitalist der widerspenstigste Fall. Der Grundbesitzer ist aus dieser Sicht anormal, da er ein Einkommen verdient, ohne zu arbeiten *und* ohne Arbeit zu mieten. Er *produziert* nicht, sondern lebt von der Grundrente seines Landes. In den Modellen, die Roemer in seinem Buch gebraucht, ist das nicht vorstellbar, da hier Arbeit der einzige nicht herabgesetzte Aktivposten ist und die Akteure ihr Kapital nicht verzehren dürfen. In einem Modell, in dem Land wie Arbeit als nicht produzierte und nicht abgewertete Aktivposten[12] vorkommen, wäre das Verhalten des Gutsbesitzers möglich und sogar optimal mit einer passend gewählten objektiven Funktion.[13] Von daher könnte der gerade betrachtete Vorschlag auch die Unterscheidung zwischen Grundbesitzer und Kapitalisten umfassen und ohne Zweifel ebenso die zwischen unabhängigem Handwerker und unabhängigem Bauern, wenn man ihn entsprechend ausweitet.

In Marktwirtschaften sind *Klassen also durch die Aktivitäten charakterisiert, zu denen ihre Mitglieder aufgrund ihrer Ausstattung gezwungen sind.* Solche Aktivitäten sind das Arbeiten, Kaufen und Verkaufen von Arbeitskraft, Verleihen oder Leihen von Kapital, Pachten oder Verpachten von Land. Der Begriff des Zwangs muß im oben erklärten Sinn verstanden werden. Für alle Agierenden bedeutet dies, daß sie sich auf diese Aktivitäten einlassen müssen, wenn sie ‚optimieren' wollen. Für einige von ihnen trifft darüberhinaus zu, daß sie zum Optimieren gezwungen sind, namentlich für die Arbeiter, die gezwungen sind, ihre Arbeitskraft zu verkaufen.[14] Die Definition ergibt einen guten soziologischen Sinn selbst für Agierende, die nicht zum Optimieren gezwungen sind. Sie können frei entscheiden, sich auf Aktivitäten einzulassen, die andere aufzunehmen gezwungen sind, aber wenn sie die Entscheidung treffen, werden sie dadurch nicht Mitglieder derselben Klasse. Das Grundprinzip hinter dieser Darlegung ist die noch zu überprüfende Vermutung, daß Koalitionsverhalten nicht durch das bestimmt ist, was die Agierenden tun können oder tatsächlich tun, sondern durch das, was sie tun müssen, um zu optimieren.

Weit aufgefaßt, kann der hervorgehobene Satz im letzten Abschnitt auch dazu dienen, Klassen in Wirtschaften ohne Markt zu definieren, die auf Privateigentum an Produktionsfaktoren beruhen. In einer solchen Wirtschaft haben die Produzierenden wenig oder nur teilweise Kontrolle über ihre Arbeitskraft. Dieser Mangel an Kontrolle ist Teil der Struktur der Ausstattung mit Eigentum und ist per definitionem das, was die Kontrolleure befähigt (in Wirklichkeit: zwingt), sie zu zwingen, für sie zu arbeiten. Natürlich unterscheidet sich die Beziehung zwischen der Eigentumsstruktur und den Aktivitäten, die die Agierenden gezwungenermaßen ausüben, in beiden Fällen fundamental. In einer Marktwirtschaft wird die Aufteilung in Klassen nicht unmittelbar durch die Ausstattungsstruktur gegeben. Vielmehr muß sie aus dieser Struktur hergeleitet werden über die Annahme, daß die Agierenden sich auf Transaktionen auf dem Markt einlassen.[15] In einer Wirtschaft ohne Markt ist es dagegen institutionalisiert, wer wen zu was zwingt, und dem wird vor jeder tatsächlichen Transaktion der Vorrang gegeben. Auch hat der Zwang in beiden Fällen unterschiedliche Bedeutung. Der außerökonomische Zwang in einer präkapitalistischen Gesellschaft muß vom „stummen Zwang der ökonomischen Verhältnisse"[16] unterschieden werden.

Trotz dieser Differenzen ist die hervorgehobene Formel allgemein genug, um beide Fälle abzudecken. Sie verbindet das, was die Agierenden *tun*, mit dem, was sie *haben*, indem sie Klassen hinsichtlich dessen definiert, *was sie tun müssen, um den besten Gebrauch von dem zu machen, was sie haben.* Weder das Verhalten noch die Ausstattung mit Eigentum allein können einen Begriff liefern, der sowohl extensional als auch theoretisch angemessen ist. Eine darüber hinausgehende Generalisierung dieser Formel wird weiter unten vorgeschlagen.

Zuvor haben wir jedoch einen letzten Vorschlag in Betracht zu ziehen, den nämlich, Klassen aufgrund von Machtbeziehungen zu definieren. Ich glaube, daß Marx sich mit Rücksicht auf die Klassen der vorkapitalistischen Gesellschaft dieser Definition verpflichtet hat. Im 4. Abschnitt wird gezeigt, daß er im Irrtum war, als er ihre Bedeutung für Klassen im Kapitalismus unterschätzte, aber an dieser Stelle soll diese Frage nicht behandelt werden.

Es gibt zwei Weisen, in denen Macht Klassen konstituieren kann (als unterschieden von einer Relation, die zwischen unabhängig definierten Klassen besteht). Zunächst gilt dies ganz klar für Klassen in Wirtschaftsformen ohne Markt, die auf Privateigentum an Produktionsmitteln beruhen. Die ‚Ausstattungsstruktur', die Klassen hervorbringt, schließt ein, daß einige Individuen im vollen oder teilweisen Besitz der Arbeitskraft anderer sind. Aber die Arbeitskraft eines anderen zu besitzen, impliziert vom Begriff her, daß man Macht über ihn hat. Folglich führt die Definition von Klassen in solchen Wirtschaftsformen über das durch die Ausstattung notwendig gemachte Verhalten zum gleichen Resultat wie die Definition über den Machtbegriff. Eigentum an Personen *ist* Macht.

Zweitens gibt es die heikle Frage nach dem Klassenstatus jener, die damit beschäftigt sind, korporatives Eigentum zu handhaben: Theokraten und Bürokraten in der asiatischen Produktionsweise (und möglicherweise die Amtsträger der katholischen Kirche im Mittelalter[17]). Zweifellos würde es die Differenz zwischen hierarchischen Rängen verschleiern, wenn man die Funktionäre als *eine* Klasse charakterisieren wollte. Eine Definition des Klassenbegriffs, nach der der Pförtner im Vatikan und der Papst Mitglieder derselben Klasse sind, scheint nicht gerade nützlich zu sein. Spaltungslinien innerhalb der Bürokratie können unterschiedlich gezogen werden, je nachdem ob man Ausbeutung oder Machtbeziehungen als Kriterium verwendet. Die Gründe, die oben gegen Ausbeutung als Kriterium angeführt wurden, greifen auch hier. Daher sagen wir, indem wir den 2. Vorschlag übernehmen, daß jene, die die Arbeitskraft anderer kontrollieren nicht, weil sie sie besitzen, sondern aufgrund ihres Rangs in der Hierarchie eine Klasse bilden, die von denen, die dies nicht tun, getrennt ist. Dies könnte auch zu einer Trichotomie ausgeweitet werden, indem zwischen denen, die nur kontrollieren (höhere ‚Manager'), denen, die nur gehorchen (Arbeiter), und denen, die ebenso jemanden über wie unter sich haben (untere ‚Manager') unterschieden wird.

Dies ist jedoch wiederum zu behaviouristisch: die Klassen der Manager und Nicht-Manager werden durch das definiert, was sie tatsächlich tun und nicht durch das, was sie aufgrund dessen, was sie haben, tun müssen. Aber es gilt immer noch, daß ein Rockefeller seinen Klassenstand nicht dadurch ändern kann, daß er einen untergeordneten Managerjob annimmt. Zweifellos wäre es höchst wünschenswert, eine strukturelle Begründung für Herrschaft und Unterordnung zu finden, ähnlich der für das Eigentum im Fall des Kaufs und Verkaufs von Arbeitskraft. Diese Begründung würde vermutlich „kulturelles Kapital" ebenso wie angeborene Geschicklichkeit in die Ausstattungsstruktur einschließen, die die „optimierenden" Aktivitäten der Agierenden bestimmt. Leider sind wir sehr weit davon entfernt, einfache, standhaltende Modelle konstruieren zu können, die zeigen, wie diese Bestimmung vor sich geht. Aber selbst wenn solche Modelle fehlen, sollte die zugrundeliegende Vermutung erhalten bleiben und die weitere Untersuchung leiten.

Dies macht es uns endlich möglich, eine allgemeine Definition von Klassen in den Begriffen der Ausstattung und des Verhaltens zu geben. Die Ausstattung schließt Sachvermögen, immaterielle Kenntnisse und subtilere kulturelle Merkmale ein. Das Verhalten wird in ökonomischen Termini wie Arbeiten versus Nicht-Arbeiten, Verkaufen versus Kaufen von Arbeitskraft, Verleihen versus Leihen von Kapital, Pachten versus Verpachten von Land, Austeilen versus Empfangen von Befehlen in der Verwaltung korporativen Eigentums analysiert. *Eine Klasse ist eine Gruppe von Menschen, die aufgrund ihres Besitzes gezwungen sind, sich auf die gleichen Aktivitäten einzulassen, wenn sie den besten Gebrauch von ihrer Ausstattung machen wollen.*

Nun ist eine Definition noch keine Theorie. Die Marxsche Klassentheorie ist im oben Gesagten bereits implizit enthalten: Klassen, wenn sie als solche definiert sind, liefern die Erklärung für kollektives Handeln. In den meisten Variationen dieser Erklärung wird schlicht festgestellt, daß objektiv definierte Klassen dazu neigen, zu kollektiven Akteuren zu kristallisieren. Überdies glaubte Marx offensichtlich, daß kollektive Akteure, die nicht Klassen sind, dahin tendieren, ihre Bedeutung zu verlieren. In der Metapher der Landkarten ausgedrückt, könnte man sagen, daß Marx glaubte, die Karte der kollektiven Akteure neige *weitgehend* dazu, mit der Karte der Klassen zusammenzufallen. Aber dies ist nicht die vollständige Theorie. Marx — und mehr noch einige seiner Nachfolger — versuchte, auch das dauerhafte Bestehen von kollektiven Akteuren, die keine Klassen darstellen, durch ihre stabilisierende Wirkung auf die Klassenstruktur zu erklären. Ich verschiebe diese Frage auf den 5. Abschnitt. In den Abschnitten III und IV wird die Klassentheorie auf eine einfachere Form reduziert: auf die Behauptung einer Koinzidenz oder Konvergenz der beiden Karten. In Frage gestellt wird die Verwendung des Klassenbegriffs dann 1. von kollektiven Akteuren, die keine Klassen sind, und 2. von Klassen, die immer wieder dabei versagen, sich als kollektive Akteure zu organisieren.

III. Klasse und Stand

Max Weber schrieb: „Im Gegensatz zur rein ökonomisch bestimmten „Klassenlage" wollen wir als „ständische Lage" bezeichnen jede typische Komponente des Lebensschicksals von Menschen, welche durch eine spezifische, positive oder negative, soziale Einschätzung der *„Ehre"* bedingt ist."[18]; oder an anderer Stelle: „ „Klassen" gliedern sich nach den Beziehungen zur Produktion und zum Erwerb der Güter, „Stände" nach den Prinzipien ihres Güter*konsums* in Gestalt spezifischer Arten von „Lebensführung" ".[19] Das Hauptgewicht legt er auf Stände als geschlossene *Gemeinschaften*, deren Beziehung „auf subjektiv *gefühlter* (affektueller oder traditionaler) *Zusammengehörigkeit* der Beteiligten beruht"[20], wobei der bewußte Ausschluß von Außenstehenden die andere Seite der Münze darstellt.[21] Auf dieser Grundlage unterschied er zwischen Gesellschaften, die vorwiegend nach Klassen, und solchen, die vorwiegend nach Ständen gegliedert sind.[22] Da er anders als Marx Klassen ausschließlich über das Marktverhalten[23] definiert, folgt dieser Gegensatz ziemlich selbstverständlich daraus.

Es gibt Elemente bei Marx, die von ähnlicher Auffassung zeugen. Obwohl seine Position in der Hauptsache die war, daß die ganze Geschichte bis zur Gegenwart auf Klassenkämpfen und daher auf Klassen beruht, scheint er manchmal zu behaupten, daß Klassen so eng mit Geld und Mobilität verbunden sind, daß sie erst mit der Moderne entstanden. In der ‚Deutschen Ideologie' schreibt er im Zusammenhang einer Diskussion über die moderne Unterscheidung zwischen dem persönlichen und dem beruflichen Leben der Individuen: „Im Stand (mehr noch im Stamm) ist dies noch verdeckt, z.B. ein Adliger bleibt stets ein Adliger, ein Roturier* stets ein Roturier, abgesehen von seinen sonstigen Verhältnissen, eine von seiner Individualität unzertrennliche Qualität. Der Unterschied des persönlichen Individuums gegen das Klassenindividuum, die Zufälligkeit der Lebensbedingungen für das In(dividuum) tritt erst mit dem Auftreten der Klasse (ein), die selbst ein Produkt der Bourgeoisie ist."[24] Später bezieht er sich im selben Werk auf die Länder, „wo die Stände sich nicht vollständig zu Klassen entwickelt haben"[25]. In den etwas dunklen „Reflexionen" von 1851 ist dies ebenfalls ein Hauptthema, wie in der folgenden Entgegensetzung von Stand und Klasse: „Beim Stand hängt der Genuß des Indiviuums, sein Stoffwechsel, von der bestimmten Theilung der Arbeit ab, der es subsumiert ist. Bei der Klasse nur vom allgemeinen Tauschmittel, d. es sich anzueignen weiß. Im ersten Fall tritt es als gesellschaftlich beschränktes Subjekt in den durch seine gesellschaftliche Stellung beschränkten Austausch. In dem zweiten als Eigenthümer des allgemeinen Tauschmittels gegen alles, was die Gesellschaft gegen diesen Repräsentanten von allem zu geben hat"[26].

Diese Abschnitte zeigen deutlich, daß Marx eine Schwierigkeit darin sah, den Klassenbegriff auf vorkapitalistische Gesellschaften anzuwenden. Aber das ist im wesentlichen natürlich genau das, was er getan hat. Der Gegensatz von Klasse und Stand ist nur als untergeordnetes und mißtönendes Thema gegenwärtig. Lassen wir dieses exegetisches Problem, und wenden wir uns stattdessen der wesentlichen Frage zu, ob Klassen in vorkapitalistischen und kapitalistischen Gesellschaften in gleicher Weise zentral sind. Obgleich mir die Kompetenz fehlt, diese Frage zu beantworten, kann ich vielleicht dazu beitragen, sie in einer sinnvolleren Weise zu formulieren. Ich möchte dazu gesellschaftliche Konflikte in der klassischen Antike betrachten. Dabei sind wir in der glücklichen Lage, daß wir das Werk eines hervorragenden Historikers, der sich an Weber orientiert – Moses Finley – mit dem eines ebenso hervorragenden marxistischen Historikers – G. E. M. de Ste.Croix – vergleichen können. Der erstere bestreitet die zentrale Bedeutung von Klassen in der Welt der Antike ebenso heftig wie der letztere sie unterstreicht.

---

* Nichtadliger, Bürgerlicher

In Finleys „Die antike Wirtschaft" lesen wir das folgende: „Historiker und Soziologen stimmen kaum in ihrer Definition von Klasse überein oder in den Regeln, aufgrund derer jemand einer Klasse zugeordnet wird. Nicht einmal das klar formulierte, eindeutige marxistische Konzept der Klasse scheint ohne Schwierigkeiten zu sein. Menschen werden entsprechend ihrem Verhältnis zu den Produktionsmitteln klassifiziert. Zuerst wird unterschieden zwischen denen, die Produktionsmittel besitzen, und denen, die keine besitzen; zweitens unter ersteren zwischen denen, die selbst arbeiten, und denen, die von der Arbeit anderer leben. Wie immer die Anwendbarkeit dieser Klasseneinteilung auf die heutige Gesellschaft auch beurteilt werden mag, für den Althistoriker gibt es eine offenkundige Schwierigkeit: der Sklave und der freie Lohnarbeiter wären demnach, mechanisch eingeordnet, Angehörige derselben Klasse, ebenso der reichste Senator und der nicht mitarbeitende Besitzer einer kleinen Keramikwerkstatt. Das ist offensichtlich kein sehr sinnvoller Weg, die Gesellschaft der Antike zu gliedern."[27]

Mit dem letzten Satz kann man sicherlich übereinstimmen, mit dem Zusatz allerdings, daß Finleys Art, den marxistischen Klassenbegriff zu verstehen, nicht besonders sinnvoll ist. Da das Eigentum an Arbeitskraft eine der Hauptdeterminanten der Klasse ist, gehören Sklave und freier Lohnarbeiter nicht zur selben Klasse. Das andere Beispiel stellt eine interessantere Kritik dar. Darauf werde ich gleich zurückkommen. Zuerst wollen wir jedoch festhalten, daß Finley die Klasse nicht nur *Ständen* bzw. Ordnungen gegenüberstellt, sondern auch *Statusgruppen*. „Ein Stand ist eine juristisch bestimmte Gruppe innerhalb der Bevölkerung. Er besitzt in einer oder mehrerer Hinsicht formale Privilegien und unterliegt Beschränkungen in bezug auf Beteiligung an der Regierung, auf das Militärische, seine Rechtsstellung, auf Wirtschaft, Religion, Eheschließung und bezüglich seiner *Stellung im hierarchischen Verhältnis zu anderen Ständen*."[28] Obgleich Finley keine ebenso explizite Definition von Statusgruppen gibt, kann man aus seiner Erläuterung des Begriffs entnehmen, daß er etwas sehr Ähnliches meint wie Weber — einen allgemeinen Begriff geschlossener Gruppen, die Eindringlinge entweder durch informelle Sanktionen oder mit legalen Mitteln draußen halten. Mitglieder einer Ordnung oder einer Statusgruppe sind sich per definitionem ihres gemeinsamen Status bewußt. Klassen sind im Gegensatz dazu durch die Beziehung ihrer Mitglieder zu denen anderer Klassen und nicht zu Mitgliedern derselben Klasse definiert.[29] Klassenmitgliedschaft kann, aber muß nicht, mit Klassenbewußtsein einhergehen.

Was bedeutet es, wenn man sagt, Stand oder Status sei zentraler als Klasse? Zweifellos müssen wir spezifizieren, für welchen Zweck das eine oder andere zentraler ist. Vorausgesetzt, daß wir es nur mit Erklärungszwecken zu tun haben, heißt das, wir müssen *das explanandum spezifizieren*, für das Ordnung, Status und Klassen die konkurrierenden Explanantia sind. Sollen Ordnung (Stand) oder Status eine Infragestellung der Klasse darstellen, müssen sie sich auf dasselbe Explanandum beziehen, auf kollektives Handeln. Wenn wir Verhalten auf der individuellen Ebene hinsichtlich dieser Variablen erklären, macht dies die marxistische Klassentheorie nicht wertlos. Pierre Bourdieu behauptet z.B., daß Kulturverhalten aufgrund der Weberschen Statusgruppen in der Weise erklärt werden könne, daß sich die Neureichen systematisch anders verhalten als die „old wealth"[30]. Finley beobachtet etwas Ähnliches in bezug auf Trimalchio in Petronius' Satyricon. Ich kann nicht sehen, daß diese plausiblen Ansichten in irgendeiner Weise die Klassentheorie Marx' anfechten. Wenn Finleys Senator und Töpfereibesitzer sich nur in solcher Hinsicht unterscheiden, ist der Gegensatz irrelevant, für das, worauf er hinauswill.

Ein Beispiel für einen sozialen Konflikt, der eher um den Stand als um Klassen organisiert war, war der Kampf zwischen Patriziern und Plebejern in Rom. Er wurde oft herangezogen, um zu zeigen, wie gering die Rolle war, die Klassen in der Welt der Antike spielten[32], und zweifellos spricht auf den ersten Blick vieles für diese Ansicht. Wie P. A. Brunt bemerkte „ist der Ständekampf unverständlich, es sei denn, es gab reiche Plebejer"[33]. Daher kann man auch nicht in einem einfachen unmittelbaren Sinn sagen, daß es ein Kampf zwischen ökonomisch definierten Klassen gewesen sei. Ste Croix bietet jedoch das folgende Gegenargument an: „Der Konflikt, der theoretisch 287 beendet war, wurde sozusagen auf zwei Ebenen geführt. Formal war es ein Kampf zwischen den zwei „Ständen", aber es war *auch* in einem sehr realen politischen Sinne ein Klassenkampf, in dem auf der einen Seite eine ziemlich feste Gruppe stand — zu einem guten Teil die bedeutendsten Landbesitzer, und auf der anderen Seite eine weit weniger homogene Ansammlung von Männern mit sehr verschiedenen Interessen, von denen es aber einer großen Mehrheit darum zu tun war, sich vor politischer Unterdrückung oder ökonomischer Ausbeutung oder vor beidem zu schützen. Der politische Klassenkampf war jedoch, wie es bei Klassenkämpfen oft der Fall war, durch die Tatsache verschleiert, daß es formal ein Kampf zwischen ‚Ständen' war. Er wurde daher auf der Seite der Plebejer von Männern angeführt, die dazu qualifiziert waren, Mitglieder der Oligarchie zu werden — qualifiziert in jeder Hinsicht außer in der rein technischen, legalen, daß sie keine Patrizier, sondern Plebejer waren. Es ist gerechtfertigt, den ‚Ständekampf' zu verstehen als einen Kampf, der eine Reihe stillschweigender Abkommen zwischen den beiden verschiedenen Plebejergruppen einbezog: erstens den Führern, die keine bedeutenden ökonomischen Nöte oder Forderungen hatten, deren Ziele rein politisch (und persönlich ohne Zweifel eigennützig) waren und die darum bemüht waren, die strikt gesetzlichen Disqualifikationen für Ämter, für die sie anderenfalls gut qualifiziert gewesen wären, zu beseitigen — und zweitens der Masse der Plebejer, die kaum unter ihrem Plebejertum zu leiden hatte, weil die gesetzlichen Disqualifikationen der Plebejer als solcher, Posten betraf, auf die die Mehrheit von ihnen in keinem Fall hätte hoffen können. So war es im Interesse einer jeden der beiden Hauptgruppen der Plebejer, sich mit der anderen zu verbünden: die Masse der Plebejer würde ihren Führern helfen, ein Amt zu erlangen, so daß sie als ihre Beschützer mehr Einfluß haben würden, und die Führer würden eine entscheidende Hilfe seitens der Massen für ihr eigenes Vorankommen erhalten, indem sie in Aussicht stellten, daß die Erfüllung ihrer eigenen Bestrebungen für eine Verbesserung der Bedingungen jener sorgen würde."[34]

Ich denke nicht, daß dieses Argument zu zeigen vermag, daß nur ‚formal' ein Konflikt zwischen den Ständen bestand und daß er ‚in Wirklichkeit' ein Klassenkampf war. Unbestritten ist, daß sich die Solidarität innerhalb der Stände stärker erwies als die Solidarität innerhalb der Klassen, im Gegensatz zu dem, was die marxistische Theorie erwarten läßt. Daß die Solidarität im Stand der Plebejer das Ergebnis von Verhandlungen zwischen Mitgliedern verschiedener Klassen war, ändert nichts daran. Für die Klassentheorie ist gerade wesentlich, daß es solchen Verhandlungen nicht gelingen kann, den Klassengegensatz in den Schatten zu stellen. Mehr noch, die Abwesenheit politischer Beschwerden bei den reichen Plebejern gibt uns offenbar keinen Grund zu denken, daß es irgendeinen Klassenkampf hätte geben können. Folglich ist es irreführend zu sagen, daß der Kampf zwischen den Ständen den Klassenkampf „verschleiert" hätte. Ste Croix selbst unterstützt mit seiner Darstellung die Ansicht, daß „Klasse" keine fundamentale Erklärung für den Kampf zwischen den Ständen ist – wobei nicht abzustreiten ist, daß Klassen auf die Modalitäten des Kampfes einwirkten.

Eine andere Schwierigkeit bei der Anwendung der marxistischen Klassentheorie auf die Antike ist die Abwesenheit von Klassenkämpfen zwischen Herren und Sklaven. Was Marx selbst über diesen Punkt gedacht hat, ist unklar. In den Einleitungssätzen zum ‚Kommunistischen Manifest' wird der Kampf zwischen „dem Freien und dem Sklaven" als eine Form des Klassenkampfes in der alten Welt genannt. Dies ist verwirrend, da die „Freien" keine Klasse waren. Zu ihnen gehörten sowohl Sklavenbesitzer als auch Freie, die keine Sklaven besaßen. Wie dem auch sei, dieser Aussage wird glatt widersprochen durch eine Passage aus dem Vorwort zur 2. Edition des ‚18. Brumaire' von 1869: „im Alten Rom (spielte) der Klassenkampf nur innerhalb einer privilegierten Minorität ..., zwischen den freien Reichen und den freien Armen", wobei die Sklaven das „passive Piedestal" für den Kampf bildeten.[35] Dies legt nahe, daß in bezug auf eine zentrale Klasse von kollektiver Aktion oder von kollektiven Akteuren gesprochen werden kann, was zu den Schwierigkeiten hinzukommt, die durch das Dasein kollektiver Akteure, die keine Klassen sind, entstehen.

Man kann sich drei Formen des Kampfes unter den Sklaven vorstellen: Kampf zur Verbesserung der Bedingungen innerhalb der Sklaverei; Kampf, um der Sklaverei zu entkommen und Kampf, um die Sklaverei abzuschaffen. Die einzigen organisierten kollektiven Aktionen der Sklaven in der Antike, die Sklavenaufstände, nahmen die zweite Form an. Wenn sich Sklaven erhoben, kämpften sie für eine Freiheit, die das Recht einschloß, andere Menschen als Sklaven zu besitzen.[36] Ich zögere, dies einen Klassenkampf im marxistischen Sinne zu nennen. In seinen Bemerkungen zu einem ähnlichen Wunsch nach sozialen Aufstiegschancen im Kapitalismus, bezog sich Marx darauf zweifellos nicht als auf eine Form des Klassenkampfes.[37] Natürlich ist die Analogie unvollständig, da die Sklaven ihrer Lage nur durch gewaltsames kollektives Handeln entkommen konnten. Daß die Sklavenaufstände diesen Zug mit echten revolutionären Bewegungen teilten, macht sie jedoch nicht revolutionär. Damit aus dem Kampf zwischen Klassen ein Klassenkampf wird, muß er gegen die *Klassenlage* gerichtet sein, nicht gegen die Klassenzugehörigkeit. So jedenfalls vermute ich aufgrund meiner Marxlektüre. Man ist dann versucht zu schließen, daß Marx 1869 recht und 1848 unrecht hatte. Es gab keinen offenen Klassenkampf in der Antike, in den Sklaven verwickelt waren.

Es gab jedoch einen „latenten Klassenkampf": Jeder Sklavenbesitzer wußte, daß sich seine Sklaven gegen ihn erheben könnten, und trug Sorge, ein solches Vorkommnis möglichst unwahrscheinlich zu machen. Das konnte z. B. in der Form geschehen, daß Sklaven verschiedener Herkunft untereinandergemischt wurden, um Kommunikation und Entwicklung von Klassensolidarität zu verhindern.[38] Er konnte die Sklaven auch milder behandeln, als er es sonst getan hätte — oder grausamer. Es ist daher irreführend zu sagen, die Sklaven hätten eine bloß passive Existenz gehabt. Sie waren keine selbständigen kollektiven Akteure, aber sie waren in ihrer Gesamtheit potentiell bedrohlich für die Sklavenbesitzer. Die ‚Klasse' hat keine explanatorische Kraft, wenn sie gänzlich *an sich** bleibt, aber das war bei den Sklaven nicht der Fall. Obgleich kaum mit einer Existenz *für sich** ausgestattet, existierten sie *für andere** — für die Sklavenhalter. Obwohl sich die Sklaven selten zu kollektiven Akteuren kristallisierten — und dann nur zu dem Zweck, der Sklaverei zu entkommen, — ging das Bewußtsein der Gefahr, daß sie dies tun könnten, in die Gestaltung ihrer Lage selbst ein. Es wäre natürlich falsch zu sagen, diese Wirkung könne die Revolten „erklären" oder sei „ihr wirkliches Ziel" gewesen[39]. Nur in einem indirekten, „Pickwick'schen" Sinne kann man sagen, daß es im Klassenkampf um die Bedingungen des Lebens in der Sklaverei ging. Aber ich glaube, daß diese Beobachtung dem Einwand gegen den Marxismus, den ich erhoben habe, ein wenig die Spitze nimmt. Obgleich die Sklaven nicht *als* kollektive Akteure versuchten, ihre Lage zu ändern, hatte ihr Potential zum kollektiven Handeln einige Wirkung auf diese Lage.

Fassen wir zusammen: die antike Statusgesellschaft stellt der marxistischen Klassentheorie ein wichtiges Problem — das ist der Kampf zwischen kollektiven Akteuren, die keine Klasse sind. Die Bedeutung des Status für das Herausbilden von Lebensstilen fällt aus den Hauptinteressen von Marx heraus und stellt daher keinen realen Ansatz für Kritik dar. Ebensowenig tut dies der Mangel an offenem kollektivem Handeln unter den Sklaven, da die immer gegenwärtige Drohung einer solchen Aktion ein wichtiger Faktor bei der Gestaltung der sozialen Beziehungen war.

IV. Klasse und Macht

Im folgenden gebe ich eine Version des Marxismus, die wahrscheinlich weithin Zustimmung findet — als eine wahre Theorie über die Welt oder wenigstens eine korrekte Wiedergabe von Marx. Die kapitalistische Wirtschaftsform ist durch das Fehlen direkter Machtbeziehungen charakterisiert. Ausbeutung wird durch neutralen, anonymen Tausch auf dem Markt vermittelt, wobei einige Agierende als Verkäufer von Arbeitskraft auftreten und andere als ihre Käufer. Im Hintergrund dieser Tauschvorgänge finden wir jedoch die Zwangsgewalt des kapitalistischen Staates. Der Staat garantiert Eigentum und den bindenden Charakter von Verträgen, ohne die sichere Transaktionen auf dem Markt unmöglich wären. Zu diesen (ex ante) klassenneutralen Funktionen kommt hinzu, daß der Staat auch noch im einseitigen Interesse der Kapitalistenklasse handelt. Dies tut er hauptsächlich in zwei Formen, indem er kollektives Handeln unter den Kapi-

---

* deutsch im Original

talisten erleichtert und indem er kollektivem Handeln seitens der Arbeiter vorbeugt. Folglich ist auf der Mikroebene Klasse von Macht getrennt, während es auf der Makroebene eine perfekte Verbindung zwischen den Interessen der einen Klasse und den Handlungen derer, die die politische Macht haben, gibt. Ich will zeigen, daß keine der beiden Ansichten im wesentlichen korrekt ist. Die erste ist exegetisch richtig, während die zweite einer Ansicht von Marx entspricht, die er bis 1848 vertrat und dann fallenließ.

Im 2. Abschnitt wurde gesagt, daß Marx nicht umhin konnte, Machtbeziehungen in der Verwaltung korporativen Eigentums als klassenkonstitutiv anzusehen, wenigstens im Hinblick auf die Bürokratie und Theokratie im Altertum. Es scheint mir ganz klar, daß dies auch für fortgeschrittene kapitalistische Gesellschaften gilt, nicht nur im Hinblick auf Staatsfunktionäre, sondern auch im Hinblick auf die Klasse der Manager in kapitalistischen Firmen. Gewiß, man könnte argumentieren, daß, was für Staats- und Kirchenbesitz gilt, nicht automatisch für Aktiengesellschaften gilt, da ja deren Eigentum letztlich einzelnen Teilhabern gehört. Abgesehen davon, daß dies auf einem allzu vereinfachten Bild moderner Unternehmen beruht[40], kann das für den Klassenstatus der Manager nicht relevant sein. Die Manager der Bank des Vatikan und die einer Privatbank müssen derselben Klasse angehören, wenn das Konzept nicht jede Bedeutung verlieren soll. Daher werden in einer gegebenen Firma die Tätigkeiten des Kaufens und Verkaufens von Arbeitskraft und des Gebens und Empfangens von Befehlen kombiniert, so daß sich vier unterschiedliche Klassen ergeben: Kapitalisten, höhere Manager, mittlere und kleinere Angestellte und Arbeiter. Zusätzlich wird es in einer kapitalistischen Wirtschaft jederzeit eine Anzahl selbständiger Kleinbürger geben. Wie die unteren Angestellten bilden sie eine Zwischengruppe, aber anders als diese vermitteln sie nicht wirklich zwischen den Klassen über und unter ihnen. Dies ist die revidierte Klassentheorie, wie sie von Ralf Dahrendorf und anderen entwickelt und grundsätzlich von vielen marxistischen Soziologen akzeptiert wurde.[41] Sie sieht neben Marktverhalten auch Macht als ein zentrales Kriterium für Klassenzugehörigkeit an.

Ebenfalls erwähnt werden soll hier ein geringfügig anders gelagertes Problem. Die Bedeutung von Macht für Klassenbeziehungen im Kapitalismus kann aus zwei Gründen geltend gemacht werden. Erstens könnte man behaupten, daß der hierarchische Aufbau einer großen kapitalistischen Firma neue Klassen erzeugt, die durch die Beziehungen von Herrschaft und Unterordnung definiert sind. Diese Sichtweise wurde im vorangegangenen Abschnitt dargestellt. Man könnte jedoch auch argumentieren, daß selbst dann, wenn Klassen durch das Verhalten auf dem Markt *definiert* werden, die hauptsächlichen *Beziehungen* zwischen ihnen solche der Überordnung und Unterordnung sind. Selbst in einem kleinen kapitalistischen Unternehmen, in dem eine Person Eigentümer und zugleich Manager ist und in dem eine Anzahl Arbeiter beschäftigt sind, muß „Autorität an der Produktionsstätte gebraucht werden, um zuverlässiges Verhalten der Arbeiter hervorzurufen, das vom Lohnarbeitsvertrag allein nicht garantiert wird."[42] Ich glaube, daß dies nicht richtig oder wenigstens irreführend ist. Zunächst einmal sind selbst im modernen Kapitalismus Stückarbeit und modifizierte out-put-Methoden reichlich vorhanden, in denen keine Machtbeziehungen enthalten sind. Zum anderen: selbst wenn es solche Beziehungen gibt, sind sie oft durch den Lohnvertrag garantiert. Der Gebrauch von Autorität im Produktionsprozeß ist oft eine Klausel im Vertrag selbst. Wie dem auch sei, wenn ich mich auf Macht als zentralen Faktor in der Klassenstruktur des modernen Kapitalismus beziehe, möchte ich betonen, daß ich an die Rolle der Macht bei der *Konstitution* von Klassen denke und nicht einfach an die Rolle, die Macht in den *Beziehungen* zwischen ihnen spielt.

Betrachten wir nun Klasse und Macht auf der Makroebene. Ich glaube, daß Marx bis 1848 der Ansicht war, daß die Staatsmacht ausschließlich ein Werkzeug der ökonomisch herrschenden Klasse war. Die Niederlage der französischen und deutschen Revolutionen von 1848/49, in denen das Bürgertum sich weigerte, seine historische Rolle einzunehmen und das alte politische Gefüge zu zerstören, zusammen mit der ähnlich zögernden Haltung des englischen Bürgertums veranlaßte ihn, seine Meinung zu ändern. Ohne seine grundlegende Staatstheorie abzuwandeln, mußte er der Tatsache ins Gesicht sehen, daß das Bürgertum die „erste besitzende Klasse war, die nicht an die Regierung kam".[43] Seine Lösung war, daß der Staat in diesen Gesellschaften eine Selbständigkeit hatte, die ihm von der kapitalistischen Klasse gleichsam geliehen war, da es in ihrem Interesse war, auf die Macht zu verzichten oder sich der Machtübernahme zu enthalten, obwohl es an ihr gewesen wäre, sie zu nehmen.

Der Einfachheit halber konzentriere ich mich auf den Fall England. Marx ist nicht der einzige Schriftsteller, dem die inkongruente politische Position des englischen Bürgertums im 19. Jahrhundert aufgefallen ist. Es scheint mir nützlich, einige andere Auffassungen zu prüfen, bevor ich die Marxsche Theorie und die Lehren, die daraus zu ziehen sind, behandle.

Ein Editorial im *Economist* von 1862 — möglicherweise von Walter Bagehot — hatte den Titel: „Der Vorteil einer nichtkommerziellen Regierung für ein Land des Kommerzes". Er argumentierte, daß es „nicht nur im Interesse des Landes im allgemeinen, sondern besonders im Interesse seines Handels im höchsten Maße wünschenswert ist, wenn die Regierung hoch über dem Einfluß kommerzieller Interessen steht. Dies legt nahe, daß die aristokratische Regierung Englands eine Lösung für die Willensschwäche des Bürgertums darstellte. Wie Odysseus, der sich selbst an den Mast band, konnte das Bürgertum sich selbst nicht trauen, daß es nicht den Versuchungen kurzfristiger Gier erliegen würde.

Hierauf bezieht sich ein Argument von Schumpeter, der an die Stelle von Willensschwäche Unfähigkeit setzt. Mit seinen Worten: „ ... jemand, der in den Räumen seiner Firma ein Genie ist, ist doch nicht selten gänzlich unfähig, außerhalb des Geschäfts zu einer Gans auch nur „Wuh!" zu sagen — sei es im Wohnzimmer oder auf der Rednertribüne. Da er das weiß, möchte er in Ruhe gelassen werden und die Politik in Ruhe lassen." Daher ist „die Bourgeoisie ohne Protektion durch irgendwelche nicht-bürgerliche Gruppen politisch hilflos und unfähig, nicht nur ihre Nation zu führen, sondern auch Sorge für ihre besonderen Klasseninteressen zu tragen. Das läuft darauf hinaus zu sagen, daß sie einen Meister braucht."[45]

Eine nüchterne Erklärung bietet G. D. H. Cole. Er behauptete, daß die Industriekapitalisten „zu sehr mit ihren eigenen Angelegenheiten beschäftigt waren, als daß sie wünschten, die Ausübung der politischen Macht unmittelbar in ihre eigenen Hände zu nehmen" — „vorausgesetzt, daß die Regierung nicht zu viel regierte und ihr Eigentum gegen Aufsteiger von unten ebenso wie gegen Erpressung im Interesse der alten aristokratischen Klasse schützte."[46] Ich lese das als einen Hinweis darauf, daß für das Bürgertum die Kosten für einen Gang in die Politik den möglichen Gewinn überstiegen, vorausgesetzt es war klar, daß die Regierung nicht zu sehr gegen ihre Interessen handeln würde.

Seymour Lipset, der Engels zitiert, argument auf einer von allen vorangegangenen Schriftstellern (Marx eingeschlossen) abweichenden Linie. Engels hatte geschrieben, daß „die englische Bourgeoisie bis auf den heutigen Tag so tiefgehend von einem Gefühl sozialer Inferiorität durchdrungen sei, daß sie auf ihre eigenen Kosten und die der Nation zur bloßen Dekoration eine Kaste von Drohnen erhalte, die die Nation in allen Staatsfunktionen würdig verträte." Nach Lipset ist „dies eine Situation, in der eine alte Oberschicht, deren ökonomische Macht im Niedergang begriffen war, fortfuhr, ihre Kontrolle über die Regierungsmaschinerie aufrechtzuerhalten, weil sie die höchste Statusgruppe in der Gesellschaft blieb."[47] Hier gibt es keinen Hinweis auf einen Vorteil, den das Bürgertum daraus zog, daß es keine politische Macht hatte.

Marx schließlich glaubte, daß sich die Bourgeoisie der Macht enthielt, um die Arbeiterklasse in einen Zweifrontenkrieg zu verwickeln, nämlich gegen die Regierung und das Kapital. Die „soziale Revolution von England" wird in dem Augenblick anheben, in dem „der Kampf gegen das Kapital sich nicht mehr vom Kampf gegen die bestehende Regierung unterscheidet".[48] Mehr noch, „es ist die instinktive Wahrnehmung dieser Tatsache, die die mögliche Aktion (der Bourgeoisie) gegen die Aristokratie schon jetzt hemmt."[49] Die Bourgeoisie benutzte die Aristokratie als einen Blitzableiter, „um die Empörung der Arbeiterklasse von ihrem wahren Gegner abzulenken."[50] Die folgende Bemerkung über Frankreich gilt auch für die englische Politik: „Solange die Herrschaft der Bourgeoisklasse sich nicht vollständig organisiert, nicht ihren reinen politischen Ausdruck gewonnen hatte, konnte auch der Gegensatz der andern Klassen nicht rein hervortreten, und wo er hervortrat, nicht die gefährliche Wendung nehmen, die jeden Kampf gegen die Staatsgewalt in einen Kampf gegen das Kapital verwandelt."[51] Indem er seiner Neigung zu funktionalen Erklärungen folgt, argumentiert Marx, daß die wohltätige Wirkung, die aus der Abstinenz von der Macht für die Bourgeoisie resultiert, ihre Enthaltung auch *erklärt*. Folglich ist ihre Enthaltung von der Macht kein Zeichen von Schwäche, sondern eine Form, Macht auszuüben. Die Autonomie des Staates war nichts anderes als eine Leihgabe seitens der Bourgeoisie.

Ich möchte diese Konzeption von Macht in Frage stellen und behaupte, daß die Autonomie des Staates substantieller war, als Marx zugab. Man beachte zunächst, daß Gruppeninteressen das Geschehen in der Politik auf zwei Wegen formen können, indem sie als Steigerungsfaktor für eine politische Entscheidung dienen oder als Hemmnis. Auf den ersten Blick ist man versucht zu sagen: Wenn die Wahl zwischen durchführbaren politischen Alternativen immer nach den Interessen einer bestimmten Gruppe getroffen wird, dann konzentriert diese Gruppe alle Macht in ihren Händen. Bei weiterer Überlegung sehen wir jedoch, daß Macht auch die Fähigkeit einschließen muß, die Reihe der Alternativen zu definieren, dem, was durchführbar ist, Grenzen zu setzen.

Nehmen wir an, zwei Agierende, A und B, stehen erstmalig einer gegebenen Anzahl von Alternativen gegenüber. B hat die formale Macht, sich zwischen den durchführbaren Alternativen zu entscheiden, A soll die Macht haben, einige Alternativen aus der Überlegung auszuschließen. Was folgt, soll hauptsächlich als ein Rahmen dienen für die Diskussion der europäischen Politik im 19. Jahrhundert, wobei A das Bürgertum und B die Regierung darstellt. Man kann es aber auch als eine Geschichte über die Politik im 20. Jahrhundert lesen, mit der Arbeiterklasse entweder in der Rolle des B (in sozialdemokratisch regierten Ländern) oder in der Rolle von A (in Wohlfahrtsstaaten mit rechten Regierungen).[52]

Nehmen wir an, daß nach A's Urteil einige der Alternativen schlecht sind und um jeden Preis vermieden werden müssen. Unter den übrigen werden einige besser als andere beurteilt, aber keine ist den anderen auffallend überlegen. Wenn die schlechten Alternativen irgendwie aus der Reihe all derer, die durchführbar sind, ausgeschlossen werden können, spielt es keine große Rolle, ob B innerhalb der eingeschränkten Reihe eine Alternative wählt, die von A nicht hoch eingestuft worden ist. Möglicherweise ist es für A nicht einmal nötig, die schlechteren Alternativen auszuschließen: B, der „nach dem Gesetz der antizipierten Reaktion"[53] handelt, kann davon Abstand nehmen, irgendeine dieser Alternativen zu wählen, wohl wissend, daß A die Macht und die Motivation hat, ihn zu entthronen. Mehr noch, in dem Maße, wie das, was für A schlecht ist, auch für B schlecht ist, vielleicht weil B's Wohlstand in gewissem Grade von dem A's abhängt, wird B wohl keine der (für A) schlechteren Alternativen wählen wollen, selbst wenn er damit zurechtkäme. Andererseits könnte es A tatsächlich recht sein, daß B nicht die von A an die Spitze gestellte Alternative wählt, nämlich wenn A nicht will, daß seine Macht sichtbar wird oder wenn er testen will, inwieweit er in der Lage ist, die Befriedigung seiner Wünsche aufzuschieben. Aber auch wenn er die Entscheidung nicht gutheißt, könnte er sie wenigstens als das kleinere Übel tolerieren, verglichen mit den Kosten, die mit der *Übernahme* der formalen Entscheidungsmacht verbunden sind — (wobei man davon ausgehen muß, das es etwas anderes ist, Macht zu übernehmen, als sie bereits zu haben). In jedem Fall wäre B mit einer gewissen autonomen Entscheidungsmacht ausgestattet, obgleich man ihre Substanz in Frage stellen könnte, da man sagen könnte, sie sei letztlich von A abgeleitet.

Betrachten wir jedoch die Situation aus der Perspektive von B. Er wird richtig bemerken, daß seine Macht sich aus den Kosten herleitet, die die Übernahme oder der Besitz von Macht für A bedeuten würde. Sicher, B's Macht ist dadurch begrenzt, daß es gewisse Schranken gibt, die er nicht überschreiten kann, ohne A dazu zu provozieren, selbst die Macht zu übernehmen, möglicherweise auch, weil er vermeiden muß, die Gans zu schlachten, die die goldenen Eier legt. Aber umgekehrt ist A's Macht durch sein Bedürfnis begrenzt, die Macht nicht auf sich zu nehmen, wenn er nicht provoziert wird. Beide haben in der Tat Macht von gleich substantieller Natur. Sie müssen natürlich nicht gleich viel Macht haben. Die genaue Machtverteilung, die das jeweilige Ergebnis formt, hängt davon ab, wie stark A's Aversion gegen den Besitz oder die Übernahme von Macht ist und wie stark die Notwendigkeit für B ist zu vermeiden, A zu schaden.

Was könnte im Licht der verschiedenen oben zitierten Theorien über einen Machtverzicht A's Motiv sein, keine Macht zu wollen? Ein Grund könnte die Existenz eines dritten Agierenden C sein, der schon in einen Kampf mit A verwickelt ist und außerdem dazu neigt, jeden zu bekämpfen, der die formale Entscheidungsmacht hat. Für A könnte es dann besser sein, daß B die Macht hat, so daß etwas von der Aufmerksamkeit und Energie C's sich auf B richtet und dementsprechend von A abgelenkt wird. Ein anderer Grund könnte sein, daß A weiß, daß er im Besitz der Macht Entscheidungen treffen würde, die von kurzfristigem Gewinn für ihn motiviert wären, und daß er dies verhindern will, indem er die Macht sicher außerhalb seiner Reichweite läßt. Unter dem Aspekt der langfristigen Interessen A's könnte es besser sein, wenn die Entscheidungen in Übereinstimmung mit B's Interessen getroffen würden (wenn auch nicht so gut, wie wenn B sie treffen würde, um A's langfristige Interessen zu verfolgen). Ein dritter Grund könnte einfach sein, daß jemand, der einen Teil seiner Zeit politischer Entscheidungsfindung widmet, weniger Zeit für seine privaten Interessen hat. Und wiederum könnten solche Interessen durch einen anderen, der formale Macht ausübt, Schaden erleiden; aber vielleicht wäre der Schaden größer, wenn man abgelenkt ist, weil man selber die Macht übernehmen muß. Was die Gründe angeht, keine Macht übernehmen zu wollen, vorausgesetzt, man hätte nichts dagegen, sie zu *haben*, so könnte eine Erklärung in einem engen Zeithorizont liegen, d.h. in einer hohen Rate an Zeitverschwendung. In die Politik gehen, ist wie eine kostspielige Investition, die erst nach einiger Zeit Früchte trägt, während sie für die Gegenwart Auslagen erfordert. Wenn jemandes Interessen in der Gegenwart in vernünftigem Maß respektiert werden, muß die Aussicht auf eine Zukunft, in der sie sogar noch stärker berücksichtigt werden, nicht unbedingt attraktiv wirken, wenn man die Kosten bedenkt, die der Übergang erfordern würde. Dies schafft auch einen Anreiz für B, solche Kosten so hoch wie möglich zu schrauben und sicherzustellen, daß A's Interessen gerade ausreichend berücksichtigt werden, so daß die Kosten ein wirksames Abschreckungsmittel werden.

Wieso dachte Marx, daß die Regierung ihre Macht als Leihgabe von den Kapitalisten erhielte? Versuchsweise möchte ich annehmen, daß Marx so dachte, weil er eine begrenzte, vorstrategische Ansicht von dem hatte, was die Quellen politischer Macht konstituiert. Nach seiner Ansicht kommt Macht aus Gewehrmündungen — oder allgemeiner — aus Geld und der Kraft menschlicher Tätigkeit. Wir wissen heute jedoch, daß die Machtbasis eines politisch Handelnden auch seine Stellung in einem Gewebe strategischer Beziehungen sein kann. In Spielen mit drei Personen z.B. kann sich, sofern keine Kooperation stattfindet, leicht das Ergebnis einstellen, daß der Schwächere als Sieger hervorgeht, nachdem die beiden anderen sich gegenseitig zerstört haben.[54] Genauso gibt in dem von mir erörterten Fall die Furcht des Kapitalisten vor der Erhebung der Arbeiterklasse der aristokratischen Regierung ein Druckmittel an die Hand, das wenig mit den Hilfsquellen zu tun hat, die ihr tatsächlich zur Verfügung stehen.

Im 2. Abschnitt habe ich gesagt, daß Marx behauptete, Klassen tendierten dazu, sich zu kollektiven Akteuren zu kristallisieren. Bis zu einem gewissen Grad fügte sich die Bourgeoisie diesem Muster. Die Liga gegen das Getreidegesetz brachte es zu einem Grad an Organisation, von der aus der nächste Schritt, die Übernahme der politischen Macht, auf der Hand lag. Aber statt vorzurücken, zog sich die Bourgeoisie zurück und demontierte den Apparat, den sie selbst geschaffen hatte. Ähnliches geschah in Frankreich und Deutschland. Statt die richtige Lehre aus dem Geschehen zu ziehen und zuzugeben, daß der politische Bereich seine eigenen Quellen der Macht erzeugt, versuchte er, die Ereignisse in das Prokrustes-Bett seiner früheren Theorie zu zwängen. Wiewohl er anerkannte, daß der Staat nicht in irgendeinem unmittelbaren Sinn das Werkzeug der Bourgeoisie war, behauptete er doch immer noch, daß er einen instrumentellen Charakter habe — wenn auch mit einer gewissen Distanz. So verpaßte er eine einzigartige Chance, eine unverkürzte Theorie der Politik zu formulieren, der zwar durch die Ökonomie Schranken gesetzt werden, die aber in der Begrifflichkeit der Ökonomie nicht vollständig erklärt werden kann.

V. Klasse und kulturelle Identität

Ein Blick auf die heutige Welt zeigt, daß es bei sozialen Konflikten durchaus nicht immer um Klassen im eigentlichen Sinn geht. Religiöse Gefühle sind die Hauptquelle des Kampfes im Mittleren Osten, Nordirland oder Sri Lanka. Rassenkonflikte bestimmen das soziale Leben in Südafrika und den USA. Sprachliche Unterschiede mobilisieren die Massen in Belgien oder Kanada. Nationalistische Gesinnungen sind in den meisten Gegenden der Welt so mächtig wie eh und je. Solche Gefühle *kultureller Identität* erzeugen kollektive Akteure in gewaltigem Umfang und stellen in der Tat ein ernstes Problem für die marxistische Klassentheorie dar. Frank Parkin macht geltend, daß „man immer weniger mit dem Klassenmodell arbeiten kann, dem vorwiegend Kategorien zugrundeliegen, die aus der Arbeitsteilung, dem Eigentum oder dem Produktionssystem abgeleitet sind, wenn der politische Charakter kollektiver Aktionen von der sozialen und kulturellen Zusammensetzung der involvierten Gruppen abhängig ist."[55] Gibt es eine plausible marxistische Antwort auf diesen Angriff?

In erster Linie könnte man antworten, daß die kulturellen Unterteilungen niemals klassenneutral sind. Obgleich es nicht viele Fälle gibt, in denen eine von der Kultur her definierte Kategorie genau mit einer Klasse zusammenfällt — die amerikanischen Negersklaven wären dafür ein Beispiel —, sind Klassen ausnahmslos nicht zufällig über kulturelle Gruppen verteilt. Von daher steckt hinter dem Krieg zwischen Protestanten und Katholiken, Franzosen und Flamen, Weißen und Schwarzen der Klassenkampf zwischen Besitzenden und Besitzlosen. Die Korrelation ist nicht vollkommen, aber sie hält ausreichend stand, um die makrosoziologische Ansicht zu rechtfertigen, daß kollektives Handeln dahin tendiert, sich um ökonomisch definierte Klassen herum zu formieren.

Diese Antwort ist offenkundig unplausibel. Zunächst einmal *gibt* es Fälle, in denen Kultur und Klasse zufällig verbunden sind. Das ist z.B. der Fall, wenn Arbeiter und Kapitalisten an der Peripherie einer Nation sich gegen Arbeiter und Kapitalisten in ihrem Zentrum verbünden. Zugegeben, die Kapitalisten im Zentrum werden typischerweise reicher sein als die an der Peripherie, aber Reichtum allein ist kein Kriterium für Klassen. Die unverfälschte marxistische

Klassentheorie besagt, daß das Band zwischen reichen und armen Kapitalisten stärker als regionale Verbindungen zwischen Arbeitern und Kapitalisten sei. Etwas anderes zu behaupten, hieße, einem ad-hoc-Denken anheimzufallen. Zum anderen wird in der Antwort versäumt, irgendeine Möglichkeit vorzusehen, in der Klasse grundlegender ist als Kultur, d.h. es wird kein Mechanismus angegeben, durch den „Klasse" „Kultur" erzeugt oder aber erklärt. Wenn ein solcher Mechanismus fehlt, könnte man das Argument ebensogut herumdrehen und sagen, daß „Klasse" der unvollkommene Ausdruck fundamentaler kultureller Konflikte ist.

Es ist vorgeschlagen worden, kulturelle Unterteilungen als eine Form des „teile und herrsche" zu verstehen. Die internen Spaltungen der ausgebeuteten Klasse können durch die vorteilhaften Folgen, die sie für die Ausbeuter haben, erklärt werden. Eine beredte Erklärung von Marx lautet dazu: „Der gewöhnliche englische Arbeiter haßt den irischen Arbeiter als einen Konkurrenten, welcher den standard of life herabdrückt. Er fühlt sich ihm gegenüber als Glied der *herrschenden Nation* und macht sich eben deswegen zum Werkzeug seiner Aristokraten und Kapitalisten *gegen Irland*, befestigt damit deren Herrschaft *über sich selbst*. Er hegt religiöse, soziale und nationale Vorurteile gegen ihn. Er verhält sich ungefähr zu ihm wie die poor whites zu den niggers in den ehemaligen Sklavenstaaten der amerikanischen Union. Der Irländer pays him back with interest in his own money. Er sieht zugleich in dem englischen Arbeiter den Mitschuldigen und das stupide Werkzeug der *englischen Herrschaft in Irland*. Dieser Antagonismus wird künstlich wachgehalten und gesteigert durch die Presse, die Kanzel, die Witzblätter, kurz, alle den herrschenden Klassen zu Gebot stehende Mittel. Dieser Antagonismus ist das *Geheimnis der Ohnmacht der englischen Arbeiterklasse*, trotz ihrer Organisation."[56]

Man weiß nicht recht, wie dieser Absatz zu verstehen ist. Der erste Teil legt nahe, daß die Vorurteile der englischen Arbeiter endogen entstehen. Damit meine ich, daß unter der Bedingung der Beherrschung der Arbeiter durch die Kapitalisten und ebenso der Präsenz der Iren eine natürliche psychologische Neigung am Werk ist, Vorurteile zu produzieren. Die Frustration oder Uneinigkeit, die aus dem Beherrschtwerden entsteht, kann durch die ‚mentale Operation' gelindert werden, die Hauptunterscheidungslinien in der Gesellschaft eher unter als über sich selbst zu ziehen.[57] Das würde keinerlei Manipulation seitens der kapitalistischen Klasse erfordern, obgleich die Vorurteile durch Aktionen ihrerseits leicht verstärkt werden könnten. Gegen Ende des Abschnitts sagt Marx jedoch, daß der Kampf zwischen englischen und irischen Arbeitern von der herrschenden Klasse nicht nur verstärkt, sondern „künstlich am Leben gehalten" werde. Dies stellt meiner Meinung nach eine Verwechslung des *tertius gaudens* mit dem *divide et impera* dar.[58] Es ist für die ausbeutende Klasse nützlich, daß die Ausgebeuteten spontan eine Ideologie erfinden, die ihnen etwas Seelenfrieden gibt. Aber diese Vorteile gehen nicht in die Erklärung des Verhaltens ein. Ähnliche Kommentare lassen sich auf spätere marxistische Versuche beziehen, Rassenkonflikte im Rahmen des „teile und herrsche" zu erklären.[59]

Man kann die Analyse auch auf die Probleme ausdehnen, die im 4. Abschnitt erörtert wurden. Es mag für die kapitalistische Klasse ganz sinnvoll sein, ihre volle Kapazität für kollektive Aktionen nicht auszunützen. Ebenso dienlich ist es für diese Klasse, wenn die Arbeiterklasse keinen homogenen kollektiven Akteur bildet, sondern durch interne, kulturell bestimmte, Spaltungen aufgesplittert ist. In beiden Fällen beobachten wir, (1) daß die ‚Karte' der Klassen von der kollektiver Akteure abweicht; (2) daß diese Nicht-Übereinstimmung der kapitalistischen Klasse Vorteile bringt. Die kapitalistische Klassentheorie könnte aufrechterhalten werden, wenn man zeigen könnte, (3) daß diese Vorteile sowohl die Formation kollektiver Akteure, die keine Klassen sind, als auch die Nicht-Formation von Klassen zu kollektiven Akteuren *erklären* können. Dazu ist natürlich mehr nötig als der bloße Verweis auf die Vorteile. Um eine zufriedenstellende Erklärung anzubieten, müßte man einen *Mechanismus* angeben können, eine Geschichte, die die Rückkopplung von den Vorteilen zum Verhalten, daß sie hervorbringt, verfolgt.[60]

VI. Zusammenfassung

Es ist schwierig, sich eine Gesellschaft, in der es Klassen gibt, vorzustellen, in der sie keine überall vorhandene Konfliktquelle darstellten – zumindest eine Quelle unter anderen. Mehr noch, in jedem gesellschaftlichen Konflikt, bei dem es vorwiegend um Klasseninteressen geht, beeinflußt die Existenz von Klassen gewöhnlich die Formen, in denen er ausagiert wird. Schwarze und weiße Arbeiter haben in den weißen Kapitalisten einen gemeinsamen Feind; reiche und arme Plebejer in den Patriziern. Die Klasse wird zu einem Terrain, in dem Bündnisse geschlossen werden, auch wenn sie selbst nicht Gegenstand des Konflikts ist. Sie wird immer zur Macht nötigen, selbst wenn sie nicht ihr einziger Determinant ist. Kein anderes Thema hat diese herausragende Stellung in allen Gesellschaften. Marx' Anspruch war jedoch größer. Er glaubte, daß in jeder Gesellschaft die ‚Klasse' das wichtigste Problem überhaupt wäre. Das sollte in dieser Arbeit verhandelt werden. Dazu war es notwendig, die marxistische Klassentheorie in einer Weise darzulegen, die erlaubt, zwischen Bedeutung und zentraler Stellung der Klasse zu unterscheiden. Deshalb habe ich mich auf das Bindeglied zwischen Klasse und kollektivem Handeln konzentriert, indem ich Marx' Äußerungen dahingehend verstanden habe, daß die Klassenstruktur in allen Gesellschaften die Haupterklärung der sozialen Konflikte zwischen organisierten Gruppen darstelle. Die bekannteste Version dieser Theorie ist die schlichte Aussage, daß Klassen dazu tendieren, kollektive Akteure zu werden – und kollektive Akteure, die keine Klassen sind, dazu tendieren zu verschwinden. Eine verfeinerte Version, die eine Rückzugsposition für den Fall vorsieht, daß die einfache Theorie versagt, stellt die Ansicht dar, wann immer die Gruppe der Klassen von der der kollektiven Akteure verschieden sei, liefere die Klasse selbst eine Erklärung für die Abweichung. In keiner ihrer Versionen hält die Theorie stand. Das hoffe ich, gezeigt zu haben.

Übersetzt von *Monika Kloth*

Anmerkungen

* Diese Arbeit greift in großem Umfang auf mein: Making Sense of Marx zurück, das demnächst in der Cambridge University Press erscheint. Für viele hilfreiche Gespräche danke ich G. A. Cohen und John Roemer.

1. Marx, Theorien über den Mehrwert, Erster Teil, MEW, 26.1, Berlin 1973, S. 363–364.
2. Karl Marx, Kapital III, MEW 25, Berlin, S. 614.
3. Vgl. M. Olson, The Logic of Collective Action, Cambridge, Mass.: Harvard University Press, 1965.
4. Genaue Literaturhinweise in meinem demnächst erscheinenden Buch.
5. Marx, Kapital III, MEW 25, S. 893.
6. ebd.
7. J. Coleman (Power and the Structure of Society, New York: Norton, 1974) insistiert auf diesem Punkt.
8. Vgl. J. Roemer, A General Theory of Exploitation and Class, Cambridge, Mass.: Harvard University Press, 1982, in bezug auf eine Darstellung der Relation von Ausbeutungs- und Klassenstatus.
9. Vgl. G. A. Cohen, Karl Marx's Theory of History: A Defence, Oxford: Oxford University Press, 1978, S. 70 ff. und Roemer, a.a.O., S. 81.
10. G. E. M. de Ste Croix, The Class Struggle in the Ancient World, London: Duckworth, 1981, S. 121.
11. Roemer, a.a.O., Kap. 2 und 4.
12. Ein Modell diesen Typs gibt Roemer in „Why labor classes?" (unveröffentlichtes Manuskript).
13. Das Verhalten des Gutsbesitzers konnte z.B. optimal sein, wenn das Ziel ist, die Arbeitsstunden, die abhängig sind von einer Einschränkung des Konsums, zu minimieren und dann soviel wie möglich zu konsumieren, wenn keine Arbeit involviert ist.
14. Vgl. G. A. Cohen, „The Structure of proletarian freedom", in: Philosophy and Public Affairs 12, 1983.
15. Zusätzlich gibt es das Problem, daß es eine Mehrzahl von Preisgleichgewichten gibt, von denen jedes die Handelnden unterschiedlichen Klassenpositionen zuteilt. Dies zeigt sogar noch dramatischer, daß der Klassenstatus wesentlich schwächer mit dem Eigentum *Haben* als mit dem Eigentum *Sein* verbunden ist.
16. Marx, Kapital I, MEW 23, S. 765.
17. Vgl. Marx, Zur Kritik der politische Ökonomie (Manuskript 1861–1863) in MEGA II.3.1, Berlin 1976, S. 116; und Kapital III, S. 614.
18. Max Weber, Wirtschaft und Gesellschaft, Tübingen 1922, S. 635.
19. ebd., S. 639.
20. ebd., S. 21.
21. ebd., S. 183 ff.
22. ebd., S. 180.
23. ebd., S. 632. Eine leichte Unstimmigkeit besteht darin, daß Weber sich an anderer Stelle (S. 179) auf den Kampf zwischen Bauer und Grundherr als einen Klassenkampf bezieht, obwohl beide nicht Teil der Marktwirtschaft sind.
24. Marx, Die deutsche Ideologie, MEW 3, Berlin, S. 76.
25. ebd., S. 62.
26. Marx, Reflection, in: MEGA, 1. Abt. Bd. 10, Berlin, 1977, S. 509.
27. Moses I. Finley: Die antike Wirtschaft, München 1977, S. 48.
28. ebd., S. 42 f.
29. Max Weber, Wirtschaft und Gesellschaft, a.a.O., S. 633

30 P. Bourdieu, La Distinction, Paris: Editions de Minuit, 1979.
31 Finley, Die antike Wirtschaft, a.a.O., S. 50.
32 Vgl. z.B. K. Papaiannou, De Marx et du Marxisme, Paris: Gallimard 1983, S. 193 ff.
33 P. A. Brunt, Social Conflicts in the Roman Republic, London: Chatto und Windus, 1971, S. 47.
34 SteCroix, The Class Struggle in the Ancient Greek World, a.a.O., S. 336.
35 MEW 16, Berlin (1964), S. 359.
36 M. I. Finley, Economy and Society in Ancient Greece, London: Chatto und Windus, 1981, S. 119.
37 Vgl. z.B. Marx, Resultate des unmittelbaren Produktionsprozesses, Verlag Neue Kritik Frankfurt, ^{4}1974, S. 58.
38 Finley, Economy and Society in Ancient Greece, a.a.O., S. 109, 171; SteCroix, The Class Struggle in the Ancient Greek World, S. 65, 93, 146.
39 Vgl. J. Elster, Logik und Gesellschaft, Frankfurt a.M.: Suhrkamp 1981, S. 190.
40 Coleman, Power and the Structure of Society, a.a.O., S. 37.
41 Vgl. z.B. E. O. Wright, Class Structure and Income Determination, New York: Academic Press 1979.
42 S. Bowles and H. Gintis, „The Marxian theory of value and heterogeneous labour", in: Cambridge Journal of Economics 2 (1978), S. 177.
43 P. Veyne, Le Pain et le Cirque, Paris: Le Seuil, 1976, S. 117.
44 The Economist, 4.1.1862. Diesen Hinweis verdanke ich S. Grindheim, „Hrordan kunne aristokratiet regjere når borgerskapet hersket?" (Why did the aristocracy govern when the bourgeosie ruled?), Magisterarbeit in Geschichte an der Universität Oslo.
45 J. Schumpeter, Capitalism, Socialism and Democracy, London, 1961, S. 138.
46 G. D. H. Cole, Studies in Class Structure, London: Routledge and Kegan Paul, 1955, S. 84–85.
47 S. M. Lipset, „Stratification, social: Social Class", in: The International Encyclopedia of the Social Sciences, New York: Macmillan 1968, Bd. 15, S. 312–313.
48 Marx in der New York Daily Tribune 25.8.1852.
49 ebd. 1.8.1854.
50 ebd. 15.11.1853.
51 Marx, Der achtzehnte Brumaire des Louis Bonaparte, Marx, Engels: Ausgewählte Schriften, Bd. 1, Berlin 1975, S. 263–264.
52 Eine wichtige Arbeit in dieser Richtung ist: A. Przeworski und M. Wallerstein, „The structure of class conflict in democratic capitalist societies", American Political Science Review 76 (1982).
53 C. Friedrich, Constitutional Government and Democracy, Boston: Ginn and Comp. 1950.
54 Ein instruktives Beispiel gibt: M. Shubik, Game Theory in the Social Sciences, Cambridge, Mass.: MIT Press 1982, S. 22 ff.
55 F. Parkin, Marxism and Class Theory: A Bourgeois Critique, London: Tavistock, 1979, S. 42. Eine ähnliche Beobachtung macht G. A. Cohen, „Reconsidering Historical Materialism", in: Nomos 26, 1983.
56 Marx an Meyer und Vogt, 9. April 1870, MEW 32, Berlin 1965, S. 668–669.
57 Vgl. dazu: Veyne, Le Pain et le Cirque, und Kap. III meines: „Sour Grapes", Cambridge, Cambridge University Press, 1983. Ähnlich auch bei Marx: Kapital I, S. 210.
58 Zu dieser Unterscheidung vgl. G. Simmel, Soziologie, Berlin: Duncker und Humblot 1968, S. 82 ff.
59 Zu dem in Anm. 42 zitierten Werk, siehe auch J. Roemer, „Divide and conquer: microfoundations of a Marxian theory of wage discrimination", Bell Journal of Economics 10, 1979.

60 Zur funktionalen Erklärung – im Marxismus und im allgemeinen – vgl. mein: Explaining Technical Change, Cambridge: Cambridge University Press 1983, Kap. 2; ebenso mein: „Marxism, functionalism and game theory", in: Theory and Society 11, 1982.

Niklas Luhmann

Zum Begriff der sozialen Klasse

I.

Der Begriff der sozialen Klasse nimmt in der Theorie der gesellschaftlichen Differenzierung einen wichtigen Platz ein. Nicht selten wird soziale Differenzierung mit Schichtung und Schichtung mit Klassenbildung nahezu gleichgesetzt[1]. Oft wird der Begriff, obwohl er erst gut zweihundert Jahre alt ist, weit in die Geschichte zurückprojiziert mit der Folge, daß alle Hochkulturen als „Klassengesellschaften" bezeichnet werden[2]. Diese Stellung in einem der Zentren soziologischer Aufmerksamkeit hat jedoch im Laufe der Zeit zu einer Überdeterminierung des Begriffs geführt und ihn dadurch nahezu unverwendbar gemacht. Eine lange Begriffsgeschichte scheint in Konfusion bzw. in dogmatischer Erstarrung zu enden. Die Begriffsgeschichte selbst wird kaum noch begriffen, wenn man, wie weithin üblich, den Begriff der Klasse mit dem Marxschen Theorieapparat assoziiert. Die folgenden Überlegungen gehen davon aus, daß man den Begriff neu fassen muß — nicht zuletzt auch, um seine eigene Geschichte wieder lesen zu können.

Es gibt mehrere Anhaltspunkte für eine Bestimmung des Klassenbegriffs, die sich möglicherweise — aber auch das steht nicht sicher fest — wechselseitig ausschließen. Wir wollen, um dieses Theoriedilemma zu verdeutlichen, uns mit dem Hinweis auf zwei verschiedene Dimensionen der Bestimmung begnügen, die beide kontrovers gehandhabt werden.

Der eine Ausgangspunkt liegt in der *ungleichen Verteilung sozialer Güter*, also in der Allokation von wirtschaftlichen und anderen Vorteilen. Wenn sich hier deutliche Differenzen abzeichnen und wenn eine Werteagglomeration für Individuen den Zugang zu anderen Werten, wenn zum Beispiel Wohlstand den Zugang zu Bildung, Prestige, Einfluß, Gesundheit erleichtert oder wenn umgekehrt entsprechende Deprivationen andere Deprivationen wahrscheinlich machen, sieht man das als Beleg für die Existenz sozialer Klassen an. In jedem Falle liegt dem Konzept eine *multidimensionale* Schematisierung der Ungleichheit zu Grunde. Es geht also nie nur um wirtschaftliche Werte[3]. In diesem Sinne konterkariert Schichtung funktionale Differenzierung.

Multidimensionalität ist nicht nur als eine methodologische Komplikation zu sehen. Sie ist auch aus einem Sachgrunde unerläßlich. Ungleichheit als solche ist ubiquitär gegeben und deshalb allein noch kein Schichtungsprinzip. Schichten und soziale Klassen entstehen erst durch wechselseitige Verstärkung einer Mehrzahl von Ungleichheiten, durch eine Art spill over Effekt. Derjenige, der reicher ist als andere, hat dadurch auch größere Chancen, im Streitfalle Recht zu bekommen, ins Ausland zu reisen, Kunst genießen und/oder Kunstgenuß zur Schau stellen zu können; sozial bekannt zu sein, als Geisel in die Zeitung zu kommen, seine Kinder auf höhere Schulen zu schicken usw. Erst Multidimensionalität ermöglicht Clusterbildung[4], ermöglicht eine Steuerung von Verteilungen; und erst gegen solche als normal empfundenen Zusammenhänge profilieren sich dann Ausnahmelagen im Sinne von „Statusinkongruenz".

Multidimensionalität der Ungleichheit ist mithin das eigentliche, in der bisherigen Theorie aber deutlich unterbelichtete Merkmal der Schichten- oder Klassenbildung. Erst dadurch nämlich wird die Frage akut, ob eine bestimmte Dimension, etwa die wirtschaftliche oder die der Geburt (Familie), eine Leitfunktion in bezug auf alle anderen wahrnimmt. Erst auf dieser zweiten Linie der Theoriebildung findet man die üblichen Kontroversen. Nur mit Bezug auf Multidimensionalität hat es Sinn, zu behaupten, daß die Ungleichheit der Klassen auf ihre Stellung zum Produktionsprozeß zurückgeführt werden könne. Und nur in diesem Rahmen gibt es eine Geschichte des Klassenbegriffs.

Das Wort classis, classe, class steht zur Bezeichnung einer Einteilung (z.B. Flotte, Heer, Schule, Steuersystem) seit der Antike zur Verfügung und wird im Rückgriff auf klassisches Latein in der beginnenden Neuzeit wiederbelebt — zunächst jedoch ohne weitere begriffliche oder gar theoretische Restriktionen. Erst seit der Mitte des 18. Jahrhunderts rückt im Zusammenhang mit neu sich formierenden Interessen an einer Theorie nationaler und internationaler ökonomischer Zusammenhänge das Wort Klasse in die Rolle eines Fachterminus ein. Dieser das Wort zum Begriff umformende Kontext bringt es zugleich mit sich, daß seit dem die Wirtschaft als derjenige Faktor gilt, der die Einteilung und die Zugehörigkeit zu Klassen vor allem bestimmt.

Die Rückführung von sozialen Klassen auf ihre Stellung zum Produktionsprozeß ist zuerst von den Physiokraten vorgeschlagen worden. François Quesnay, ein Arzt, mag an Linné's systema naturae secundum classes gedacht haben, als er für seine Einteilung der Wirtschaft den Begriff der Klasse übernahm[5]. Jedenfalls gilt seine berühmte Gliederung in classe productive, classe de propriétaires und classe stérile als Hauptquelle[6]. Mit der physiokratischen Welle wird die Mode, von „Classen" zu sprechen, nach Deutschland transportiert[7]. Bereits wenige Jahre nach der Einführung tendiert das Schema zum Zwei-Klassen-Modell. Turgot vollzieht diese Reduktion — allerdings in sehr komplizierten Schritten, so als ob es gälte, die Komplexität der wirklichen Sachverhalte noch im Gedächtnis zu behalten[8]. Er gelangt schließlich zur Gegenüberstellung von bezahlter Arbeit (cultivateurs und artisans = classe stérile) und Eigentum, wobei das Eigentum sich in der Sicht des Staatsministers durch die Disponibilität der Eigentümer (nicht: ihrer Mittel!) für öffentliche Aufgaben auszeichnet[9]. Die hier zu Grunde liegende Dreiteilung ist noch bei Hegel erkennbar in der Einteilung der Stände „nach dem Begriffe" als substantiell oder unmittelbar (Ackerbau), reflektierend oder formell (verstandesmäßig geübtes Gewerbe) und allgemein, wobei der allgemeine Stand der direkten Arbeit durch Privatvermögen oder durch Gehalt enthoben sein muß[10].

Seit diesem Beginn behandelt der Klassenbegriff die Einteilung der Gesellschaft[11], und zwar oberhalb einer Ebene, auf der man über Interessen und über

Vorteile der Arbeitsteilung handelt[12]. Er ermöglicht es, die eklatante Ungleichheit der Eigentumsverteilung anzuerkennen, und dies in dem Moment, als man beginnt, die Gesellschaftsordnung selbst als wirtschaftlich fundiert aufzufassen. Die Einheit der Gesellschaft kann nun als Differenz der Klassen und diese Differenz als Interdependenz formuliert werden. Die Interdependenz wiederum sieht man als stabiles natürliches Gleichgewicht, das eine bestmögliche Nutzung wirtschaftlicher Ressourcen — sei es des Bodens (Physiokraten), sei es der Arbeitskraft (Arbeitswertlehre) — ermögliche[13]. Die Klasseneinteilung ist seit ihrem Beginn bezogen auf wirtschaftliche Verhältnisse[14]; aber damit ist zunächst noch keineswegs gemeint, daß von da aus sich die Zuordnung zu allen anderen sozialen Positionen reguliert.

Angesichts der damals noch bestehenden Ständeordnung, die die konkreten Individuen über Familienzugehörigkeit einteilt, kann Klasse hier nur ein abstraktes Einteilungsschema sein. In der Erläuterung von Dupont de Nemours heißt es denn auch: „Ce ne sont point proprement les hommes qu'on distingue ici, mais leurs travaux"[15]. Schlettwein betont ausdrücklich, daß nach diesem Einteilungsprinzip eine Person mehreren Klassen angehören könnte[16]. Baudeau bezieht eine ähnliche Einteilung auf eine vorausliegende Unterscheidung von art social, art féconde ou productif und art stéril[17]. Mit dem Zusammenbruch der Ständeordnung wird es dem Klassenbegriff freigestellt, die Menschen selbst (und nicht nur ihre Arbeit oder ihre Kunstfertigkeiten) einzuteilen. Schon vor der Revolution hatte man — es fällt offenbar schwer, einen rein analytischen Begriff durchzuhalten — den Klassenbegriff bereits in einem konkreten, auf Bevölkerungsgruppen bezogenen Sinn gebraucht[18]. Nach der französischen Revolution sind „ordres" und „états" verschwunden. Es steht nur noch der Klassenbegriff zur Verfügung, um Unterschiede der Bevölkerung in ein Schema zu bringen. Mit ihm kann man, was „höhere Klassen" angeht, die jetzt sichtbare Bedrohung und Selbstbehauptungsnotwendigkeit formulieren, ohne auf Rechtsstatus und obsolete Privilegien abzustellen[19]. Wie zufällig ist gerade dieser Begriff gebunden an Reichtumsverteilung und Produktion. In Deutschland zögert man wohl deshalb, den Klassenbegriff zu übernehmen. Kant benutzt den Klassenbegriff, wenn er Willkürlichkeit oder Problematik der Zugehörigkeit zum Ausdruck bringen will[20]. Fichte ordnet, nachdem er im System der Sittenlehre (1798) noch ganz im Sinne der Physiokraten in Bezug auf Berufe von höheren und niederen Klassen gesprochen hatte, den Klassenbegriff selbst noch einmal stratifikatorisch ein, indem er auf ein- und derselben Seite von „höheren Ständen" und „niederen Volksklassen" spricht[21]. Diese und viele ähnliche Stellen kann man aber auch als Beleg für einen nahezu synonymen Gebrauch der Begriffe „Stand" und „Klasse" lesen[22]. Auch in Frankreich findet man einen Gebrauch des Klassenbegriffs, der Willkür und bloße Konvention zum Ausdruck bringt[23]. Aber sehr bald avanciert die Ökonomie zum Hauptdeterminationsfaktor menschlichen Schicksals. Es bekommt dann eine neue Breitenwirkung, wenn man sagt, daß die Produktionsverhältnisse die Menschen in Klassen differenzieren.

Um 1800 wird der Klassenbegriff in nahezu hoffnungsloser Unschärfe und Vieldeutigkeit gebraucht. Nur der Bezug auf Wirtschaft — sei es auf Eigentumsverhältnisse, sei es auf Produktion, sei es auf Arbeitsteilung und Berufsdifferenzierung – hat sich durchgesetzt. Weder die französische Revolution noch das Sichtbarwerden der Folgen der Industrialisierung in England tragen direkt zur begrifflichen Präzisierung bei[24]. Angesichts der politisch-ideologischen Kontroversen bleibt auch unklar, ob und wie eine etwaige Klassenstruktur zwischen Wirtschaft und Politik, zwischen Gesellschaft und Staat vermitteln kann – sei es, daß das Steuerrecht, sei es, daß das Wahlrecht an Klassenunterschiede anknüpft. All dies kann einstweilen ebensogut auch in der „Stände"-Terminologie oder als Unterscheidung von Berufsgruppen ausgedrückt werden.

Es ist denn auch nicht die weitere Arbeit am Begriff, die zu Fortschritten führt, sondern eine Veränderung in der ökonomischen Theorie selbst. Eine Sequenz von Veränderungen läßt sich als das demographische Argument bezeichnen. Man geht in einer gegen Malthus gewendeten Theorieentwicklung davon aus, daß im natürlichen demographischen Wachstum der Antrieb zur Arbeitsteilung und damit der Grund für die Vermehrung des Wohlstandes liege[25]. Daraus folgt im Einklang mit der Arbeitswertlehre: je mehr Menschen, desto reicher die Gesellschaft. Wenn die Entwicklung der Industriegesellschaft dieses Versprechen der Natur nicht einlöse, sondern gleichzeitig Reichtum und Armut steigere, müsse dafür ein besonderer Grund vorliegen – eben die Klassenbildung, die auf unnatürlichem Zwang beruhe. „Social laws may compel some classes to labour for other classes"[26]. Die soziale Regulierung sei nicht auf die Erfordernisse des natürlichen Wachstums abgestimmt. Die Klassenstruktur erscheint als auf Zwang beruhende Willkür[27].

Die Hauptlinie der Entwicklung einer Klassentheorie führt jedoch in eine andere, weniger demographisch-optimistische Richtung. Eine wichtige theoretische Vorgabe ist, daß man das System der Wirtschaft schon mit Hilfe einer Ebenendifferenzierung (im allgemeinen: Individuum/Nation) auffaßt. Man sieht vor allem, daß nur der Reichtum von Individuen, nicht auch der Reichtum der Nationen als Eigentum an Geld gemessen werden kann. Aber was ist dann das Bezugsproblem einer Wirtschaftstheorie, die das Entscheidungsverhalten der Individuen aus ihrer Betrachtung ausklammert? Wie kann man die Ordnungsebene des Wirtschaftssystems als solche erfassen? Man hat dafür weder in der liberalen noch in der frühsozialistischen Theorie einen zureichenden Begriff (nicht zuletzt deshalb, weil das Problem nicht in der Zeitdimension, nicht als längerer Zeithorizont oder als Konjunkturausgleich gesehen wird). Es kann deshalb nur um einen Aggregatausdruck individueller Wohlfahrt gehen. Bei dieser Theorieanlage muß fast unvermeidlich das Problem der Verteilung in den Vordergrund rücken, und es ist nur noch die Frage, ob die Theorie der wertbildenden Faktoren (vor allem Arbeit) oder die Klassentheorie dies Problem formulieren.

Das vielleicht auffälligste Merkmal der englischen Diskussion in den ersten Dekaden des 19. Jahrhunderts ist jedoch: daß die Differenzen reich/arm und Kapital/Arbeit fusionieren. Man kann fast sagen, daß die Unterscheidung von Kapital und Arbeit an die Stelle der Unterscheidung von reich und arm tritt, die die bürgerliche Theorie von Quesnay über Turgot und Linguet bis Necker beherrscht hatte[28]. Reichtum wird nicht mehr als Erfordernis standesmäßiger Lebensführung und auch nicht mehr als Luxus (mit wirtschaftlicher Antriebsfunktion) gesehen, sondern als Beherrschung der Arbeit anderer[29]. Während die

Hauptströmung der bürgerlichen Theorie angenommen hatte, daß die Differenz von reich und arm durch *Arbeit*, wenn nicht ausgeglichen, so doch abgeschwächt wird, zweigt jetzt eine neue Variante ab, die später „sozialistische" genannt werden wird. Sie betont, daß die Differenz von reich und arm *Macht* erzeuge[30] und gibt sich damit die Möglichkeit, die Klassentheorie in Richtung auf ein Verhältnis von Kapital und Arbeit umzuschreiben. Dabei wird weder vergessen noch übersehen, daß die Kapitalisten reich und die Arbeiter arm sind, und dieser Hintergedanke ermöglicht es immer wieder, die Unterscheidung von Kapital und Arbeit mit Ressentiments, mit politischer Munition und mit humanen Appellen zu füllen. Die theoretische Argumentation wird jedoch auf die Differenz von Kapital und Arbeit eingestellt (was zugleich der ökonomischen Theorie eine Form gibt, die nicht mehr eindeutig am praktischen Ziel der Mehrung des nationalen bzw. privaten Reichtums ausgerichtet ist). Kapital ist dabei, wenn nicht definiert, so doch bestimmt durch die Wirtschaftlichkeit der Kalkulation des Mitteleinsatzes (im Unterschied zur Wirtschaftlichkeit der Kalkulation eigener Arbeit)[31]. Die Differenz Kapital/Arbeit kann unterschiedliche Einkommensquellen benennen (also die Wirtschaft sozusagen in Bewegung erfassen), und sie hat außerdem den Vorteil, auf die jetzt dominierenden Organisationserfahrungen beziehbar zu sein[32]. Man kann sich den Kapitalisten als „Fabrikherrn" und den Arbeiter als Zutat zu den Maschinen vorstellen. Der Organisationszusammenhang wiederum begünstigt die Vorstellung, daß die beiden Klassen sich zu einem Interessengegensatz formieren und in der Fabriksituation ein Klassenbewußtsein ausbilden. Die neuartigen Erfahrungen setzen sich begrifflich durch, wie immer gering zunächst der Prozentsatz der europäischen Bevölkerung gewesen sein mochte, auf den sie faktisch zutrafen.

Diese Theorieentwicklung, dieser Austausch der ökonomischen Leitdifferenz, und diese Zielverschiebung von Reichtum auf Ordnung, reißen den Klassenbegriff mit und fixieren ihn längst vor Marx auf die als Gegensatz begriffene Differenz von Kapitalisten und Arbeitern[33]. Die Geschichte des Begriffs und der Theorie sozialer Klassen ist seit mehr als hundert Jahren an Hand dieser Differenz von Kapital und Arbeit und an der anschaulichen Erfahrung im Produktionsbetrieb ausgesponnen worden. Karl Marx hat vor allem eine konsequente Historisierung des Klassenbegriffs hinzugefügt[34] und sich dadurch die Möglichkeit geschaffen, das Ende von Klassengesellschaften schlechthin zu denken. Die Produktionsverhältnisse konnten nun als Angelpunkt der Veränderung gesehen werden. Zugleich wird, in glänzender theoretischer Stilisierung, an Hand der Produktionsverhältnisse und der von ihnen abhängigen Herrschafts- („Unterdrückungs"-)verhältnisse vorgeführt, daß die Klassenbeziehungen dialektischer Natur sind mit der Konsequenz, daß jedes Scheitern einer Klasse das Gesamtsystem, also die Gesellschaft revolutioniert[35].

Die Neuerung liegt nicht im Realitätsbezug des Klassenbegriffs; sie liegt nicht darin, daß über eine bloße analytische, steuer-technische oder sonstwie brauchbare Klassifikation hinausgegangen und das reale Vorhandensein sozialer Klassen behauptet wird. Das war schon seit langem eine mögliche, wenn nicht die vorherrschende Verwendung des Klassenbegriffs gewesen. Neu ist die Betonung der Dualität, die dann mit Kapital und Arbeit identifiziert und bei Marx als notwendiger Gegensatz theoretisch begründet wird. Das impliziert, daß es nur diese zwei Klassen gibt und alles andere wie Kleinbürgertum oder Lumpenproletariat oder Großgrundbesitzer als historisch akzidentell behandelt werden muß. Alle stabile Hierarchie setzt mindestens drei Ebenen voraus. Die Dreistufigkeit macht das Verhältnis von oben und unten unempfindlich gegen das Herausbrechen oder die Transformation einer der Stufen. Sie erzwingt außerdem eine übergreifende Semantik der Rangverhältnisse, die nicht nur für eine der Rangbeziehungen gelten muß, sondern für alle. Nur so kann die Rangordnung als Ordnungsangebot des Systems gelten. Das Rangverhältnis trägt, weil es über die je im Blick stehende Beziehung hinaus verlängerbar gedacht wird – bis hin zu überirdischen oder zu tierischen Verhältnissen. Die Reduktion auf eine Zweierbeziehung und die Interpretation dieser Zweierbeziehung als Gegensatz torpediert diese Absicherung. Sie transformiert die Ordnungssemantik in eine Kampfsemantik, die Ständeordnung in einen Klassengegensatz. Die Instabilität der Zweierbeziehung wird benutzt, um Änderungserwartungen zu stimulieren; sie treten mit fast logischer Sicherheit vor Augen.

Entsprechend sucht eine Gegenbewegung Halt im Konzept der „middle class", die als Einheit von Stabilität und Fortschritt in Anspruch genommen wird und politische Bündnisbereitschaft nach beiden Seiten in Aussicht stellt[36]. Je nach dem also, ob man ein Zweier- oder ein Dreierschema zu Grunde legt, ergeben sich unterschiedliche Perspektiven auf die Folgen der industriellen Revolution. In beiden Fällen wird die Perspektive von Herkunft auf Zukunft umgestellt. Aber nur mit Hilfe des Zweierschemas kann man einen radikalen Wandel ins Auge fassen: Wenn nur eine der Klassen verschwände, wäre auch die andere Klasse keine Klasse mehr. Die Gleichheit der Menschen wäre hergestellt. Und da man jetzt voraussetzen kann, daß alle Klassendifferenzen als Abweichung von der einzig sinnvollen Gleichheit der Menschen interpretiert werden müssen, kann man diesen Wandel auch fordern. Der Klassenbegriff wird über Dualisierung zum politischen Kampfbegriff, und die theoretische Konstruktion dafür findet sich im „Kapital".

Eine solche Theorie prägt ihre Begriffe; man kann sie nicht einfach einschmelzen, um das reine Gold wiederzugewinnen. Auch heute und auch außerhalb der marxistischen Orthodoxie wird der Klassenbegriff vorherrschend durch Bezug auf die wirtschaftliche Produktion definiert[37] – aber nach dieser langen Geschichte, die besonders für Marxisten Aussagewert haben muß, angereichert mit Ergänzungen, Berichtigungen, Kontroversen und Korrekturen von Berichtigungen[38]. Autoren, die diese Festlegung auf den Produktionsprozeß vermeiden wollen, verzichten daher zumeist auf den Klassenbegriff und arbeiten mit Begriffen wie Schichtung oder Stratifikation. So vor allem die Amerikaner vor ihrer Infektion mit Marxismus. Die Frage ist aber, ob die (nur begriffsgeschichtlich verständliche) Bindung des Klassenbegriffs an Produktion ihm nicht unnötige Gegner einbringt, die dann ihrerseits mit einem allgemeinen Begriff der Stratifikation nicht in der Lage sind, die moderne Gesellschaft angemessen (und vor allem: historisch angemessen) zu beschreiben.

II.

Ein zweiter, teilweise unterirdisch verlaufender Diskussionsfaden in der Geschichte des Klassenbegriffs beruht auf einer gewissen Affinität von Klasse und Individualität. Im Laufe der Begriffsgeschichte von Quesnay bis Marx werden die Begriffe Klasse und Individuum zusammengebracht, und damit verschmelzen nicht zuletzt französische und deutsche Begriffstraditionen.

Die wohl wichtigste Vorbereitung, die noch ohne den Klassenbegriff auskommt, liegt im Verzicht auf eine religiöse Bestimmung des Individuums, insbesondere auf die Verweisung auf *eigene* Bemühung um *eigenes* Seelenheil. An die Stelle der damit gegebenen Differenz tritt die Differenz von Naturmensch und Zivilisationsmensch. In dieser Differenz findet sich das Indivuum wieder als Eigentümer. Es hat seine Unschuld und seine Freiheit verloren und dafür Eigentum erhalten, und über Eigentum wird es um so abhängiger von der Gesellschaft der plaisirs und der besoins. Die geregelte Gesellschaft, die ihren eigenen Gesetzen gehorcht, fesselt den Menschen. „Dés cet instant, son existence cessa, pour ainsi dire, de lui appartenir". Alle schlechte Erfahrung führt aus diesem Zustand nicht mehr heraus: „il semble que la société lui devient nécessaire en proportion des maux qu'elle lui cause". In der Zivilgesellschaft muß jetzt alles bezahlt werden. Es gibt keine direkte Nutzung der Natur mehr. „Il faut donc renoncer à ces chimères de liberté, d'indépendence. Il faut désormais conformer sa conduite aux principes des conventions civiles. C'est une nécessité de se mettre en état d'arriver à ce qu'on appelle *gagner sa vie*".

Aber Eigentum ist extrem ungleich verteilt und nur dadurch möglich. Die Gesetze stabilisieren diese Ungleichheit, „elles sont evidemment une sauvegarde accordée au riche contre le pauvre. C'est une chose dure à penser et pourtant bien demontrée qu'elles sonst, en quelque sorte, une conspiration contre la plus nombreuse partie du genre humain. C'est l'opulence qui les dicte ... Le pauvre n'a à lui que son indigence. Les lois ne peuvent donc pas lui conserver autre chose. Elles tendent à mettre l'homme qui possèdent du superflu à couvert des attaques de celui qui n'a pas le nécessaire et si c'est un inconvénient, il est inséparable de leur existence. Aussi verrons-nous en approfindissant leur origine, que les architectes de cet édifice étoient les plus intéressés à sa construction. Ceux dont il attaquait les droits ne furent point consultés à sa construction. On leur notifia l'obligation de le respecter quand il fut élevé; mais on ne leur confia ni le plan, ni la garde". Es gibt nur einen Ausgleichsmechanismus dieser injustice visible: Der Bedarf für Arbeit, über den ein Teil des Reichtums verteilt wird. Die „industrie laborieuse" schwächt das Problem ab: Sans chasser l'inégalité, elle la rend tolérable. Reiche und Arme sind in dieselbe Notwendigkeit eingebunden und insofern unfrei. Was die Ordnung leistet ist: „les asservir, sans les empêcher de se croire libre".

So stellt die bürgerliche Ordnung sich selbst vor. Der Text, dem wir gefolgt sind, ist 1767 publiziert[39]. Im 19. Jahrhundert festigt sich mit dem Ausbau der Politischen Ökonomie die Einsicht in den Zusammenhang von Individualismus und Geldwirtschaft. Vor allem folgt dies aus einem besseren Verständnis von Ebenendifferenzen im Wirtschaftssystem: Nur den Reichtum (bzw. die Armut) eines Individuums kann man in Geld messen, nicht dagegen den Reichtum einer Nation[40]. Ferner ist zu bedenken, daß überhaupt erst das Abstellen auf Individuen die unteren Volksklassen als relevante soziale Größe erscheinen läßt. Solange die soziale Differenzierung als Differenzierung von Familien gedacht war, kamen sie schon deshalb nicht in Betracht; denn ihre Familien haben nichts zu vererben, nichts zu bewahren, nichts zu bedeuten.

Wenn all dies in den ersten Jahrzehnten des 19. Jahrhunderts entschieden war: was bleibt einem Marx zu sagen? Die bürgerliche Gesellschaft kommt mit Protest gegen sich selbst in Gang. Man kann dann allenfalls noch bezweifeln, daß all dies notwendig sei. Linguet formuliert sein Konzept ohne jede Verwendung des Klassenbegriffs. So ist die Ordnung die durch Arbeit kompensierte Differenz. Wenn der Klassenbegriff hinzugenommen wird und wenn mit Hilfe dieses Begriffs die Umverteilung der Verteilung formuliert werden kann, tritt Kontingenz an die Stelle von Notwendigkeit. Die Leitdifferenz kann jetzt erneut ausgewechselt werden: An die Stelle der Differenz Naturmensch/Zivilisationsmensch, in der die Unausweichlichkeit der Zivilisation mit all ihren Folgen formuliert wird, tritt die Differenz der Klassen. Diese Differenz aber kann, anders als die von Natur und Zivilisation, als nicht notwendig behandelt werden. So kann das 19. Jahrhundert sich an dem Gedanken berauschen, daß es auch anders möglich sei. Und Marx liefert dann die theoretische Konstruktion, die das Anderswerden als notwendig aufweist.

Vom Individuum her gesehen entspricht der Kontingenz der klassenförmigen Verteilungsregulierung ein Widerspruch im Individuum selbst — nämlich der Widerspruch zwischen der objektiven Bestimmung durch die Klassenlage und der Selbstbestimmung. Ganz allgemein hatte die Wirtschaftstheorie auf die Direktion, Prognose und Erklärung individuellen Verhaltens verzichtet, aber zugleich dieses Verhalten (insbesondere die „natürliche" Bereitschaft des Individuums, die eigene Lage zu verbessern) als die eigentliche Quelle des Reichtums und seiner Verteilung angesehen. Dies Problem überträgt sich als Widerspruch objektiver und subjektiver Determinationen auf die Klassentheorie. Objektiv wird der Kapitalist, ohne dies zu wollen, durch seine Klassenlage bestimmt, die eigene Klasse zu ruinieren. Objektiv wird der Proletarier, ohne dies zu wollen, durch seine Klassenlage zur Entfremdung bestimmt. Auch hier ist eine Perspektive auf Zukunft und auf sozialen Wandel eingebaut; denn Entfremdung kann man länger aushalten als Selbstruinierung. Das Proletariat kann den Kapitalismus überleben, und dies Überleben heißt: Verschwinden der anderen Klasse, Übergang zur Selbstbestimmung, widerspruchsfreie Realisierung der Individualität. Etwas peinlich nur, daß das Ganze wegen der Bindung an den Produktionsprozeß „materialistisch" interpretiert werden muß, so daß Individualität zusammenfällt mit Selbstaneignung des vollen Arbeitsertrags (so wie einst: mit Genuß des Eigentums).

Die Theorie des Individuums sucht freilich noch einen anderen Ausweg. Für sie wird vor allem die aus dem 18. Jahrhundert stammende Problematik des Allgemeinen im Verhältnis zum Besonderen relevant. Nach einer langen, vor allem in der Ästhetik ablaufenden Diskussion über „Kriterien", nach denen man die Allgemeingültigkeit im Besonderen beurteilen könne, hatte im Anschluß an Kants Kritik der Urteilskraft der Neuhumanismus das Allgemeine ins Individuum verlagert und es damit gewissermaßen existialisiert. Der Begriff des Individuums wurde damit zur Form, mit der man auf die Frage nach dem Allgemeinen im Besonderen antwortete, und die Antwort lautete: Das Besondere sei in seiner Individualität etwas Allgemeines, denn jeder sei wie alle anderen zumindest dies: ein Individuum. Damit war der traditionelle Begriff von Individualität in sein Gegenteil verkehrt: Als Besonderes galt nicht mehr das weniger Allgemeine auf einem Kontinuum der Hinzufügung von Bestimmungen; vielmehr wurde gerade das Besondere als das Allgemeine schlechthin angesehen insofern, als jedem seine Individualität als etwas Besonderes zufällt.

Dies war zunächst freilich nicht als Rechtfertigung jeden Privatbeliebens, als Legitimation aller Ansprüche gedacht. Vielmehr war im Allgemeinen stets ein Bezug auf Vernunft, auf Zustimmungsfähigkeit, auf Ordnung, letztlich ein Bezug auf das Weltganze mitgedacht gewesen. So gesehen, war Individualität dann etwas, was man in sich selbst nur als Allgemeines, nur als Realisierung von so viel Menschlichkeit wie möglich gewinnen konnte. Schon Hegel hatte aber die bürgerliche Gesellschaft charakterisiert als eine Ordnung, in der die konkrete Person sich selbst nur als Ganzes ihrer Bedürfnisse haben und nur in Beziehung auf andere Allgemeinheit gewinnen kann[41]. In der Marxschen Analyse zerbricht angesichts der harten Tatsachen, die im Gefolge der Industrialisierung zu beobachten waren, jener Einheitsbezug vollends. Die Welt ist nicht mehr in Ordnung — und rückblickend war sie es denn auch nie gewesen seit der Einführung von Landwirtschaft, Ausbeutung und Mehrwertabschöpfung. An die Stelle der Einheit von Welt und Gesellschaft placiert Marx den Konflikt — und die Hoffnung auf eine andersartige Zukunft. Die Einheit ist die Differenz oder genauer: die Differenz, die auf beiden Seiten als solche erfahren und damit zum Widerspruch wird. Die Einheit, auf die hin das Indiviuum seine Individualität als Allgemeines projizieren kann, ist dann nur noch seine Klasse, und zwar seine Klasse im Konflikt mit der anderen Klasse.

Dies wiederum drückt ein weiteres Problem in die Theorie, nämlich die Frage, wie denn die Einheit der Klasse als Einheit der Individuen zu begreifen sei. Wenn die Klasse als Ersatzallgemeines fungieren soll: genügt es, daß die Individuen einer Klasse zugerechnet werden, müssen sie sich als Angehörige einer Klasse begreifen oder müssen sie sich sogar im Klassenkonflikt ereifern, Versammlungen besuchen etc.? Üblicherweise wird dies Problem als Frage nach bewußter Identifikation mit der Klasse, nach Solidarität, nach Gemeinschaftsgefühl oder ähnlich gestellt; theoretisch konsequenter wäre es zu fragen, ob und wie die Klassen*differenz* es ermöglicht, die eigene Lage als *kontingent*, die eigene Benachteiligung als *Willkür* zu erfahren und, darüber erbost, nach Gleichgesinnten zu suchen. Vor allem aber zwingt, konsequent gedacht, der Widerspruch von objektiver Bestimmung und Selbstbestimmung den Proletarier (nicht: den Kapitalisten!) zur Identifikation mit seiner Klasse. Die Klasse ist *ihm* das Ersatzallgemeine, weil ihr Übergang in die klassenlose Gesellschaft *für ihn* das Problem des Widerspruchs von objektiver Bestimmung und Selbstbestimmung löst. In der klassenlosen Gesellschaft kann er, wie jeder andere, in der Selbstbestimmung das Allgemeine verwirklichen. Das individuelle Interesse an der eigenen Klasse und das Engagement für sie kann jedenfalls nur dadurch gesichert werden, daß das Individuum sich als zu Allgemeinem bestimmt betrachtet; betrachtet es sich dagegen nur als Individuum, wird es nach neueren

Erkenntnissen zum Problem der kollektiven Rationalität irrational, sich für die eigene Klasse einzusetzen[42].

Dieser Herleitungszusammenhang, der letztlich darauf zurückgeht, daß man die Frage nach der Einheit der Klasse als Frage nach der Allgemeinheit des Selbstengagements von Individuen stellt, mag inzwischen verblaßt sein. Daß die Frage selbst damit nicht erledigt ist, wird deutlich, wenn man das Grundproblem in der Multidimensionalität ungleicher Verteilung sieht. Gleichheit in der Ungleichheit, das heißt Gleichheit der relativen Partizipation an Gütern, also Gleichheit der „Klassenlage" (Max Weber) ist noch keine ausreichende Antwort auf die Frage, was es erlaubt, verschiedene Individuen zur Einheit einer Klasse zusammenzufassen. Entweder versteht man diese Einheit nur analytisch. Dann erscheint sie nur auf dem Bildschirm der Wissenschaft, die entsprechende Messungen unternimmt und ihre Daten interpretiert. Oder der Klassenlage wird die Chance oder gar die Wahrscheinlichkeit einer entsprechenden Bewußtseinsformung zugesprochen. Diejenigen, meint man dann, die sich in ähnlicher Lage befinden, werden dies schon merken, besonders wenn es darum geht, diese Lage zu verändern oder ihre Bedrohung abzuwehren. Der Klassenkampf induziert Klassenbewußtsein, so wie umgekehrt Klassenbewußtsein dem Klassenkampf Motive und Kognitionen zuführt. Im erstgenannten Falle besteht die Klasse nur als Klassifikation, im zweiten Fall hat sie als Klassifikation soziale Realität. Etwas abstrakter läßt diese Kontroverse sich auch als Unterschied von Fremdbeobachtung und Selbstbeobachtung formulieren: Ist die Einheit einer Klasse (und damit zugleich auch: die Einheit der Differenz von Klassen) Synthese nur in der Perspektive eines externen Beobachters, oder ist sie auch (oder sogar nur) in der Form einer Selbstbeobachtung und Selbstbeschreibung der Gesellschaft selbst möglich? Je nach der Standpunktwahl hier kann man der Wissenschaft dann immer noch die Rolle eines Fremdbeobachters oder Gebundenheit durch die, und Teilnahme an der, Selbstbeobachtung und Selbstbeschreibung der Gesellschaft zusprechen.

Die beiden genannten Diskussionslinien der Bestimmung des Klassenbegriffs, Multidimensionalität und Einheit, hängen zusammen. Dies ist leicht einzusehen, wenn man auf ihre Prämissen zurückgeht. Letztlich geht es in dieser Diskussion immer um ein Problem der Verteilung von Individuen auf Einheiten, die dann „Klasse" genannt werden, wobei die Verteilung der Individuen sich danach richten soll, was und wieviel auf sie verteilt wird. Wer viel erhält, ist in einer Klasse; wer wenig erhält, ist in einer anderen. Der Klassenbegriff regelt, mit anderen Worten, die Verteilung des Verteilens. Er bringt die Reflexivität (und damit auch die Änderbarkeit = Umverteilbarkeit) des Verteilungsprozesses zum Ausdruck. Nicht zufällig kam daher der Gedanke auf, daß mit der Abschaffung der Klassen auch die Reflexivität des Verteilens wieder verschwinden und die Verteilung wieder der Natur überlassen werden könnte. Und nicht zufällig tritt, wenn man einsehen muß, daß man die Reflexivität des Verteilens wahrscheinlich nicht wieder los werden wird, der Staat an die Stelle, wo das Verteilen des Verteilens als Einheit zu denken ist.

In diesem Theoriekontext ist der Klassenbegriff mehr oder weniger aufgelöst worden. Seit der Mitte des 19. Jahrhunderts findet er sich unter Beschuß. Seine parteiliche Verwendung bleibt nicht ohne Folgen. Die Hoffnung auf eine Mittelklasse wird durch eine Kritik der Tragweite und des politischen „bias" der Klassentheorie" abgelöst[43]. Was bleibt und den Klassenbegriff hält, ist die offensichtliche und unbestreitbare Evidenz der Ungleichverteilungen. Daraus zieht er immer neue Plausibilität. Aber als theoretischer Begriff, mit dem Individuen auf Verteilungen verteilt werden sollten, scheint er zu versagen, und dies ganz unabhängig davon, daß bestimmte Engführungen der Determinanten von Klassenzugehörigkeit, etwa die des Marxismus oder die der sogenannten funktionalistischen Schichtungstheorie, einer Kritik kaum standhalten können. Wenn man aber den Zentralgedanken festhalten will, daß das Verteilen des Verteilens durch die Einheit der Differenz von Klassen vermittelt wird, oder wenn man zumindest klären will, ob und wie weit dies der Fall ist, braucht man dafür einen funktionsfähigen Begriff. Hierzu sollen im folgenden einige vorläufige Überlegungen angeboten werden.

III.

Wenn der Klassenbegriff die Verteilung der Verteilung bezeichnen soll – und welcher andere Begriff stünde heute dafür zur Verfügung? –, gehört er als Begriff für einen reflexiven Sachverhalt in die *Semantik der Selbstbeschreibung des Gesellschaftssystems*. Er bezeichnet keinen primären Sachverhalt, auch nicht die soziale Ungleichheit als solche; vielmehr beschreibt die Gesellschaft im Klassenbegriff sich selbst als ein System, das Individuen auf Verteilungen verteilt und zu verkraften hat, daß dies ein Vorgang ist, der auch anders möglich wäre. Nur in dieser Form läßt sich ein Verteilungsverteilungsbewußtsein vom Grundsachverhalt der Ungleichheit abheben, und nur so kann man zur Diskussion stellen, ob Ungleichheit nicht anders gesteuert werden sollte – etwa nach Maßgabe von Bedürfnissen und Verdiensten und nicht nach Maßgabe der Stellung im Produktionsprozeß.

Diese Zuordnung zum Selbstbeschreibungssyndrom der Gesellschaft bedeutet zugleich, daß der Klassenbegriff in einem spezifischen Sinne als *historischer Begriff* behandelt werden muß, und zwar als ein Begriff, der in den Sachverhalt, den er bezeichnet, miteingeschlossen ist. Er bezeichnet *und leistet* einen Beitrag zur Selbstbeschreibung der Gesellschaft in einer bestimmten Phase ihrer Evolution. Dementsprechend bestimmen wir den Begriff der sozialen Klasse[44] vor dem Hintergrund einer Gesellschaftsordnung, deren Zusammenbruch die Klassentheorie motiviert hat. Bis ins 18. Jahrhundert hinein konnte die europäische Gesellschaft sich ähnlich wie alle anderen entwickelten Gesellschaften als eine stratifizierte Ordnung begreifen. Sie war in erster Linie in Schichten gegliedert. Das Prinzip der Schichtung war das Leitprinzip der Subsystembildung. Jede Schicht konnte daher die anderen Schichten als soziale Umwelt behandeln, und der Verkehr mit anderen Schichten blieb im wesentlichen auf den eigenen Haushalt und seinen mehr oder weniger großen Anhang beschränkt[45]. Insofern hatte sich die duale Struktur von politischer Gesellschaft und segmentär differenzierten Hausgesellschaften durchgehalten und mit der stratifikatorischen Differenzierung akkommodiert. Innerhalb der eigenen Schicht war die Interaktion im Prinzip (Altersdifferenzen, Geschlechtsdifferenzen und zeremonielle Distinktionen einmal übergangen) eine solche unter Gleichen. Sie konnte so die besonderen Qualitäten und Anforderungen der Schicht zum Ausdruck bringen. Schichtgrenzen überschreitende Interaktion war zwangsläufig Interaktion unter Ungleichen, wie immer im Haus gemildert durch christliche und patriarchalische Codes der Liebe und Fürsorge. Dieser Gesellschaftsaufbau fand mithin in der Interaktion unter Anwesenden unmittelbaren Ausdruck und war dadurch täglich präsent, und es gab deshalb kaum Möglichkeiten, ihm auszuweichen. Die bloße Umkehrung, etwa im Karneval, blieb bloße Umkehrung, blieb Spiel, blieb Scherz so wie die Herrschaft der Damen im cour d'amour. Die Gesellschaft trat in der Interaktion in Erscheinung.

Genau diese aktuelle Evidenz muß jedoch aufgegeben werden, wenn die Primärform der gesellschaftlichen Differenzierung von Rang auf Funktion umgestellt wird. Bei der Zuordnung einzelner Interaktionen zu bestimmten Funktionsbereichen, etwa zur Politik oder zur wissenschaftlichen Forschung, zur Krankenbehandlung oder zur Erziehung, wird nämlich die Gesamtgesellschaft nicht mehr mitrepräsentiert. Im Gegenteil: es gilt nun eine neuartige Gleichheitsregel, nach der man bei allen funktionsspezifischen Interaktionen außer Acht zu lassen habe, welche anderen Rollen die Partner wahrnehmen und was sie sonst noch sind. Bei medizinischer Betreuung etwa kann man in aller Regel davon ausgehen, daß für die religiösen Bedürfnisse oder für die wirtschaftlichen Kosten in einem anderen System gesorgt ist, und Interferenzen, etwa angesichts des Todes oder bei notwendigen, aber nicht finanzierbaren Heilbehandlungen, werden als systemwidrig empfunden.

Funktionale Differenzierung erzwingt mithin eine sehr viel schärfere Differenzierung auch zwischen dem gesamtgesellschaftlichen System im ganzen und den Systemen der Interaktion unter Anwesenden. Die Ebenen der Systembildung werden stärker auseinandergezogen, und in vielen Bereichen tritt Organisation als eine weitere (weder interaktionelle noch gesamtgesellschaftliche) Ebene der Systembildung dazwischen[46]. Funktionale Differenzierung erzwingt keinen Verzicht auf Schichtung. Eklatante Differenzen an Reichtum und Ansehen, Beweglichkeit und Partizipationschancen, Informiertheit, Lebensgenuß und Lebenssicherheit bestehen nach wie vor. Aber diese Differenzen dienen nicht mehr der primären Gesellschaftsdifferenzierung, und sie müssen sich der neuen Ordnung einpassen. Die Schichten werden, so weit sie fortbestehen oder sich neu bilden, zu sozialen Klassen, und das heißt vor allem: daß Schichtung ihren Zugriff auf Interaktion unter Anwesenden aufgeben muß.

Dies betrifft einerseits Interaktion unter Gleichen. Für mehr und mehr Interaktionen, und gerade für wichtige Interaktionen, wird es bedeutungslos, ob Gleichrangigkeit gewahrt ist oder nicht[47]. Aber auch die beständige Klage über den Verlust jedes Zusammenhangs *zwischen* den Klassen, die man in England seit der Industrialisierung hört, ist vor diesem Hintergrund zu verstehen. Die Rede von den „two nations" der Arbeiter und des Bürgertums besagt: sie seien so weit voneinander entfernt, daß kein Kontakt mehr möglich sei. Damit entfällt der mäßigende Einfluß, der sich aus der bloßen Anwesenheit des anderen ergibt – oder zumindest *formuliert* die *Theorie* der Klassengesellschaft den Gegensatz in dieser Schärfe.

Diese strukturgeschichtliche Analyse bietet eine Möglichkeit, den Begriff der sozialen Klasse neu zu festigen. Soziale Klassen sind demnach *Schichten*, also Gruppierungen im Hinblick auf eine Differenz von besser und schlechter, *die darauf verzichten müssen, Interaktion zu regulieren*[48]. Nur mit diesem Verzicht kann man die Schichtstruktur auf Reflexivität des Verteilens, auf Verteilen auf Verteilungen und auf die damit verbundene Kontingenz umstellen. Wir behaupten, mit anderen Worten, daß das Reflexivwerden des Verteilungsprozesses mit Verzicht auf Regulierung der Interaktion bezahlt werden muß; oder daß jedenfalls beide Funktionen nicht mehr mit derselben Struktur bedient werden können. Das ist am Klassenbegriff belegbar, und in diesem Sinne ist dieser Begriff ein historischer Begriff. Die Verteilungssteuerung durch Clusterbildung bleibt erhalten, sie wird auch weithin, wenngleich irrig, als Netzwerk von Verwandten und Freunden wahrgenommen[49], aber sie zeigt sich nicht (mehr oder weniger deutlich) in der Interaktion. Die Angehörigen der höheren Klassen bündeln nach wie vor bestimmte Chancen, aber sie verhalten sich in der Interaktion so, wie jedermann sich in den entsprechenden Rollen verhalten würde. Wenn sie einkaufen, kaufen sie so ein, wie jedermann einkaufen würde. Wenn sie lieben, lieben sie so, wie jedermann lieben würde. Nur geht es eben um teurere Objekte und schönere Partner.

In etwas anderer Formulierung kann man den Unterschied von stratifizierten Gesellschaften und Gesellschaften mit Klassenbildung auch dadurch bezeichnen, daß Klassen größere Freiheiten der Rollenkombination im Individuum zulassen als die Schichten der älteren Gesellschaftsordnung. Stratifizierte Gesellschaften müssen die für den Einzelnen zulässige Rollenkombination unter Beschränkungen setzen, weil gerade darin die Schichtzugehörigkeit des Einzelnen und die Erwartungen, die an seiner Interaktionsteilnahme gestellt werden können, zum Ausdruck kommen. Das hat eine negative und eine positive Seite: bestimmte Rollen werden durch Schichtzugehörigkeit ausgeschlossen, andere gefordert. Die Klassengesellschaft konzediert demgegenüber größere Freiheiten der Rollenwahl. Sie benutzt kaum normative, wohl aber wirtschaftliche Schranken des Zugangs zu Rollen und kann die Einzelnen daher auch kaum motivieren, ihm unangenehme oder lästige Pflichten zu übernehmen. Das wiederum ist möglich, weil die Struktur der Gesellschaft durch andere Einteilungen getragen und reproduziert wird, nämlich durch funktionale Differenzierung.

Klassen sind mithin ein generelleres, weniger zupackendes Ordnungsprinzip als die Strata der stratifizierten Gesellschaften. Wir wollen gleichwohl als übergreifenden Begriff den Begriff der Schicht festhalten. Wir fassen diesen Begriff demnach unabhängig von dem Ausmaß, in dem das Gesellschaftssystem von Schichtung abhängt. Klassen werden hiermit als Sonderfall eines Schichtungssystems definiert, während die in der Sowjetunion übliche Terminologie gerade umgekehrt Schichten als eine Untergruppierung von Klassen ansieht[50]. Von da aus müßte eine Geschichte des Begriffs soziale Klasse so geschrieben werden, daß der Begriff selbst erst ganz am Ende seiner Geschichte auftaucht und das Bewußtwerden der Klassenlage signalisiert[51]. Die hier favorisierte Begriffsfassung sucht dagegen ihren Ansatzpunkt in der Frage, ob und wie Schichten in einer primär funktional differenzierten Gesellschaft überleben und sich reproduzieren können; und die Antwort lautet: durch weitgehenden Verzicht auf Beeinflussung von Interaktion.

Die vielleicht wichtigste Konsequenz dieser wachsenden Distanz von Schichtungsordnung und Interaktionsregulierung ist: *daß die Schichten nicht mehr in eine gesellschaftseinheitliche Rangordnung gebracht werden müssen.* Sie brauchen nicht mehr transitiv skaliert zu sein, wenn es nicht mehr notwendig ist, in der Interaktion auf Rangdifferenzen Rücksicht zu nehmen. Eine dem Zufall (oder auch dem Zugriff) überlassene Tischordnung wird normal. Unterschiede der Dominanz und der Respektierung, die es nach wie vor gibt, werden ad hoc bestimmt, aber eher latent gehalten.

Der Verzicht auf gesellschaftseinheitliche Skalierung gibt die Klassenbildung[52] frei für eine größere Vielfalt von Ursachen, die unter Absehen von generellen Bewertungen (Geburt ist wichtiger als Geld) mehr Kombinationsmöglichkeiten und mehr Überschneidungen von unabhängig erworbenen Klassenattributen freigeben[53]. Klassen können sich auf Grund verschiedenartiger Mechanismen bilden, die Einzelne aus der Masse herausheben, und dies gilt nicht nur für Mittelklassen, sondern gerade auch für die obersten Schichten der Gesellschaft, über denen es dann nichts mehr gibt und aus denen man nur noch absteigen kann. Wir kommen darauf unter VIII. zurück.

Eine der wichtigsten Konsequenzen des Übergangs von stratifikatorischer zu funktionaler Differenzierung mit Klassenbildung betrifft schließlich die Bewußtseinslage. In einer ständischen Ordnung war als selbstverständlich vorausgesetzt, daß jeder Einzelne weiß, welchen Standes er ist. Ohne dieses Wissen wüßte er nicht, wer er ist, und wüßte er auch nicht, welche Erwartungen er zu erfüllen hat. Ohne Kenntnis seines Standes könnte er nicht in Interaktion treten. Eine Gesellschaft, die Schichtung nur noch als Klassenbildung realisiert, muß diese Prämisse aufgeben. Arbeiten kann auch, wer nicht weiß, daß er ein Proletarier ist, und nicht unter Entfremdung leidet, sondern unter Hypothekenzinsen und Abzahlungsbedingungen. Eben deshalb wird für „Klassengesellschaften" (und für manche ihrer Theorien) das „Klassenbewußtsein" zum Problem. Klassenbewußtsein kann nur mehr oder weniger künstlich, kann vor allem durch die Formulierung von Gegensätzen und Kampfszenen hergestellt werden. Für Interaktion ist nur erforderlich, daß alle wissen, daß sie an sich gleich sind und daß Ungleichbehandlungen begründet werden müssen.

IV.

Will man die Tragweite eines Verzichts auf Interaktionsregulierung durch Rangverhältnisse richtig einschätzen, dann muß man sich zunächst vor Augen führen, daß noch am Anfang des 18. Jahrhunderts die Wahrnehmung und Beschreibung gesellschaftlicher Verhältnisse ganz durch die Interaktion unter Anwesenden beherrscht ist. Hier liegt der Bereich der konkreten Erfahrung, die „Lebenswelt", wie heute manche sagen. Die sich ausdifferenzierenden Funktionssysteme liegen als kaum sichtbare, kaum beachtete Fernstrukturen im Hintergrund. Die Interaktion ist durch Bekanntschaften, Freundschaften, häusliche Beziehungen und Rangverhältnisse bestimmt, *und das ist zunächst die Gesell-*

schaft (was immer die naturrechtlichen Vertrags- und Vernunftkonstruktionen als Begründungstheorien sagen mögen). Um nur einen Beleg zu bringen: Shaftesbury meint, daß Vernunft kein Betätigungsfeld finde „in so remote a Sphere as that of the Body Politick at large. For here perhaps the thousandth part of those whose Interests are concern'd are scarce so much as known by sight. No visible Band is form'd; no strict Alliance: but the Conjunction is made with different Persons, Orders, and Ranks of Men; not sensibly, but *in Idea*: according to that general View or Notion of a *State* or Commonwealth"[54]. Man kann fast übersetzen: das politische System sei so fern, daß weder Bekanntschaft noch Rangverhältnisse zählen. (Daß dabei nicht an den Hof des Monarchen gedacht ist, versteht sich von selbst).

Um so mehr muß es eine so wahrgenommene, so beschriebene Gesellschaft treffen, wenn die Ebene der Interaktion unter Anwesenden mehr und mehr die Möglichkeit verliert, das sichtbar zu machen, was die gesellschaftlichen Verhältnisse und ihre Dynamik wirklich bestimmt. Für die funktional differenzierte Gesellschaft gilt dann schließlich das Umgekehrte: Man muß wissen, ob bestimmte Interaktionen als politische, wissenschaftliche, familiale, religiöse usw. zu vollziehen sind; aber die Schichtungsverhältnisse werden in der Interaktion nach Möglichkeit unsichtbar gemacht oder nur versteckt signalisiert. Eine wichtige Folge ist: daß im Übergang zu funktional differenzierten, klassenbildenden Gesellschaften die interaktionelle Präsenz der Gesamtgesellschaft verloren geht: Es gibt keine Differenz mehr, die wie die Rangdifferenz die *Einheit* der Gesellschaft ausdrückt *und* in der Interaktion manifestiert werden kann[55]. Das gesamtgesellschaftliche System verliert seine Darstellbarkeit, seine Wahrnehmbarkeit und damit auch das, was man jetzt Legitimität nennt. Wie „plaisir" das allgemeine Lebenselixier, so ist der „homme du monde" (anstelle des „honnête homme") die Annäherungsformel der Stände, und in diesem Substitutionsprozeß wird auf gesellschaftliche Strukturierung der Interaktion mehr und mehr verzichtet. Um „homme du monde" zu sein, dazu braucht man keine besonderen Rollen oder feste soziale Bestimmungen: „il est de tous les âges, de toutes les conditions. Il n'est ni Magistrat, ni Financier, ni pere de Famille, ni mari". Und was weiß man von ihm, wenn er stirbt?: „Il avoit un quart de loge à l'Opera, jouoit au lotto, et soupoit en Ville ... On ne s'en seroit pas douté à la vie, qu'il menoit"[56].

Wenn das geselliger Interaktionsstil wird, kann die verbleibende Schichtung sowohl überschätzt als auch unterschätzt werden, weil sie sich aus der Interaktion unter Anwesenden zurückzieht[57]. Das ermöglicht es nicht zuletzt, Überschätzung und Unterschätzung zu kontroversen ideologischen Positionen zu verfestigen, die sich nicht mehr an der Erfahrung kontrollieren lassen.

Hiermit hängt zusammen, daß eine Rangbehauptung in der Interaktion, sei es Gleichen, sei es Ungleichen gegenüber, immer auch direkte Konsequenzen hat. Einerseits kann der Rangbehauptung nur sofort widersprochen werden, und das ist nicht einfach. Wenn dies verpaßt ist, gilt sie als durchgesetzt (und spätere Zweifel lassen sich schwer ans Licht bringen). Zum anderen impliziert die Rangbehauptung immer auch die Behauptung einer Qualität und/oder eines Könnens, also die Demonstration von „Tugend" (im alten Verständnis dieses Begriffs). Das waren dann zugleich Eigenschaften bzw. Möglichkeiten, die andere in Anspruch nehmen konnten – zum Beispiel unter dem Gesichtspunkt der Freigebigkeit oder des Mutes in gefährlichen Situationen. Wer sich mit solcher Selbstdarstellung in der Interaktion gebunden hatte, konnte nicht mehr gut contra factum proprium handeln.

Gerade dieser Bindungsmechanismus läßt jedoch schon früh, schon gegen Ende des 16. und dann im 17. Jahrhundert Risse erkennen, die zu raschem Verfall führen. Man kann dies an den Transformationen der Semantik von Stolz, orgueil, oder auch von Ehre, honneur, ablesen; und das Überhandnehmen von Duellen wird einer der Gründe gewesen sein. Ehrbewußtsein wird noch gepflegt und zugleich unter der Bezeichnung orgueil religiös und moralisch diffamiert[58]. Orgueil wird mit vanité assoziiert und beides aber zunächst (wie Schichtung überhaupt) auf die Natur des Menschen bezogen und damit für unausrottbar erklärt[59]; doch die interaktionellen Konsequenzen liegen schon nicht mehr in entsprechendem Handeln, sondern im Durchschauen und in psychologisch moralischer Desavouierung der entsprechenden Prätention[60]. Entsprechend wird die abklingende Bedeutung von „Ehre" registriert[61]. Die Interaktion wird haltlos[62]. Gegen die These der Naturabhängigkeit des orgueil setzt sich in der zweiten Hälfte des 18. Jahrhunderts dann die These von der Zivilisationsabhängigkeit (und damit: Änderbarkeit) des orgueil durch[63], und damit ist unter diesem Blickwinkel der Übergang zu einer bloßen Klassengesellschaft ins Auge gefaßt. Orgueil erstarrt zu einer Geste, die funktionslos wird und nur noch mit dem Ausdruck der Verachtung für das Unverständnis der Zeitgenossen vollzogen werden kann.

Mit all dem wird der Sicherheitsbedarf (der immer den Einzelnen selbst und den anderen betrifft) aus der Standessicherheit in die kommunikative Interaktion verlagert. Parallel dazu wird, was Religion betrifft, „Dogmatismus" kritisiert und ebenso der Ersatz dafür: „Fanatismus". Die Interaktion kann aber das, was damit auf sie zukommt, nicht leisten. Sie reagiert auf die Verschärfung des Sicherheitsproblems mit der Problematisierung von Aufrichtigkeit, und man merkt sehr rasch, daß man Aufrichtigkeit weder kommunizieren noch beweisen kann, *wenn sie bezweifelt wird*. Zugleich kommt ein generalisierter Motivverdacht auf, der in der Interaktion nicht zu beheben ist. Wir kommen darauf unter VI. ausführlicher zurück.

Einen weiteren Hinweis gewinnen wir mit der Überlegung, daß, wenn Interaktion geregelt, auch der Zugang zur Interaktion geregelt werden muß. Schichten, die anspruchsvolle Interaktion durchführen wollen, müssen die Zugangsprobleme lösen können. Sie legen zum Beispiel auf die Geburt, die Herkunft, also die Familie, der jemand angehört, entscheidenden Wert, und müssen die Zahl der in Betracht kommenden Familien – man muß sie kennen können! – klein halten. Das funktioniert in Gesellschaften, in denen auch die dafür nötigen wirtschaftlichen Ressourcen, nämlich Land, ohnehin knapp sind, wie von selbst. Immerhin werden andere Vermögensquellen, die doch denkbar sind und im Fernhandel auch vorkommen, mehr oder weniger wirksam ausgeschlossen. Problematischer ist, daß die Qualitäten, die die Zulassung zur Interaktion und die Stellung in ihr garantieren, nicht der Interaktion selbst verdankt sein dürfen (denn sonst müßte man jeden auf Probe zulassen). Deshalb kommt es in der Semantik der Oberschichten stratifizierter Gesellschaften zu einem unlösbaren

Konflikt von geburtsmäßiger und moralischer, angeborener und erworbener Qualität. Beide zählen, und ihr Verhältnis ist Gegenstand endloser Dispute[64]; denn man kann die Symbolik der Geburt nicht eliminieren, ohne sich unlösbare Erkennungs- und Verständigungsprobleme in der Interaktion einzubrocken[65]. Oft wird gerade diese Ambivalenz umgeformt in die Forderung, daß Angehörige der Oberschichten (und eigentlich nur sie) erzogen werden müssen, damit ihre Qualität dann auch ihrer Geburt entspreche. In diesem Kontext einer Qualitätsgarantie ist die Berufung auf Natur schon im 17. Jahrhundert umstritten, ja allenfalls noch im symbolischen Sinne brauchbar[66]. An ihrer Weiterverwendung gegen alle biologische Plausibilität kann man aber ablesen, daß sie für die Interaktion noch unentbehrlich ist. Im 18. Jahrhundert ist, wie schon gesagt, Natur dann allenfalls noch ein Argument, das den Standesdünkel, den Stolz und die Selbstliebe des Adels für unbezwingbar erklärt.

Nicht nur Zugangs-, sondern auch Vermeidungsregeln sind für die Interaktion in stratifizierten Gesellschaften wichtig. Man darf im Kontakt mit Höhergestellten nicht den schlechten Geruch mitbringen, der aus dem Kontakt mit unteren Schichten einem anhaften könnte[67]. Interaktionsschichten müssen separiert bleiben (immer ausgenommen natürlich die Interaktion, die nicht als echte Interaktion gewertet wird: die Interaktion im eigenen Hause mit dem eigenen Diener, dem eigenen Kutscher). Die Zuordnung der Interaktionen markiert zugleich diejenigen Systemgrenzen, auf die es in stratifizierten Gesellschaften vor allem ankommt. Rein praktisch mag dies auch die Gefahr abwehren, daß man sich als Bittsteller oder Kontaktvermittler von unten nach oben mißbrauchen läßt.

Mit dem Übergang zur Klassenschichtung sind all diese Probleme mit einem Schlage verschwunden — um nicht zu sagen: gelöst. Es kommt nicht mehr darauf an, wer zur Interaktion zugelassen wird, sondern nur noch darauf, wie man die Interaktion handhabt. Man muß jetzt in ganz anderem Sinne aufpassen und reagieren können, und Herkunft zählt allenfalls noch als ein Moment, das die Fähigkeiten dazu ausbildet bzw. unentwickelt läßt. Die Klassen selbst werden davon befreit. Man kann sich jetzt riesige Klassen, auch und gerade Klassen der Unterschichten vorstellen: Proletarier aller Länder! Es kommt nie zu dem Problem, ob man es konkret mit einem „Proletarier aller Länder" zu tun hat; sondern man trifft allenfalls in funktionsspezifischen (zum Beispiel politischen, aber auch betrieblichen) Kontexten auf Parteifunktionäre, denen man es nachsehen muß, daß sie solche oder ähnliche Formeln auf den Lippen führen.

Im Hintergrund dieser Entwicklung gewinnt die „öffentliche Meinung" an Bedeutung. Ihr Aufstieg von Rücksicht auf Reputation in der interaktionsfähigen Gesellschaft zur „invisible puissance", nach der die Politik sich zu richten hat[68], vollzieht sich im 18. Jahrhundert, parallel zur Ausbildung des Klassenbegriffs. Beide Gesichtspunkte, öffentliche Meinung und Klassenstrukturen, sind zwar für die Politik relevant; aber die Interaktion kann sich von ihnen distanzieren. Die Interaktion ist dann der Ort für ironische und kommentierende Distanz, an dem jeder sich wundert, daß andere sich durch die Netze der öffentlichen Meinung und des Klassenbewußtseins gefangen nehmen lassen.

V.

Schon von Zeitgenossen des 18. Jahrhunderts ist beobachtet worden, daß die Standesunterschiede als Regulativ des täglichen Verhaltens an Bedeutung einbüßen. Die Sicherheit, mit der man den eigenen Vorrang behauptet und darstellt, nimmt ab, so sehr man immer noch die Einschätzung anderer an deren Rang orientiert. Der Bedeutungsverlust scheint die Repräsentation zu betreffen. Der Adel kann nicht mehr gut behaupten, als Teil im Ganzen das Ganze zu repräsentieren, nachdem wichtige Funktionszentren wie Politik oder Wissenschaft ausdifferenziert sind und ihre Angelegenheiten eigengesetzlich betreuen; der Adel kann immer noch sich selbst behaupten, aber das ist auf Dauer keine haltbare Position, und vor allem keine feine Art. Die Flucht ins Zeremoniell macht das Problem nur verstärkt sichtbar: Wenn es nur darum geht, darauf kann man verzichten.

Das, was wir als Verlust der Repräsentation bezeichnen, hatte sicher Konsequenzen für das persönliche Verhalten. Uns interessieren jedoch mehr seine semantischen Korrelate. Gegen Ende des 17. Jahrhunderts breitet sich eine Semantik des Verzichts auf objektive Kriterien aus, die genau auf diese Sachlage reagiert. Sie setzt sich nicht allgemein durch, sondern nur für besonders interaktionsnahe Sachverhalte. So werden die Funktionsschwerpunkte ausgespart, die selbstverständlich ihre Kriterien benötigen. Außerdem verändert der Verzicht auf objektive Kriterien die Art und Weise, in der die Semantik von Stratifikation abhängt: Schichtabhängigkeit muß einerseits *um so mehr* in Anspruch genommen werden, nämlich als Ersatz für die feststehenden Kriterien; sie wird andererseits aber in einen semantischen Zirkel eingebaut *und dadurch gewissermaßen neutralisiert*, indem das Richtige nur dank good breeding, lumières etc. zu beurteilen ist, während umgekehrt die Schichtzugehörigkeit sich gerade daran erweist, daß man in der Lage ist, richtig zu urteilen. Wir wollen diese semantische Neuerung an den beiden vielleicht wichtigsten Einzelideen vorführen, nämlich am Komplex „Geschmack" (gusto, goût, taste) und am Sanktionsmodus der „Lächerlichkeit" (ridicule). Das berühmte „je ne sais quoi" mit ähnlicher Funktion wird zu dieser Zeit bereits persifliert, was wahrscheinlich Reflexionen über den guten Geschmack mitausgelöst hat und jedenfalls die Möglichkeit ausschließt, das Problem mit einem Achselzucken abzutun.

Geschmack ist der zusammenfassende Ausdruck für das, was man später Urteilskraft nennen wird. Es geht dabei um die Feststellung des Richtigen außerhalb des Bereichs wissenschaftlicher Beweisführung und außerhalb des Bereichs der etablierten Religion; es geht nicht nur um ästhetische Urteile, sondern um eine sehr allgemeine Verhaltenskompetenz, die Übertreibungen ausfiltert, Künsteleien meidet und intuitiv-sicher weiß, was in bestimmten Situationen angebracht ist. Geschmack geht von seiner eigenen Unangreifbarkeit aus. Er richtet sich nicht nach Regeln und Rezepten (denn er muß auch dort bereitstehen, wo es um nichtverallgemeinerbare Urteile in der Situation für die Situation geht). Mit der Ablehnung von Regeln und Rezepten wird zugleich die Subalternität vermieden, die mit deren Anwendung zwangsläufig verbunden wäre; an deren Stelle tritt, als funktionales Äquivalent, die Differenz von gutem und schlechtem Geschmack – eine Differenz, die niemand wird bestreiten wollen[68a]. Ein Ragoût ist gelungen oder mißlungen, das schmeckt man; und mehr ist dazu nicht zu sagen[69].

Die Versuche, zu umschreiben, was mit Geschmack gemeint ist, benutzen Begriffe wie Herz, Gefühl, Intuition, mit denen die Unabhängigkeit des Urteils von der Vernunft betont wird. Das Gefühl fühlt, was es fühlt, und gewinnt seine Urteilssicherheit durch Selbstreferenz, wenn (!) ein geeignetes Objekt vor Augen steht[70]. Sein Urteil steht sofort und ohne Überlegung fest, und es ist sich sicher, daß Überlegung und Vernunft bei einer Nachkontrolle das Geschmacksurteil bestätigen werden[71]. Man ist in allem Handeln und Urteilen sicher, keinen Fauxpas zu begehen; und diese Sicherheit schließt die Überzeugung ein, daß auch später nichts an den Tag kommen kann, was daran Zweifel wecken könnte. Aber woher kommt diese Sicherheit? Shaftesbury sieht darin eine durch Übung und Erfahrung mit kritischem Urteilen erworbene Fähigkeit[72]. Aber das verschiebt nur das Problem. Die eigentliche Sicherheitsquelle ist jener Zirkel, in dem Sachkriterien und Urteilskompetenz sich wechselseitig voraussetzen. Es gibt (unbestreitbar) Personen mit gutem Geschmack, deren Urteil im Annehmen und Verwerfen mit den Qualitäten der Gegenstände übereinstimmt, die ihrerseits aber nur durch ein solches Geschmacksurteil faßbar sind[73]. Das Praktizieren des Geschmacks macht zugleich erkennbar, wer und was dazugehört. Das kann man leicht und zweifelsfrei feststellen[74] – aber nicht im Wege der begrifflichen Deduktion oder der Anwendung eines Kriteriums. Die Urteilskompetenz ist selbstverständlich für höhere Schichten reserviert[75].

Aber nicht darin liegt ihre Legitimation. Vielmehr fungiert der Schichtindex nur als Moment jenes selbstreferentiellen Zirkels, in dem Schichtung auf Kriterien und Kriterien auf Schichtung verweisen. Man kann in der Verlegenheit, Kriterien nicht angeben zu können (weil das das Urteil zur Regelanwendung degradieren und im übrigen nur Bestreitbares ergeben würde), auf Schichtmerkmale ausweichen, die ihrerseits voraussetzen und bezeugen, daß es guten und schlechten Geschmack, gut und schlecht qualifizierte Objekte und entsprechende Kriterien gibt. Es handelt sich, anders gesagt, um ein genaues soziales Korrelat jener kriterienlosen Selbstreferenz, die am Subjekt des Denkens und Empfindens, des plaisir und des Interesses Jahrzehnte früher entdeckt worden war: So wie das Subjekt, so kann auch das Sozialsystem der höheren Schicht nur durch Bezug auf sich selbst ausmachen, nach welchen Kriterien es sich im Geschmacksurteil richtet. Dabei ist jedoch Schicht nicht mehr Geburtsschicht, nicht mehr jenes Stratum der Gesellschaft, dem man qua Familie angehört; und andererseits ist Schicht noch nicht Klasse, denn Geschmack ist ein geselliges Urteil, und die Kompetenz dazu wird in guter Gesellschaft erworben. Es handelt sich mithin um ein schon auf Individuen bezogenes, relativ offenes Sozialsystem, zu dem man jedoch nur Zugang hat, wenn man zur Interaktion zugelassen wird. Lektüre ermöglicht Vorbereitung, aber letztlich entscheidet die Sozialisation im „commerce du monde". Die Interaktion schließt ein und schließt aus, und sie ist in dieser Funktion für Schichtung noch unentbehrlich. Dies wird nicht zuletzt auch dadurch abgesichert, daß man immer wieder betont: durch lange Studien, durch emsigen Fleiß oder durch das angestrengte Bemühen von Pädagogen sei Geschmack nicht zu erwerben[76]. Der Gedanke liegt noch ganz fern, den Zugang zu höheren Schichten durch die Unterrichtsveranstaltungen des Erziehungssystems zu regulieren; er wird an den Grenzen der Interaktionssysteme durch die schon Anwesenden kontrolliert.

Ebenso wie Geschmack ist auch unser zweites Beispiel, der Sanktionsmodus der Lächerlichkeit, ein an Interaktion gebundenes, auf Geselligkeit angewiesenes Phänomen. Auch Lächerlichkeit operiert, wie Geschmack, nicht als Anwendung von Regeln. Vielmehr wird das, was ein Urteilen oder Verhalten als lächerlich erscheinen läßt, wie ein Faktum behandelt, zu dem die Lächerlichkeit gewissermaßen mitdazugehört[77]. Entsprechend bleibt der Grund (und der Begriff) des Lächerlichen im Undefinierbaren. Begründungen zu erwarten oder zu verlangen, wäre seinerseits lächerlich, weil eben damit das Wesen der Sache verkannt würde. Lächerlichkeit ist eine Art Prüfmethode, a Manner of Proof[78]. Sie richtet sich gegen aufgeblasene, bloß vorgetäuschte Meinungen und Verhaltensweisen, gegen Abweichung vom Natürlichen und ist insofern ein Nebenprodukt des Motivverdachts. Sie reagiert auf die Inkommunikabilität von Aufrichtigkeit und Echtheit, und setzt an die Stelle der Kommunikation den Test der Lächerlichkeit. Was diesen Test besteht, kann, zumindest nach Shaftesbury, ohne weitere Beweise als wahre Natur und als wahre Moral gelten. Dabei kontrolliert das Testverfahren sich selbst an Lächerlichkeit; denn wenn man etwas als lächerlich behandelt, was dies nicht verdient, wirkt die Behandlung selbst lächerlich[79]. Über Anwendung auf sich selbst kann es innerhalb der Interaktion und ohne Intervention externer Instanzen die Urteilsbildung leiten.

Aber woher kommt die Sicherheit, daß nichts Wertvolles über Bord geht, wenn man der Lächerlichkeit freies Spiel läßt? Und woher kommt die Sicherheit, daß etwas Haltbares, Unverspottbares übrig bleibt?

Auch hier liegt die letzte Garantie in der schichtspezifischen Interaktion. Sie wird nicht zulassen, daß jede mögliche Position ruiniert wird, weil das das Ende der Interaktion selbst bedeuten würde. Eigentlich sanktioniert die Lächerlichkeit denn auch die Mißachtung des sozialen Kontextes der Interaktion[80]. Die Interaktion fungiert als Abweisungsinstanz. Das setzt schichtspezifisch erreichbaren Konsens voraus und bedeutet zugleich, daß dem rein destruktiven Spott durch Interesse an Fortsetzung der Interaktion Grenzen gezogen sind. Man braucht also nicht mehr auf Stratifikation zu rekurrieren und die Urteilsgrundlagen von oben vorzugeben. Ein solcher Versuch wäre eben so lächerlich wie der Versuch des Bourgeois Gentilhomme, Zugang zu finden. Die Interaktion ist in ihrem Urteil autonom, und Lächerlichkeit ist das Verfahren, das ihrem Urteil positive Geltung verschafft. Das kann aber nur funktionieren, solange der Zugang zur Interaktion unter Kontrolle gehalten wird.

Im übrigen ist durchaus bewußt, daß das Verfahren des Lächerlichkeitstests auf den Interaktionsraum beschränkt ist. Niemand würde daran denken, einen verlorenen Krieg oder den Pomp kirchlicher Zeremonien oder die fehlgeschlagene Papiergeldmanipulation unter die Kategorie des Lächerlichen zu bringen. Es hat auch keinen Sinn, die Öffentlichkeit zu verspotten, selbst wenn sie irrige Meinungen pflegt[81]. Die Freiheit von Witz und Spott ist von der Art des „Liberty of *the Club*, and of that sort of Freedom which is taken amongst *Gentlemen* and Friends, who know one another perfectly well"[82].

Diese beiden etwas ausführlicher vorgestellten Beispiele, Geschmack und Lächerlichkeit, scheinen zu belegen, daß und wie die Ordnung der Stratifikation im Übergang zum 18. Jahrhundert ihre Semantik veränderten Verhältnissen anpaßt. Die noch intakte, noch gelebte Standessicherheit muß lernen, ohne Weltsicherheit auszukommen. Sie fungiert nicht mehr unbefangen als Repräsentation des Ganzen im Ganzen. Sie kann sich nicht mehr direkt und ungebrochen auf die Welt, wie sie ist, berufen. Daher überzeugen, soweit man sich nicht einfach dem Zynismus, der Frivolität und dem Genuß überläßt, jetzt Sinnformen, die die Repräsentation durch einen selbstreferentiellen Zirkel ersetzen, in dem die Schichtzugehörigkeit als Bedingung des richtigen Urteilens und das richtige Urteilen als Bedingung der Schichtzugehörigkeit gesetzt ist. Die Sozialdimension stützt sich auf die Sachdimension, weil die Sachdimension sich auf die Sozialdimension stützt. Diese Tautologie wird Philosophen nachhaltig beunruhigen und ihnen die Ausarbeitung einer Theorie der Ästhetik nahelegen[83]. Lebenspraktisch gesehen entscheidet jedoch die soziale Interaktion darüber, was sich als Geschmack durchsetzen und was sich als lächerlich abweisen läßt. Die Besonderheiten der Interaktion unter Anwesenden werden verstärkt in Anspruch genommen. Noch „besteht" Stratifikation gewissermaßen im Zugriff auf Interaktion. Zugleich wird aber die Interaktion der Oberschichten, gesellschaftsstrukturell gesehen, ein zunehmend randständiges Phänomen. Gegen Ende des Jahrhunderts wird man diesen Sachverhalt dann aus Distanz beobachten und beschreiben können: hier versammeln sich Leute, deren Spezialität es ist, über alle Leute und alle Gegenstände ein promptes Urteil zu haben. Esprit wird zum „jargon d'une certain classe", und Konversation wird zum Bemühen um Fortsetzung der Konversation[84]. Für das Gesamtsystem der Gesellschaft hat dies keine oder allenfalls negative Folgen: die Oberschicht überläßt sich auf diese Weise der Revolution.

VI.

Achtet man stärker auf die Binnenstrukturen der Interaktion, dann führt eine weitere Analyse zu einem ähnlichen Ergebnis. Schon vor dem Umbruch der traditionalen stratifizierten Gesellschaft in ein funktional differenziertes Gesellschaftssystem mit Klassenstrukturen zeigen sich in den Interaktionssystemen der Oberschicht neuartige Spannungen und neuartige semantische Ablagerungen. Die Interaktion wird einerseits stärker in Anspruch genommen. Die ihr eigentümliche soziale Reflexivität wird betont und aufgebaut, und gerade darin sieht man eine Qualität, die man den Unterschichten absprechen kann. Andererseits verliert gerade durch diese sozialrekursive Schließung die Oberschichtinteraktion an gesellschaftlicher Bedeutung. Sie wird zum Spiel mit sich selbst. Wir wollen dies an einem Sonderthema verfolgen, das freilich zentrale Bedeutung hat: An der Entstehung eines generalisierten Motivverdachts und an seinen Folgen für Interaktionssysteme.

Stratifizierte Gesellschaften dürften sehr unempfindlich gewesen sein gegen ein Kennen bzw. Nichtkennen der „wahren Motive" des anderen[85]. Sie können daher auch eine hohe Diskrepanz zwischen moralischer Darstellung und Wirklichkeit verkraften. Die zugeschriebenen Motive ergeben sich aus der Schichtenlage der Interaktion, und man muß nur darauf achten, daß die Abweichung nicht auffällt. Entsprechend genügen Beispiele, Regeln und Maximen, um die Interaktion auf den gesellschaftlich vorgesehenen Bahnen zu halten.

Es ist schwer zu sagen, ab wann sich dies ändert. Man könnte die Anfänge an Hand der Institution der Beichte und der von ihr geforderten Gesprächigkeit über innere Angelegenheiten bis ins Mittelalter zurückverfolgen[85a]. Einer der Ausgangspunkte dieser Entwicklung ist die Kritik der „falschen Devotion". Sie führt, radikal durchgeführt, zur These der Unerkennbarkeit wahrer Motive, und in milderer Fassung zu der Einsicht, daß darstellbare Motive immer auch eine Stütze in nichtdarstellbaren Motiven benötigen[86]. Damit hängt eng zusammen die These, daß ein Durchschauen der vorgetäuschten Motive Bedingung für eine Karriere am Hofe ist. Entsprechende Maximen werden für den Bereich der Liebe entwickelt. Auch die Seelsorge und speziell die Beichtpraxis sind darauf angewiesen. Sehr allgemein gilt es, mindestens seit Gracián, als rational, sich durch die vorgetäuschte Rationalität der Motive des anderen nicht täuschen zu lassen, sondern gerade sie in den Dienst der eigenen Zwecke zu nehmen. Bei all dem muß man sich immer noch als honnête homme, als gentleman benehmen, aber die Ebene dieses Benehmens löst sich von der Ebene des Kalküls, des Taktierens, der wirklichen Einschätzungen und Entschlüsse ab.

Dies setzt eine alte Tradition fort, die immer schon gewußt hatte, daß Lohn und Strafe erforderlich seien, um den Menschen zu motivieren[87]. Was sich ändert, scheint im Bereich der *Kommunikation* von Motiven zu liegen. Man traut der *Darstellung* von Motiven nicht mehr, und der Verdacht auf Zweitmotive weitet sich aus[88].

Im übrigen ist auch der Motivverdacht selbst nicht gegen Motivverdacht gefeit. De Villiers zum Beispiel fragt explizit nach den Motiven der Devotionskritik: Welche Gründe haben Kritiker und Entlarver für ihre Annahmen? Wünschen sie, daß alle Devotion falsche Devotion sei?[89]. Devotion und Kritik der Devotion werden mit den gleichen Mitteln analysiert. Der Motivverdacht ist universell applizierbar. Aber das heißt nicht, und gerade darin besteht die Komplexität der Situation, daß jetzt einfach alles falsch und unecht sei. Zu bedenken ist vor allem, daß die Möglichkeit, in Motivverdacht zu geraten, ihrerseits selektiv wirkt: Aufrichtige Christen scheuen davor zurück, sich zur Devotion zu bekennen, weil es sie schockiert, entsprechend angesehen zu werden[90]; während umgekehrt diejenigen, die sich als devot bekennen, auf dem besten Wege sind, es nicht zu sein[91].

Man kann sich kaum vorstellen, welch immense Komplexitätslast damit der Interaktion aufgebürdet wird. Das 17. Jahrhundert hält sich noch an entsprechend modifizierte Rationalitätsdirektiven. Das Problem wird auf die quasi professionelle Praxis des Hofmannes, des Verführers, des Beichtvaters bezogen. In solchen Kontexten wird dann Virtuosität erwartet, während die normale gesellige Interaktion sich noch an Regeln und an Statusdifferenzen hält. Erst mit dem Verblassen dieser Rezepturen wird das Problem des Durchschauens und des Motivverdachts ein solches der Interaktion schlechthin, und erst das 18. Jahrhundert wird eine rationale Lösung dieser Probleme für abwegig und für unzumutbar halten.

Nach einer Rechnung, die Alfred Kuhn angestellt hat, gibt es bei einer Interaktion mit nur zwei Beteiligten und (für jeden) nur drei Einstellungen (selfish, generous, hostile) im Verhältnis zum anderen bei voll durchgeführter Reflexivität in Bezug auf aufrichtig/vorgetäuscht 9^7, also 4 782 969 mögliche Kombinationen[92]. Wie sollen die Beteiligten dann noch wissen oder feststellen können, welche Kombination gerade aktuell ist? Oder anders gesagt: die einzige quasi-sichere Annahme kann nur sein, daß jede Annahme falsch ist. Dabei geht es hier, wohl gemerkt, nur um die innere Komplexität des Sozialsystems der Interaktion, also nur um die Zuschreibung von Motiven unter dem Schema aufrichtig/vorgetäuscht, und nicht etwa um die Exploration der vollen Mentalzustände der jeweils Beteiligten oder um sonstige Beziehungen des Systems zu seiner Umwelt. Wie immer diese Entwicklung zu immenser Eigenkomplexität ausgelöst worden sein mag[93]: die Frage ist, wie man daraufhin noch zu verläßlichen, erwartbaren Bestimmtheiten kommen kann.

Die Schichtzugehörigkeit wird, so sehr sie einen realen bonus in allen Lebenslagen mit sich bringt, auf semantischer Ebene in Prätention und Aspiration aufgelöst. Sie gehört mit zu dem, was auf der Interaktionsebene nur als durchschaut praktiziert werden kann. Den „Großen" wird sie von Pascal als pensée publique nahegelegt, während die pensée plus cachée sie auf die natürliche Gleichheit aller Menschen verweist[94]. Auch diese double pensée legt eine Differenz zwischen die Natur und die Ebene der Selbstbeobachtung und Selbstbeschreibung von Interaktionszusammenhängen. Aber der Motivverdacht kommt in dieser Überleitungssemantik noch nicht voll zum Tragen; er bleibt noch an die gesellschaftlich unvermeidlichen Zwänge der Interaktion gebunden und rechtfertigt so ein Verhalten, das doch schon als bloße Darstellung durchschaut wird. Wenn dann die Sicherheit der Orientierung an gesellschaftsstrukturellen Erfordernissen entfällt, wird man nur noch in der Interaktion selbst andere Stützpunkte finden können, die gewährleisten, was man erwarten und was man als Erwartung erwarten kann — oder um es auf dem Beobachtungsniveau des symbolischen Interaktionismus zu formulieren: that each actor knows that the other knows that he knows what the other has in mind"[95].

VII.

Nachdem vorgeführt ist, wie konkret stratifikatorische Differenzierung zumindest für die Oberschichten Interaktion reguliert hatte und wie dies Regulativ durch soziale Reflexivität verdrängt wird, ist deutlicher zu sehen, was aufgegeben und was gewonnen wird, wenn es zur Klassenbildung kommt. Um erkennen zu können, worin die Anpassung an die Bedingungen eines funktional differenzierten Gesellschaftssystems liegt, müssen wir aber die Eigenart dieser Ordnung mit in den Blick ziehen. Und dann wendet sich auch die negative Formulierung, das Verzichten auf Interaktionsregulierung, in eine positive Formulierung: die Interaktionssysteme werden in stärkerem Maße freigegeben für Regulative anderer Art. Die Gesellschaft wird auf der Ebene der Interaktion, was Schichtung angeht, entstabilisiert, um Zugriffe anderer Art zu ermöglichen. Diese Zugriffe können nun sehr viel komplexer konditioniert werden als durch

Schichtung, nämlich durch die Funktionssysteme der Gesellschaft, durch formale Organisation und durch individuelle Ansprüche. Die einzelne Interaktion verliert ihren Schichtenzugehörigkeitsindex, und dieser Index wird auch nicht ersetzt. Es gibt nun einerseits Interaktionen, die sehr exklusiv und vor allem durch organisatorische Regulierung einem und nur einem Funktionssystem angehören, etwa parlamentarische Debatten, Industriearbeit, Erziehung in Schulklassen; und andererseits auch Interaktionen, die mehr oder weniger frei gebildet werden oder auch mehrere Funktionssysteme zugleich bedienen.

Anders formuliert: Die Aufgabe, Interaktionen in Paßform zu bringen, braucht heute nicht mehr so stark wie früher mit dem Verteilungsproblem assoziiert zu sein. Sie kann teils Organisationen übertragen werden, teils der Geschichte einzelner Interaktionssysteme mehr persönlicher Art überlassen bleiben. Sie kann damit stärker diversifiziert werden, ohne mit gesamtgesellschaftlichen Sinnbezügen belastet zu sein. Was gewonnen wird, ist eine größere Schärfe des Zugriffs, die aber an gesamtgesellschaftlicher Verbindlichkeit (wie sie im Bezug auf die Einheit einer Rangordnung noch lag) einbüßt. Die Selektivität der Einzelinteraktion steigt. Die Hinsichten, in denen sie sich von anderen unterscheidet, nehmen zu. Die „Information" wird größer, die sich mit der Feststellung verbindet, daß hier eine bestimmte und keine andere Interaktion abläuft. Die Entropie des Systems nimmt zu (unbeholfen formuliert schon in den Theodizeen des 18. Jahrhunderts, die besagen, daß in all dem scheinbaren Durcheinander eine unsichtbare Ordnung walte, eine invisible hand regiere). Man kann auch sagen: höhere Komplexität fordert schärfere Selektivität und umgekehrt, und die Ebene, auf der Interaktionssysteme gebildet werden, muß dem angepaßt werden.

Im Ergebnis steigt damit, das läßt sich durchaus empirisch feststellen, die Erwartung, daß Interaktionen sich individuellen Anspruchshaltungen und/oder organisatorischen Regulierungen fügen werden. Auf der einen Seite wird es nahezu selbstverständlich, daß das Individuum seine Lust und sein Interesse selbst definieren und damit in der Interaktion auftreten kann.[96] In dieser Hinsicht bedeutet der Übergang von stratifikatorischer Differenzierung zur Schichtung nach Klassen, daß von einer schichtmäßigen Regulierung der Lust und der Interessen, die man in Interaktionen einbringen kann, abgesehen wird. Und nicht nur das: das Auftreten mit copierten, auf Schicht bezogenen Motiven und Kognitionen wird sogar diffamiert, und Snobismus wird zur Sünde schlechthin:[97] zur einzigen Sünde, die ein Schriftsteller als Beobachter der bürgerlichen Gesellschaft nicht verzeihen kann[98]. Dabei ist die Klassengesellschaft durch und durch snobistisch, was ja eigentlich heißt: sine nobilitate. Sie spiegelt sich so in ihrer Literatur, aber sie kann sich dies in der Interaktion nicht eingestehen.

Auf der anderen Seite entfallen damit auch schichtspezifische Schranken für Organisierbarkeit. Die Herkunft greift nicht in die Operationen der organisierten Sozialsysteme ein. Die Honoratioren verschwinden, der Amateur verschwindet. Mit diesen Figuren verschwinden die Legitimität des Imperfekten und die Legitimität des Unumstellbaren. Die Bürokratie krankt nur noch an ihren eigenen Mängeln. Deren Herkunft ist das System selbst. Die formale Organisation setzt voraus, daß die Interaktion widerstandslos konditionierbar sei. Die informale Organisation beweist das Gegenteil. Die Interaktion setzt jetzt ihre Eigenart als Sozialsystem unter Anwesenden gegen die Organisation; und sie setzt nicht mehr jene Mischung von largesse und Disziplin, die früher die gesellige Interaktion geprägt hatte.

Die Hoffnung, daß in der Staatsorganisation eine dem allgemeinen Interesse dienende Klasse (bei Hegel hieß es noch „Stand")[99] die Verteilung überwachen würde, wird heute kaum noch Anhänger finden. Sie findet empirisch keine Bestätigung und steht auch logisch im Widerspruch zum Begriff der Klasse. Dieser Begriff bezeichnet einen reflexiven Sachverhalt, die Verteilung der Verteilung, und kann sich daher nicht selbst entrinnen und sich auch nicht, wie Fichte und Hegel dachten, in den Staat auflösen.

Das 19. Jahrhundert reorganisiert sich infolgedessen als Jahrhundert der Freiheit und der Organisation. Es findet seinen Widerspruch im Problem der Institutionalisierung von Freiheit. Organisation ist ein genauer Gegenbegriff zu Schichtung insofern, als die Mitgliedschaft durch bloße Entscheidung erworben werden und verloren gehen kann. Eintritt und Austritt sind die neuen Kategorien der Mobilität. Steigerung der individuellen Ansprüche und organisatorische Disziplinierung lassen sich, so sagt das Ideal, gleichzeitig realisieren. Dieses Gesellschaftsprogramm tritt faktisch an die Stelle des noch quasi-interaktionell gedachten kategorischen Imperativs. Der Gesellschaft werden die dafür nötigen Rahmenbedingungen abgefordert, und dazu gehört die Dekonditionierung des schichtmäßigen Zugriffs auf Interaktion. Robert Mohl beispielsweise fordert einen Ausbau des staatlichen Prüfungswesens mit der Begründung, daß nur so, nur durch Ersatzkonditionierung gewissermaßen, der unmittelbare Zugriff des Adels auf die besten Posten und eine an Schichtinteressen orientierte Amtsführung verhindert werden können[100].

Damit läßt sich Schichtung freilich nicht abschaffen. Sie besetzt den Platz, der für die „invisible hand" vorgesehen war — mit weniger befriedigenden Resultaten. Sie reguliert die Verteilung und zieht sich dafür auf die Form von Klassendifferenzen zurück. Ambitionierte Sozialtheoretiker und Politiker möchten auch dies noch beseitigen; aber damit muß die Regulierung der Verteilung dann auf die Wohlfahrtsbürokratie übertragen werden — mit vielleicht noch weniger befriedigenden Resultaten. Ein Experiment dieser Art strukturiert die weltpolitische Szene des 20. Jahrhunderts. Resultate lassen sich schwer einschätzen, jedenfalls aber schon beobachten, und der Klassenbegriff wird demzufolge verschieden angesetzt je nach dem, wie man zu diesem Experiment steht.

VIII.

Selbst wenn man den vorgeschlagenen Klassenbegriff und die ihn stützenden Analysen akzeptiert, bleibt das zentrale Problem damit ungelöst. Von einem Begriff wird man kaum erwarten können, daß er Erkenntnisprobleme löst, und so kommt es auch hier mehr darauf an, wie die Probleme mit Hilfe von Begriffsbildungen gestellt werden.

Ganz überwiegend werden heute mit Stratifikation/Schichtung/Klassenbildung Strukturen der Ungleichheit und Verteilungsprobleme assoziiert, aber das ist natürlich, da alles, was ist, auch ungleich ist, eine viel zu allgemeine Problemstellung. Es führt ein Stück weiter, wenn man mit dem Begriff der Struktur eine zweistufige Selektion, also eine Selektion von Selektionen bezeichnet, und entsprechend das Problem der Klassenbildung als Problem der Verteilung von Verteilungen auffaßt. Man kann die Hypothese formulieren, daß erst der Übergang von stratifikatorischer zu funktionaler Differenzierung das Verteilungsproblem reflexiv werden läßt; und zwar deshalb, weil jetzt die Verteilung der Güter nicht mehr mit der Differenzierung des Gesellschaftssystems identisch ist, sondern sich neben ihr (wenngleich keineswegs unabhängig von ihr) realisiert, so daß es zum Problem werden kann, wie die Individuen auf die Verteilung der Güter verteilt werden. Der Klassenbegriff formuliert, daß dies geschieht; aber er gibt nicht notwendigerweise Auskunft darüber, wie dies geschieht.

Die klassische Theorie der Klasse hatte versucht, auf diese Frage eine Antwort mitzuliefern. Sie griff dabei auf eine Annahme über die *Ursachen* der Klassenbildung zurück. Sie sah diese Ursachen im Verhältnis des Einzelnen zum Produktionsprozeß und führte alles andere darauf zurück. Diese Theorie war, wie oben gezeigt, zunächst von den Physiokraten für die Landwirtschaft ausgearbeitet worden. Am Anfang des 19. Jahrhunderts wurde sie (zum Beispiel von Saint-Simon) auf die gewerblich-industrielle Produktion ausgedehnt und schließlich fast nur noch von da her begriffen. Entsprechend verschwindet ein Residualbegriff für eine untätige oder von der Produktion her gesehen sterile Klasse, und das Schema tendiert — trotz aller Komplikationen, die Marx selbst noch zu berücksichtigen wußte — bei den Marxisten zu einem Zwei-Klassen-Antagonismus, der sich mit einem weltpolitischen West/Ost-Gegensatz in Übereinstimmung bringen läßt. In ihre dritte Phase tritt diese Theorie ein, sobald sie beginnt, die riesigen Personalapparate der Bürokratien mitzuberücksichtigen, etwa im Sinne einer „neuen Klasse"[101] von Herrschenden oder im Sinne eines „neuen Kleinbürgertums"[102] von Abhängigen oder auch im Sinne eines weiteren Produktionsfaktors (?) Autorität, Management, Verwaltung[103]. Auch die bloße Auswirkung des Staates auf die Klassenbildung wird mehr und mehr diskutiert[104]. Spätestens in dieser, ihrer dritten Phase steht die klassische Theorie der Klasse jedoch vor der Frage, ob es überhaupt sinnvoll ist, die Verteilung der Verteilung von bestimmten Ursachen her zu begreifen und ob es zweckmäßig ist, dies im Klassen*begriff* mitfestzulegen.

Diese Zweifel verstärken sich, wenn man das Problem präzisiert. Ganz abstrakt kann das Problem als ein Problem der Abweichungsverstärkung oder der Steigerung von Ungleichheit in mehreren Dimensionen zugleich umschrieben werden. Es geht also nicht um Chancengleichheit schlechthin, also nicht darum, daß von zwei Patienten der etwas gesundere bessere Heilungs- und Überlebenschancen hat; oder daß von zwei Bewerbern um Kredit derjenige die besseren Aussichten hat, der über mehr oder über sichereres Einkommen verfügt; oder daß die Schulerziehung diejenigen Schüler besser fördern kann, die schon mehr gelernt haben. Das Problem liegt in der Bündelung und in der wechselseitigen Verstärkung solcher Tendenzen zum Aufbau von Ungleichheiten. Es sind nicht die Ungleichheiten als solche, sondern ihre Interdependenzen, die als „Klasse" (oder wie immer sonst) identifiziert werden. Die Frage ist, anders formuliert, warum eigentlich Statuskongruenz auf verschiedenen Dimensionen mit einer gewissen Normalität erreicht und akzeptiert wird, während Statusinkongruenz (wie etwa spektakuläre Unbildung der Reichen oder hochreichende Kontakte von Kriminellen) als Problem empfunden wird. Was spricht, könnte man fragen, dagegen, daß Nobelpreisträger sich selbst die Schuhe putzen müssen und ihre Freunde auf ihrem Sofa schlafen lassen? Das Prinzip funktionaler Differenzierung spricht dafür.

Legt man die Theorie der modernen Gesellschaft als Theorie funktionaler Systemdifferenzierung an (und nicht vorab schon als Theorie des Klassenkonfliktes und seiner Beseitigung), eröffnet das eine andersartige Perspektive auf das empirisch unbestreitbare, auch lebensalltäglich evidente Fortbestehen von Schichtung. Die Schichtung findet sich jetzt gleichsam quer zur dominanten Struktur der Gesellschaft. Sie folgt mit ihrer Lösung des Verteilungsproblems einer anderen Logik, und sie verliert in dem Maße an Legitimität, als die Werte und Normen sich auf die funktionale Differenzierung der Gesellschaft einstellen. Aber weshalb besteht sie trotzdem fort? Weshalb reproduziert sie sich? Und muß das so bleiben?

Die Antwort kann nur lauten, daß die funktionale Systemdifferenzierung Fragen der Verteilung nicht regelt. Ihre Subsysteme sind auf Problemlösung und Ressourcenbeschaffung ausgerichtet. Das ist Gegenstand ihrer Kommunikation. Die daraus sich ergebende Verteilung bliebe dem Zufall überlassen. Eine solche Ordnung wäre aber für die funktional differenzierte Gesellschaft selbst zu komplex. Deshalb akzeptiert sie jene Clusterbildungen und bevorzugt das, was in anderen Hinsichten schon bevorzugt ist. Hierfür stehen ihr verschiedene Mechanismen zur Verfügung. Der wohl wichtigste ist *Geld*, denn an Geldbesitz lassen sich viele nichtökonomische Vorteile und sogar Persönlichkeitsmerkmale[105] anschließen. Ein zweiter besteht in *Karrieren*, die über Organisationen der verschiedensten Art (Schulen, Berufsarbeit, politische Parteien) laufen. Hier werden Individuen auf Güter verteilt nach einem allgemeinen Maßstab des Lebenserfolgs[106]. Schließlich gibt es eine Art Reputation oder *Prominenz*, die sich vor allem den Massenmedien verdankt und mit Geld bzw. Organisation nur schwach, nur in den Spitzen sozusagen, korreliert.

Daß diese verschiedenen Mechanismen ohne Vorwegkoordination ansetzen können und erst bei Erfolg Clusterbildungen produzieren, hängt, wie oben (III.) schon betont, zusammen mit dem Verzicht auf Interaktionsregulierung. Alle so gebildeten Klassen sind denn auch von Tag zu Tag auf laufende Reproduktion der Klassenzugehörigkeit ihrer Individuen angewiesen: Die Reichtumsklasse auf *Zahlungen*, die Organisationsklasse auf *Entscheidungen* (unter Einschluß der Entscheidung, nicht, oder nicht jetzt, zu entscheiden) und die Prominenzklasse auf *Erwähnungen* — vor allem in den Massenmedien, aber auch qua „name dropping" in der Oberschichteninteraktion selbst[107]. Die entsprechenden Klassen gründen sich also nicht auf Natur oder natürliche Überlegenheit. Sie reproduzieren sich über basale Ereignisse (Zahlungen, Entscheidungen, Erwähnungen), wobei diese Ereignisse zugleich für Funktionssysteme relevant sein mögen, das Sichhalten in der Klasse aber darauf beruht, daß die Zurechnung der Ereignisse auf die Person bezogen wird, die damit ihre Auszeichnung verdient.

Die Grundoperationen, die auf diese Weise Klassen konstituieren, nehmen im übrigen Negationen in sich auf. Wer zahlen kann, muß auch nichtzahlen können; sonst ist er nicht reich. Das Entscheiden lebt von der Möglichkeit, nicht oder nicht jetzt zu entscheiden, die sich ihrerseits der bürokratischen Organisation verdankt. Und das Erwähnen ist als solches wichtig, ungeachtet der Frage, ob es mit Lob oder mit Kritik geschieht. Das Nichterwähnen eliminiert den Status und hat damit weitreichendere Folgen als eine noch so scharfe Kritik[108].

Eine weitere Eigentümlichkeit dieser offenen Klassenstruktur ist: daß sie den Individuen in gewissem Umfange eine Wahl der Selbstzuordnung gestattet. Sie können die eine Form der Aspiration als ihre Bezugsgruppe wählen und die anderen verachten. „One may sneer at social climbing while he develops ulcers for fear his paper will not be well received by his professional association"[109]. Wenn solche Selbstzuordnungen gewählt werden können, mag dies auch dazu führen, daß aus der Logik des Wählens heraus sich Distanz- oder gar Ablehnungshaltungen bilden, die im bloßen Verzicht auf eine gesellschaftlich einheitliche Rangordnung an sich noch nicht liegen. Jede Elite mag dann ein Verachtungsschema für die anderen ausbilden, und nur der pure Erfolg wird integrierend wirken. Oberschichten dieser Art werden sich dann noch kaum wo es not tut, zu politischem Widerstand zusammenfinden können. Nicht nur das „Widerstandsrecht", sondern auch seine soziale Basis hatten eine stratifizierte Gesellschaft vorausgesetzt.

Man wird sich ferner fragen müssen, was Auszeichnungs- und Bevorteilungsmechanismen dieser Art in der Gesellschaft als Differenzerfahrung bedeuten. Offensichtlich reizen sie wenig zum Klassenkampf und auch wenig zur Konsolidierung eines Klassenbewußtseins auf unteren Ebenen. Man sieht sich einer glamorisierten Elite gegenüber, deren Erscheinungsform etwas Unwirkliches hat[110]. Dann ist weniger Kampf als Unglauben angebracht, und außerdem bleibt völlig uneinsichtig, durch welche institutionellen Umwälzungen man solche Erscheinungen zum Verschwinden bringen könnte und ob sich das lohnte. Differenz ist hier *weder Ordnungsgarantie* im Sinne stratifizierter Gesellschaften *noch Widerspruch* zu dem, was jeder als Widerspruch zu seiner Menschlichkeit empfinden würde. Sie ist ein für das Bewußtsein eher marginales Miterleben. Real zählen dann wohl eher die kleinen Dinge wie Vorstadthaus[111], Wagen und Schmuck, die man selbst erwerben kann und die einem sehr individuelle Distanzeinschätzungen nach unten und nach oben erlauben.

Jedenfalls widersprechen die oben genannten Klassendifferenzierungsmechanismen durchweg den Erfordernissen stratifizierter Gesellschaften: *Geld*, weil es die Vergleichbarkeit zu sehr steigert. *Karrieren*, weil sie die Mobilität nicht auf schichtmäßige Akzeptierbarkeit, sondern auf freiwerdende Stellen gründen[112]. *Prominenz*, weil sie durch Appell an ein weites, urteilsunfähiges Publikum erworben wird. Die Mehrheit dieser Grundlagen und ihre Überschneidungen garantieren Redundanz, bieten also eine gewisse Sicherheit dafür, daß Klassendifferenzen auch dann entstehen, wenn erhebliche strukturelle Veränderungen die Gesellschaft transformieren, zum Beispiel die Bedeutung von Eigentum abnimmt und die Bedeutung von Karrieren zunimmt. Manches ist diesen verschiedenen Formen klassenmäßiger Differenzierung gemeinsam: so zum Beispiel eine Engführung der Erfolgschancen (nur wenige erreichen Höchstwerte) bei mit Erfolg zunehmender Ausstrahlung im Sinne von multidimensionaler Güterbündelung. Über Clusterbildung tendieren diese Wege zur Konvergenz, zur Bildung einer Einheitsklasse der nach gesellschaftlicher Definition Erfolgreichen. Die Angehörigen dieser Klasse haben überdurchschnittlichen Einfluß in je ihrer Domäne. Das kann, muß aber nicht wirtschaftliche Produktion sein. Man kann aber kaum von einer „herrschenden" Klasse sprechen — schon deshalb nicht (und das mag man begrüßen oder bedauern), weil sie als Klasse nicht konfliktfähig ist. Außerdem fällt im Vergleich zu älteren Oberschichten die Möglichkeit, Erfolge durch Familienbildung zu konsolidieren und zu vererben, praktisch aus. Nur an Individuen wird eine Klassenpersönlichkeit, eine Charaktermaske (Jean Paul) ausgeliehen, und auch dies zumeist nur für die Zeit zwischen ihrem 45. und 70. Lebensjahr.

Diese eigentümliche Kürze und Untradierbarkeit elitärer Positionen führt nicht zuletzt dazu, daß man auch während der Prominenzphase des eigenen Daseins sehr viel Aufmerksamkeit auf das bloße Halten der eigenen Position verwenden muß. Das gilt für Führungspositionen in der Politik und nicht weniger für Führungspositionen in der Industrie. Die Nachfolger hocken schon in den Startlöchern. Aber auch kulturelle Prominenz kühlt rasch ab, wenn nicht unaufhörlich nachgeheizt wird[113]. Reichtum mag etwas länger halten, aber selbst hier erfordert das Erhalten angespannte Aktivität. Alles in allem sind herausgehobene Positionen dieser Art, und auch daran zeigt sich der Funktionsverlust im Übergang zu Klassenstrukturen, keine Positionen der Ruhe oder der Freistellung für wichtige Aufgaben. Sie sind ganz im Gegenteil in einem Maße gezwungen, sich um sich selbst zu kümmern, daß für die eigentlichen Aufgaben oft nur wenig Zeit übrig bleibt.

Die Bedeutung dieser Art Klassenbildung für die Lösung des Verteilungsproblems tritt im übrigen stark zurück, wenn man bedenkt, daß es neben ihr einen zweiten Mechanismus gibt: den der Regionalisierung. Auch in Bezug auf Gebiete gibt es jene Art von Clusterbildung. Bei mehr Wohlstand ist noch mehr Wohlstand, aber auch anspruchsvolle Erziehung, politische Stabilität, bessere Volksgesundheit, also wieder mehr Wohlstand leichter zu haben. Andere Gebiete fallen wegen derselben Interdependenzen zurück. Zur Erhaltung dieses Verteilungssystems und seiner politischen Konsensbildung ist Staatenbildung, das heißt segmentäre Differenzierung des politischen Systems, unerläßlich. So gesehen, sind denn die Staaten weniger ein Instrument der Klassenherrschaft als vielmehr ein funktionales Äquivalent einer über Klassen gebündelten positiven bzw. negativen Verteilung.

All dies muß nochmals relativiert werden, wenn man bedenkt, daß wir in einer dynamischen Gesellschaft leben, in der die wichtigsten Funktionssysteme nicht mehr an Summenkonstanzen orientiert sind, sondern an Steigerungschancen und, nach der gleichen Logik, an Krisen. Damit verliert das Verteilungsproblem erheblich an *moralischer Qualität*[114]. Der Erfolg wird nicht mit Verdiensten bezahlt, sondern riskiert. Das heißt nicht zuletzt, daß eine Vererbung des Erfolgs nicht akzeptabel ist[115] und daß die verbleibende Interaktion in der Oberschicht nicht mehr belastet ist mit der Funktion, moralische Qualität zu repräsentieren. Einen schwachen Ersatz dafür bieten Skandale — eine Form von letzter Erwähnung, mit der die Prominenz sich verabschiedet[116]. Durch Skandale kompensiert die Gesellschaft gewissermaßen die Einsicht, daß sie darauf verzichtet hat, Verteilung gerecht zu ordnen.

IX.

Theorien sozialer Differenzierung sind nicht nur Hilfsmittel einer wissenschaftlichen Erkenntnis, die ihren Gegenstand, nämlich die Gesellschaft, objektiviert. Sie sind zugleich auch Selbstbeschreibungen dieses Gegenstandes selbst. Ihre Herstellung und Verbreitung ist auch gesellschaftliche Aktivität, und in diesem Zusammenhang sind die Bedingungen kommunikativen Erfolgs nicht allein durch die Wissenschaft zu regulieren.

Weshalb eignen sich Theorien sozialer Differenzierung (ähnlich wie Theorien sozialer Evolution) in besonderem Maße für die Semantik der Selbstbeschreibung von Gesellschaftssystemen? Die Antwort läßt sich sehr abstrakt und entsprechend einfach formulieren. Jede Differenz, also auch Systemdifferenzierung, kann als Einheit gesehen werden, denn das Differente hängt zusammen; es ist eben different, und nicht indifferent. Ein System gewinnt durch Differenzierung an Systematizität. Es gewinnt neben seiner bloßen Identität (in Differenz zu *anderem*) eine Zweitfassung seiner Einheit (in Differenz zu *sich selbst*). Es kann sich als unitas multiplex beschreiben. Es kann, wenn entsprechend geordnet, das Konstruktionsprinzip seiner Differenzierung angeben und darin seine Einheit sehen. So charakterisierte sich die alteuropäische Gesellschaft nicht nur durch die Unterscheidung der Menschen von Tieren und von Halbgöttern, mythischen Figuren, Engeln, sondern auch als Innendifferenz von herrschenden und beherrschten Teilen, seit dem späten Mittelalter also als Ständeordnung.

Die Charakterisierung von Einheit durch Differenz ist eine höchst folgenreiche Angelegenheit, also auch die Wahl des Differenzschemas eine höchst folgenreiche Vorentscheidung, weil sie die Informationsgewinnung und -verarbeitung reguliert. Sie legt fest, in welchem Auswahlbereich etwas als etwas erscheint. Zumeist fungiert diese Vorentscheidung in der aktuellen Kommunikation dann als implizite, nicht eigens mitgeteilte Prämisse, die dem, was mitgeteilt wird, seine Selektivität verleiht — so wenn man Villen als Beleg für ein Ausbeutungsverhältnis sieht. Ein Problem bleibt bei der Alltagsverwendung von Differenzschemata, daß deren Annahme nicht mehr Gegenstand von Kommunikation ist, sondern als Voraussetzung für die Verständlichkeit von Kommunikation fungiert. In diesem Sinne fungiert gesellschaftliche Kommunikation tagaus tagein im Kontext einer latent bleibenden Selbstreferenz — und dies um so zwangsläufiger, wenn nicht Identitätssymbole (etwa Nation), sondern Annahmen über Systemdifferenzierung als „Selbst" der Selbstreferenz benutzt werden.

Erfordernisse der vereinfachenden Selbstbeschreibung führen dazu, daß ein Konstruktionsprinzip der Differenzierung überbelichtet wird und andere in den Schatten treten. In der Selbstbeschreibung der alteuropäischen Gesellschaft dominiert das Hierarchieprinzip, während die ebenfalls wichtige, vielleicht zeitweise sogar wichtigere Differenz von Stadt und Land (Zentrum und

Peripherie) fast unerwähnt bleibt. Erst das 17. und 18. Jahrhundert scheint sich intensiver mit den Wasserköpfen der Großstädte London und Paris zu befassen, benutzt aber selbst dann noch Unterscheidungen wie court and country oder cour et ville, um die Zentrum/Peripherie-Differenz in die ständische Differenzierung zu integrieren. Entsprechend verfährt die moderne Gesellschaft, wenn sie ein Differenzierungsprinzip zur Selbstcharakterisierung verwendet. Sie beschreibt sich als Klassengesellschaft, belichtet damit die Ungleichheit der Verteilung, eine gewiß erregende Angelegenheit, und gründet darauf die Behauptung eines Antagonismus. Nach „Verstaatlichung" und Regionalisierung dieser Differenz als Ost/West-Konflikt besteht deswegen sogar Kriegsgefahr. Man wird in der gesellschaftlichen Alltagskommunikation nicht sagen dürfen: alles Unsinn; wohl aber: alles Übertreibung.

Jede Selbstbeschreibung ist Selbstsimplifikation. Darum kommt man nicht herum, denn eine Komplettdarstellung des Systems im System ist unmöglich. Trotzdem kann man sich Unterschiede im Ausmaß der Simplifikation denken. Der Klassenbegriff ist nicht zuletzt dadurch für ideologische Verwendung geeignet, daß er von der Interaktionsebene abstrahiert, also durch unmittelbar zugängliche Erfahrungen nicht kontrolliert werden kann. Man erfährt von Klassen durch die Presse; oder durch Statistiken; oder einfach dadurch, daß das Wort benutzt wird. Der Begriff spricht Motive an und transformiert sich mit Hilfe des Wunsches nach mehr Gerechtigkeit in eine Realitätsbeschreibung. Er trifft sachlich durchaus zu, denn es gibt das Phänomen, das er bezeichnet: die gebündelte Ungleichverteilung. Insofern kann die Klassentheorie widerlegungssicher auftreten. Die Frage ist nur, ob und weshalb gerade diese Differenz berufen ist, die Einheit der modernen Gesellschaft zu charakterisieren.

Eine seit Jahrzehnten laufende Diskussion über das (angebliche) Phänomen der Wohlstandsnivellierung und der mehr oder weniger klasseneinheitlichen Mittelstandsgesellschaft zeigt diese Ideologieabhängigkeit der Klassenanalyse überdeutlich. Beide Seiten, die Konvergenztheoretiker und die Klassentheoretiker, benutzen dieselben empirischen Daten. Sie meinen dieselbe Gesellschaft. Sie lesen und interpretieren aber unterschiedlich. Das bloße Interesse an gleich/ungleich, das bloße Differenzschema selbst ermöglicht noch keine Selbstbeschreibung des Gesellschaftssystems. Es provoziert vielmehr dazu, eine Ideologie heranzuziehen, um den Daten Sinn zu geben[117]. Sie zeigen dem einen dann Wohlstandsvermehrung über breite Bevölkerungsschichten, dem anderen dagegen die Erhaltung und Stabilisierung eklatanter Ungleichheiten. Nachdem dies Interpretationsspiel über Jahrzehnte gespielt worden ist, müßte man aber heute einsehen, daß es selbstreproduktiv angelegt ist. Das Differenzschema selbst produziert die Kontroverse. Es sind nicht einzelne Klassen, die zum Zwecke der Selbsterhaltung eine Ideologie entwickeln; sondern es ist das Differenzschema der gesellschaftlichen Selbstbeschreibung, das die Differenz zwischen Klassenbejahern und Klassenverneinern produziert.

Es ist faszinierend, weil einfach, die Einheit der Gesellschaft nach wie vor durch eine Differenz von oben und unten zu beschreiben – und wenn nicht mehr als Rangdifferenz, dann wenigstens als Differenz der Teilnahme an der Vorteilsverteilung. Das Gesellschaftssystem hat sich aber inzwischen auf funktionale Differenzierung umgestellt. Die Einheit der Gesellschaft ist die Differenz ihrer Funktionssysteme. Dies wirft weit schwierigere Probleme auf als Fragen der Ungleichverteilung. Durch Orientierung an spezifischen Funktionen werden diejenigen Redundanzen aufgelöst, die in der funktionalen Äquivalenz von Rollen und Systemen lagen[118]. Damit gehen auch Sicherheiten verloren, und dies muß durch größere Umweltbeherrschung ausgeglichen werden. Die Einheit der Gesellschaft besteht nun darin, daß die Politik *nicht* die Probleme der Wirtschaft, die Wissenschaft *nicht* die Probleme der Politik, das Recht *nicht* die Probleme der Familie lösen kann – und so, mutatis mutandis, für alle Intersystembeziehungen. Es ist diese hochstrukturierte Inelastizität, die die Informationsgewinnung und -verarbeitung in unserer Gesellschaft mehr als alles andere bestimmt. Ungleichverteilung fällt in genau dieses Problemraster: Sie ist ein Problem, das die Politik nicht lösen kann, wenn die Wirtschaft oder die Erziehung es erzeugt, da die Politik es eben nur politisieren und nur mit dem eigenen Mittel des kollektiv bindenden Entscheidens behandeln kann.

Der Klassenbegriff hält in seiner üblichen Fassung einen Unterschied fest, der einer durch Schichtendifferenzierung bestimmten Gesellschaft entsprach. Er kann, weil diese Gesellschaft nicht mehr besteht, als Antagonismus formuliert werden. Dann genügt Gegnerschaft zur Explikation eines Arguments, und jedes Argument wird zur Explikation von Gegnerschaft. Zugleich wird der Klassenbegriff ideologisch (im Sinne von Mannheim) insofern, als er an einer vergangenen Struktur orientiert ist. Aber natürlich ist der Gegenstand dieses Begriffs, die Bündelung von Ungleichverteilungen, damit nicht verschwunden. Der Begriff ist nicht obsolet. Er muß nur anders zugeschnitten werden, damit man ihn in eine Theorie der modernen Gesellschaft einpassen kann. Die Soziologie kann dazu Theorien und empirische Analysen beitragen. Ob sie auf diese Weise in kursierende Selbstbeschreibungen des Gesellschaftssystems eingreifen kann, ist damit noch nicht entschieden. Aber gerade die theoriegeladene Geschichte des Klassenbegriffs zeigt jedenfalls, daß dies nicht unmöglich ist.

X.

Klassifikationen sind auf vielerlei Weise möglich, und wenn man den Begriff der „Klasse" so verwendet, wie die Encyclopédie ihn auf Grund der Tradition anbietet, sind zahllose verschiedene Klassenbildungen möglich: nach Rasse, nach Regionen, nach Berufen, nach Schulabschlüssen, nach Haushaltsgröße etc. etc. Welche Klassenbildungen dieser Art haben dann besondere Chancen, sich durchzusetzen, gesellschaftswichtig (und nicht nur: funktionswichtig) zu werden oder gar als „soziale Differenzierung" die Gesellschaft als ganze zu charakterisieren? Darf man von „Klassengesellschaft" sprechen, und wenn: welche Gesichtspunkte kommen dann in Betracht, um die Differenz der Klassen zu bezeichnen?

Die vorstehenden Überlegungen sind davon ausgegangen, daß die Gesellschaft als ein soziales System begriffen werden kann, das sich in Teilsysteme differenziert. Klassifikationen haben dann Aussicht auf semantische Prominenz, wenn sie an diese Systemdifferenzierung anschließen: wenn sie das Prinzip formulieren, auf dem die Differenzierung beruht, oder wenn sie die

Folgen bezeichnen, auf die sich eine Gesellschaft einstellen muß, die sich auf ein bestimmtes Prinzip der Differenzierung einläßt. Die Selektion der Klassifikationssemantik korreliert mit der Form gesellschaftlicher Differenzierung.

Es kann in diesem Zusammenhang nicht darum gehen, zu beweisen, daß die Systemtheorie die Gesellschaft zutreffend beschreibt, wenn sie sie als differenziertes System beschreibt. Auch auf der Grundlage dieser Konzeption stellt sich aber die Frage, ob man die moderne Gesellschaft als ein funktional differenziertes System oder ob man sie besser als ein nach Klassen differenziertes System beschreiben solle. Oder anders gefragt: Ist die moderne Gesellschaft primär nach Funktionssystemen oder primär nach sozialen Klassen gegliedert? Die Vielzahl möglicher Klassifikationen läßt natürlich beide Beschreibungen zu. Beide können nebeneinander richtig sein – so wie man Menschen sowohl nach ihrer Hautfarbe als auch nach ihrem Einkommen einteilen kann. Und selbst wenn man die Frage zuspitzt auf das Problem der *primären* Einteilung, ist nicht ohne weiteres ausgemacht, ob es in jeder historischen Gesellschaft eine solche primäre Differenzierung überhaupt geben müsse.

Die historische Analyse des Konzepts der sozialen Klasse impliziert auch eine Stellungnahme zu diesen Fragen. Gerade aus der Begriffsgeschichte ergeben sich Zweifel, ob man den Klassenbegriff zu einer Beschreibung der primären Differenzierung des heutigen Gesellschaftssystems verwenden kann. Zugespitzt gesagt: Man kann mit Hilfe der Theorie funktionaler Differenzierung die eigentümliche semantische Karriere des Klassenbegriffs begreifen, aber nicht umgekehrt: aus einer Klassentheorie ableiten, weshalb die Differenzen zwischen den Funktionsbereichen in der modernen Gesellschaft eine so große Bedeutung haben. In der Theorie von Karl Marx wird die funktionale Differenzierung unterbelichtet – gerade weil es im „Kapital" auf so überzeugende gelungen ist, den Gegensatz der Klassen mit Hilfe einer Theorie der Wirtschaft zu artikulieren. Die Theorie der funktional differenzierten Gesellschaft hat dagegen einen Platz für den Klassenbegriff. Sie kann zeigen, daß bei funktionaler Differenzierung Schichtunterschiede erzeugt und vielleicht sogar verschärft werden, obwohl sie funktional ohne Bedeutung sind, ja vielleicht sogar negativ auf die Gesellschaft zurückwirken[119]. Und sie legt es nahe, anzunehmen, daß die Semantik der sozialen Klassen ihrerseits die Funktion hat, die Funktionslosigkeit der Klassendifferenz auf der Folie der Gleichheit aller Menschen sichtbar zu machen und als Thema in der Kommunikation präsent zu halten. Das wird als Kontingenz beschrieben und als Provokation erfahren. Darin liegt dann zugleich die Versuchung, von hier aus die Gesellschaft, die solche Ungerechtigkeit erzeugt und im Ergebnis toleriert, als ganze zu charakterisieren. Das, was man ändern müßte, wird zum ausschlaggebenden Merkmal, zur historischen Typenbestimmung hochstilisiert.

Vergleicht man dieses Konzept mit den Gegebenheiten ständisch stratifizierter Gesellschaften, dann sieht man, daß diese Gesellschaften Rangdifferenzierung als Strukturprinzip und, in wie immer vereinfachter Form, als Selbstbeschreibung verwendet hatten. Kritik war deshalb als religiöse und als moralische Kritik auf der Ebene des faktischen Verhaltens möglich, nicht aber als Strukturkritik und nicht als Hoffnung auf eine nicht stratifizierte Gesellschaft; denn eine solche Gesellschaft wäre als Gesellschaft ohne Ordnung erschienen. Erst der Übergang zu funktionaler Differenzierung, der die Primärdifferenzierung der Gesellschaft auf ein anderes Prinzip verlagert, setzt die Kritik der Schichtungsstrukturen frei. Die Kritik wird im 18. Jahrhundert historisch gewendet als Kritik überholter Privilegien der höheren Stände. Dafür brauchte man noch keinen Klassenbegriff. Sie wird im 19. Jahrhundert mit Hilfe des Klassenbegriffs auf die aktuelle Gesellschaft bezogen und an Zukunftshoffnungen orientiert. Und *dafür* empfiehlt sich die Radikalisierung der Klassensemantik auf den Gegensatz von nur zwei Klassen, auf einen Gegensatz, der die Zukunft gewissermaßen schon an die Hand gibt. Der Gegensatz beweist, daß es so nicht bleiben kann, und die Frage kann nur sein, ob er sich von selbst aufhebt oder ob dazu Klassenbewußtsein und kollektive Aktion notwendig sind. Es ist kein Zufall also, daß die eigentliche Leistung von Karl Marx in der theoretischen Konstruktion dieses Gegensatzes lag. Und der Bedarf dafür war so dringend, die Plausibilität in einer bestimmten historischen Situation so überzeugend vorskizziert, daß es für Marx nicht einmal notwendig war, eine Klassentheorie im vollen empirisch-historischen Sinne zu präzisieren. Der Klassenbegriff ist (zumindest im Kapital) durch die theoretische Konstruktion des Gegensatzes von Kapital und Arbeit getragen.

Nun ist diese Situation aber nicht mehr unsere Situation, und rückblickend gesehen war auch die Gesellschaft des 19. Jahrhunderts bereits viel zu komplex, als daß man sie selbst und ihre Entwicklungsaussichten mit dem Gegensatz von Kapital und Arbeit hätte begreifen können. Heute ist evident, daß keiner der drängenden Großprobleme unserer Gesellschaft durch Klassenkampf und durch Auflösung des Gegensatzes von Kapital und Arbeit gelöst werden könnte. Man denke an die ökologischen Probleme; man denke an die Segmentierung des weltpolitischen Systems in „Staaten"; man denke an die Frage, ob und wie die heutige Gesellschaft (in Schulen?) gesellschaftsadäquat sozialisieren kann; und man denke im besonderen auch an die komplexen Gründe der laufenden Reproduktion regionaler und schichtmäßiger Ungleichheiten, die gerade im rationalen Operieren der Funktionssysteme zu suchen sind.

Wenn man auf funktionale Differenzierung abstellt, kann man eine komplexere Theorie der Gesellschaft gewinnen. (Das gilt besonders, wenn man das analytische Potential der Systemtheorie wirklich ausnutzt.) Man kann außerdem den Klassenbegriff konsequent historisieren. Man kann zeigen, daß er nützlich war, um die Ständeterminologie der alten Gesellschaft abzulösen und auf die Kontingenz der verbleibenden und neu sich auftürmenden Schichtdifferenzen aufmerksam zu machen. Man kann zeigen, welche Vorteile die Dualisierung der Schichtdifferenz, ihre Reduktion auf einen Gegensatz von nur zwei Klassen bot, *wenn* man die vorhandene Schichtstruktur als ein abzuschaffendes Ärgernis darstellen wollte. Und man kann schließlich zeigen, welche Vorteile es bietet, die Semantik der sozialen Klassen von einer Prinzip-Formel auf eine Folgeproblem-Orientierung umzustellen. Dies Theoriemanöver hat nicht den Sinn, die Ungerechtigkeit der Verteilung zu vertuschen oder zu ignorieren. Es geht vielmehr darum, sie im Kontext zu begreifen[120].

Anmerkungen

1 Vgl. etwa Kaare Svalastoga, Social Differentiation, New York 1965; Friedhart Hegner, Klasse, soziale, in: Historisches Wörterbuch der Philosophie Bd. 4, Basel—Stuttgart 1976, Sp. 848—853: „Klasse, soziale ... — ist in seiner allgemeinen Bedeutung der begrifflich-kategoriale Ausdruck des Bemühens um die Erfassung der Unterschiede zwischen Menschen bzw. der Differenzierung von Gesellschaft in Menschengruppen" (848).

2 Und dies nicht nur innerhalb der sich auf Marx berufenden Tradition, die sich hierfür wenigstens um eine theoretische Begründung bemüht. Vgl. für diesen unhistorischen Sprachgebrauch etwa Klaus Eder (Hrsg.), Seminar: Die Entstehung von Klassengesellschaften, Frankfurt 1973; Bernhard Giesen, Makrosoziologie: Eine evolutionstheoretische Einführung, Hamburg 1980, S. 157 ff.

3 Selbst Autoren der zweiten Hälfte des 18. Jahrhunderts, die für Schichtungsfragen vielleicht am stärksten auf wirtschaftlich begriffenes Eigentum (bzw. „richesses") abstellen, ziehen auch andere Gütersphären mit in Betracht, um dann *deren* Ungleichverteilung auf wirtschaftliche Ungleichheit zurückzuführen. „Tels sont les effects inséparables des lois de propriété", heißt es zum Beispiel in Bezug auf Ungleichheiten der Erziehung und der Gesundheitspflege bei Jacques Necker, De l'importance des opinions religieuses, London—Lyon 1788, zit. nach Œuvres complètes Bd. 12, Paris 1821, S. 23 f. — mit der aufgeklärten Schlußfolgerung, daß Armut, also auch Religion, notwendig seien.

4 Man mag hier einen der Gründe dafür sehen, daß die Semantik geschichteter Gesellschaften moralisch-ökonomische Generalisierungen erzeugt, etwa den Begriff des „Gutes", die solche Zusammenhänge formulierbar machen und als begründet erscheinen lassen, — oft angereichert mit weiteren Assoziationen, im griechischen Falle des tò agathón zum Beispiel mit Assoziationen der Tüchtigkeit (auf Personen bezogen) und der Tauglichkeit (auf Sachen bezogen).

5 Siehe aber auch den damals gerade erschienenen Artikel „Classe" der Encyclopédie ou Dictionnaire raisonné des sciences, des arts et des métiers Bd. 3, Paris 1753, S. 505 f., der den Begriff für die Bezeichnung einer Einteilung von mittlerer Reichweite reserviert und ihn damit gleichsam wissenschaftlich nobilitiert.

6 Vgl. Analyse du Tableau économique (1758), in: Œuvres économiques et philosophiques de F. Quesnay (Hrsg. Auguste Oncken), Paris 1888, Nachdruck New York 1969, S. 305—328. Zahlreiche weitere Hinweise, zugänglich über das Register, in Ronald L. Meek, The Economics of the Physiocracy: Essays and Translations, Cambridge Mass. 1963. Zu beachten ist, daß Produktion ausschließlich landwirtschaftliche Produktion meint und der gesamte Bereich von Gewerbe und Industrie in die classe stérile fällt. Außerdem bleibt die Masse der Armen und Abhängigen ganz außerhalb des Schemas; sie wird als dernière classe des citoyens nur gelegentlich erwähnt, ohne daß ihr ökonomische Bedeutung zuerkannt würde. — Eine Variante, die etwas differenzierter ausgearbeitet ist und das Verhältnis von notwendigen und nichtnotwendigen Klassen als „natürliches Gleichgewicht" behandelt, wird von Auxiron, Principes de tout Gouvernement ..., 2 Bde. Paris 1766 vorgelegt. Die Konsequenz ist hier im übrigen: daß Aufstieg über Schulen abgelehnt wird als Störung der Lage der höheren Klassen (gens aisés). Warum sollte auch der Staat dafür zahlen, daß ein Arbeiter seinen Kindern sozialen Aufstieg verschaffen will? (Bd. 2, S. 308 ff.).

7 Siehe als eine der Hauptschriften der deutschen Physiokratie Johann August Schlettwein, Die wichtigste Angelegenheit für das ganze Publikum: oder die natürliche Ordnung in der Politik überhaupt, 2 Bde., Carlsruhe 1772—73, passim, insb. Bd. 1, S. 207 ff.

ders., Grundfeste der Staaten oder die politische Ökonomie, Gießen 1779, Nachdruck Frankfurt 1971, S. 81 ff. (ohne jede *Begriffs*erläuterung).

8   Vgl. Anne-Robert-Jacques Turgot, Réflexions sur la formation et la distribution des richesses (Nov. 1766), zit. nach: Œuvres de Turgot (Hrsg. Gustave Schelle), Paris 1913 ff., Bd. 2, 1914, S. 533–601 (538 ff.). Vgl. auch Henri Sée, La Vie Économique et les classes sociales en France au XVIIIe siècle, Paris 1924, S. 209 ff.

9   Auf entsprechende Vorstellungen scheint sich die Rearistokratisierungspolitik Napoleons bezogen zu haben, die Adel an bestimmte Mindesteinkünfte zu binden suchte. Zur Reform von 1808 vgl. Félix Ponteil, Napoléon Ier et l'Organisation autoritaire de la France, Paris 1956, S. 123 ff.

10 Siehe Grundlinien der Philosophie des Rechts §§ 202, 205.

11 „division de la société", heißt es bei Turgot, a.a.O., S. 538, womit offensichtlich nicht mehr der alte Gesellschaftsbegriff gemeint ist, sondern ein noch nicht klar umrissener Nachfolgebegriff für société civile. Vgl. auch Henri de Goyon de la Plombanie, L'homme en société, ou nouvelles vues politiques et économiques, Amsterdam 1763, als Übernahme des Begriffs bei anders ausgerichteten Ökonomen.

12 Diese Ebene ist zu jener Zeit noch ganz von anthropologischen Theorieansätzen beherrscht. Vgl. Albert O. Hirschman, The Passions and the Interests: Political Arguments for Capitalism before Its Triumpf, Princeton N. J. 1977 (dt. Übers. Frankfurt 1980). Die Ansätze zur Neuformulierung der Gesellschaftstheorie, die im 19. Jahrhundert bedeutsam werden, schließen konzeptuell nicht hier an, sondern beginnen in höheren Abstraktionslagen – fast könnte man sagen: in der Sicht einer Regierungs-, Verwaltungs- und Finanzreform.

13 Dieser Zusammenhang scheint Wertlehren im Sinne von Ein-Faktor-Theorien zu begünstigen, aber er ist unabhängig davon, welchem Faktor man ausschlaggebende Bedeutung beilegt, sofern er nur mit Eigentum assoziiert werden kann. Der Klassenbegriff kann deshalb auch von den Vertretern der Arbeitswertlehre übernommen werden. Vgl. z.B. Boesnier de l'Orme, De l'esprit du gouvernement économique, Paris 1775, Nachdruck München 1980. Die Rechtfertigung der Ungleichverteilung des Grundeigentums wird hier mit recht fragwürdiger Argumentation über Arbeitsteilung, Handel und Produktionsaufschwung geleitet (was alles nicht zustandekäme, wenn jeder nur das Eigentum hätte, was er zu seiner eigenen Ernährung brauche; er würde dann nur in dem Umfange arbeiten können, der zu seiner eigenen Ernährung notwendig sei).

14 „in Absicht auf Reichtum", heißt es zum Beispiel bei Schlettwein, a.a.O. (1772), Bd. 1, S. 207. Aber damit ist nicht gemeint: nach den persönlichen Vermögensverhältnissen, sondern: nach der Stellung im System der Erzeugung gesellschaftlichen Reichtums.

15 Pierre Samuel Dupont de Nemours, Abrégé des principes de l'économie politique (1772), zit. nach Eugène Daire (Hrsg.), Physiocrates, Paris 1846, Nachdruck Genf 1971, S. 367–385 (376).

16 und sogar: „In Deutschland sind die beyden ersten Classen (Eigentümer und Anbauer, N. L.) gemeiniglich in einerley Personen vereinigt" – a.a.O. (1772), Bd. 1, S. 207. Für die Unterscheidung waren denn auch vor allem steuerliche Gesichtspunkte ausschlaggebend. Siehe dazu Pierre-Paul Le Mercier de La Rivière, L'ordre naturel et essentiel des sociétés politiques, London–Paris 1767, zit. nach der Ausgabe Paris 1910, S. 169 f.

17 Nicolas Baudeau, Première introduction à la philosophie économique ou analyse des états policés (1771), zit. nach Daire, a.a.O., S. 657–821. Die gleiche Unterscheidung, aber mit zum Teil anderen Füllungen, bei Max Weber in der Skizze „Stände und Klassen", in: Wirtschaft und Gesellschaft, 3. Aufl., Tübingen 1948, Bd. 1, S. 177 ff.

18 Vgl. Abbé Morellet, Prospectus d'un nouveau Dictionnaire de Commerce, Paris 1769, S. 208 („classe nombreuse d'hommes ... salariés par le revenu public"); Simon-Nicolas-Henri Linguet, Lettres sur la Théorie des loix civiles etc., Amsterdam 1770, S. 86 („classe inférieure de la société"); Sénac de Meilhan, Considérations sur l'esprit et les mœurs, London 1787, z.B. S. 28 („jargon d'une certain classe"), 31 („les mœurs de toutes les classes de la société"), 155, 159, 319.

19 So für England seit Burke Asa Briggs, The Language of ‚Class' in Early Nineteenth-Century England, in: Asa Briggs/John Saville (Hrsg.), Essays in Labour History: In Memoriam of G. D. H. Cole, London–New York 1967, S. 43–73 (51 f.).

20 So in: Über den Gemeinspruch: Das mag in der Theorie richtig sein, taugt aber nicht für die Praxis (1793), zit. nach Kleinere Schriften zur Ethik und Religionsphilosophie (Hrsg. v. Kirchmann), Leipzig o. J. Zum Beispiel: Man könnte durch keine rechtliche Tat „in die Klasse des Hausviehes eintreten". Erblich privilegierter Stand der Grundbesitzer als „willkürlich angeordnete Menschenklasse". Erblicher Herrenstand als „eine gewisse Klasse von Untertanen" (a.a.O., S. 120, 123, 125). Dabei ist das Willkürliche im Gegensatz gesehen zu dem, als was der Mensch sich selbst in Übereinstimmung mit seiner Freiheit bestimmt.

21 Grundzüge des gegenwärtigen Zeitalters, Fünfzehnte Vorlesung, zit. nach: Johann Gottlieb Fichte, Ausgewählte Werke (Hrsg. Fritz Medicus), Darmstadt 1962, Bd. IV, S. 617. Gegenüber diesen niederen Volksklassen rechtfertigt sich im übrigen selbst bei Fichte der Großgrundbesitzer schon mit wirtschaftlichen Leistungen im Sinne von Schumpeter: „Die Unternehmungen, die ihr mich täglich machen seht, die Proben im Großen mit neuen Arten der Bewirtschaftung, die Einführung neuer edlerer Tierarten, neuer Pflanzen und Sämereien aus entlegenen Ländern, ihre noch ungewohnte und erst zu erlernende Behandlung, bedürfen großer Auslagen und Vorschüsse, und des Vermögens, das mögliche Mißlingen zu ertragen ... ." (a.a.O., S. 618).

22 Ein relativ frühes Zeugnis für ununterscheidbaren Gebrauch außerhalb der physiokratischen Schule ist: Christian Wilhelm Dohm, Ueber die bürgerliche Verbesserung der Juden, Berlin–Stettin 1781 (Nachdruck Hildesheim 1973), S. 97 ff. Für weitere Belege siehe Werner Conze/Rudolf Walther, Stand, Klasse, in: Geschichtliche Grundbegriffe: Historisches Lexikon zur politisch-sozialen Sprache in Deutschland, im Druck (Druckfahne S. 75 f., 79 ff.).

23 Bei Benjamin Constant, Mémoires sur les cent-jours (1819 ff.), zit. nach der Ausgabe Paris 1961, S. 38, heißt es zum Beispiel gerade mit Bezug auf die oberste Schicht: „Les classes que, dans notre état de civilisation, nous sommes convenus de nommer supérieures sont entraînées malgré elles, et indépendamment de tout système, à se considérer comme d'une autre espèce que le reste des hommes". Diese Art des Durchschauens ist bereits auf eine zweifache Kontingenz gesteigert: nämlich auf Willkür („indépendamment de tout système") der Darstellung eines kontingenten (konventionellen) Sachverhalts als Natur.

24 Charles Hall, The Effects of Civilization on the People in European States, London 1805, Nachdruck New York 1965, braucht abwechselnd orders, classes, sorts ohne erkennbare begriffliche Unterscheidung. Für John Gray, A Lecture on Human Happiness, London 1825 (Nachdruck London 1931), S. 15 ff., bilden Könige und ihre Familien eine Klasse, aber auch Prostituierte, Landstreicher, Zigeuner, Diebe, Reeder, Unterhalter von Irrenanstalten etc. Die Beispiele könnten leicht vermehrt werden.

25 Dazu und zum folgenden Thomas Hodgskin, Popular Political Economy, London–Edinburgh 1827, Nachdruck New York 1966, insb. 117 ff. Durkheim hat bekanntlich in „De la division du travail social" diese Theorieanlage soziologisiert, ohne daß sie im Kontext seines soziologischen Arguments viel Bedeutung hätte gewinnen können.

26 Hodgskin, a.a.O., S. 29. Vgl. auch S. 245 ff.

27 Gerade Schriftsteller wie Thompson oder Hodgskin, die rückblickend als „sozialistisch" oder als „Frühsozialisten" bezeichnet werden, tendieren dazu, die Klassenstruktur auf unnatürlich, das heißt politisch eingreifende Gewalt zurückzuführen und verbauen sich damit die Möglichkeit, den Staat zur Lösung der sozialen Frage in Anspruch zu nehmen. Die Wirtschaft wird gleichsam mit der Lösung „zurück zur Natur" konfrontiert, was hier heißt: daß der gesamte Arbeitsertrag den Arbeitenden zufließen müsse. Die Lösung erwartet man von der Vernunft allein. Vgl. auch Werner Sombart, Sozialismus und soziale Bewegung, 6. Aufl. Jena 1908, S. 34 ff.
28 Unter diesen Autoren ist wohl Turgot (siehe oben Anm. 8) der erste, der den Übergang zum Schema Kapital/Arbeit anbahnt, und zwar dadurch, daß er den zunehmenden Kapitalbedarf auch der Landwirtschaft und den Übergang zur Lohnzahlung auch in der Landwirtschaft in Rechnung stellt.
29 Siehe z. B. Hall, a.a.O. (1805), S. 47 ff.
30 Daß es dabei auf die *Differenz* ankomme und nicht auf den Reichtum als solchen, betont scharfsinnig Hall, a.a.O. (1805), S. 66 ff. „Wealth is an advantage to the possessor only, as it is a disadvantage to the non-possessor; and exactly in the same proportion. If it gave no claim on, no power on, brought no disadvantage to the non-possessor, it would give no claim to, no power to, no advantage to the possessor". Die Vorstellung, Kapital sei äquivalent zu Arbeit, weil man Arbeit damit beschaffen könne, geht auf Adam Smith zurück. Für Ricardo ist Kapital dann im wesentlichen nur noch gespeicherte Arbeit.
31 Sehr deutlich bei Robert Torrens, An Essay on the Production of Wealth, London 1821, Nachdruck New York 1965. Torrens benötigt deshalb nur noch zwei Gesellschaftstypen: den einen ohne Klassendifferenzierung und den anderen mit Trennung von Kapitalistenklasse und Arbeiterklasse.
32 Daß Vorstellungen über Organisationen auch in anderer Weise dazu dienen, mit dem Klassenbegriff zu assoziieren, läßt sich bei Saint-Simon nachlesen, der vielen als der erste Systematisierer einer Klassentheorie gilt.
33 Die Terminologie schwankt allerdings lange noch, und der Klassenbegriff ist zunächst durch äquivalente Terminologie ersetzbar. In einer für den Klassengegensatz zentralen Passage bei William Thompson werden z. B. labourers and capitalists einfach als „set of men" unterschieden – Siehe An Inquiry into the Principles of the Distribution of Wealth ..., London 1824, Nachdruck New York 1968, S. 176. Ferner ist der Klassenbegriff nach wie vor auf nichtsoziale Einteilungen anwendbar. Hodgskin, a.a.O. spricht von labouring classes (passim), aber auch von „classes of circumstances" (a.a.O., S. 34 ff.).
34 Daß die extravagante Formulierung aus dem Kommunistischen Manifest, die Geschichte aller bisherigen Gesellschaft sei die Geschichte von Klassenkämpfen gewesen, den analytischen Leistungen der (unabgeschlossenen) Marxschen Klassentheorie nicht gerecht wird, sei hier nur angemerkt. Sie würde, ernst genommen, den Klassenbegriff zu einer universalgeschichtlichen Konstante generalisieren und ihn damit für historische Analysen unbrauchbar machen.
35 Genau diese „bloß theoretisch" gewonnene Folgerung wird heute weithin kritisiert. Eine „klassenlose" Gesellschaft ist denn auch nicht in Sicht, sondern allenfalls eine Gesellschaft, in der Klassenstrukturen nicht die zentrale Bedeutung haben, die Marx ihnen zugedacht hatte. Vgl. dazu Anthony Giddens, Die Klassenstruktur fortgeschrittener Gesellschaften, dt. Übers. Frankfurt 1979, insb. S. 161 ff.
36 Nachweise bei Asa Briggs, a.a.O., insb. S. 52 ff.
37 Siehe etwa Maurice Zeitlin, Class, Politics, and Historical Development in the United States, in ders. (Hrsg.), Classes, Class Conflict and the State: Empirical Studies in Class Analysis, Cambridge Mass. 1980, S. 1–37 (2 f.).

38 „Die gesellschaftlichen Klassen sind Gesamtheiten gesellschaftlicher Agenten, die *hauptsächlich*, aber nicht ausschließlich, durch ihre Stellung im *Produktionsprozeß*, d.h. in der Sphäre der Ökonomie, bestimmt sind. Man darf in der Tat aus der grundlegenden Bedeutung der Stellung in der Ökonomie nicht schließen, daß sie für die Bestimmung der gesellschaftlichen Klassen ausreicht", heißt es mit kennzeichnender Unschärfe bei Nicos Poulantzas, Klassen im Kapitalismus – heute, dt. Übers. Berlin 1975, S. 13.

39 Siehe Simon-Nicolas-Henri Linguet, Théorie des loix civiles, ou Principes fondamentaux de la société, 2 Bde., London 1767. Die Zitate aus Bd. 1, S. 180–199.

40 „An individual gets all the money he can, and is said to be rich in proportion as he possesses or can procure a great deal of it; but the wealth of nations is exclusively measured by the conveniences, comforts, and luxuries enjoyed by all their inhabitants" heißt es bei Thomas Hodgskin, Popular Political Economy, London–Edinburgh 1827, Nachdruck New York 1966, S. 184. Wenn aber so gedacht wird: was liegt dann näher als eine Umverteilung des Geldes ins Auge zu fassen?

41 Schärfer als im gedruckten Text der Rechtsphilosophie heißt es in der Vorlesungsnachschrift 1819/20: „Die konkrete Person erscheint jetzt als besonderer Zweck für sich, und die Allgemeinheit ist von ihr verschieden, steht ihr gegenüber". Entsprechend ist Allgemeinheit hier bloßes Mittel der Besonderheit. Siehe Georg Friedrich Wilhelm Hegel, Philosophie des Rechts: Die Vorlesung von 1819/20 in einer Nachschrift (Hrsg. Dieter Henrich), Frankfurt 1983, S. 147 und S. 151.

42 Vgl. Mancur J. Olson, Die Logik des kollektiven Handeln, Tübingen 1968.

43 Vgl. Briggs, a.a.O., S. 69 ff.; Conze/Walther, a.a.O., S. 115 ff.

44 in Abweichung von einem verbreiteten, letztlich auf Marx zurückgehenden Sprachgebrauch. Vgl. oben Anm. 2.

45 Die auf formaler Organisation beruhenden Ausnahmen (Militär, Schiffe, Klöster) dürfen natürlich nicht übersehen werden.

46 Hierzu auch Niklas Luhmann, Interaktion, Organisation, Gesellschaft, in: ders., Soziologische Aufklärung Bd. 2, Opladen 1975, S. 9–20.

47 Daß es gerade daraufhin wieder Formen der Selektion gibt, die zum Beispiel im Bereich der Geselligkeit auf Gleichrangigkeit achten, ist damit natürlich nicht ausgeschlossen.

48 Zur Definitionstechnik wäre anzumerken, daß wir uns hier einige Probleme einhandeln, die mit negativen Definitionen verbunden sind – nach dem Muster von: Kaffee ist ein Getränk, das schlecht schmeckt, wenn man vergißt, Zucker hineinzutun. Im sozialen Raum hat jedoch Negation oft, und so auch hier, eine bestimmbare Qualität. Die Tragweite der Definition wird sichtbar, wenn man vom historischen Vergleich ausgeht, nämlich von der historisch begründeten Erwartung, daß Schichtung in Unterschieden der Interaktion zum Ausdruck kommen müßte. Zuzugeben ist, daß die Definition sich nicht dazu eignet, zu erkennen, ob eine Gesellschaft Klassen bildet oder nicht. Hierfür muß man zunächst prüfen, ob Ungleichverteilungen überhaupt zu Gruppierungen führt derart, daß unterschiedliche Besserstellungen (bzw. Schlechterstellungen) sich wechselseitig verstärken.

49 Vgl. dazu Elisabeth Bott, The Concept of Class as a Reference Group, Human Relations 7 (1954), S. 259–286 (272).

50 Vgl. etwa Michail Rutkewitsch/Friedrich Filippow, Klassen und Schichten in der Sowjetunion, Berlin 1979, S. 13, wo aber konzediert ist, daß auch andere soziale Gruppen (zum Beispiel demographische Gruppen), die im System der ökonomischen Verhältnisse einen klassenähnlichen Platz einnehmen, Schichten bilden können. Siehe ferner Jürgen Brockmann, Die Differenzierung der sowjetischen Sozialstruktur, Berlin 1978, S. 1 ff., mit weiteren Hinweisen zur Diskussion. Der theoretische Gehalt dieser

Umkehrung sollte nicht überschätzt werden; sie ermöglicht ein Interesse für Schichtung unter Bedingungen, die die Gesellschaft als auf dem Wege zur klassenlosen Gesellschaft definieren, wo es dann wieder nur noch Schichtung geben kann.

51 So in der Tat Rudolf Herrnstadt, Die Entdeckung der Klassen: Die Geschichte des Begriffs Klasse von den Anfängen bis zum Vorabend der Pariser Julirevolution 1830, Berlin 1965.

52 Gelegentlich wird vorgeschlagen, aus genau diesem Grunde den Klassenbegriff aufzugeben und nur noch von sozialen Ungleichheiten zu sprechen. So z.B. Dennis H. Wrong, Social Inequality without Social Stratification, in ders., Sceptical Sociology, New York 1976, S. 121–134. Damit verschwindet aber ein Begriff für die Einheit derjenigen Zusammenhänge, die eine Clusterbildung wahrscheinlich machen, während es andererseits unnnötig ist, den Klassenbegriff an die Annahme einer gesellschaftlich durchgehenden, transitiven Rangordnung zu binden.

53 Spätestens bei Max Weber öffnet sich auch der Klassenbegriff in deutlicher Distanz zu Marx wieder (wie vor Marx) für eine größere Vielfalt der Erscheinungen, und heute wird die Prognose einer Zuspitzung auf einen einfachen Zweier-Mechanismus (der seinerseits den Sinn von Rangdifferenzen, die mindestens drei Strata voraussetzen, aufhebt) wohl allgemein für widerlegt gehalten.

54 An Essay on the Freedom of Wit and Humour, zit. nach dem Abdruck in: Anthony, Earl of Shaftesbury, Characteristicks of Men, Manners, Opinions, Times, 2. Aufl. o. O. 1714, Nachdruck Farnborough Engl. 1968, Bd. I, S. 57–150 (112).

55 Auch dies Argument muß mit Vorsicht gehandhabt werden. Man darf die Schichtstruktur der alten Gesellschaftsordnung auch nicht überschätzen. In den Dörfern der peasant societies dominierte auch damals noch die segmentäre Differenzierung, und es fand sich infolgedessen wenig Anlaß, Schichtung als gesellschaftsbildendes Prinzip in der Interaktion sichtbar zu machen. Peter Laslett, The World we have lost, 2. Aufl. London 1971, S. 23 ff., nennt diese Gesellschaften geradezu one-class-societies. Aber weiträumigere („politische") Gesellschaften konnten nur durch Interaktionen zusammengehalten werden, die die Gleichheit innerhalb einer Oberschicht in Differenz zu anderen Schichten sichtbar machten, das heißt unter besondere Bedingungen stellten.

56 Zitate aus Sénac de Meilhan, a.a.O. (1787), S. 317 ff.

57 Ein parallelliegendes, nicht auf Differenz, sondern auf Einheit bezogenes Argument habe ich im Hinblick auf den Plausibilitätsverlust von philía/amicitia/communitas/Gemeinschaft/Solidarität entwickelt in: Niklas Luhmann, Die Differenzierung von Interaktion und Gesellschaft: Probleme der sozialen Solidarität, Vortrag an der Universität Basel, Jan. 1983.

58 Für den Übergang siehe etwa Jean La Placette, Traité de l'orgueil, Amsterdam 1692.

59 Vgl. dazu Arthur O. Lovejoy, Reflections on Human Nature, Baltimore 1961, S. 131 ff., 152 ff.

60 Dies hatte Pascal bekanntlich von den Großen selbst verlangt: ihr prätentiöses Gebaren sei für die Erhaltung der Ordnung unerläßlich; aber sie müßten das selbst durchschauen und sich mit einem Hintergedanken (pensée plus cachée im Gegensatz zur pensée publique) bewußt halten, daß sie nicht besser seien als andere. Siehe die Trois discours sur la condition des Grands, in: L'Œuvre de Pascal (éd. de la Pléiade), Paris 1950, S. 386–392.

61 So für das 18. Jahrhundert im Vergleich zu früheren Zeiten Charles Duclos, Considérations sur les Mœurs de ce Siècle (1751), zit. nach der Ausgabe Lausanne 1970, S. 191 ff. (239 ff.).

62 Bemerkenswert auch eine genau darauf gestützte Steigerung des Nationalbewußtseins: Die Franzosen können ihre Sitten verfallen lassen, ohne daß dies ihren Nationalcharak-

ter im Kern trifft (Duclos, a.a.O., S. 205). Das gleiche wird man mit mehr Recht für Klassen sagen können.
63 Siehe etwa Louis-Sébastian Mercier, L'homme sauvage, histoire traduite de ..., Paris 1767, S. 66.
64 Vgl. etwa Ruth Kelso, The Doctrine of the English Gentleman in the Sixteenth Century, Urbana Ill. 1929, S. 18 ff.; Frank Edmund Sutcliffe, Guez de Balzac et son temps: Littérature et Politique, Paris 1959, S. 113 ff.
65 So heißt es bei dem sehr konfliktsensiblen Nicole, daß nach dem Sündenfall Geburt besser als Verdienst die Ordnung garantiere, weil über letzteres das Urteil streitig sein kann (Pierre Nicole, De la Grandeur, in ders., Essais de Morale, Bd. II, 4. Aufl. Paris 1682, S. 154–260 (179 ff.).
66 Was die Fakten betrifft, so heißt es denn auch klipp und klar: die Natur ... „fait aussi peut d'effort dans le ventre d'une Reyne pour former un Roy, que dans le ventre d'une Paisane pour faire naistre un misérable" (Jacques de Caillière, La fortune des gens de qualité et des gentilhommes particuliers, Paris 1658, zit. nach der Ausgabe 1664, S. 155).
67 „Celuy néanmoins qui jouit de ces honneurs (des Kontaktes mit Höhergestellten) doit observer de ne rendre pas sa conversation et son amitié commun à toutes sortes de personnes, de peur qui à la fin elle ne devinst de mauvaise odeur à ceux qui croyent beaucoup ravaler la leur que de la laisser descendre jusqu'à luy", rät Nicolas Faret, L'honneste homme, ou l'art de plaire à la Cour, Paris 1630, zit. nach der Ausgabe von Maurice Magendie, Paris 1925, S. 67.
68 Vgl. für diese Formel und zur Sache Jacques Necker, De l'administration des finances de la France (1784), zit. nach Œuvres complètes, Paris 1821, Bd. 4 (= Bd. 1), S. 49 ff. (50).
68a Auch wenn man über Geschmacksurteile nicht sinnvoll disputieren kann: „il est cependant tres assuré qu'il y a un bon et un mauvais goust", urteilt Abbé de Bellegarde, Reflexions sur le ridicule et sur les moyens de l'éviter, 4. Aufl. Paris 1699, S. 160 ff.
69 So Jean-Baptiste Dubos, Reflexions critiques sur la poesie et sur la peinture, erw. Neuauflage Paris 1733, Bd. II, S. 325.
70 „Le coeur s'agite de lui-même et par un mouvement qui precède toute déliberation, quand l'objet qu'on lui présente est réellement un objet touchant" (Dubos, a.a.O., Bd. II, S. 326).
71 Vgl. John Gilbert Cooper, Letters Concerning Taste and Essays on Similar and Other Subjects, 3. Aufl. London 1757 (Nachdruck New York 1970), S. 2 ff. d'Alembert schränkt dies ein: es gelte „pour l'ordinaire". Aber bedauerlicherweise liege es in der condition humaine, daß eine nachträgliche Analyse oft das anfängliche Vergnügen zerstöre. Trotzdem: „Les vraies beautés gagnent toujours à l'examen". Siehe: Réflexions sur l'usage et sur l'abus de la philosophie dans les matières de goût", in Œuvre Complètes, Bd. IV, Nachdruck Genf 1967, S. 326–333 (332 f.).
72 Anthony, Earl of Shaftesbury, Characteristicks of Men, Manners, Opinions, Times, o. O. 1714, (Nachdruck Farnborough 1968), Bd. III, insb. S. 163 ff.
73 Vgl. Rémy G. Saisseling, Taste in Eighteenth Century France: Critical Reflections on the Origin of Aesthetics or an Apology for Amateurs, Syracuse N. Y. 1965, insb. S. 64 f.
74 „Scarce is there any-one, who pretends not to know and to decide What is *well-bred* and *handsom*" – so sichert Shaftesbury, a.a.O., Bd. III, S. 179, seinen Zentralbegriff „taste".
75 Siehe Dubos, a.a.O., Bd. II, S. 334 ff.: „Je ne comprend point le bas peuple dans le public capable de prononcer sur les poèmes ... Le mot public ne renferme ici que les

personnes qui ont acquis des lumières, soit par la lecture, soit par le commerce du monde".

76 Für „esprit" hat diese Auffassung bereits eine längere Vorgeschichte. Siehe insb. den Teil I des Discours de la Méthode, zit. nach Descartes, Œuvres et Lettres, éd de la Pléiade, Paris 1952, S. 126 ff. Vgl. auch Shaftesbury, a.a.O., Bd. I, S. 73 f.: The Magistral Voice and high Strain of the Pedagogue, commands Reverence and Awe. „Tis of admirable use to keep Understandings at a distance, and out of reach".

77 Vgl. Charles Duclos, Considérations sur les Mœurs de ce Siècle, 1751, zit. nach der Ausgabe Lausanne 1970, S. 287 f.

78 Vgl. Anthony, Earl of Shaftesbury, An Essay on the Freedom of Wit und Humour, 1709, zit. nach Shaftesbury, a.a.O., 1714/1968, Bd. I, S. 57–150 (61).

79 „And if I have either laugh'd wrong or been impertinently serious; I can be content to be laugh'd at, in my turn. If contrariwise I am rail'd at, I can laugh still, as before; and with fresh advantage to my Cause." (a.a.O., S. 149). Vgl. auch d'Alembert, Dialogue entre la Poésie et la Philosophie, zit. nach Œuvres complètes, Bd. IV, Nachdruck Genf 1967, S. 373–381 (381):„Rien n'est si ridicule que de vouloir attacher du ridicule aux talens, et de paraître dédaigner ce qu'on n'est pas en état de faire".

80 Siehe Abbé de Bellegarde, a.a.O., S. 1 ff.

81 Interessant ist ein Argument, das bei Shaftesbury, a.a.O., Bd. I, S. 76, anklingt (aber nicht voll durchgeführt ist): In der Öffentlichkeit würden die Angehörigen der Oberschicht, wenn sie Zustände und Verhaltensweisen als lächerlich behandeln, gezwungen sein, „to affect a Superiority over the Vulgar, and to despise the Multitude". Das wiederum wäre „contrary to good Breeding". Bei voller, die Schichtdifferenzen übergreifender Spannweite müßte man Repräsentation in Anspruch nehmen, und das kann man nicht mehr. Das oberschicht*interne* Verfahren des Lächerlichkeitstestes versagt.

82 Shaftesbury, a.a.O., Bd. I, S. 75.

83 Vgl. die Nachzeichnung dieser Entwicklung bei Alfred Baeumler, Das Irrationalitätsproblem in der Aesthetik und Logik des 18. Jahrhunderts bis zur Kritik der Urteilskraft, 2. Aufl. Darmstadt 1967.

84 Vgl. Sénac de Meilhan, a.a.O., S. 9 ff., 32 ff., 88 ff. (Zitat S. 28).

85 Noch im Revolutionsjahr gibt eine Dame aus höheren Gesellschaftskreisen zu bedenken: „Were we to dive too deeply into the sources and motives of the most laudable actions, we may, by tarnishing their lustre, deprive ourselves of a pleasure" (Countess Dowager of Carlisle, Thoughts in the Form of Maxims, Addressed to Young Ladies on Their First Establishment in the World, London 1789, S. 81).

85a Hierzu Alois Hahn, Zur Soziologie der Beichte und anderer Formen institutionalisierter Bekenntnisse: Selbstthematisierung und Zivilisationsprozeß, Kölner Zeitschrift für Soziologie und Sozialpsychologie 34 (1982), S. 407–434.

86 So will Pierre de Villiers, Réflexions sur les défauts d'autrui, Amsterdam 1695, S. 144 ff. den Radikalismus der jansenistischen Motivkritik nicht gelten lassen, meint aber selbst, daß Devotion kein ausreichendes Motiv für Devotion sei, sie biete auch Möglichkeiten des sozialen Aufstiegs, sie schaffe Moden (zum Beispiel das Servieren grüner Erbsen, das Tragen grauer Tuche), die dann nachgeahmt werden. Das hindere die Profession der Seelsorger aber nicht, die wahren Motive zu erkennen.

87 „supplemental motives" in diesem Sinne zum Beispiel bei Anthony, Earl of Shaftesbury, Characteristicks of Men, Manners, Opinions, Times, o. O. 1714, Nachdruck Farnborough Engl. 1968, Bd. II, S. 273.

88 „How comes it then ... that even these *good Terms* are so ill accepted, and hardly ever taken ... except on *further terms*?", fragt Shaftesbury, a.a.O., S. 247 (aber *sein* Verdacht geht wiederum schlicht auf Lohn und Strafe, so daß es ihm leichter fällt als den Franzosen, die Tugend dann doch als natürlichen Affekt zu behandeln).

89 So in: Pierre de Villiers, Pensées et reflexions sur les égaremens des hommes dans la voye du salut, 3. Aufl. 3 Bde., Paris 1700–1702 (Bd. 2, S. 128 ff.).
90 A.a.O., Bd. 2, S. 94 f.
91 A.a.O., Bd. 2, S. 96: „On tombe en faisant profession d'être devot dans tous les vices ordinaires à ceux qui se piquent de quelche profession particulière. Un homme qui fait profession d'une chose, ne cherche ordinairement qu'á se faire valoir sa profession, il s'attache moins à la chose même qu'il professe, qu'à la gloire de la professer".
92 The Logic of Social Systems: A Unified, Deductive System-Based Approach to Social Science, San Francisco 1974, S. 273 f.
93 Daß mit der Abschwächung des stratifikatorischen Aufbaus der Gesellschaft die Oberschichteninteraktion ihre gesellschaftliche Sonderfunktion verliert und dadurch für Eigendynamik und Reflexion freigesetzt wird, ist eine mögliche Erklärung. Vgl. Niklas Luhmann, Interaktion in Oberschichten: Zur Transformation ihrer Semantik im 17. und 18. Jahrhundert, in ders., Gesellschaftsstruktur und Semantik, Bd. 1, Frankfurt 1980, S. 72–161.
94 Vgl. oben Anm. 60.
95 So Charles K. Warriner, The Emergence of Society, Homewood Ill. 1970, S. 110.
96 Zur Bedeutung dieser Entwicklung für eine Theorie sozialer Ungleichheit vgl. Ulrich Beck, Jenseits von Stand und Klasse? Soziale Ungleichheiten, gesellschaftliche Individualisierungsprozesse und die Entstehung neuer sozialer Formationen und Identitäten, in: Reinhard Krekel (Hrsg.), Soziale Ungleichheiten, Sonderband 2 der Sozialen Welt, Göttingen 1983, S. 35–74.
97 Auch dieser Zug läßt sich bis in die zweite Hälfte des 18. Jahrhunderts, bis auf die damals auf Individuen übertragene Differenz von Original und Copie zurückverfolgen.
98 In gewisser Weise lebt in dieser Thematik das orgueil/vanité-Motiv fort. Vgl. dazu René Girard, Mensonge romantique et vérité romanesque, Paris 1961.
99 Grundlinien der Philosophie des Rechts § 297.
100 Robert von Mohl, Über Staatsdienstprüfungen, Deutsche Vierteljahrs-Schrift 4 (1841), S. 79–103.
101 Nach Milovan Djilas, Die neue Klasse: Eine Analyse des kommunistischen Systems, dt. Übers. München 1963.
102 Nach Nicos Poulantzas, Klassen im Kapitalismus – heute, dt. Übers. Berlin 1975, S. 165 ff. Vgl. auch Karl Hörning (Hrsg.), Der „neue" Arbeiter: Zum Wandel sozialer Schichtstrukturen, Frankfurt 1971.
103 Vgl. u.a. Eric Olin Wright, Class Structure and Income Determination, New York 1979, hier aber immer noch als Variante der marxistischen Theorie, das heißt mit einem Klassenbegriff, der durch Bezug auf Produktion definiert ist.
104 Vgl. z.B. Carlo Carboni, Elementi per uno studio su stato e classi sociali, Rassegna Italiana di Sociologia 23 (1982), S. 201–250.
105 Ich folge hier den Einsichten von Robert Musil, „Aus den Lebensregeln reicher Leute", in: Der Mann ohne Eigenschaften, Hamburg 1952, S. 419–422.
106 Darauf vor allem hatte sich die sog. funktionalistische Schichtungstheorie bezogen.
107 Eine gute Hypothese für Angehörige der Prominenzklasse ist, daß sie am Engagement in Konflikten interessiert sein müssen, weil dies zur Erwähnung in den Massenmedien führt. Vgl. dazu Hans Matthias Kepplinger, Realkultur und Massenmedien: Literarische Karrieren in der Bundesrepublik, Freiburg 1975. Insofern trifft auch der philosophische Begriff des Njet Set (Odo Marquard) einen klassentheoretisch wichtigen Sachverhalt. Im übrigen führt das Fernsehen zu einer neuen Art von Verkörperung (oder soll man sagen: Körperkultur?) der Prominenz. Das zwingt dazu, daß man den Vorgang des Zeigens im Fernsehen in den Begriff der Erwähnung einschließen muß. Entscheidend ist die Ereignishaftigkeit und „Substanzlosigkeit" der Reproduktion.

108 Vgl. H. Kreuzer, Veränderungen des Literaturbegriffs, Göttingen 1975, S. 65; Kepplinger, a.a.O. In jedem Falle leistet also Kunst- und Literaturkritik selektive Klassenaufbauhilfe.
109 So Alfred Kuhn, a.a.O., S. 399.
110 Untersuchungsvorschlag: Man frage Journalisten, die an internationalen Konferenzen teilnehmen, nach dem wirklichen Verhalten und Erscheinungsbild, der Erschöpfung und der Aufmöbelung, der relativen Hilflosigkeit und der Unterstützungsangewiesenheit der weltpolitischen Führer, von denen nachher in den Medien berichtet wird, was sie getan, erreicht, vereinbart bzw. abgewendet haben.
111 Dazu bereits im 18. Jahrhundert ausführliche Analysen in Bezug auf London. Hinweise bei Ian Watt, The Rise of the Novel: Studies in Defoe, Richardson and Fielding, London 1957, Neudruck 1967, S. 177 ff.
112 Bemerkenswert dazu, daß gerade in höheren Rängen die weitere Beförderung mehr auf äußere Umstände als auf eigene Qualitäten und Verdienste zugerechnet wird (wobei als äußerer Umstand nicht zuletzt das Freiwerden von Stellen in der richtigen Konstellation und zu einem guten Zeitpunkt in Betracht kommt). Siehe die Ergebnisse einer empirischen Untersuchung dieser Frage bei Niklas Luhmann, Zurechnung von Beförderungen im öffentlichen Dienst, Zeitschrift für Soziologie 4 (1973), S. 326–351 (337 f.).
113 Vgl. z.B. Gérard Lemaine/Benjamin Matalon/Bernard Provansal, La lutte pour la vie dans la cité scientifique, Revue française de Sociologie 10 (1969), S. 139–165.
114 Zu dem hier vorausgesetzten Verhältnis von Summenkonstanz und Moral vgl. für ältere Gesellschaften George M. Foster, Peasant Society and the Image of Limited Good, American Anthropologist 67 (1965), S. 293–315.
115 ganz zu schweigen von der Verehrung des Alters einer Familie, die darauf beruhte, daß man vergessen konnte, wie der Rang einstmals konkret erworben worden war.
116 Die neuere Literatur hierzu blickt vor allem auf die politische Szene, was den Rückschluß erlauben könnte, daß andere Prominenz sich inzwischen Skandale leisten kann. Vgl. etwa Manfred Schmitz, Theorie und Praxis des politischen Skandals, Frankfurt 1981; Francesco M. Battisti, Sociologia dello scandalo, Bari 1982.
117 Das gilt ebenso und erst recht für Darstellungen der Diskussion selbst. Siehe die (ihrerseits parteiergreifende) Darstellung bei Paul Blumenberg, Inequality in an Age of Decline, New York 1980, S. 9 ff. Selbst die Einsicht in diesen Zusammenhang (S. 61 f.) kann den Verfasser nicht hindern, selbst eine ideologisch tendenzierte Analyse vorzulegen.
118 Die Literatur spricht hier oft von Multifunktionalität oder funktionaler Diffusität.
119 Dasselbe Argument läßt sich auf regionale Differenzierung anwenden. Wir können nicht einsehen und wir können uns schwer damit abfinden, daß die Verteilung der Chancen gesellschaftlichen Lebens einige Regionen vor anderen bevorzugt, obwohl dies weder wirtschaftlich noch politisch noch sonstwie notwendig ist, um die Gesellschaft zu erhalten oder zu entwickeln.
120 Nach Drucklegung erschienen: Dallas L. Clouatre, The Concept of Class in French Culture Prior to the Revolution, Journal of the History of Ideas 45 (1984), S. 219–244.

Dietrich Rüschemeyer

Spencer und Durkheim über Arbeitsteilung und Differenzierung: Kontinuität oder Bruch?

I.

Die Begriffe Arbeitsteilung und soziale Differenzierung repräsentieren eine Problematik, die seit mehr als zweihundert Jahren eine zentrale Rolle in der Theorie der Gesellschaft gespielt hat. Von den frühesten Behandlungen der Arbeitsteilung in der Sozialphilosophie des griechischen Altertums abgesehen, zieht sich eine kontinuierliche Theorietradition durch das soziologische Denken des neunzehnten Jahrhunderts, die nicht nur auf Adam Smith sondern weiter auf Mandeville und andere Vorläufer der schottischen Gesellschaftstheoretiker zurückgeht. Wenn Adam Smith, Claude-Henri Saint-Simon, August Comte, Alexis de Tocqueville, Karl Marx, Herbert Spencer, Karl Bücher, Georg Simmel, Emile Durkheim und Max Weber die Thematik in der jeweils verschiedenen Problemperspektive ihres Werkes aufnehmen und ihre spezifischen Beiträge zum Verständnis der verschiedenen Formen der Arbeitsteilung, ihrer Ursachen und ihrer Wirkungen machen, so sind sie sich in ganz besonderer Weise der jeweiligen Vorgänger bewußt. Diese Kontinuität äußert sich nicht etwa nur darin, daß Smith's pin factory so oft zitiert wird, daß sie zum fast sprichwörtlichen Modell der Arbeitsteilung geworden ist. Viel esoterischere Teilthemen wie zum Beispiel das der „Entfremdung" als Folge von Arbeitsteilung zeigen eine ganz ähnliche Kontinuität: ist man willens, Ähnlichkeiten des Begriffs und der Problematik auch dann anzuerkennen, wenn sie nicht unter dem romantischen Etikett erscheinen, so finden sich bedeutende Beiträge zum Beispiel bei Smith, de Tocqueville, Spencer, Durkheim und Weber. Wichtiger noch als solche spezifischen Zitate und unmittelbaren Fortentwicklungen früherer Ideen ist, daß auch und gerade, wo ein Marx, Spencer oder Durkheim an der Problematik von Arbeitsteilung und Differenzierung den eigenen theoretischen Standort entwickelt, der Bezug auf die Theorietradition von besonderer Bedeutung bleibt – sei es in der Form von Distanzierung und Kritik, sei es in Übereinstimmung und Berufung auf die Vorgänger oder sei es in rekonstruierender Uminterpretation. Es gibt nur wenige Probleme der Gesellschaftstheorie, die über so lange Zeit hinweg ein solch kontinuierliches Interesse gefunden und zudem im Zentrum der Theoriebildung gestanden haben.

Beide Momente, die zentrale Rolle der Probleme der Arbeitsteilung und sozialen Differenzierung und die Kontinuität der Theorietradition, setzen sich bis in die zweite Hälfte des zwanzigsten Jahrhunderts fort (wenn sich auch das Schwergewicht von dem engeren Begriff der Arbeitsteilung auf den umfassenderen der Differenzierung verlagert). Die Arbeiten von Niklas Luhmann können hier ebenso angeführt werden wie das Wiederaufleben marxistischer Sozialtheorie, ganz zu schweigen von dem offensichtlichen und überragenden Beispiel Talcott Parsons'.

Spencer und Durkheim, deren Behandlung von Arbeitsteilung und sozialer Differenzierung Gegenstand dieser Beobachtungen und Anmerkungen ist, sind aus verschiedenen Gründen von besonderem Interesse. Ihre Namen markieren jene Wende in der soziologischen Theorieentwicklung, die Talcott Parsons als den Beginn einer „neuen Soziologie" am Anfang dieses Jahrhunderts gefeiert hat. Scheinbar diametral einander entgegengesetzt, sind Spencer und Durkheim die wichtigsten Vorfahren der strukturell-funktionalen Theorie unserer Zeit; der eine — Spencer — insgeheim: totgesagt und doch in vielen Begriffen und Ideen quicklebendig, der andere — Durkheim — offiziell anerkannt, um nicht zu sagen kanonisiert.

Parsons beginnt die ideengeschichtlich-theoretische Grundlegung seiner eigenen Arbeit (1937) mit der Behauptung, daß Spencers Ideen sich ausgelebt haben, während Durkheim zusammen mit Pareto und Weber eine alternative Grundlage soziologischen Denkens anbiete. Durkheims Werk als Alternative zu Spencer zu sehen, steht ganz im Einklang mit Durkheims Selbstverständnis. Die Kritik an Spencer und „den Utilitaristen" ist konstitutiv für seine eigene Standortbestimmung. Gleichzeitig überraschen jedoch bei genauerem Hinsehen die mannigfaltigen Parallelen und Ähnlichkeiten in der soziologischen Argumentation von Durkheim und Spencer. Ganz ähnlich wird im späteren Werk von Parsons einerseits das Verdikt über Spencer nie ganz zurückgenommen, während Durkheims Ideen beträchtlich an Gewicht gewinnen (insbesondere im Vergleich zu denen Webers), andererseits treten theoretische Konzeptionen immer mehr in den Vordergrund, die wie Parsons' neoevolutionäre Fragestellungen, Differenzierung und Integration als Hauptmomente gesellschaftlicher Entwicklung und die Systemkonzeption mit abstrakt formulierten Funktionsbedingungen stark an Spencer erinnern.

Vor diesem Hintergrund möchte ich einige Bemerkungen zu Spencers und Durkheims Behandlung von Arbeitsteilung und Differenzierung vortragen und zweierlei Fragen aufwerfen — einerseits Fragen zu der Beziehung zwischen Durkheim und Spencer und dem Charakter jener Wende in der soziologischen Theoriebildung, von der Parsons seinen Ausgang nahm, und andererseits Fragen, die die Fruchtbarkeit von theoretischen Formulierungen betreffen, welche auf Spencer oder Durkheim (oder gleichermaßen auf beide) zurückgehen.

II.

Spencer hatte — schon zu seinen Lebzeiten — einen heute kaum mehr vorstellbaren Einfluß, der aber nach der Jahrhundertwende sehr schnell zurückging. In seiner ausgezeichneten Studie über das gesellschaftliche Denken in Europa von 1890 bis 1930, *Consciousness und Society*, nimmt H. Stuart Hughes (1958) das Werk Spencers und seine Breitenwirkung als paradigmatisch für jenes viktorianisch-wilhelminische establishment, das sich durch seinen Szientismus, ungebrochenen Fortschrittsglauben, ein bürgerliches Weltbild und Persönlichkeitsideal, aber auch ein langweiliges Philistertum auszeichnete und gegen das eine neue Generation — der Gegenstand von Hughes' Arbeit — rebellierte. Ein Gutteil der merkwürdigen Wirkungsgeschichte des Spencerschen Werkes erklärt sich wohl aus diesen Strömungen und Gegenströmungen. Heute, da *beide* Seiten eines guten Geisteshistorikers bedürfen, um für uns halbwegs wieder lebendig zu werden, ist es möglich, den Elan jener Ablehnung Spencer's außer Acht zu lassen und ihn wieder neu (wenn auch fast notwendig selektiv) zu lesen, um sich dann zu fragen, wie ein Autor mit solchen Einsichten so lange in Vergessenheit geraten konnte. So spricht Carneiro (1967: lii) von einer „resurgence of Spencer's evolutionism", so schreibt selbst Parsons ein Vorwort zum Neudruck von Spencer's *The Study of Socioloy* (1961), und so kann J.D.Y. Peel, der uns ohne Frage das eindringlichste persönliche und intellektuelle Portrait Spencers gegeben hat (1971), zu dem erstaunlichen Schluß kommen; „Herbert Spencer (1820—1903) was the first, and probably remains the greatest, person to have written sociology, socalled, in the English language" (Peel 1972: vii).

Das Ziel von Spencers Lebensarbeit — und es gibt wenige Autoren, denen man ähnlich schlicht *ein* wissenschaftliches Ziel zuschreiben kann — war, das Wissen der Moderne in einer „synthetischen Philosophie" zusammenzufassen. Die Idee der Entwicklung (evolution, development) war das integrierende Prinzip, der gemeinsame Nenner, dieser Synthese. Es war eben diese Integrationsleistung, die den Ruhm Spencers ausmachte und ihm den Respekt und die Freundschaft von hervorragenden Wissenschaftlern gewann. Daß Darwin, dessen Theorie vom Mechanismus der biologischen Auslese Spencer fast (wenn auch in wichtigem Detail eben nicht) vorwegnahm, ihm seine Reverenz bezeugte, die Reverenz des betont bescheidenen Spezialanalytikers für den Mann der großen Konzeption, ist weithin bekannt. Wie wir sehen werden, hat aber dieser zusammenfassend-synthetische Charakter von Spencers Werk weittragende negative Implikationen, auch und gerade für seine Soziologie und speziell für seine Problemformulierungen zu den Phänomenen von Arbeitsteilung und Differenzierung.

Spencer übernimmt von der deutschen Naturphilosophie — von Wolff, Goethe und besonders von K. E. von Baer — die Idee der Differenzierung, des Wandels von einfachen zu komplexen Strukturen, der sich sowohl in der Entwicklung von Samen und Ei zum Baum und erwachsenen Tier findet wie auch in der als Entwicklung interpretierten Nebeneinanderstellung von „höheren" und „niederen" Lebewesen, „We propose to show," sagt Spencer in seinem programmatischen Essay *Progress: Its Law and Cause* (1857/1972: 40),

> that this law of organic progress is the law of all progress. Whether it be in the development of the Earth, in the development of Life upon its surface, in the development of Society, of Government, of Manufactures, of Commerce, of Language, Literature, Science, Art, this same evolution of the simple into the complex, through successive differentiations, holds throughout. From the earliest traceable cosmical changes down to the latest results of civilisation, we shall find that the transformation of the homogeneous into the heterogeneous, is that in which Progress essentially consists.

Spencer führt hier den Begriff der Differenzierung in das soziologische und psychologische Denken ein, der dann Ausgangspunkt vielfältiger und fruchtbarer Entwicklungen wurde. Das Konzept der Differenzierung steht für Spencer im Zentrum einer grandiosen Einheitsvision der gesamten Realität, die er bis an sein Lebensende nicht aufgab. Über fast vier Jahrzehnte hält er an dieser Konzeption fest und detailliert die Idee der Differenzierung als einheitstiftenden Prinzips in den Bänden seines *System of Synthetic Philosophy*: von den *First Principles* (1862) über die *Principles of Biology* (1864 und 1867) und die *Principles of Psychology* (^{2}1870 und ^{2}1872) bis zu den *Principles of Sociology* (1876, 1879, 1882, 1885, und 1897) und den *Principles of Ethics* (1893).

Diese Einheitskonzeption gibt die Grundlage für analogische Übertragungen von Einsichten und Analyseprinzipien von einer Disziplin auf die andere. Das bedeutete keineswegs nur, daß biologische (und ebenso — das sei besonders hervorgehoben — physikalisch-mechanische) Metaphern in die Soziologie eingeführt werden wie etwa in Spencers Organismus-Gesellschaft Analogien oder in der Konzeption des Gleichgewichts. Übertragungen aus der Gesellschaftstheorie waren ebenso wichtig, wie etwa der bedeutende Transfer von Theoremen der Bevölkerungswissenschaft und von Wettbewerbsvorstellungen aus der politischen Ökonomie auf die Entwicklungsproblematik in der Biologie zeigt. Jener ausgedehnten Polemik gegen Organismusanalogien in den Sozialwissenschaften, die uns allen vertraut ist und die Spencers Vorgehen im allgemeinen simplifizierend mißversteht und seine umsichtigen Qualifikationen schlicht übersieht — dieser Polemik zum Trotz muß man wohl zunächst einmal anerkennen, daß die Sozialtheorie aus dieser Denkstrategie Spencers, die er in seiner vergleichend orientierten Soziologie auf immer neuen Problemebenen wiederholt, einen ungeheuren Gewinn an Abstraktionskraft und Generalisierungsfähigkeit gezogen hat. Selbst wenn einem dieser Gewinn nicht ganz geheuer ist, wenn man den ahistorischen Charakter der Gesellschaftsanalysen von Spencer ebenso wie der von Parsons für strategisch problematisch hält oder ihn gar als Ärgernis nimmt, kann man gleichzeitig die Abstraktionsleistung, die sich etwa in Spencers Dreiheit von regulativen, operativen und distributiven Systemprozessen (und in den analogen vier funktionalen Systemproblemen Talcott Parsons') ausdrückt, nicht leicht verleugnen.

Spencers Einheitskonzeption findet allerdings auch ihren Niederschlag auf der Debetseite. Hier denke ich weniger an manche organizistische Analogien, die uns heute lächerlich erscheinen, vor hundert Jahren aber zumindest unterhaltsam gewesen zu sein scheinen, als an den Zwangscharakter, den die Einheitlichkeit aller Grundprinzipien der Spencerschen Theorien annahm. So konnte Spencer sich nicht von Lamarckschen Annahmen über die Vererblichkeit erworbener Eigenschaften lösen, weil in der sozialkulturellen — oder, in Spencers Terminologie, der überorganischen — Realität eine solche Weitergabe von Gelerntem offensichtliche Bedeutung hatte (Peel 1971, 143). Ähnliche Beengungen und Limitierungen finden wir in Spencers Behandlung der sozialen Differenzierung. Insbesondere ist es, wie wir sehen werden, seine Erörterung der Ursachen von Arbeitsteilung und Differenzierung, die unter der Einfügung der sozialen Welt ins kosmische Schema leidet.

Spencer hat zwei Modelle der sozialen Differenzierung entwickelt, die nicht ganz leicht zusammenpassen. Das eine sieht Gesellschaften aus einfachen (simple) zu zusammengesetzten (compound) und dann zu doppelt und mehrfach zusammengesetzten (double and treble compound) sich entwickeln (Spencer 1876/1975, bes. I, 536–563); das andere, weniger eindeutige („much less definite"), kontrastiert zwei Idealtypen, die von der Dominanz militärischer oder wirtschaftlicher Probleme und Institutionen bestimmt sind: die militant-hierarchische Gesellschaft der Vergangenheit und die „industrielle" Gesellschaft, die sich nun anbahnt und in der individuellen Freiheit und Gleichheit im Inneren der Friedfertigkeit in internationalen Beziehungen entsprechen (ebda. und bes. 1882/1975, II, 658–642).[1] Beide Gesellschaftstypologien stehen in komplexem Zusammenhang mit der Differenzierung von funktionalen und institutionellen Teilsystemen einer Gesellschaft und mit Vorgängen der Arbeitsteilung im Sinne von Rollendifferenzierung (obwohl festzuhalten ist, daß – genau genommen – Spencer den Rollenbegriff nicht kannte).[2] Gesellschaftliche Entwicklung ist für Spencer ebenso wie die biologische Evolution unter sein universelles Evolutionstheorem zu subsumieren, in der Formulierung der *First Principles*; „a change from an incoherent homogeneity to a coherent heterogeneity, accompanying the dissipation of motion and the integration of matter" (1862, zitiert nach Peel 1971: 137). Diese Einordnung verlangt in Spencers Vorstellung, daß die Kausalanalysen von Differenzierung in Geologie, Biologie, Psychologie und Soziologie ebenfalls eine einheitliche Struktur haben. Dieses allgemeine Gesetz findet er in der folgenden Leerformel: „Every active force produces more than one change – every cause produces more than one effect." (Spencer 1857/72: 42)

Indessen stammen die Erklärungen der Differenzierung, die Spencer tatsächlich vorbringt (in seiner Biologie ebenso wie in der Soziologie, wenn auch offensichtlich nicht in der Geologie und Astronomie), aus einer Verallgemeinerung der klassischen Theoreme über Arbeitsteilung und Effizienz. Parsons' spätere Formulierungen über Differenzierung und „adaptive capacity" sind denen von Spencer ganz ähnlich. Allerdings bleibt unklar, unter welchen Bedingungen größere Effizienz sich ergibt und wie die Wirkung größerer Effizienz zur Ursache von Differenzierung und Arbeitsteilung wird.[3] Auch nachdem Spencer von Darwin den Kausalmechanismus von zufälliger Variation und natürlicher Auslese in seine Biologie übernahm und ihn auf andere Disziplinen zu übertragen bereit war, bleiben andere Mechanismen wichtig; so etwa Voraussicht, Lernen und die sozialkulturelle und biologische Weitergabe von Gelerntem. Daß Differenzierung und Anpassungsfähigkeit Hand in Hand gehen und daß dieser Zusammenhang Arbeitsteilung und Differenzierung vorantreibt, wird im Grunde vorausgesetzt, ist letztlich durch die kosmische Formel vorwegentschieden. So kann Durkheim für die Makroevolution zu einem Schluß kommen, der auch auf Spencers Mikroerklärungen anwendbar ist: „M. Spencer explique assez bien de quelle manière se produira l'évolution; mais il ne nous dit pas quel est le ressort qui la produit." (1893/1926: 248) In den späteren Differenzierungskonzeptionen der funktionalistischen Soziologie wird ganz ähnlich verfahren: Die Effizienzwirkung von Differenzierung wird vorausgesetzt (gelegentlich, so von Smelser, in die Definition der sozialen Differenzierung einbezogen) und Differenzierung erscheint als ein vorgegebener Rahmen, innerhalb dessen spezifische Kausalfaktoren ihren Platz finden können, und nicht als ein Phänomen, das selbst der Erklärung bedarf (vgl. Smelser 1959 und 1963; Parsons 1966).

Man mag dem, was Spencer angeht, entgegenhalten, daß er Bevölkerungsgröße und Bevölkerungswachstum als die Hauptursachen von voranschreitender Arbeitsteilung und Differenzierung gesehen hat, und das seit seinem frühen Essay „A Theory of Population deduced from the General Law of Animal Fertility" (1852/1972). Indessen verbergen sich hinter dem Bevölkerungsfaktor eine Reihe von Ursachen sehr unterschiedlichen Charakters. Die Größe einer Bevölkerung wird von Spencer als Voraussetzung für interne Differenzierung angeführt. Das hat nicht notwendig mit Bevölkerungswachstum und Überbevölkerung zu tun. Vielmehr gehen in Spencers Sicht die Entstehung „zusammengesetzter" Gesellschaften und die Differenzierung politischer Organisation oft, und typisch, auf Konflikt und Unterwerfung zurück. Diese Differenzierungsprozesse haben also mehr mit Macht und Machtinteressen zu tun als mit Bevölkerungsdruck und wirtschaftlicher Produktivität.

Bevölkerungsdruck, der sich aus einem Bevölkerungswachstum ergibt, das die gegebenen Ressourcen übersteigt, führt zu ganz anderen Kausalüberlegungen. Hier kommen „the survival of the fittest" und „adaptive capacity" ins Spiel. Warum aber Differenzierung als „Antwort" („answering structures" ist eine Spencersche Formulierung) auf solche Probleme zustande kommt, ist nicht eindeutig. Naiv funktionalistische Argumente stehen neben solchen, die auf Konflikt und auf die Eliminierung weniger effektiver Sozialformen abheben; gleichzeitig bleiben auch, wie oben angedeutet, noch andere Mechanismen im Spiel. Wenn Spencer in seinen Detailanalysen durchaus auch Stagnation und Rückfälle in der gesellschaftlichen Evolution anerkennt, dann werden diese Kausalfragen selbstverständlich umso dringlicher.

Schließlich sei erwähnt, daß das Subjekt, dessen Interessen auf dem Spiel stehen, in Spencers Soziologie nicht unzweideutig bestimmt wird. Einerseits sind das die Individuen, für deren Interessen gesellschaftliche Arrangements lediglich instrumentalen Charakter haben; andererseits ist es „die Gesellschaft", verstanden als quasi-organische Einheit. Für beide Auffassungen lassen sich überzeugende Belege aus Spencers Werk beibringen. Im zweiten Fall bleibt die Frage, wie sich das Kollektivinteresse bestimmt, eine Frage, die zum Beispiel dringlich wird, aber keine Antwort findet, wenn Spencer am Ende der *Principles of Sociology* den gesellschaftlichen Fortschritt zur Situation der Industriearbeiter in Beziehung setzt und schreibt:

> Though in his capacity of consumer the factory-hand, in common with the community, profits by the cheapening of goods of all kinds, including his own kind, yet in his capacity of producer he loses heavily – perhaps more heavily than he gains. (Spencer 1876-97/1975)

Selbstverständlich ist das theoretische Problem breiter gelagert, als sich aus dieser späten und – für mich jedenfalls – unerwarteten Spur von Kapitalismuskritik im Werk dieses sonst so konsistenten laissez-faire-Apologetikers ergibt. Es stellt sich ebenso bei der Behandlung von einfachen Gesellschaften, die im Zuge von Unterwerfung zu „zusammengesetzten" und gleichzeitig funktional differenzierten Strukturen werden: Inwiefern ist die „Regulierung" dieser Gesellschaften durch die dominanten Gruppen eine Regulierung im Gesamtinteresse und wie läßt sich ein solches Kollektivinteresse überhaupt begrifflich fassen?

Soweit ich sehe, gibt Spencer keine befriedigenden Antworten auf diese Fragen. Indessen finden sie eine indirekte Antwort in seinem langfristigen Entwicklungsschema: Die Disziplinierung der Individuen durch die oft harte Unterdrückung in „militanten" Gesellschaften verändert die menschliche (individuelle) Natur so, daß in den späten, zum Teil noch in der Zukunft liegenden Stadien der Menschheitsgeschichte äußere Disziplin durch Selbstdisziplin ersetzt, schlichter Egoismus durch Verantwortlichkeit und Altruismus ergänzt worden ist und nun die obrigkeitlich-staatliche Bestimmung des Gesamtinteresses sowie repressive Regelungen in seinem Namen überflüssig geworden sind. In dieser Idee eine Devolution des Staates (einer Zukunftsvision, die Spencer mit seinem Zeitgenossen und Widerpart in der soziologischen Tradition Karl Marx teilte), sind die Inkonsistenzen und Widersprüche seiner Sicht von Individuum und Gesellschaft zumindest teilweise „aufgehoben". Auch hier wird im Evolutionsschema als subjektiv rational verständlich, was ansonsten widersprüchlich und inkonsistent erscheint.

In Parenthese ist anzumerken, daß diese Zukunftsvision an Lamarcksche Evolutionsvorstellungen gebunden ist. Der Wandel der menschlichen Natur ist durchaus ein biologischer Wandel. Die erbliche Weitergabe erworbener Eigenschaften hat nun die Stabilität der Natur. Hier wird noch einmal sichtbar, warum es für Spencer so schwer war, sich von Lamarckschen Ideen zu lösen (vgl. Peel, 1971); und umgekehrt, in welchem Maße die Gesamtkonzeption der „synthetischen Philosophie" sein Denken festlegte.

Abgesehen vom korsettierenden Einfluß der Gesamtkonzeption paßt Spencers Evolutionstheorie nicht leicht in ein simples Schema. In wichtigen Punkten entspricht sie durchaus nicht den Stereotypen späterer Globalkritiken. So sagt Carneiro (1967: xli–xliii) zu Recht und mit guten Belegen, daß Spencers Theorie weder Unilinearität der Entwicklung behauptet (die These, daß alle Gesellschaften die gleichen Stufen der Entwicklung durchlaufen) noch ihre Irreversibilität oder ihre Unausweichlichkeit.[4] Nur die Gesamtevolution, „taking the entire assemblage of societies", sieht Spencer als unausweichlich an. Innerhalb dieses von seiner Version der Fortschrittsidee bestimmten Rahmens kann er der Variabilität der sozialen Realität durchaus flexibel gerecht zu werden versuchen — mit theoretischen ad-hoc-Erklärungen oder mit Ableitungen aus seiner Gesamtkonzeption. Allerdings bleibt seine Orientierung durchweg unhistorisch und selbst antihistorisch (ein folgenreicher Schritt in der Differenzierung der Sozialwissenschaften, dessen „adaptive quality" man sehr bezweifeln darf); so schreibt er 1852 an seinen Freund Edward Lott: „My position, stated briefly, is that until you have got a true theory of humanity, you cannot interpret history; and when you have got a true theory of humanity *you do not want history*." (Zitiert in Peel 1971: 158; Hervorhebung im Original)

Daß Spencers Evolutionssoziologie in verschiedenen Teildisziplinen zu vielen Resultaten führte, die von großem Interesse waren, braucht uns hier nicht weiter zu beschäftigen. Wir sind an den Grundzügen der Spencerschen Konzeption interessiert und an ihrer Beziehung zu Durkheims Soziologie, nicht am konkreten Inhalt seiner umfangreichen soziologischen Arbeiten. So können wir selbst beiseite lassen, daß seine Religionssoziologie wichtige Ideen der Durkheimschen Sozialtheorie der Religion vorwegnahm. Von zentralem Interesse ist jedoch, daß Spencer auch in der unmittelbaren Behandlung von Arbeitsteilung und Differenzierung eine Priorität für Ideen beanspruchen darf, die normalerweise mit dem Namen Durkheims verbunden werden. Hier ist zuerst die Idee des besonders „organischen" Charakters der modernen arbeitsteiligen Gesellschaft zu nennen. Differenzierung und Integration gehen nach Spencer Hand in Hand. So gewinnt die moderne Gesellschaft ihren Zusammenhalt weitgehend aus der durch die Arbeitsteilung gesteigerten Interdependenz; weitgehend, aber – und das ist wichtig zu betonen – nicht ausschließlich: Auch Spencer erkennt verschiedentlich an, daß die moderne Gesellschaft nicht ohne moralische Fundierung auskommt. Auch der Gegentyp, die wenig differenzierte Gesellschaft, die gerade wegen ihrer Homogenität kontrollierenden Einfluß auf ihre Mitglieder hat, wird von Spencer beschrieben; gelegentlich, wie Perrin (1976) gezeigt hat, in Formulierungen, die denen Durkheims frappierend ähnlich sind.[5] Gegenüber der neueren, rehabilitierenden Spencerliteratur ist allerdings an der Unterscheidung festzuhalten zwischen zentralen theoretischen Aussagen und ad-hoc-Erklärungen oder gelegentlichen *obiter dicta*.

Ähnlichkeiten zwischen Spencers und Durkheims Behandlung zeigen sich auch in dem, was ausgespart wird. Die problematischen Folgen der Arbeitsteilung, die im Mittelpunkt der Marxschen Kapitalismuskritik stehen, bleiben in Spencers Behandlung völlig marginal. Bei Durkheim werden Klassenformierung, Klassenkonflikt und unfreiwillige Spezialisierung zwar ernster genommen, erscheinen aber erst im letzten Buch des Werkes unter der Rubrik der anormalen Formen der Arbeitsteilung. Wenn es so viele – und durchaus wichtige – Parallelen, Ähnlichkeiten und Kontinuitäten in der Behandlung von Arbeitsteilung und Differenzierung bei Spencer und Durkheim gibt, woher kommt dann die Idee des deutlichen Bruchs zwischen den beiden Autoren, eine Idee, die nicht erst von späteren Interpreten sondern von Durkheim selbst stammt?

III.

In dem Buch, mit dem Durkheim sich als bedeutender Soziologe etabliert und in dem er die Grundzüge seiner theoretischen Konzeption entwickelt, *De la division du travail social* (1893), ist Spencer mit Abstand der am häufigsten zitierte Autor. Manche Zitate berufen sich ganz einfach auf Spencer, um bestimmte Tatbestände zu sichern; andere erkennen die Übernahme Spencerscher Ideen an; die wichtigsten – ebenso wie andere Passagen, in denen Spencer zwar nicht genannt, offensichtlich aber gemeint ist – repräsentieren jedoch eine kritische Auseinandersetzung mit bestimmten Grundideen Spencers, die Durkheim aus seiner Sicht interpretiert und dann ablehnt. Symptomatisch für seinen Erfolg zumindest im Durkheimkreis ist die Tatsache, daß Celestin Bouglé in seiner Übersicht über neuere Theorien der Arbeitsteilung (1903) Spencer nur noch am Rande erwähnt. Warum also dieser Bruch vor dem Hintergrund von wichtigen Ähnlichkeiten und Kontinuitäten?

Wir können mit Sicherheit ausschließen, daß Durkheims Polemik gegen Spencer nur seine Abhängigkeit camoufliert; von komplexeren Argumenten ganz abgesehen war Durkheim, so scheint mir, dafür einfach zu rechtschaffen und zu selbstkritisch. Vielmehr, das ist meine These, entspricht dieser Bruch ziemlich genau bestimmten unterschiedlichen Grundpositionen, Grundpositionen, die sowohl in kognitiver als auch in moralisch-politischer Hinsicht verschieden waren. Für beide waren diese Dimensionen eng miteinander verknüpft: Beide wollten die Sozialformen der Moderne verstehen, und beide suchten nach moralischer Orientierung auf der Basis dieses Verständnisses.

Spencer sah die Weltgeschichte durch Differenzierung und Fortschritt auf einen Zustand hinsteuern (stockend, umwegreich vielleicht, aber im Ensemble der Gesellschaftsformen am Ende unausweichlich), der gleichzeitig ideal war: die freie Kooperation von unabhängigen Individuen, denen letztlich Vergesellschaftung vernünftiges Instrument für ein reiches Leben ist. Der Individualismus des Ideals spiegelt sich in analytischen Grundannahmen. So kann Spencer von sozialen Strukturen als den „aggregate results of the desires of individuals who are severally seeking satisfaction" reden (*The Man versus the State*, zitiert nach Peel 1971: 213). Der gesellschaftliche, oder besser: der menschliche Fortschritt ist Naturprozessen ähnlich, und diese Ähnlichkeit stützt für Spencer die Glaubwürdigkeit seines Geschichtsverständnisses. Der Naturcharakter der gesellschaftlichen Entwicklung hat gleichzeitig politische Konsequenzen. Der Realisierung des Ideals politisch nachzuhelfen, ist überflüssig; mehr noch, es ist, soweit erfolgreich, schädlich, weil politische Interventionen die natürlichen Ausleseprozesse hemmen.

Bevor wir an diesem Punkt Spencer schlicht dem vulgären Sozialdarwinismus zurechnen, einer Bewegung und Mentalität, die in der Tat mehr dem Einfluß Spencers als dem Darwins verdankt, müssen wir uns allerdings, wie Peel (1971) immer wieder betont, klarmachen, daß Spencer ein friedliebender Lamarckianer war, in dessen Sicht die menschliche Natur selbst sich wandelt und langsam altruistischer und kooperativer wird. Das ändert indessen nichts an der Tatsache, daß Spencer gegen Ende des neunzehnten Jahrhunderts der wohl wichtigste Apologet des laissez-faire war. Selbst sein Freund T. H. Huxley griff ihn 1888 als den Vertreter „des fanatischen Individualismus unserer Zeit" an.[6]

Die Problematik von Individuum und Gesellschaft in der Moderne ist genau der Ausgangspunkt von Durkheims Abhandlung über die Arbeitsteilung (1893/1926: xliii):

> Quant a la question qui a été l'origine de ce travail, c'est celle des rapports de la personnalité individuelle et de la solidarité sociale. Comment se fait-il que, tout en devenant plus autonome, l'individu dépends plus étroitement de la société? Comment peut-il être à la fois plus personnel et plus solidaire? Car il est incontestable que ces deux mouvements, si contradictoires qu'ils paraissent, se poursuivent parallèlement.

Man hört der Frage den Spencerschen Ursprung durchaus noch an. (Allerdings hätte Spencer sie wohl kaum so gestellt.) Durkheims Antwort, vor allem aber der theoretische Bezugsrahmen, in dem sie situiert wird, und schließlich die politisch-moralischen Orientierungen, die sich mit der Antwort verbinden, weichen radikal von Spencer ab. Die theoretischen Elemente, die Durkheim von Spencer übernimmt, lassen sich nicht übersehen; sie werden aber uminterpretiert und in eine andere intellektuelle Gesamtkonzeption eingebaut.

Die Gesellschaft ist für Durkheim mehr als blosses Instrument individueller Bedürfnisbefriedigung, mehr als die Resultante individueller Nutzenkalküle. Diese andere Grundeinstellung hat vortheoretische Quellen. Sie geht vielleicht zurück auf Durkheims Herkunft — er ist der Sohn eines elsässischen Rabbis — und (hier sind wir auf sichererem Grund) auf spätere Einflüsse wie etwa das prosozialistische Milieu an der École Normale Supérieure, die er mit Herr, Bergson und Jaurès besuchte (Vgl. Hughes 1959: 59—61). Weiter zu nennen wären hier Durkheims Patriotismus und die Erfahrung der Dreyfus-Affäre. Durkheims Beziehung zum Sozialismus ist intensiv, aber ambivalent; und sie bleibt trotz seiner Freundschaft mit Jean Jaurès, dem Führer der sozialistischen Kammerfraktion, ambivalent-reserviert. Er findet den Klassencharakter und die Parteilichkeit des Sozialismus problematisch und zieht sich auf die Objektivität der Wissenschaft zurück (vgl. M. Mauss' Einleitung zu Durkheim 1928). Gleichzeitig öffnet aber die Soziologie für Durkheim den Zugang zu Einsichten in die moralische Ordnung, die der modernen Gesellschaft adäquat ist. Von Spencer übernimmt er die Vorstellung verschiedener Gattungen menschlicher Vergesellschaftung und faßt die moderne arbeitsteilige Gesellschaft als eine solche Gesellschaftsgattung auf; wenn man ihre Natur identifiziert — und hier kommt ein verfeinertes Gleichgewichtsmodell interdependenter soziakultureller Strukturen ins Spiel —, so kann man in Durkheims Sicht auch die ihr adäquate Moralordnung bestimmen.

Die Fragestellung und Konzeption sind von Spencers Entwicklungsmetaphysik ebenso weit entfernt wie von seinem „Manchesterliberalismus". Beiden ist jedoch die enge Verpflechtung von moralisch-politischer und wissenschaftlicher Problematik gemeinsam. Durkheim konzentriert sich auf die Problematik der modernen Gesellschaft und koppelt diese Problematik von den welthistorischen Fortschrittsideen und den kosmischen Spekulationen Spencers ab. Indessen hat auch seine Position ihre spezifischen philosophischen Voraussetzungen.

Sein Begriff der Anomie enthüllt indirekt Durkheims anthropologische Grundkonzeption: menschliche Erfüllung und Glück gibt es nur in der Begrenzung und Formung durch das Kollektiv[7]; dem entspricht, daß das Individuum keine Priorität gegenüber der Gesellschaft hat. Durkheim formuliert die gegenteilige Position polemisch, wenn er die Vorstellungen der Utilitaristen von der Entstehung der Gesellschaft kritisiert (1893/1926: 263, 264):

> Ils supposent à l'origine des individus isolés et indépendants, qui, par suite, ne peuvent entrer en relation que pour coopérer; ... Mais cette théorie, si répandue, postule une véritable création *ex nihilo*. Elle consiste, en effet, à déduire la société de l' individue; ... De l'aveu de M. Spencer, pour que la société puisse se former dans cette hypothèse, il faut que les unités primitives „passent de l'état d'indépendance parfaite a celui de dépendance mutuelle" (Sociologie, III, 332). Mais qu'est-ce qui peut les avoir determinées a une si complète transformation? La perspective des avantages qu' offre la vie sociale? Mais ils sont compensés et au déla par la perte de l'indépendance ... Ajouter a cela que, dans les premières types sociaux, (le sacrifice de l'indépendance) est aussi absolu que possible, car nulle part

l'individu n'est plus complèment absorbé dans le groupe. Comment l'homme, s'il etait né individualiste, comme on le suppose, aurait-il pu se résigner a une existence qui froisse aussi violemment son penchant fondamental? ... La vie collective n'est pas née de la vie individuelle, mais c'est, au contraire, la seconde qui est née de la première. C'est a cette condition seulement que l'on peut s'expliquer comment l'individualité personnelle des unités sociales a pu se former et grandir sans désagréger la société.

Hinter diesen quasi-mythischen Formulierungen verbirgt sich die Intention, jene spezifisch soziale Realität intellektuell in den Griff zu bekommen, die sich weder einfach aus dem Spiel der Eigeninteressen der einzelnen ergibt noch mit der staatlichen Herrschaft identisch ist. Durkheims Programm, die Soziologie als eigene Disziplin zu entwickeln, hat hier seinen Ursprung. (Oft wird die Beziehung umgekehrt; Durkheims metatheoretischen und philosophischen Intentionen werden dann zu bloßen Rationalisierungen für die Ambition eines höheren Fachidioten.)

Der Widerspruch zwischen den — wenn man so will: „ideologischen" — Grundintentionen der Soziologien von Spencer und Durkheim hat Konsequenzen für Durkheims Spencerinterpretation. Durkheim vergröbert die individualistischen Annahmen, übersieht Qualifikationen und vereinfacht den Gegensatz insgesamt bis zur Karikatur. Spencers Werk gibt einer solchen Interpretation ebenso wie rehabilitierenden Gegeninterpretationen breiten Spielraum, weil Spencer einerseits zu starken Formulierungen neigte, insbesondere wenn seine politische Position und seine kosmische Gesamtkonzeption ihn in die gleiche Richtung wiesen, andererseits aber auf kritische Komplikationen und unbequeme Tatsachen oft großzügig mit ad-hoc-Argumenten und den Kunstgriffen von Ausnahme und allgemeinem Trend reagierte.

Wie wirkte sich Durkheims spezifische Grundposition in seiner Analyse von Arbeitsteilung und Differenzierung aus? Die Antwort ist — zumindest auf den ersten Blick — nicht sehr ermutigend für jene, die mit seinem Standort sympathisieren. Was die ursächliche Erklärung von Arbeitsteilung und Differenzierung angeht, habe ich andernorts (Rüschemeyer 1982) zu zeigen versucht, daß seine metatheoretischen Prämissen Durkheim zu durchaus problematischen Argumenten führen. Wenn (wie in der Soziologie, wenn auch nicht notwendig in der Philosophie) metatheoretische Thesen nach ihrer Fruchtbarkeit und nicht unmittelbar nach ihrem Wahrheitswert zu beurteilen sind, ist das ein fatales Ergebnis.

Ich deute kurz an, was gemeint ist. Durkheim macht im wesentlichen drei Beiträge zu dem Erklärungsmodell von Arbeitsteilung, das er in der Literatur vorfindet (übrigens oft besser formuliert bei anderen Autoren als bei Spencer). Er besteht zunächst darauf, daß kollektive Solidarität der Kooperation vorausgeht und deshalb Arbeitsteilung nur innerhalb eines schon gegebenen sozialen Zusammenhangs sich entwickeln kann. (Hier liegt wohl der Grund für seine ansonsten nicht sehr klare Rede von der „densité morale".) Dieses Prinzip, das zu der eben zitierten Passage über Individuum und Gesellschaft Anlaß gab, führt Durkheim zu zwar nicht uninteressanten, aber dogmatisch verzerrten und doch für sein Argument unergiebigen Ausführungen über die zwischengesellschaftliche Arbeitsteilung.

Der zweite Beitrag Durkheims zur Erklärung der Arbeitsteilung ist eine Kritik jenes Bindestücks, das in der überkommenen Erklärung zwischen Bevölkerungsdichte oder Marktgröße und Arbeitsteilung stand: der Produktivitätsgewinne, die der Arbeitsteilung folgen und einen Anreiz für sie darstellen. Durkheim sagt, daß menschliche Befriedigung nicht endlos größer werden kann; wichtiger, er argumentiert, daß Wünsche und Bedürfnisse nicht nur wandelbar sondern sozialkulturell geprägt sind. Befriedigung von Wünschen und Bedürfnissen der Individuen stellt aus beiden Gründen keinen tragfähigen Bezugspunkt für die Erklärung der langfristigen Entwicklung der Arbeitsteilung dar. Schließlich kritisiert Durkheim den naiven Funktionalismus, den die alte Formulierung in seinen Augen impliziert. Dies sind bedeutende Einsichten; aber Durkheim legt das Schwergewicht auf die Kritik der Idee dauernd anwachsender Glücklichkeit, eine Annahme, die das alte Modell durchaus nicht notwendig machen mußte, während er seine Einsicht in die Variabilität der Bedürfnisse und Wünsche (sowie der Struktur von Präferenzen) nur auf Unterschiede zwischen Epochen und zwischen Gesellschaften, nicht aber auf Teilgruppen innerhalb einer Gesellschaft anwandte. In der letzteren Form führt sie zu einer weit radikaleren Kritik der Effizienzerklärung von Arbeitsteilung und Differenzierung, als Durkheim sie formulierte (Rüschemeyer 1977). Durkheim übernahm statt dessen die Idee der Produktivitätssteigerung durch Arbeitsteilung als völlig unproblematisch und weiterer Analyse nicht bedürftig, wenn er sie auch wegen seiner Funktionalismuskritik nicht zur Grundlage seiner Kausalerklärung machte. So sah er sich gezwungen, nach Bedürfnissen zu fahnden, die für die hoch arbeitsteilige Gesellschaft typisch sind und dann aus dem größeren wirtschaftlichen Ertrag gedeckt werden können.

Wenn nicht Effizienz, was ist dann das kausale Bindestück zwischen Interaktionsdichte und Arbeitsteilung? In seinem dritten und bekanntesten Beitrag zur Erklärung der Arbeitsteilung sieht Durkheim diese Beziehung im Anschluß an Darwin vermittelt durch die Konkurrenz, die umso schärfer ist, je ähnlicher sich die – biologischen oder sozialen – Einheiten sind, die miteinander in Wettbewerb stehen. Wie Darwin und Spencer, aber im Gegensatz zur klassischen Ökonomie identifiziert Durkheim Wettbewerb mit Kampf ums Überleben und argumentiert, daß – wie im biologischen Bereich – unter gleichen Umweltbedingungen mehr Individuen spezialisierter Arten als Individuen gleicher Art sich erhalten können. Er übersieht aber, daß es sich bei beruflicher Spezialisierung nicht um eine Spezialisierung von Ansprüchen auf eine gegebene Ressourcenumwelt handelt, sondern um eine Differenzierung der Produktion. So ist es durchaus nicht klar, warum ein Ansteigen der Nachfrage oder eine Ausweitung der Absatzmärkte die Konkurrenz verschärfen sollte. Plausibler ist, daß unter diesen Bedingungen auch marginale Produzenten noch mit Gewinn operieren, also besser als bei geringerer Nachfrage oder weniger ausgedehnten Marktbeziehungen „überleben" können.

Eine ähnliche Kritik kann man zu Durkheims Behandlung der Konsequenzen zunehmender Arbeitsteilung und zu seinem Verständnis der modernen Gesellschaft entwickeln. Da dieser Seite seiner Abhandlung gewöhnlich die größte Aufmerksamkeit geschenkt wird, darf ich mich hier kryptisch kurz fassen. Durkheim übernimmt von Spencer die Idee, daß die modernen Vergesellschaftungsformen ihren besonderen Solidaritätscharakter aus der Arbeitsteilung gewinnen, interpretiert diese Idee aber so um, daß sie in seine Vorstellungen von der Priorität der sozialen Realität passen. Das Resultat seiner Analysen wird jedoch ebenso stark von anderen theoretischen Entscheidungen bestimmt, etwa von der Entscheidung, nicht wie Marx zwischen Arbeitsteilung unter autonomen Wirtschaftseinheiten und jener anderen zu unterscheiden, die innerhalb eines Herrschaftsverhältnisses aufoktroyiert wird. Die gesamte Problematik, die der Sozialismus aufwarf, wird von Durkheim unter die „anormalen" Formen der Arbeitsteilung abgeschoben, die mit der Erstellung eines langfristigen Gleichgewichts, mit der vollen Realisierung des „Gattungswesens" der industriellen Gesellschaft, verschwinden. Das „normale" Bild der arbeitsteiligen Gesellschaft ist die Vision einer bürgerlichen Gesellschaft, die auf Chancengleichheit und Meritokratie, Abwesenheit von Zwang, beruflichen Zusammenschlüssen sowie auf der Verwirklichung individueller Anlagen, dem individualistischen Persönlichkeitsideal und gerechten Regelungen von Zusammenarbeit und Austausch aufgebaut ist. In einem solchen Gesellschaftszustand, dem in der Sicht der *Division du travail social* moderne Gesellschaften zustreben oder für den sie zumindest eine Chance bieten, sind Klassenkampf und Ausbeutung ebenso ausgeschlossen wie „anomische", d.h. ungeregelte und unsolidarische Arbeitsteilung. Selbst Célestin Bouglé kommt in seiner sympathisierenden Besprechung zu dem Schluß: „Et ainsi M. Durkheim nous découvre moins ce que la division du travail produit en fait que ce qu'elle devrait produire, moins son effet nécessaire que son effet idéal." (1903: 107 f.)

Sollen wir unser Verdikt über Durkheims metatheoretische Positionen von diesen nicht recht überzeugenden (um nicht zu sagen dürftigen) Resultaten leiten lassen? Das wäre voreilig. Durkheim hat diese Positionen zwar in Auseinandersetzung mit Spencer an der Problematik der Arbeitsteilung entwickelt, die Intention ging jedoch über deren Spezifika hinaus. Statt diese umfassendere Intention systematisch und im Detail auszuführen, möchte ich kurz zwei der wichtigsten Kritiken Durkheims am Utilitarismus, so wie er ihn sah[8], skizzieren.

Die erste betrifft die Beziehung zwischen Vertrag und gesellschaftlicher Ordnung. Vertragliche Abmachungen reichen nicht aus, soziale Ordnung zu erklären. Die individualistische Gesellschaftsauffassung des Utilitarismus ist selbst für ein Verständnis moderner kapitalistischer Gesellschaften unzureichend. Durkheim zeigt: „le contrat ne se suffit pas à soi-même, mais il n'est possible que grâce à une réglementation du contrat qui est d'origine sociale" (1893/ 1926: 193). Er zeigt weiter, daß mit zunehmender Differenzierung nicht-vertragliche Rechtsformen ebenso expandieren wie Vertragsbeziehungen. Hier ist jedoch wichtig zu sehen, daß Durkheim Recht keineswegs als eine rein staatliche Funktion sieht, sondern es als Ausdruck gesellschaftlicher Regelungen insgesamt, als Indikator der *conscience collective*, auffaßt. Die institutionelle Struktur von Gesellschaften — von einfachen segmentären ebenso wie von komplex differenzierten — läßt sich nicht über individuelles Nutzenkalkül und vertragliche Abmachungen erklären; institutionelle Ordnung ist nicht einfach herstellbar, wenn und weil sie zweckmäßig wird. Das gleiche gilt von der Solidarität. Das ist die erste kritische These.

Die zweite besagt, daß das isolierte Individuum auch in bezug auf die scheinbar individuellsten Momente des Soziallebens keinen stabilen theoretischen Bezugspunkt darstellt. Durkheim argumentiert nicht nur wie Simmel zur gleichen Zeit, daß das moderne Persönlichkeitsideal selbst Produkt sozialer Differenzierung ist und als Element der modernen *conscience collective* zur Kohärenz hochdifferenzierter Gesellschaften beiträgt; wichtiger, weil theoretisch folgenreicher, ist seine These, daß die individuellen Bedürfnisse und Wünsche, von denen die utilitaristische Theoriekonstruktion ausgeht, nicht unvermittelt gegeben sind, sondern durch die Gesellschaft geprägt werden.

IV.

Zum Abschluß einige Bemerkungen zu den Theorieansätzen von Spencer und Durkheim aus der heutigen Problemsicht. Es ist im Rückblick erstaunlich, in welchem Maß die soziologische Theorie des zwanzigsten Jahrhunderts und insbesondere die strukturell-funktionale Theorie den Grundansätzen des spencerschen Denkens verhaftet geblieben ist. Das gilt besonders dort, wo sich auch zwischen Spencer und Durkheim Kontinuitäten ergaben. Meine — vorwiegend kritischen — Reaktionen setzen Argumente und Prämissen voraus, die hier nicht dargestellt werden können, die sich aber wenigstens andeutungsweise durch eine Berufung auf Max Weber kennzeichnen lassen. Meine Argumente sind in Thesenform und in fast apodiktischer Kürze formuliert.

Durkheim kehrt sich von dem kosmisch-deduktiven Charakter der spencerschen Evolutionstheorie ab und sucht seine Konzeption der Gesellschaft durch spezifische Untersuchungen — über Selbstmord, Elementarformen der Religion und eben Arbeitsteilung — darzustellen. Darum wohl geht er auch auf den älteren und spezifischeren Sprachgebrauch zurück und spricht von Arbeitsteilung statt von Differenzierung, obwohl sein Begriff der Arbeitsteilung sich inhaltlich nicht sehr von Spencers Differenzierung unterscheidet. Trotz dieses Unterschieds bleibt der ahistorische Charakter des Vorgehens beiden gemeinsam. Beide suchen keine Prozeßanalyse der Arbeitsteilung zu geben, die sich in vergleichend historischen Untersuchungen bewähren könnte. Ich bin der Überzeugung, daß nur durch solche Prozeßanalysen von Differenzierung, und ebenso von De-Differenzierung, die Problematik weiter zu klären ist.

Beiden, Durkheim und Spencer, ist eine *consensus*-Orientierung gemeinsam. Hier verschärft Durkheim, was in Spencers Werk nur implizit war. Parsons kritisiert zunächst — in seinem Vergleich von Durkheims und Webers Behandlung der Religion (1937) — Durkheims *consensus*-Annahmen und argumentiert, daß sie für die Analyse sozialen Wandels wenig geeignet sind. Später nimmt er fast genau die Position Durkheims ein, um dann mit Argumenten kritisiert zu werden, die er vorher selbst gegen Durkheim ins Feld geführt hatte.

Ähnlich teilt Durkheim mit Spencer den Begriff der Gesellschaft als der umfassendsten Einheit der soziologischen Analyse. Diese Konzeptualisierung war Marx ebenso wie Weber fremd, hat sich aber in der neueren Soziologie weitgehend eingebürgert, eine Entwicklung, die zu Recht seit langem von Reinhard

Bendix, dann von Dependenztheoretikern und jüngst theoriegeschichtlich von Tenbruck (1981) kritisiert worden ist.

Analogische Argumentationen, unter denen heute die Anwendung von Modellen selbstregulierender Systeme auf gesellschaftliche Vorgänge wohl die prominenteste ist, stehen in einer Tradition, die stärker von Spencer als von Durkheim bestimmt ist. Ich habe oben dieser Tradition in metatheoretischer Hinsicht eine gewisse Anerkennung gezollt, möchte nun aber hinzufügen, daß Analogien zwar theoretisch außerordentlich anregend wirken können, jedoch keinerlei Tragfähigkeit haben, wenn es um die Validierung von Hypothesen und Theoremen geht. Diese Unterscheidung zu akzeptieren, fällt uns wohl leicht angesichts der heute oft lächerlichen analogischen Argumentationen Herbert Spencers. Sie gilt jedoch in gleichem Maß für die heute gängigen Analogien, etwa jene systemtheoretischer Art.[9]

Der Bruch Durkheims mit den metatheoretischen Grundintentionen Spencers bleibt in der heutigen Theoriesituation hochrelevant. Durkheims kritische Auseinandersetzung mit der utilitaristischen Sozialtheorie, die in Marx's Arbeiten wichtige Parallelen hat, hat in ihren Grundzügen (und ohne ihr mythologisches Substrat) ihre Entsprechung in gegenwärtigen Diskussionen über Erklärungsversuche, die aus der neoklassischen Wirtschaftstheorie stammen, jedoch über den Bereich des Marktgeschehens hinausgehen und etwa kollektive Interessenzusammenschlüsse, Staatsverfassung, Familienstruktur und Geburtenentwicklung analysieren. Der Ausgang dieser Diskussionen ist von ähnlicher Bedeutung für die Zukunft der soziologischen Theorie und für ein breiter gelagertes Gesellschaftsverständnis wie die Auseinandersetzung zwischen Durkheim und Spencer vor nun fast hundert Jahren.

Anmerkungen

1 Der Versuch, diese beiden Modelle dadurch zu harmonisieren, daß militante und industrielle Gesellschaftsverfassungen als zyklische Phasen der sozialen Evolution interpretiert werden (Turner und Beeghley 1981), scheint mir verfehlt. Insgesamt leidet Turners und Beeghleys rehabilitierende Darstellung Spencers daran, daß sie von interessanten Kontinuitäten zwischen Spencers Ideen und der heutigen strukturell-funktionalen Theorie ausgehend weit über eine historisch-theoretische Interpretation hinausschießt und quasi-Parsonssche Ideen in die Gedankenwelt Spencers zurückprojiziert.
2 Robert Perrin (1976) argumentiert, daß sich im Werk Spencers vier separate Theorien der sozialen Evolution finden, die strikt auseinanderzuhalten seien: 1. Entwicklung als Fortschritt der Menschheit auf den Idealzustand des „social state" hin (besonders in Spencer 1850); 2. Entwicklung als die Differenzierung von funktionalen Teilsystemen in gesellschaftlichen Aggregaten; 3. Entwicklung als fortschreitende Arbeitsteilung; und 4. Entwicklung als Differenzierung verschiedener Arten von Gesellschaften. Perrins Aufsatz stellt Spencers Argumentation differenziert dar, gibt aber kein überzeugendes Argument, warum es sich hier um (von Spencer selbst?) systematisch unterschiedene Theorien handeln sollte. Die erste ist Spencers frühe Formulierung, die stärker als spätere Schriften Geschichtsphilosophie und politisch-moralische Utopie mit soziologischer Argumentation verbindet; jeder Leser der *Principles of Sociology* weiß aber, daß Spencer diese Verbindungen nie aufgegeben hat. Die zweite und dritte behandeln Institutions- und Rollenaspekte des Gesamtprozesses der sozialen Differenzierung, während die vierte unterschie-

dene Theorie sich aus der Tatsache ergibt, daß komplexere und weniger komplexe Gesellschaftsstrukturen in Spencers Sicht durchaus im gleichen historischen Moment koexistieren können, obwohl in der Menschheitsgeschichte einfache Strukturen den komplexen vorangehen und die letzteren im Lauf der Makroevolution an Häufigkeit zunehmen und dann dominieren. Zwischen diesen verschiedenen Ideenkomplexen, die Spencer über einen sehr langen Zeitraum hinweg entwickelt, gibt es Inkonsistenzen und Spannungen. Diese lassen sich aber nicht dadurch harmonisieren, daß man Spencer vier intern unverbundene Evolutionsproblematiken und vier separate Theorien zuschreibt.

3 Solch funktionalistische Rückkopplungsvorstellungen waren kein integraler Bestandteil der klassischen Tradition. So lag es Adam Smith etwa fern, die Arbeitsteilung schlicht mit dem wirtschaftlichen Erfolg zu erklären. Er führt sie letztlich zurück auf „a certain propensity which has in view no such utility; the propensity to track, barter, and exchange one thing for another," und er spekuliert kurz, ob diese Neigung „the necessary consequence of the faculties of reason and speech" sei (Smith 1776/1965: 13).

4 Sich von diesen drei Punkten abzusetzen, steht oft am Beginn moderner, „neoevolutionärer" Abhandlungen (vgl. etwa Bellah 1964: 358). Eisenstadt sagt in bezug auf Unilinearität ganz explizit: „The older evolutionary models broke down on two stumbling blocks. The first was the assumption that the development of human societies is unilinear. The second stumbling block was the failure to specify fully the systemic character of evolving societies or institutions, as well as the mechanisms and processes through which the transition from one ‚stage' to another was effected." (1964: 375) Meines Erachtens, das dürfte nach dem bisher Gesagten klar sein, trifft nur die zweite Hälfte des zweiten kritischen Punktes auf Spencer zu. Carneiro sucht auch in dieser Hinsicht Spencer zu rehabilitieren: „Spencer was far more concerned with *process* than with *stages*." (Carneiro 1967: xliii, Hervorhebung im Original); diese Behauptung einer besonderen Betonung der Prozessanalyse in Spencers Evolutionstheorie ist aber wenig überzeugend.

5 So spricht Spencer, in *The Man versus the State* (1884), von einer „mechanical union" der Individuen in wenig arbeitsteiligen Gesellschaften, die sich aus vielen ähnlichen „Segmenten" zusammensetzen; und in seiner *Autobiography* (1904) sagt er: „The power of the society over the individual is greatest among the lowest people. . . . Inherited rules which the living combine to maintain and the authority of which no one dreams of questioning, control all actions." (Zitiert in Perrin 1976: 1350) Indessen hat Durkheim ein gewichtiges Argument, wenn er für seine gegenteilige Interpretation Spencers auf die Grundzüge der Spencerschen Theorie zurückgreift: „M. Spencer a déja dit que l'évolution sociale, comme d'ailleurs l'évolution universelle, debutait par un stade de plus ou moins parfaite homogénéité. Mais cette proposition, telle qu'il l'entend, ne ressemble en rien à celle que nous venons de développer. Pour M. Spencer, en effet, une société qui serait parfaitement homogène ne serait pas vraiment une société; car l'homogène est installé par nature et la société est essentiellement un tout coherent. . . . A certains moments, M. Spencer semble ne voir dans les sociétés que nous venons de décrire qu'une juxtaposition éphémère d'individus indépendants, le zéro de la vie sociale . . . Nous venons de voir, au contraire, qu'elles ont une vie collective très forte, quoique *sui generis*, qui se manifeste non par des échanges et des contrats, mais par une grande abondance de croyances et des pratiques communes." (Durkheim 1893/1926: 155, n. l.)

6 Obwohl er wußte, daß seine Abhandlung über Evolution und Moral, ein Artikel „The Struggle for Existence in Human Society", Spencer „in weiße Wut" versetzen würde. Peel, der diese letzte große Kontroverse in Spencers Leben schildert (1971: 151—153), zitiert einen aufschlußreichen Brief Spencers, der seine spezifisch Lamarcksche (und zunehmend mißverständliche) Position sehr deutlich macht. Huxleys Meinung, schreibt Spencer einem anderen Freund, „that we have to struggle against or correct the cosmic process, involves the assumption that there exists something in us which is not a product

of the cosmic processs, and is practically a going-back to the old theological notions, which put Man and Nature in antithesis. Any rational, comprehensive view of evolution involves that, in the course of social evolution, the human mind is disciplined into that which itself puts a check upon that part of the cosmic processs which consists in the unqualified struggle for existence." (Brief an J. A. Skelton, 29. Juli 1893, zitiert nach Peel 1971: 152 f.)

7 Vgl. Steven Lukes' ausgezeichnete Gegenüberstellung und Analyse von Marx' „Entfremdung" und Durkheims „Anomie" (1967). Lukes' Biographie und Werkanalyse Durkheims (1973) ist mit Abstand die beste Gesamtdarstellung.

8 Vgl. Camic (1979) zu Parsons' problematischer Auffassung des „Utilitarismus". (Camic erörtert Hume, Smith, Bentham und J. S. Mill als paradigmatische Figuren.) Ähnliche, wenn auch weniger weitreichende Korrekturen müßten an Durkheims Vorstellung von „den Utilitaristen" und selbst, wenn auch wiederum weniger weitreichend, an seinem Spencerbild angebracht werden.

9 Ich danke Jon Elster für Einwände, die diese Klarstellung veranlaßten.

Literatur

Bellah, Robert N., Religious Evolution, in: American Sociological Review, 29, 3, Juni 1964, 358—374

Bouglé, C., Revue générale des théories récentes sur la division du travail, in: L'Année Sociologique, 6, 1903, 73—122

Camic, Charles, The Utilitarians Revisited, in: American Journal of Sociology, 85, 3, November 1979, 516—550

Carneiro, Robert, Hg., Herbert Spencer: The Evolution of Society. Chicago: University of Chicago Press 1967

Durkheim, Émile, De la division du travail social. Paris 1893. Fünfte Auflage, Felix Alcan 1926

— —, Le socialisme: sa définition, ses débuts, la doctrine saint-simonienne. Einleitung von Marcel Mauss. Paris: 1928

Eisenstadt, S. N., Social Change, Differentiation, and Evolution, in: American Sociological Review, 29, 3, Juni 1964, 375—386

Hughes, H. Stuart, Consciousness and Society. The Reconstruction of European Social Thought 1890—1930. New York: Random House 1958

Lukes, Steven, Alienation and Anomie, in: Philosophy, Politics and Society, Third Series, hg. von Peter Laslett und W. G. Runciman. Oxford: Basil Blackwell 1967, 134—156

— —, Émile Durkheim. His Life and Work: A Historical and Critical Study. London: Allan Lane 1973

Parsons, Talcott, The Structure of Social Action. New York: Mc Graw Hill 1937

— —, Societies: Evolutionary and Comparative Perspectives. Englewood Cliffs: Pretice-Hall 1966

Peel, J. D. Y., Herbert Spencer. Evolution of a Sociologist. New York: Basic Books 1971

— —, Hg., Herbert Spencer on Social Evolution. Chicago: University of Chicago Press 1972

Perrin, Robert G., Herbert Spencer's Four Theories of Evolution, in: American Journal of Sociology, 81, 6, Mai 1976, 1339—1359

Rüschemeyer, Dietrich, Structural Differentiation, Efficiency and Power, in: American Journal of Sociology, 83, 1, Juli 1977, 1—25

— —, On Durkheim's Explanation of Division of Labor, in: American Journal of Sociology, 88, 3, November 1982, 579—589

Smelser, Neil J., Social Change in the Industrial Revolution: An Application of Theory to the British Cotton Industry 1770–1840. Chicago: University of Chicago Press 1959

– –, Mechanisms of Change and Adjustments to Change, in: Industrialization and Society, hg. von B. F. Hoselitz und W. E. Moore. Paris und Den Haag: Unesco und Mouton 1963

Smith, Adam, An Inquiry into the Nature and Causes of the Wealth of Nations. 1776. Hier zitiert nach Modern Library Edition (Cannan). New York: Random House 1937/1965

Spencer, Herbert, Social Statics: or the Conditions essential to Human Happiness specified, and the First of them Developed. 1850

– –, A Theory of Population deduced from the General Law of Animal Fertility, in: Westminster Review 1850; teilweise abgedruckt in Peel (1972: 33–37)

– –, Progress: its Law and Cause, in: Westminster Review, April 1957. Abgedruckt in Peel (1972: 38–52)

– –, The Study of Sociology. London: Kegan Paul, Trench 1873. Neudruck Ann Arbor: University of Michigan Press 1961

– –, The Principles of Sociology. London: 1876–1897. Neudruck nach der dritten Auflage Westport, Connecticut: Greenwood Press 1975

Tenbruck, Friedrich H., Emile Durkheim oder die Geburt der Gesellschaft aus dem Geist der Soziologie, in: Zeitschrift für Soziologie, 10.4, Oktober 1981, 333–350

Turner, Jonathan H. und Leonard Beeghley, The Emergence of Sociological Theory. Homewood, Illinois: Dorsey Press 1981

Hartmann Tyrell

Emile Durkheim – Das Dilemma der organischen Solidarität*

I.

Die ‚Geschichte des Prinzips soziale Differenzierung' ist –nicht ohne Ausnahmen[1] – in der soziologischen Theorietradition von Spencer bis Parsons weitgehend eine Geschichte des Zusammenspiels und Zusammenhangs von Differenzierung und Integration. Dabei ist das Verhältnis beider recht unterschiedlich konzipiert worden; einige Autoren denken es im Sinne logischer Implikation: wo Differenzierung ‚der Fall ist', ist daran Integration notwendig als Kehrseite mitgegeben; andere gehen von einem kausalen Abfolgeverhältnis aus: Differenzierung bewirkt, verursacht Integration; wieder andere Autoren sehen das Verhältnis als ein kompensatorisches an: die ‚dekomponierenden' Effekte von Differenzierung müssen durch gegenläufige (re-)integrative Mechanismen aufgefangen werden.[2] Blickt man auf die Gesellschaftstheorie der letzten Jahrzehnte, so ist für diesen Problemzusammenhang die Bedeutung von Talcott Parsons überragend. Parsons selbst aber hat in der Theoriegeschichte den entscheidenden Part Émile Durkheim zugewiesen und an ihn vor allem (kritischen) Anschluß gesucht[3]. Für ‚Differenzierung und Integration' stehen bei Durkheim bekanntlich die Begriffe der ‚sozialen Arbeitsteilung' und der ‚organischen Solidarität'.

Es ist ‚De la division du travail social', Durkheims in der Mitte der 80er Jahre konzipiertes und 1893 in erster Auflage erschienenes Erstlingswerk[4,5], das mit evolutions- und gesellschaftstheoretischer Ambition der Frage des Zusammenhangs von Differenzierung und Integration nachgeht und programmatisch dieser Frage gewidmet ist – allerdings auf eine ganz besondere Art. Denn Durkheim ist an der gesellschaftlichen Arbeitsteilung als solcher nur wenig interessiert, und die Aussagen und Befunde zu dieser bleiben innerhalb des gesamten Buches vergleichsweise dürftig und blaß[6]. Was ihn wesentlich interessiert, ist dagegen eine spezifische Funktion der Arbeitsteilung, nämlich die, gesellschaftliche Solidarität, genauer: ‚organische Solidarität' zur Folge zu haben; was das angeht, durchzieht ein nachhaltig optimistischer Grundton das Buch, und diese positive gesellschaftliche Funktion der Arbeitsteilung ist Durkheim gleichzeitig als Zusammenhang von ‚Arbeitsteilung und Moral' thematisch[7].

In Rechnung zu stellen ist dabei aber ein ganz spezifisches Verständnis von ‚Solidarität': darunter ist bei Durkheim zuerst das verstanden, was den Sozialtheoretikern des 19. Jahrhunderts das ‚soziale Band', das ‚vinculum sociale' heißt[8] und wobei immer die Assoziation von ‚Bindung' und ‚Obligation' mitschwingt; es geht dabei um das *Miteinanderleben* der Menschen rein als solches, um den sozialen Zusammenhalt und dessen, wie Luhmann[9] treffend sagt, „Zerreißfestigkeit". Den Kern der Sache aber begreift man erst, wenn man sie negativ wendet und fragt: was geschieht infolge des Bestands des ‚sozialen Bandes' oder der sozialen Solidarität *nicht*? Was nicht geschieht ist dies: die ‚sozial gebundenen' Individuen laufen nicht auseinander, sie vagabundieren nicht, sie segregieren und vereinzeln sich nicht und auch: sie begehen nicht Selbstmord und kündigen auch auf diesem Weg das Zusammenleben nicht auf[10]. Solidarität bezieht sich zuerst auf das Band, das die Menschen als Zusammenlebende bestandsfest zusammenhält und ist darin für Durkheim ein genuin *moralischer* Sachverhalt. Für die moderne Gesellschaft aber ist es entscheidend die Arbeitsteilung, die den sozialen Zusammenhalt bewirkt und garantiert: „The division of labor ... is the principal bond of social aggregates of higher types."[10a]

Die Dinge komplizieren sich aber dadurch, daß Durkheim schon wenige Jahre nach dem Erscheinen von ‚De la division du travail social' zu dieser optimistischen Leitthese seines Buches kein Zutrauen mehr hatte, daß er unverkennbar, wenngleich nicht explizit davon abrückte und mehr und mehr, was seine Einschätzung des moralischen und des Integrationsniveaus der zeitgenössischen Gesellschaft anging, zum Pessimisten wurde; es ist bereits das Buch über den Selbstmord (1897), in dem Durkheim unter den Leitformeln der Anomie und der defizitären sozialen Integration (der Individuen) als Diagnostiker der tiefgreifenden ‚moralischen Krise' der Moderne auftritt[11].

Der vorliegende Beitrag soll diesen Zusammenhängen bei Durkheim detailliert nachgehen. Er will dabei insbesondere auch die erheblichen theoretischen und argumentativen Anstrengungen aufzeigen, die Durkheim in der ‚Arbeitsteilung' auf sich genommen hat, um die Integriertheit hochdifferenzierter Gesellschaften, ihre ‚organische Solidarität' zu bestimmen, nachzuweisen und zu erklären. Es muß aber schon hier gesagt werden, daß dies ihm schlüssig nur zu einem sehr geringen Teil gelungen ist. Im Gegenteil: in den immer neuen und verschiedenartigen Anläufen einer strengen Beweisführung, die die solidarisch-moralischen Konsequenzen der Arbeitsteilung belegen und sogar als notwendig ausweisen sollen, verwickelt sich Durkheim in die hoffnungslosesten Widersprüche; von der organischen Solidarität erfährt man letztlich nicht, was sie ist und wie sie beschaffen ist oder wie sie zustandekommt: als eine Mischung aus Postulat und Utopie stellt sie die entscheidende Schwachstelle des gerade in seinen Widersprüchen faszinierenden Buches über die Arbeitsteilung dar[12]. Für die heute gerade in Deutschland wieder lebhaft verhandelte Frage nach der Integration und Integrierbarkeit moderner hochdifferenzierter Gesellschaften[13] hat Durkheim höchst anregende Fragen, aber nur wenig an brauchbaren Antworten hinterlassen. Und systematisch ist von ihm – zumal nach seinem Abschied von den Leitthesen des Arbeitsteilungsbuches – zu lernen, wie die Integration moderner Gesellschaften *nicht* gedacht und konzeptualisiert werden darf.

Was aber die Widersprüche bei Durkheim angeht, so muß hier vorweg noch auf ein Moment verwiesen werden, das einen besonders auffälligen und durchgehenden Zug seines intellektuellen Operierens ausmacht und wohl eine der Ursachen für die kaum noch überschaubare Vielfalt der Debatten über ihn[14] darstellt: Durkheim war ein Mann der Kontroverse und teils auch der Polemik[15]; Disziplin- und Theoriepolitiker, der er war, war er allenthalben an den verschiedensten Fronten in intellektuelle Auseinandersetzungen verstrickt. In diesen Kontroversen zeigt er sich nun aber als ein Autor, der an der jeweiligen Front fast immer ‚aufs Ganze geht', der jeweils alle argumentativen Reserven mobilisiert und dies gewissermaßen ‚ohne Rücksicht auf Verluste' tut; das heißt, Durkheim argumentiert vielfach ohne Rücksicht auf Inkompatibilitäten mit andernorts von ihm Gesagtem und gerät solcherart in immer neue Widersprüchlichkeiten. Dieser eigentümliche Zug seines Werkes wird uns im Weiteren wiederholt begegnen.

Die Auseinandersetzung mit Durkheims Beitrag zur Frage der Integration und Integrierbarkeit hochdifferenzierter Gesellschaften, wie sie die vorliegende Abhandlung versucht, wendet sich zuerst Fragen seiner Begriffswahl zu (II); sie gewinnt von dort her den besten Zugang zu den zentralen Intentionen des Buches über die Arbeitsteilung: das Buch ist vor allem der Versuch einer ‚Apologie der Arbeitsteilung' (Bouglé) (III). Ich will dann zeigen, daß die zentrale und bleibende Leistung des Buches die darin entwickelte Theorie der (kulturellen) Integration ‚primitiver Gesellschaften', also die These vom ‚Kollektivbewußtsein' und seinen Funktionen ist (IV), und schließe daran einen Exkurs über N. D. Fustel de Coulanges an, den ich für den Inspirator des Durkheimschen Konzeptes des Kollektivbewußtseins ansehe (V). Dem müssen Überlegungen zur Frage der Differenz und funktionalen Äquivalenz von mechanischer und organischer Solidarität folgen (VI). Der anschließende Abschnitt ist dann unmittelbar befaßt mit der Vieldeutigkeit und Widersprüchlichkeit des Konzeptes der organischen Solidarität (VII), er führt auf den Kern der hier gesuchten kritischen Auseinandersetzungen mit Durkheims Theorieentwurf, er dient — in systematischer Absicht — aber zugleich der Verdeutlichung einer Reihe von Problemen, denen sich eine Theorie der gesellschaftlichen Integration auch heute zwangsläufig zu stellen hat. Die abschließenden Darlegungen, die dies teilweise noch weiterführen, sind Durkheims späterer Abkehr von den optimistischen Thesen in ‚De la division du travail social' gewidmet (VIII).

II.

Herbert Spencer hat insbesondere in den ‚Principles of Sociology'[16] eine Begriffsapparatur entwickelt und bereitgestellt, die weit über die systemtheoretische Tradition hinaus innerhalb der Soziologie zum geläufigen Vokabular geworden ist und für deren Durchsetzung nicht zuletzt Talcott Parsons, der bekanntlich Spencer nicht sehr gewogen war, gesorgt hat. Es zählen dazu die Begriffe ‚System, Umwelt und Anpassung', ‚Struktur und Funktion', ‚Differenzierung und Integration', wie sie Spencer als soziologische Kategorien im Zusammenhang mit der Organismusanalogie[17] eingeführt und verwendet hat. Demgegenüber wirkt — wenigstens von heute her gesehen — die Begrifflichkeit, deren sich Durkheim in ‚De la division du travail social' bedient, vergleichsweise antiquiert. Das legt zumal im Hinblick auf den Arbeitsteilungsbegriff die Frage nahe: warum greift Durkheim das Spencersche Begriffsangebot *nicht* auf? Warum vor allem optiert er statt für ‚Differenzierung' für ‚Arbeitsteilung', dem das Adjektiv ‚sozial' hinzufügend?

Nun mag man bezweifeln, ob solche Fragen, wie sie bislang eigentlich nur Niklas Luhmann[18] aufgeworfen hat, größeren Nachdenkens wert sind. Immerhin behandeln ja nicht wenige Zeitgenossen Durkheims die Begriffe ‚Arbeitsteilung‘ und ‚Differenzierung‘ nahezu synonym[19], und auch die späteren Interpreten setzen vielfach ganz ohne Bedenken ‚Differenzierung‘ an die Stelle von Durkheims Arbeitsteilungsbegriff.[20] Gleichwohl: daß die Frage keineswegs überflüssig ist, ergibt sich schon daraus, daß Durkheim, Theoriepolitiker der er war, seine strategischen Begriffe ganz generell offenkundig mit Bedacht und Kalkül gewählt – und gegebenenfalls auch umbesetzt und wieder fallengelassen hat[21]; so ist es sicher kein Zufall, daß er das Begriffspaar von der ‚mechanischen und organischen Solidarität‘ im Arbeitsteilungsbuch in einem Sinne einsetzt, der dem Gebrauch der beiden Begriffe in der 1889 publizierten Besprechung von Ferdinand Tönnies' ‚Gemeinschaft und Gesellschaft‘ direkt entgegengesetzt ist[22]. Vor allem aber: Durkheim hat sich für die Begrifflichkeit von ‚Arbeitsteilung und Solidarität‘ entschieden, obwohl, wenn ich recht sehe, mit ‚Differenzierung und Integration‘ seinen spezifischen Anliegen in verschiedenen Hinsichten deutlich besser gedient gewesen wäre. Daß er dennoch das erstere Begriffspaar gewählt hat, muß Gründe gehabt haben, und denen soll im weiteren nachgegangen werden.

Inwiefern nun wäre der Differenzierungsbegriff etwa in seiner Fassung bei Spencer den Durkheimschen Intentionen in mehrfacher Hinsicht besser entgegengekommen als der der Arbeitsteilung? Auf diese Frage ist in fünf Punkten zu antworten:
1. Durkheim ist in ‚De la division tu travail social‘ mit Erläuterungen zur Begriffswahl außerordentlich sparsam. ‚Die Arbeitsteilung‘ ist ihm ein in seiner Zeit ins Auge springendes ‚Phänomen‘[23] und eine jedermann so sehr vertraute Erfahrung, daß sie der begrifflichen Bearbeitung nicht zu bedürfen scheint. Nur *eine* deutliche Abgrenzung wird von ihm vorgenommen, und auch diese zielt nicht primär auf Definition und Begriffsklärung: *arbeitsteilige* Sozialbeziehungen basieren nicht auf der Gleichheit oder Ähnlichkeit der Akteure, vielmehr setzen sie – konstitutiv – *ungleiche* und um ihrer Ungleichheit, ihrer verschiedenartigen Spezialisierung willen miteinander verbundene Akteure voraus, was Durkheim an der Arbeitsteilung zwischen den Geschlechtern exemplarisch erläutert; die in der psychischen Heterogenität der Geschlechter fundierte *Ehe* ist ihm das Paradigma ‚sozialer Arbeitsteilung‘[24]. Demgegenüber sind Sozialbeziehungen auf der Basis von Gleichheit/Ähnlichkeit dann nicht arbeitsteiliger Natur.
   Nun besagt aber der Begriff der Arbeitsteilung eigentlich nur, daß eine wie immer geartete Gesamtarbeit auf verschiedene Akteure ‚verteilt‘ wird; er besagt also ‚an sich‘ noch nichts darüber, ob die verteilten Arbeiten im Verhältnis zueinander gleich oder ungleich sind; auf, was diesen Punkt angeht, *unterschiedliche* ‚Formen der Arbeitsteilung‘ zu setzen, wie es dann 1903 der Schüler Bouglé tat, lag Durkheim gänzlich fern[25]. Deutlich ist aber, daß der nicht weiter spezifizierte Arbeitsteilungsbegriff die Pointe, auf die es Durkheim ankommt, ‚von sich aus‘ nicht artikuliert. Es bedarf keiner weiteren Ausführungen, um deutlich zu machen, daß mit dem Begriff der ‚Differenzierung‘ hingegen, wie ihn u.a. Spencer und vor allem Simmel verwenden, der Sinnakzent von je *unterschiedlicher*, differenter Spezialisierung direkt intendiert und getroffen ist; auf diese Pointe hin sagt der Begriff genauer aus, worauf es Durkheim ankommt, und er hätte schon von daher den Vorzug gegenüber dem unschärferen Arbeitsteilungsbegriff verdient.
2. Größten Wert legt Durkheim darauf, daß Arbeitsteilung ein nicht allein ökonomisches Phänomen ist; eine immer größere Spezialisierung der Funktionen treffe man ebenso sehr in Politik, Verwaltung, Recht und Wissenschaft an; überdies sei die Arbeitsteilung nicht nur ein gesellschaftliches Prinzip, sondern auch eines der ‚allgemeinen Biologie‘[26]. Daß Durkheim auch sonst den Ökonomen und einem bloß ökonomischen Verständnis

der Arbeitsteilung gegenüber höchst reserviert war, ist bekannt. Andererseits aber ist klar, daß der Arbeitsteilungsbegriff, ob man will oder nicht, ökonomisch besetzt ist; er ist es einerseits theorie- und begriffsgeschichtlich (seit Adam Smith)[27], er ist es andererseits wegen der *Arbeits*komponente, die der Begriff enthält. Durkheim hat dies trotz seiner ‚moralischen' Frontstellung gegen Ökonomen und Utilitaristen in Kauf genommen, und sich dann immer wieder genötigt gesehen zu betonen, wie sehr doch seine funktionale Analyse der Arbeitsteilung den bloß ökonomischen Rahmen sprenge[28]. Auf eine Auseinandersetzung mit dem Arbeitsbegriff hat Durkheim ganz verzichtet. Immerhin aber zielt die Titelform von der ‚*sozialen* (primär gesellschaftlichen) Arbeitsteilung' deutlich gegen ein ökonomisch beschränktes Verständnis seines Gegenstandes, obwohl dieser Zusatz des ‚sozial' natürlich auch die Abgrenzung gegen zeitgenössische biologische Theorien zu markieren hat[29].

Wieder braucht kaum hinzugesetzt zu werden, daß man mit ‚Differenzierung' alle diese Probleme nicht gehabt hätte; der Differenzierungsbegriff ist eben nicht ökonomisch präokkupiert; Spencer[30] etwa hat vorgeführt, daß man Arbeitsteilung als ökonomischen Spezialfall von Differenzierung behandeln kann.

3. Kritiker Durkheims haben immer wieder bitter Klage geführt über den völligen Verzicht des Buches auf eine Definition des Arbeitsteilungsbegriffs, über den Mangel an Klarheit hinsichtlich der ‚units of analysis'[31], über das fast gänzliche Fehlen der Unterscheidung heterogener Formen der Arbeitsteilung, über den Mangel vor allem an Ebenenspezifikationen: völlig undifferenziert und immer in der gleichen Tonart ist (im Singular) die Rede von ‚der Arbeitsteilung', gleichgültig, ob es sich um geschlechtliche Arbeitsteilung, um solche im Betrieb, solche auf dem Markt oder um die Arbeitsteilung ‚der Gesellschaft' handelt[32]. Überwiegend ist bei Durkheim in der Sache mit ‚Arbeitsteilung' aber berufliche Spezialisierung gemeint. Man mag ihm im übrigen zugute halten, daß er Dinge, die in seiner Zeit ökonomischerseits – zumal bei dem von ihm wiederholt herangezogenen Schmoller[33] – schon breit verhandelt waren, nicht wiederholen mochte; das hätte ihn vielleicht auch zu sehr auf ökonomisches Terrain geführt.

Zweifellos hat Durkheims Abstinenz, was die begriffliche Differenzierung anlangt, Methode, sie hat vor allem durchsichtige und benennbare Gründe: das Buch braucht ‚die Arbeitsteilung' als ein einheitliches, homogenes Prinzip, dem als solchem und ganz allgemein jene segensreichen moralisch-solidarischen Funktionen und Folgen zugesprochen werden können; ‚die Arbeitsteilung' tut ihr integratives Werk in Ehen und Kleingruppen so gut wie in ganzen Gesellschaften, wobei es Durkheim in ‚De la division du travail social' natürlich primär um die letztere zu tun ist, und diese zumal gesellschaftliche Funktion der Arbeitsteilung ist von weit höherer Relevanz als das, was die Ökonomen ihr als Effekte zugerechnet haben[34]. Vor diesem Hintergrund wäre alle Differenzierung verschiedener Varianten und Niveaus von Arbeitsteilung nur störend, denn es ist Durkheim eben um die einheitliche Wirkung eines als einheitlich genommenen und in der Moderne omnipräsenten Phänomens zu tun.

Und wieder setze ich hinzu: auch diesen recht problematischen Part hätte ‚Differenzierung' – von Spencer bereits als ein universell tätiges evolutionäres Prinzip dargeboten – wenigstens ebenso gut gespielt wie der schon ökonomisch beengte Arbeitsteilungsbegriff.

4. Für Differenzierung und gegen Arbeitsteilung hätte weiterhin der reichliche Gebrauch gesprochen, den Durkheim allenthalben von den Begriffen der Funktion, der Spezialisierung von Funktionen und Organen, der beruflichen Spezialisierung u.s.w. gemacht hat; mit all dem befindet er sich teils in der Nähe und teils im unmittelbaren Bannkreis der Organismusanalogie. Von Durkheims Umgang mit der Organismusanalogie soll hier noch wiederholt die Rede sein; schon jetzt aber muß gesagt werden, daß er sich dieser Analogie gerade im Buch über die Arbeitsteilung ausgiebig und ganz selbstverständlich

bedient hat. Mit den zeitgenössischen biologischen Theorien des Organismus und mit den sozialwissenschaftlichen Analogiebemühungen zu diesen war nun aber der Begriff der ‚Differenzierung', genauer das ‚principe de la différenciation' aufs Engste liiert[35]. Mit anderen Worten: sein Operieren mit der Organismusanalogie und dem dazugehörigen Vokabular von Funktionen, spezialisierten Organen u.s.w. mußte Durkheim eigentlich auch die Verwendung des Differenzierungsbegriffs nahelegen[36].

5. Wichtig ist schließlich der (auch) prozessuale Sinn von Differenzierung; dieser steht in den evolutionstheoretischen Bemühungen des 19. Jahrhunderts allenthalben geradezu im Vordergrund, so etwa in der Kombination von evolutionärem ‚Wachstum' (Größenwachstum) und Differenzierung (als Differenzierungsprozeß) der Gesellschaft bei Spencer[37]. Dem Begriff der ‚Arbeitsteilung' ist dieser prozessuale Sinn nun aber nicht zu eigen; Arbeitsteilung und Arbeitsteiligkeit sind Strukturbegriffe. Nun steht aber ‚De la division du travail social' unbedingt in der evolutionistischen Tradition des 19. Jahrhunderts, und der evolutionäre ‚Fortschritt der gesellschaftlichen Arbeitsteilung' im Zusammenhang mit dem Größenwachstum, der Zunahme des ‚Volumens' der Gesellschaft, wie Durkheim sagt[38], ist bekanntlich eines der großen Themen des Buches. Abermals ist hinzuzufügen: mit ‚Differenzierung' hätte sich das leichter und eleganter sagen lassen.

Wenn sich mithin die Differenzierungskategorie Durkheim so nachhaltig aufdrängte, warum hat er sie gleichwohl verschmäht? Es sind einerseits wohl ‚theoriepolitische' Gründe gewesen, die ihn veranlaßt haben, stattdessen auf ‚Arbeitsteilung' zu setzen; es waren dies andererseits aber Gründe, die mitten hineinführen in die zentralen und Leitmotive seines Buches.

Was die theoriepolitischen Gründe angeht, so ist zunächst zu verweisen auf das Bemühen um (nationale) Kontinuität und den begrifflichen Anschluß an Comte, andererseits auf das wohl noch stärkere Bemühen, Distanz zu Spencer zu halten. Die Frage nach der *‚sozialen Solidarität'* (oder auch ‚Kohäsion') ist, wie gesagt, zuerst die Frage nach dem ‚Band', das die Menschen in Verbindung und zusammenhält, vor allem das sie ‚als Gesellschaft' und in einer Gesellschaft zusammenhält; es ist Auguste Comte gewesen, der — im Kontext seiner ‚sozialen Statik' — die Frage unter diesem Titel gestellt und sie nachhaltig, wenngleich auf ambivalente Art mit dem (Begriff und) Problem der Arbeitsteilung verknüpft hat[39]. Und auf Comte eben beruft sich Durkheim an entscheidender Stelle, wo er erstmals Leitproblem und zentrale These seines Buches formuliert: von Comte fühlt er sich ermutigt, die Arbeitsteilung nicht als ein bloß ökonomisches, sondern als ‚gesamtgesellschaftliches' Phänomen zu nehmen, und vor allem, sie als Bestandsbedingung komplexer Gesellschaften und als „letztlich entscheidende Quelle der gesellschaftlichen Solidarität" zu thematisieren[40]. Durkheim hat sich nicht nur hinsichtlich der Begrifflichkeit sein Problem in Comtescher Fassung vorgeben lassen, wenngleich er seine These dann teilweise auch gerade gegen Comte entwickeln und behaupten mußte[41].

Die pietätvolle Bindung an Comte geht aber nun zusammen mit einer zumal im Frühwerk konstanten Frontstellung gegen Spencer, der in ‚De la division du travail social' der mit Abstand am häufigsten herangezogene Autor ist. Die Frontstellung Durkheims gegen Spencer, der bislang viel zu wenig Aufmerksamkeit gewidmet worden ist[42], hat zweifellos gravierende systematische Gründe, sie hat aber ebensosehr ‚theoriepolitische' Gründe. Dafür muß man sich klar machen: die Soziologie des späten 19. Jahrhunderts (und nicht nur diese) stand gerade auch in Frankreich im Schatten Spencers. Ferner: mit seinem Buch über die Arbeitsteilung begab sich Durkheim mitten hinein in ein Terrain, das von Spencer längst besetzt und bearbeitet worden war; überdies macht er sich dabei dessen Gedankengut auf die vielfältigste Art zueigen und gerät schon damit allenthalben in die Not, Differenzen zu diesem geltend zu machen[43]. Es ist mithin nicht zuletzt Durkheims Abhängigkeit von Spencer, die ihn in die polemisch-oppositionelle Dauerfixierung diesem gegenüber genötigt hat. Den Stil dieser Auseinandersetzung, der die Differenzen gerade da dramatisiert, wo die Nähe augenscheinlich groß ist, hat Jones[44] mit dem Stichwort ‚inversion‘ (Umkehrung der von Spencer behaupteten Relationen) schön charakterisiert. Mir scheint es wenig zweifelhaft, daß auch die spezifische Titel- und Kategorienwahl Durkheims mit dem ausgeprägten Abgrenzungsbedürfnis Spencer gegenüber zu tun hat[45].

Gegen ‚Differenzierung‘ und für ‚Arbeitsteilung‘ sprachen aber disziplin- und theoriepolitische Abgrenzungsnotwendigkeiten noch in einer anderen Richtung. Es hat nämlich den Anschein, daß im Disziplinenspektrum des späten 19. Jahrhunderts der Differenzierungsbegriff doch primär ein Begriff der Naturwissenschaften, der Biologie, Physiologie und Embryologie war[46]. Nun lag Durkheim bekanntlich, was die Soziologie angeht, entscheidend an der Etablierung einer Disziplin mit einem Gegenstand ‚sui generis‘, mit eigener Methode und — trotz der Neigung zu biologischen Analogien und Metaphern — auch mit einer eigenen Begrifflichkeit. Zumindest galt es, in der Kategorienwahl den nötigen Abstand zur Biologie zu halten, denn gerade im Verhältnis zu dieser wünschte er eine Sozialwissenschaft, die „not a simple extension, not just the final chapter of biology" war[47]. Diesem Anliegen entspricht die programmatische Verwendung des (durch seine eindeutig ökonomische Abkunft) primär sozialwissenschaftlichen Begriffs der ‚Arbeitsteilung‘ schon im Titel von Durkheims erstem Buch recht genau.

Damit hängt — auf dem engeren Terrain der Soziologie — die Frontstellung aufs engste zusammen, in der Durkheim zu dem ‚Organizismus‘ und der ‚Biosoziologie‘ stand, wie sie zu seiner Zeit von René Worms und dessen ‚Institut International de Sociologie‘ propagiert wurden[48]. In diesem Zusammenhang ist dann wohl auch Durkheims Verhalten der Organismusanalogie gegenüber zu verstehen: es lag ihm fern, die Soziologie, wie es zuvor Spencer und Schäffle getan hatten, vom Ausgangspunkt der Organismusanalogie her zu begründen und sie damit auf ein analogisierend-komparatives Sonderverhältnis zur Biologie festzulegen, und dementsprechend hat sich gerade der frühe Durkheim wiederholt sehr reserviert zur Organismusanalogie geäußert und ihre Grenzen mit Nachdruck geltend gemacht. Allerdings hat ihn das nicht gehindert, im Buch über die Arbeitsteilung hier milder zu urteilen und von der Organismusanalogie reichhaltigen Gebrauch zu machen[49]. Auf keinen Fall aber wollte er das Programm für seine Disziplin, die Soziologie, mit dieser Analogie identifiziert sehen, und auch in dieser Hinsicht war es dann nur angemessen, den mit der Organismusanalogie zu eng verquickten, ja dafür geradezu konstitutiven Begriff der Differenzierung zu meiden.

Nun mag man sagen, all diese Überlegungen seien reichlich spekulativ und es gebe keinerlei Anhaltspunkte, daß Durkheim dergleichen Erwägungen wirklich angestellt und überhaupt eine Art reflektierter Entscheidung in Sachen ‚Differenzierung' gegen ‚Arbeitsteilung' getroffen habe. Das ist zu Teilen sicher zuzugestehen; daß es gleichwohl nicht müßig ist, sich in dieser Sache Durkheims Kopf zu zerbrechen, dafür spricht über das Ausgeführte hinaus schon der kaum ohne Bedacht gewählte *Titel* seines Erstlingswerkes, und dies um so mehr, als ja eigentlich nicht — titelgemäß — Arbeitsteilung, sondern *Solidarität* dessen Primärproblem darstellt und dieses Problem hier die wesentlichen theoretischen und konzeptionellen Anstrengungen des Autors auf sich zieht; ein Platz im Untertitel wäre der Bedeutung ‚der Arbeitsteilung' in Durkheims Buch wohl auch gerecht geworden. Aber mehr noch: die durchgehende Vermeidung des Differenzierungsbegriffs in ‚De la division du travail social' kann nicht zufälliger Natur sein; während, wie gesagt, die Zeitgenossen die Begriffe gelegentlich oder allenthalben austauschen, bleibt Durkheim konsequent, allerdings nicht ganz ausnahmslos bei der Verwendung von ‚Arbeitsteilung' oder auch ‚Spezialisierung'[50]. Demgegenüber ist er bezüglich des Solidaritätsbegriffs deutlich weniger streng und ersetzt ihn ‚bedenkenlos' durch ‚Kohäsion', ‚moralische Ordnung', gelegentlich ‚Integration' u. a.[51].

Die Karten müssen nun ganz auf den Tisch gelegt und es muß endlich jene Passage zu Eingang des Dritten Buches zur Sprache gebracht werden, in der Durkheim[52] sich ganz explizit gegen den Differenzierungsbegriff und für eine deutliche begriffliche Trennung von Arbeitsteilung und Differenzierung ausspricht. In dieser eher beiläufigen Passage, die abermals mit organischen Analogien nicht spart und einen Seitenhieb gegen Spencer austeilt, geht es um die Frage, wie man in der Theorie mit krimineller Spezialisierung und anderen ‚sozialschädlichen' Berufen umzugehen habe. Das Problem ist: hier liegt Spezialisierung vor, aber Solidarität, wie sie doch die Folge davon sein soll, wird gerade negiert. Durkheims Antwort besteht nun nicht darin einzugestehen, daß hier ein prekärer Fall der Nichtkorrelation von Arbeitsteilung und Solidarität vorliegt; sie besteht stattdessen darin, den Fall *rein begrifflich* ‚aus der Welt (der Welt der Arbeitsteilung) zu schaffen', und genau dafür muß der Differenzierungsbegriff herhalten: „But to speak with exactitude, there is no division of labor, but differentiation pure and simple. The two terms must not be confused"[53]. Es folgen analogisierende Hinweise auf Krebs und Tuberkulose, von denen gesagt wird, sie stellten eben *nicht* „a new specialization of biologic functions" dar, weil sie nichts zur ‚Erhaltung des allgemeinen Lebens' beitrügen[54]. Nicht ohne Stolz merkt Durkheim sodann noch an, Spencer mache jene Unterscheidung von Arbeitsteilung und Differenzierung nicht, ihm seien die beiden Begriffe anscheinend synonym (was nicht zutrifft)[55]. Im übrigen ist es natürlich nicht unproblematisch, von einer spezialisierten beruflichen Tätigkeit die ‚Gemeinnützigkeit' zu fordern, damit sie aus gesellschaftlicher Sicht ‚arbeitsteilig' (und mithin moralisch) genannt werden darf; der Nachweis der Gemeinnützigkeit dürfte für nicht wenige ordentliche berufliche Spezialitäten nur schwer zu führen sein.

Mit dem Letztgenannten ist man aber schon bei dem, was aus diesem Passus über Durkheims ureigenste Anliegen in Sachen ‚Arbeitsteilung und Moral' zu lernen ist; dies ist — eng miteinander verflochten — dreierlei. *Erstens* ist bei ihm eine deutliche Tendenz festzustellen, Arbeitsteilung zu assoziieren mit kollektiven Ganzheiten, die dann meist organismusanalog genommen werden; Arbeitsteilung ist dann ‚beim individuellen wie beim sozialen Organismus' „partition of a *common* function"[56]. Sie ist, wie für Organisationssysteme, vor allem Betriebe noch zutreffend, vom organisch-interdependenten Ganzen, von einer beim Kollektiv anfallenden Gesamtarbeit her gedacht; von dort her richtet sich der Blick nun aber weniger, modern gesprochen, auf die spezialisierten Subsysteme und deren Koordination (als Solidaritätsproblem), sondern unmittelbar auf die *Individuen* und deren Funktionen ‚fürs Ganze'; um die Ein- und Zusammenbindung der Individuen und nur sekundär um Koordination und Zusammenspiel der heterogenen Funktionen ist es Durkheim zu tun[57]. Und diese Rückbindung der in einem arbeitsteiligen Kontext spezialisierten Individuen an das ‚soziale Ganze' fundiert dann *zweitens* wesentlich die Grundannahme, es gehe bei der Arbeitsteilung um einen *moralischen* Sachverhalt – „for the need of order, harmony, and social solidarity is generally considered moral"[58]. Und es darf bezügich der Frage seiner Begriffswahl hinzugefügt werden: augenscheinlich war für Durkheim in dieser moralischen Hinsicht ‚Differenzierung' ein zu indifferenter, zu neutraler und deshalb nicht brauchbarer Begriff.

Mit dem engen Konnex von Arbeitsteilung und Moral hängt nun aber *drittens* – und für die Begriffswahl letztlich ausschlaggebend – zusammen, daß der Begriff der Arbeitsteilung – der Teilungskomponente in ihm zum Trotz – seit seinen Anfängen bei Adam Smith assoziiert war nicht mit Trennung und Dissoziation, sondern im Gegenteil mit Vorstellungen der *Verbindung* der Menschen, ja der Stiftung von Sozialität schlechthin. Comte hat diese zunächst tausch- und marktorientierte, ‚individualistische' Sicht der Arbeitsteilung ins ‚Kollektivistische' übersetzt und sie dabei mit der Organismusanalogie, mit Solidarität und Moral verknüpft[59]. Es ist wesentlich diese Tradition, die Arbeitsteilung und Vergesellschaftung eng zusammendenkt, in der Durkheim steht und die für ihn bestimmend ist.

Und es diese Tradition, die in Durkheims Augen den Differenzierungsbegriff entscheidend diskreditiert, denn während ‚Arbeitsteilung' mit Kooperation und positiver Sozialität besetzt ist, hört er bei ‚Differenzierung' bevorzugt Trennung, Spaltung und Dissoziation. Und so sagt er dann ganz explizit in jenem ‚kriminellen' Passus: „The differentiation, which disintegrates (cancerous, microbic, criminal) is very different from that which brings vital forces together (division of labor)"[60]. Es geht Durkheim um ein moralisches Prinzip der positiven Sozialität, um eines, das die Menschen aneinander verweist, sie zusammenbindet und ‚solidarisiert'. Diese Aussage transportiert der Arbeitsteilungsbegriff seit Adam Smith fast unmittelbar mit sich[61]; dem Differenzierungsbegriff dagegen läßt sie sich nur sekundär abgewinnen, für ihn bedarf es dafür des gern kompensatorisch gedachten Zusatzbegriffes der ‚Integration' oder (deutlicher noch) ‚Reintegration'.

III.

Durkheims Buch über die Arbeitsteilung ist ein apologetischer Versuch; es ist Célestin Bouglé, der Schüler, der von der „apologie présentée par M. Durkheim" spricht und der damit den Fingerzeig für eine angemessene Deutung des Buches und seiner Eigentümlichkeiten gibt[62]. Es geht um eine ‚Verteidigungsschrift', die den zahlreichen Kritikern ‚der Arbeitsteilung' entgegentritt, die so eindrucksvoll wie irgend möglich die segensreichen Wirkungen der Arbeitsteilung darzutun bemüht ist und die den apologetischen Kurs – mitunter wider besseres Wissen – auch da durchhält, wo die behandelten Fakten sich diesem Kurs nur qualvoll fügen. Dabei ist wichtig: diese Rechtfertigung der Arbeitsteilung geschieht nicht in der Auseinandersetzung etwa mit den empirischen Details der modernen Organisations- und Arbeitswirklichkeit; die Verteidigung wird nicht – analog dem späteren Buch über den Selbstmord – mittels des *empirischen* Nachweises der Vorzüge der Arbeitsteilung, sondern im Prinzipiellen geführt: argumentiert wird bezogen auf ‚die Arbeitsteilung als solche', als Prinzip; die Ebene, auf der verhandelt wird, ist vorzugsweise die der Gesellschafts- und Evolutionstheorie, und immerzu ist die Moral im Spiel[63].

Im Blick auf die Frage nach der Einschätzung der „conséquences de la division du travail" behandelt Bouglé[64] die historische und zeitgenössische Debatte um die Arbeitsteilung als eine zwischen Optimisten und Pessimisten. Zu den Optimisten und Apologeten zählt er primär die klassischen politischen Ökonomen und in besonderer Weise Durkheim, zu den Pessimisten insbesondere die Sozialisten. Hält man sich an diese Lagebeschreibung, so stünde retrospektiv zu erwarten, daß Durkheim seinen Abwehrkampf in Sachen Arbeitsteilung vor allem an der sozialistischen Front gekämpft hätte. Er hat dies nicht getan; zwar werden die ‚sozialistischen Argumente' gelegentlich durchaus beim Namen genannt und ist auch von den Gefahren der Arbeitsteilung und von schweren und ‚schwersten Anschuldigungen', die man gegen sie erhoben habe, die Rede[65], zwar fällt einmal auch der Name von Karl Marx, aber eine veritable Auseinandersetzung gibt es an dieser Front nicht[66]. Diese wird stattdessen einerseits gerade gegen die traditionellen Befürworter der Arbeitsteilung, gegen Ökonomen und Utilitaristen, also (von Durkheim her) vor allem Spencer geführt, sie wird andererseits auf eine eigentümlich zwiespältige Art gegen Comte geführt.

Daß der ‚sozialistische Hauptgegner' gemieden und statt dessen vor allem Spencer mit Krieg überzogen wird, hat einen einfachen Grund: die Durkheimsche Apologie ist eine Apologie des *moralischen* Charakters der Arbeitsteilung (und nur um dieses Charakters willen), und eben diesen sah Durkheim im utilitaristischen Lager gründlich verkannt. In seinen Augen konnte und durfte die gesellschaftliche und damit die moralische Funktion der Arbeitsteilung nicht darin bestehen, den Wohlstand zu steigern und ‚zivilisatorische' Errungenschaften der verschiedensten (wirtschaftlichen, technischen, wissenschaftlichen u.s.w.) Art heraufzuführen, und ebensowenig waren ihm die Genese und der Fortschritt der gesellschaftlichen Arbeitsteilung ‚utilitaristisch' erklärbar durch die damit verbundene Steigerung von Glück und Bedürfnisbefriedigung[67]. Durkheims pessimistische Anthropologie, die dann im Buch über den ‚Selbstmord' klarere Konturen gewinnt und die dem (immer ‚kollektivistisch' verstandenen) Sozialen die genuin moralische Elementarfunktion der Domestikation einer immer entartungsbereiten menschlichen Natur zuweist, ist es, die ihn schon hier gegen das utilitaristische Gedankengut aufbringt. Das ‚vinculum sociale' ist eben deshalb ein moralischer Sachverhalt, weil es mit Notwendigkeit die Individuen ‚in die Pflicht nimmt', ihnen Normen auferlegt und ihre Egoismen zügelt[68]. Das aber verfehlt die utilitaristische Tradition, die die individuellen Bedürfnisse und egoistischen Nutzenkalküle ja gerade positiv nimmt. Die hoch tautologieanfällige Gedankenreihe, die Durkheim dagegen aufbaut, ist die: wenn die Arbeitsteilung eine gesellschaftlich-solidarische Funktion hat, dann muß diese auch eine moralische sein, ist sie aber moralisch, dann geht es im Kern um „this salutary pressure of society which moderates his (des Menschen, H.T.) egoism and makes him a moral being. This is what gives moral value to the division of labor"[69] – womit der Kreis sich schließt. Auf die Beschwörung und Bestätigung dieses Zirkels ist Durkheims Apologie der Arbeitsteilung gerichtet, soweit es gegen Utilitaristen und Ökonomen geht[70].

Anders und komplizierter sieht es im Verhältnis zu Comte aus; zugleich aber wird hier das im Kern apologetische Bemühen Durkheims noch deutlicher. Die Einschätzung wie sie sich bei Auguste Comte hinsichtlich der Arbeitsteilung und ihrer Funktionen und Folgen findet, ist (durchaus explizit) zutiefst zwiespältig. Auf der einen Seite darf man Comte als Vater der Einsicht preisen, daß Arbeitsteiligkeit die unabweisbare Bestandsbedingung für komplexere und ‚voluminösere' Gesellschaften ist und daß sie zugleich die Quelle ihres Zusammenhalts darstellt[71]; dementsprechend beruft sich Durkheim[72] emphatisch auf Comte, wo es ihm darum zu tun ist, die Arbeitsteilung gewissermaßen auf einen Schlag als (notwendige) Existenzprämisse sowie wesentliche Kohäsionsquelle moderner Gesellschaften und darüber hinaus noch als moralische Tatsache in Anschlag zu bringen; Durkheims ‚Bestimmung der Funktion der Arbeitsteilung'[73] besteht wesentlich darin, diese drei Dinge bis an die Grenze des Tautologischen ineinanderzuschieben.

Auf der anderen Seite aber war Comte in Sachen Arbeitsteilung deutlich pessimistisch gestimmt; gerade bei ihm ist die Arbeitsteilung nachhaltig assoziiert mit der Begrifflichkeit und dem Befund von ‚Zersplitterung', ‚Zersetzung' und gesellschaftlicher Desintegration, wobei er dem Staat die Aufgabe zuweist, diese negativen Effekte der Arbeitsteilung zu kompensieren, worauf zurückzukommen sein wird[74]. Wichtiger ist hier aber noch dies: Comte sieht – im Gefolge der umsichgreifenden Arbeitsteilung – die Moderne in eine tief widersprüchliche Entwicklungsbewegung verstrickt, die gekennzeichnet ist von zunehmender Individualisierung der Einzelpersönlichkeiten einerseits und gleichzeitiger Destruktion von ‚Gemeingeist' und Solidarität andererseits. Zwar sieht Comte genau, daß das Individuum, wie es dann bei Durkheim – vielzitiert – heißt, „does ..., while becoming more autonomous, depend more upon society"[75]; gleichwohl konstatiert er für die arbeitsteilige Moderne ein zunehmendes Solidaritätsdefizit: was gesamtgesellschaftlich in bedrohlichem Ausmaß immer mehr abhanden kommt, ist der „Sinn für das Ganze", sind bei den Individuen „die Gedanken an die Gesamtheit und das Gefühl der gemeinsamen Solidarität"[76].

Es ist, wie wir sehen werden, wesentlich auch dieses Verständnis von Solidarität, das Durkheim in ‚De la division du travail social' aufnimmt und weitertransportiert und mehr noch: es ist vor allem die Individualisierungsthematik, die er sich von Comte vorgeben läßt, in der er sich dann zugleich aber auch gegen diesen wendet. Denn Durkheim legt sich in seinem Erstlingswerk auf die (nahezu hoffnungslose und kaum zu verteidigende) Doppelposition fest, die desintegrativen Folgen der Arbeitsteilung zu bestreiten, teils auch zu bagatellisieren, mithin auf der nur (und notwendig) kohäsiv-moralischen Funktion der Arbeitsteilung zu insistieren und darüber hinaus noch die evolutionäre Tendenz zur Individualisierung unbedingt positiv zu nehmen und mit der ‚organischen Solidarität' der Moderne für kompatibel, ja dafür für konstitutiv zu erklären. Gegen Comte sieht der frühe Durkheim das Individuum „at once more individual and more solidary"[77] und bindet er sich – hier durchaus spencerisch optimistisch – an eine im Prinzip (aber nicht ohne Dissonanzen) positive Wertung der evolutionären Freisetzung der Individuen vom ‚Despotismus des Kollektivbewußtseins' und von der Negierung des Individuellen im Kontext ‚mechanischer Solidarität'.[78] Apologetisch gegen Comte gerichtet ist also einerseits Durkheims positive Korrelation von wachsender Individualisierung, gesellschaftlicher Arbeitsteilung und Solidarität.

Dies ist andererseits das Beharren auf einer Position der Abwehr und des Wegdisputierens der ‚solidaritätszersetzenden' Effekte der gesellschaftlichen Arbeitsteilung; man findet Durkheim an dieser Front vor allem im Dritten Buch von ‚De la division du travail social'[79]. Hier geht es direkt gegen Comte und dessen These, die Arbeitsteilung sei in der Moderne *auch* eine Quelle der Desintegration und Zersplitterung: gegen diese These setzt sich Durkheim zunächst dadurch zur Wehr, daß er die von Comte anvisierte ‚praktische' Lösung des Problems, die nämlich, den Staat zum Spezialorgan in Sachen Solidarität zu entwickeln, mit glänzenden und unbedingt gültigen Argumenten erschüttert.

Der Rest wird damit erledigt, daß Comte vorgehalten wird, er habe nicht angemessen begriffen, daß die aus der Arbeitsteiligkeit stammende (organische) Solidarität „eine Solidarität sui generis" sei, woran sich ein recht undurchsichtiges argumentatives Manöver anschließt, das dann überleitet zur genaueren Bestimmung der ‚anomischen' Form der Arbeitsteilung[80]. Gerade auch hier hört man deutlich: der Verteidiger hat das Wort, und das Anliegen ist, den Klienten, ‚die Arbeitsteilung selbst' (als gesellschaftliches Prinzip) zu entlasten von den ‚schweren Anklagen, die man gegen sie erhebt'[81].

Überhaupt kann gesagt werden: in Durkheims apologetischer Strategie kommt dem abschließenden Buch über die ‚formes anormales' ein besonderer Part zu, denn hier wird den Anklägern der Arbeitsteilung teilweise das Wort gegeben, wird, wie gesagt, u.a. Comte gehört (und verworfen) und wird sogar den Sozialisten ein wenig das Ohr geliehen und die Entfremdungsthematik angeschlagen[82]. Daß es demgegenüber das Ziel des Verteidigers ist, die These von den notwendig moralisch-solidarischen Funktionen der Arbeitsteilung zu halten, versteht sich; dabei ist es ihm um eine Beweisführung zu tun, die, was die pathologischen Störeffekte angeht, demonstriert, „that to what has been said (von den Kritikern, H.T.), the division of labor does not produce these consequences because of a necessity of its own nature, but only in exceptional and abnormal circumstances"[83]. Die Arbeitsteilung selbst darf und soll die Quelle der Übel nicht sein.

Nicht ohne Bedeutung ist es in diesem Zusammenhang, daß Durkheim von pathologischen Formen der *Arbeitsteilung* spricht, die er klassifizieren will[84], und nicht etwa von Fällen defizitärer Solidarität. Gelegentlich ist aber davon die Rede, daß die organische Solidarität sich nicht einstellt, ,weil nicht alle Bedingungen für ihre Existenz gegeben seien'[85]. Allerdings ist dieses Argument für Durkheim prekär, denn es legt ja nahe, nach Bedingungen der organischen Solidarität zu fahnden, die außerhalb der kausalen Reichweite der Arbeitsteilung liegen könnten. Auch das aber darf nicht sein, denn es kommt Durkheim ja auf eine einseitige und eindeutige Kausalrelation *nur* zwischen Arbeitsteilung und Solidarität an. Das aber legt hinsichtlich der abweichenden Fälle das Problem nur als ein immanentpathologisches auf der Seite der Arbeitsteilung zu behandeln und eben von verschiedenen pathologischen Formen der Arbeitsteilung auszugehen. Allerdings, wie gesagt: ,die Arbeitsteilung selbst' darf der Störfaktor auch nicht sein.

Das führt auf eine letzte Bemerkung zu Durkheims Verhandlungstaktik als Anwalt der Arbeitsteilung im Dritten Buch von ,De la division du travail social'. Klar ist, daß Durkheim sich hier auch den offenkundigsten, seiner These sich nicht fügenden ,Störfällen' aus seiner primär zeitgenössischen sozialen Wirklichkeit stellen wollte. Allerdings tut er dies eben mit der Taktik, jene Störfälle im Verfahren von vornherein nur als Ausnahmen zuzulassen: es geht ihm um jene Fälle, wo Arbeitsteilung *nicht* – wie ,natürlicherweise' und theoriegemäß – Solidarität zur Folge hat[86]. Durkheims Bemühen ist durchsichtig, hier den Schaden schon dadurch gering zu halten, daß er vorgibt, es nur mit pathologischen und Ausnahmefällen zu tun zu haben. Allerdings sind die Folgekosten davon nicht zu übersehen: so hat er die Beweislast, den *Ausnahme*charakter jener Störfälle zu demonstrieren. Dieser hat sich Durkheim[87] teilweise durchaus gestellt, aber er hat es natürlich kaum systematisch getan; dazu hätte es erheblicher empirischer Anstrengungen bedurft, aber auch einer Festlegung von Normalitätsstandards[88]. Vor allem hätte es einer Klärung des Konzepts der ,sozialen Solidarität' im allgemeinen und der ,organischen Solidarität' im besonderen bedurft –, davon wird noch ausgiebig die Rede sein.

Wie dem auch sei: unverkennbar apologetisch und fast wider besseres Wissen hält Durkheim die ihn leitende These gerade im Dritten Buch durch, um dann in der abschließenden Zusammenfassung noch einmal das hohe Lied von Arbeitsteilung, Moral und Solidarität anzustimmen[89].

IV.

Die große und bleibende Leistung von Durkheims ,De la division du travail social' liegt, wenn ich es recht sehe, nicht in den Einsichten, die das Buch über die Arbeitsteilung und deren Zusammenhang mit Solidarität und Moral vermittelt, sie liegt statt dessen in der Identifizierung des spezifischen Integrationsmodus einfacher, archaischer Gesellschaften, sie liegt in der ,Entdeckung' und theoretischen Geltendmachung von ,*kultureller* Integration'[90] und ist gebunden an das umstrittene Konzept des ,*Kollektivbewußtseins*'. Diese theoretische Leistung, die natürlich nicht eine ,creatio ex nihilo' ist, gewinnt nun aber ihr eigentliches Profil und Gewicht gerade erst im Kontext der zeitgenössischen Theorien der gesellschaftlichen Evolution und Differenzierung, genauer: im Kontrast zu diesen, und sie wird denn auch bei Durkheim mit expliziter Stoßrichtung gegen Spencer entwickelt.

Nimmt man Herbert Spencers berühmte Evolutionsformel „from an incoherent homogeneity to a coherent heterogeneity"[91] und legt sie als Prozeßfigur der gesellschaftlichen Evolution zugrunde, so hat dies – theorie- und konstruktionsimmanent – im Blick auf die evolutionäre Ausgangslage, also auf archaische oder ,primitive' Gesellschaften zur Konsequenz, daß man diese als undifferenziert, vor allem aber als inkohärent, nämlich strukturlos, kohäsionsarm und bestenfalls minimal integriert zu denken hat. Und dieser Logik ist Spencer in seinen Aussagen über primitive Gesellschaften, in seine Theorien über die ‚primitive Horde' und den ‚primitive man' und dessen Psychologie weitestgehend gefolgt: Die primitiven Gesellschaften sind ihm eigentlich nur ein Übergangsstadium zwischen organischer und superorganischer Evolution, die ‚primitiven Horden' sind (noch) nicht subsumierbar unter seinen durch die Organismusanalogie bestimmten, mithin auf Differenzierung setzenden Gesellschaftsbegriff, und die affektive Verfassung der Primitiven, wie Spencer sie ‚rekonstruiert', läßt unter diesen ein stabiles, über labile Wechselwirkungen hinausgehendes Sozialleben gar nicht zu; sie fallen damit auch nur reduziert in den Gegenstandsbereich der Soziologie, wie sie Spencer versteht.[92] Und es sind für ihn erst die ‚*military societies*', die herausführen aus diesem immer prekären, instabil-vagabundierenden archaischen Sozialleben; ihr Part in der Evolution ist ein doppelter: über die organisierte Gewalt und militärische Herrschaft werden hier erstmals Gesellschaften intern hierarchisiert und in die Integration gezwungen; zugleich aber werden in den ‚military societies' die Individuen ‚zwangszivilisiert', diszipliniert und auf ein festes Zusammenleben miteinander hin domestiziert; hier ist der Krieg der ‚Vater aller Dinge'.[93]

Nun fehlte es andererseits vor und zeitgenössisch zu Durkheim nicht an Stimmen, welche retrospektiv und teils romantisch Solidarität, ‚Gemeinsinn', Kohäsion und ‚Gemeinschaft' vorzugsweise als Kennzeichen gerade *traditionaler* Gesellschaften identifizierten; dergleichen findet sich bei Comte, es findet sich − für Durkheim und selbst für Spencer wichtig − bei Numa Denis Fustel de Coulanges[94], und natürlich findet es sich in Ferdinand Tönnies' ‚Gemeinschaft und Gesellschaft'; auf die Nähe Durkheims zu diesem ist zu Recht immer wieder hingewiesen worden.[95] So gesehen bieten Durkheims Konzepte von ‚mechanischer Solidarität' und ‚Kollektivbewußtsein' nichts überwältigend Neues. Es ist erst die spezifische und produktive Frontstellung gegen Spencer, von der her die genannten Konzepte ihren besonderen Stellenwert beziehen, ihren Stellenwert nämlich im Rahmen einer Theorie des Sozialen (genauer: des Kollektiven) schlechthin und einer (modifizierten, ‚soziologischen') Theorie der gesellschaftlichen Evolution. Die Schlüsselrolle kommt dabei dem *Kollektivbewußtsein* zu.

Zu diesem Konzept ist vorab festzuhalten: Es hat eine fünffache Pointe. Das Kollektivbewußtsein setzt zum einen auf Solidarität aufgrund von *Gleichheit/Ähnlichkeit* und nicht (wie im Fall der Arbeitsteilung) aufgrund von Ungleichheit. Dabei geht es aber um die Gleichheit *der Individuen* (und nicht sonstiger Systemteile): ihre Gleichheit ist maßgebliche Quelle der ‚Attraktion' zwischen ihnen, das Fundament ihrer ‚Zusammengehörigkeit'[96] und (gruppenhaften) Kohäsion. Weiterhin: das Kollektivbewußtsein setzt auf Gleichheit des *Bewußtseins*, also auf geteilte kollektive Glaubensvorstellungen, Normen, Gefühle und Praktiken. Auf die Art stellt es durch seine Präsenz in den Köpfen der Individuen eine *doppelte Negation des Individuellen* dar: es bedeutet einerseits die *direkte, unvermittelte* Inregienahme der Individuen durch das Kollektive, durch ‚die Gesellschaft'; es bedeutet andererseits, soweit es herrscht, die Negierung von (interindividueller Differenzierung und) Individualisierung durch die Verpflichtung aller auf denselben kollektiven Persönlichkeitstypus und insofern auf Gleichheit/Ähnlichkeit. Und schließlich (und analog zur Relation von Arbeitsteilung und organischer Solidarität): aus dieser Gleichheit der Individuen resultiert ganz unmittelbar und zwangsläufig ein besonderer (ein zweiter) Typus gesellschaftlicher Kohäsion, die ‚*mechanische Solidarität*‘. Man sieht: Das Konzept des Kollektivbewußtseins hat einen *doppelten* Problembezug und ist sowohl auf die Individualisierungsthematik wie das (gesellschaftliche) Integrationsproblem gemünzt, es läßt beide gerade koinzidieren.[97] Vorausgesetzt ist dabei, daß Durkheim – im Hinblick auf die primitive Sozialverfassung – Gesellschaft und Kollektivbewußtsein in eins setzt. Man kann mit Müller[98] auch von ‚Gesellschaft als Kultur‘ sprechen.

Vor diesem Hintergrund muß Durkheim, was seine ‚Theorie‘ der Integration archaischer Gesellschaften angeht, nun zu ganz anderen Aussagen kommen als vor ihm Spencer, und in der direkten Auseinandersetzung mit diesem gewinnt seine Position ihr Profil. Auf sieben Punkte kommt es hier an:

1. Durkheim behauptet gegen Spencer: Es gibt (in dessen Terminologie) Integration nicht nur auf der Basis von Differenzierung und Ungleichheit der Funktionen, es gibt Integration – in voller funktionaler Äquivalenz – auch und gerade auf der Basis der *Gleichheit*; ‚Kohärenz‘ ist bei den betreffenden Gesellschaften möglich, „not in spite of their homogeneity, but because of their homogeneity"[99].
2. Und genau in diesem Sinne sind dann gegen Spencer primitive Gesellschaften sehr wohl als integriert wie auch als ‚Gesellschaften‘ zu behandeln; sie zeichnen sich nämlich nach Durkheim aus durch „a very strong collective life, although sui generis, which manifests itself ... in a great abundance of common beliefs and common practices"[100]. Keineswegs sind diese Gesellschaften also bloß instabile und konturlos-vagabundierende Anhäufungen von Menschen.
3. Der auf dem Kollektivbewußtsein beruhende Integrationsmodus ‚sui generis‘ darf weiterhin nicht mit dem Typus von Integration identifiziert werden, den Spencer als den evolutionär ursprünglichen und für seine ‚military societies‘ konstitutiven ansieht. Während Spencer die archaische Herstellung gesellschaftlicher Integration einzig über Zentralisierung, Herrschaft und organisierte physische Gewalt zu denken bereit war, geht es Durkheim um einen kulturell garantierten gesellschaftlichen Zusammenhalt, der auch und gerade in „absence of centralization" wirkt, der dem herrschaftlichen Integrationsmodus funktional äquivalent, ja überlegen ist und die Individuen auf besonders massive Art bindet und unterwirft.[101]
4. Aber auch der andere von Spencer vorgesehene und von Adam Smith übernommene Integrationsmechanismus, der marktförmig, über Tausch und Kontrakt wirkt und der dann für die ‚industrial societies‘ konstitutiv ist, wird von Durkheim im Hinblick auf die Primitiven explizit abgewiesen: „not in exchanges and contracts" zeige sich das ursprüngliche kollektive Leben, sondern eben in „common beliefs and common practices".[102]
5. Damit hängt Durkheims von Spencer nachhaltig abweichende Sicht des Anfangs und des Verlaufs des evolutionären Individualisierungsprozesses eng zusammen. Es gibt bei Spencer Ansätze, das labile – nicht herrschaftlich und nicht arbeitsteilig-marktförmig integrierte – Sozialleben der ‚Wilden‘ in diesem Sinne egoistisch-individualistisch tauschorientiert zu konzipieren und es „in terms of very modern ideas" sogar ‚demokratisch‘ zu nennen. Genau das wird bei Durkheim als (evolutionär) ‚verfrühter Individualismus‘ zurückgewiesen, und es wird statt dessen geltend gemacht: am Beginn der gesellschaftlichen Evolution steht die absolute Dominanz des Kollektiven und mithin geradezu die kulturelle Auslöschung der Individualität des Einzelmenschen.[103] Der evolutionäre Prozeß der In-

dividualisierung der Einzelpersönlichkeit ist hier an seinem absoluten Nullpunkt; dieser Prozeß ist als solcher dann bei Durkheim im Sinne geradlinigen Fortschritts und nicht, wie tendenziell bei Spencer (wegen des Durchgangs durch die evolutionär notwendige Phase des ‚Militarismus'), zyklisch gedacht.[104]

6. Auch damit aber noch nicht genug. Die Argumentation gegen Spencer wird von Durkheim an anderer Stelle noch weiter getrieben; es geht dort um eine eigentümliche Doppelaussage, die einerseits allgemeinsoziologisch-systematisch, andererseits evolutionistisch intendiert ist; zugleich koinzidiert hier die Utilitarismuskritik mit einem der schlechthin fundamentalen Postulate der Durkheimschen Soziologie. Es geht dabei um die Frage nach dem ‚Ursprung der Gesellschaft'[105]. *Systematisch* stellt sich Durkheim (mit seinen dualistischen Neigungen) diese Frage als Frage nach dem kausalen Primat entweder des Sozialen/Kollektiven oder des Individuellen. ‚Kollektivist', der er ist, bestreitet er vehement, die Genese des Sozialen könne nach Utilitaristenart im Sinne ‚spontan' entstandener Ordnungen von den „originally isolated and independent individuals" und deren Interessen her erklärt werden. Denn: „Collective life is not born from individual life, but it is, on the contrary, the second which is born from the first"[106]. Und handfester noch und mit deutlichem Anklang an Tönnies, aber auch, wie wir sehen werden, an Fustel de Coulanges, heißt es kurz zuvor: „What bring men together are mechanical causes and impulsive forces, such as affinity of blood, attachment to the same soil, ancestral worship, community of habits, etc."[107]. Man sieht: Im Streit um die Priorität von Henne oder Ei steht Durkheim entschieden auf der Seite der Henne; das Kollektive ist ihm dem Individuellen gegenüber immer das Primäre und Präexistente (und überdies moralisch Superiore).

7. Wir sind damit bei dem, was Durkheim „die fundamentale Tatsache allen sozialen Lebens" nennt[108], und er meint dies nicht nur soziologisch-systematisch, sondern — abermals gegen Spencer — auch *evolutionstheoretisch*. Nicht nur um den systematischen Primat des Kollektiven vor dem Individuellen ist es ihm zu tun, sondern auch um die *Ursprünglichkeit*, um das *evolutionäre Prius* des über das Kollektivbewußtsein integrierten Gesellschaftstypus; nicht Arbeitsteilung und Austausch sind das ursprünglich Soziale, das, was die menschliche Gesellschaft zuallererst konstituiert hat, sondern jenes kollektive Leben der geteilten Glaubensvorstellungen und Praktiken. Arbeitsteilung, Interdependenz und Austausch sind demgegenüber geradezu nachrangige und ‚Sekundärphänomene', jedenfalls aber evolutionär späte (und spätere) Erscheinungen[109]: „The claim sometimes advanced that in the division of labor lies the fundamental fact of all social life is wrong."[110]

Selbst die ‚Arbeitsteilung' — ansonsten ja ein moralisches Prinzip — wird hier also nicht geschont. Aber auch damit noch nicht genug. Durkheim, dem es in der betreffenden Passage um die Demonstration der These geht, „that the division of labor can be effectuated only among members of an already constituted society"[111], exponiert sich noch weiter: Jenes evolutionäre Prius der im Kollektivbewußtsein ‚solidarisierten' Gesellschaft ist ihm nicht ein bloß zufälliges, sondern ein evolutionär notwendiges Prius; es ist ihm eine unabweisbare *Entwicklungsvoraussetzung* für die Genese der späteren ‚arbeitsteilig-organischen' Gesellschaften: „There is ... a social life outside the whole division of labor, but which the latter presupposes. That is, indeed, what we have directly established in showing that there are societies whose cohesion is essentially due to a community of beliefs and sentiments, and it is from these societies that those whose unity is assured by the division of labor have emerged."[112] Den notwendigen Ausgangsort der gesellschaftlichen Evolution bildet mithin nicht wie bei Spencer eine Art individualistisch-präsozialer Naturzustand, sondern eine von keinerlei Arbeitsteiligkeit affizierte „community of beliefs and sentiments".

So weit die Auseinandersetzung mit Spencer. Kein Zweifel: Durkheim präsentiert hier ein ganzes Syndrom von spekulativen Behauptungen und prekären Postulaten, und seine Neigung zu ‚starken Thesen' bricht sich hier deutlich Bahn. Widerstand dagegen hat sich seit Gabriel Tarde und zumal im ‚individualistischen Lager'[113] schon früh und bis in die jüngste Zeit immer wieder gemeldet; andererseits hat Rüschemeyer[114] noch jüngst die Utilitarismuskritik neuerlich als die Hauptleistung von Durkheims Buch über die Arbeitsteilung herausgestellt, und, soweit damit dessen genuin ‚soziokulturelle' Argumentationsweise gemeint ist, ist dem unbedingt beizupflichten. Ich betone darüber hinaus aber: Das Konzept des Kollektivbewußtseins ist das in mancher Hinsicht bessere Kulturkonzept als das der ‚Kultur' selbst.

Bevor aber näher darauf eingegangen werden kann, sind noch einige Zusätze nötig, die sich auf Durkheims weitere Begrifflichkeit sowie auf Abschwächungen und die spätere Zurücknahme des Konzepts des ‚Kollektivbewußtseins' beziehen. Zunächst hat man sich klar zu machen, daß dieses Konzept sich geradezu ‚in Personalunion' befindet mit dem der ‚mechanischen Solidarität', also dem mit archaischen, auf Gleichheit/Ähnlichkeit gebauten Solidaritätstypus[114a]; es ist andererseits ganz eng liiert mit dem Typus des ‚repressiven Rechts': es ist Sache und Funktion des Strafrechts, die ungebrochene integrative Geltung des kollektiv geteilten Normenbestandes zu garantieren und individuelle Devianzen vom kollektiv auferlegten Persönlichkeitstyp und Verhaltenskanon zu sanktionieren.[115] Zusammengebunden ist mit der mechanischen Solidarität sodann ein bestimmter *Struktur*typus von Gesellschaft, den Durkheim den ‚segmentären' (im Unterschied zum ‚organisierten') nennt und der ebenfalls gekennzeichnet ist durch die strukturelle Zusammenfügung *gleicher* Elemente; die Elemente sind hier aber nicht Individuen, sondern Clans und Verwandtschaftsgruppen als ‚politisch-familiale' Segmente.[116] Dabei wird zugleich deutlich, daß Durkheim explizit zwei Begriffe von ‚Gesellschaft' pflegt: einerseits Gesellschaft als Kollektivbewußtsein, als kulturell-normative Instanz über und in den Individuen, andererseits als System oder Struktur, als strukturierter Zusammenhang von Systemelementen.[117]

Zu vermerken ist sodann, daß die gesuchte Distanz zu Spencer mitunter nicht verhindert, daß Durkheim diesem gegen die eigensten Intentionen doch ‚auf den Leim geht'. Er ist dessen Denkstil streckenweise so sehr verpflichtet, daß er — entgegen der eigenen Einsicht in die *kulturelle* Integration ‚primitiver Gesellschaften' — bei der Demonstration der ‚organischen Solidarität' erhebliche Anstrengungen macht zu erweisen, daß diese das höhere und stärkere Integrationsprinzip darstellt. Mit expliziter Bezugnahme auf Spencers Recherchen und gewissermaßen gegen sich selbst, versucht Durkheim[118] hier zu belegen, daß primitive Gesellschaften ihr Personal vergleichsweise nur schwach ‚an sich binden' und daß sie — auch bezogen auf die Individuen — ein deutlich geringeres Integrationspotential im Verhältnis zu arbeitsteilig strukturierten Gesellschaften aufweisen. Das paßt wenig zu der andernorts immer wieder beschworenen Solidarität sui generis der ‚community of beliefs and sentiments'.

Auffälliger aber noch und abermals in das Kapitel der Durkheimschen Ambivalenzen und Widersprüche gehörig ist, daß Durkheim nach 1893 das Konzept (eigentlich nur den Begriff) des Kollktivbewußtseins fallengelassen hat. Zweifellos ist dieses Konzept deutlich durch die dualistische Vorstellung von den „two consciences" des Menschen[119] belastet, und es ist dies auch durch die allenthalben spürbare Tendenz zu seiner Hypostasierung – Probleme, die Durkheim dann in den ‚Regeln'[120] durchaus eingeräumt hat. Eben auf diese Tendenz zielte die heftige Attacke, die Gabriel Tarde 1894 gegen den Begriff des Kollektivbewußtseins geritten hat. Es hängt damit zweifellos zusammen, hat aber wohl auch konzeptionelle Gründe[121], daß Durkheim nach 1894 von dem Begriff dann ganz abgerückt ist.

Keineswegs ist er aber *in der Sache* vom Kollektivbewußtsein abgerückt; ganz im Gegenteil: in der Theoriebildung haben nach 1895[122] die Kollektivgefühle und Kollektivvorstellungen bei Durkheim an Gewicht noch deutlich gewonnen, und seine Forschung weist erst seit dieser Zeit ein genuines Interesse an den primitiven Gesellschaften – als dem „Paradies des Kollektivbewußtseins"[123] – auf. Das kann hier nicht im Detail nachgezeichnet werden; gesagt sei nur dies: Zu konstatieren ist zunächst Durkheims Ausweichen auf andere, aber affine Begriffe, insbesondere auf die Unterscheidung ‚individueller und kollektiver Vorstellungen'; ferner ist unverkennbar, daß im Zuge des zunehmenden ‚Hyperspiritualismus' Durkheims der Begriff der ‚Gesellschaft' selbst die strukturellen und morphologischen Implikationen mehr und mehr abschüttelt und mit dem, was in der ‚Arbeitsteilung' Kollektivbewußtsein heißt, nachgerade identisch wird.[124] Erst recht aber wird der *Religions*begriff beim späteren Durkheim zum Ersatzbegriff fürs ‚Kollektivbewußtsein' – mit primärem Bezug natürlich auf primitive Gesellschaften: flächendeckend wird ‚Religion' zum Inbegriff des Gesellschaftlichen, des Kollektiven schlechthin, dem Recht, Normativität und Moral gleichermaßen einverleibt sind.[125] Hier liegen die kontinuierlichen (und an Gewicht noch zunehmenden) Themen der Durkheimschen Soziologie; ‚die Arbeitsteilung' dagegen wird zum Gegenstand ohne jede Prominenz im späteren Werk.

Lockert man nun die exponierten und ‚starken Thesen' etwas, in die ‚das Kollektivbewußtsein' in ‚De la division du travail social' verwickelt ist[126], so läßt sich leicht demonstrieren: Der Begriff, wie ihn Durkheim verstand und verwendete, ist theoretisch durchaus zu halten, und er befindet sich in unverkennbarer Nähe zu dem, was heute einerseits ‚Lebenswelt' andererseits ‚Kultur' heißt. Was die Lebenswelt[127] angeht, so erweist sich die Affinität des (natürlich ‚rigideren') Konzepts des Kollektivbewußtseins zu dieser vor allem in dem von Durkheim intendierten *Doppelsinn* des Kollektiven[128]. Kollektiv ist das Kollektivbewußtsein nämlich einerseits daraufhin, daß in *allen* Köpfen der miteinander vergemeinschafteten Individuen die *gleichen* Vorstellungen und Bewußtseinsinhalte präsent und wirksam sind; es geht um einen besonders massiven Typus von ‚Intersubjektivität'. Damit aber nicht genug: es geht Durkheim andererseits entscheidend darum, daß an jenen Vorstellungen und Glaubensüberzeugungen das Bewußtsein von ihrer *Geltung für jedermann* mitgegeben ist; es geht um den appräsentierten Sinn von ‚Normalität' und u. U. Normativität: jene Vorstellungen werden eben nicht als singulär-subjektiv und privat erlebt, sondern als selbstverständlich, von jedermann geteilt und u. U. für jedermann verpflichtend.[129] Allerdings neigt Durkheim hier zur eiligen Dramatisierung speziell des normativen Sinns: Das Kollektivbewußtsein fungiert bei ihm eben immer auch als *Ursache* der Gleichheit und Konformität der Individuen, indem es diese normativ erzwingt und – gegebenenfalls über die Sanktionierung von Abweichungen – in Geltung hält.

Der Zusammenhang von ‚*Kultur*' und ‚Kollektivbewußtsein', wie ihn etwa auch Bohannan[130] herstellt, ist evident. Das klassische Kulturkonzept der Kulturanthropologie hatte zur Implikation, was der Begriff des Kollektivbewußtseins unmittelbar(er) und explizit sagt. Insofern es auf die handlungssteuernden Werte, Normen, Orientierungen in den Köpfen der Individuen — als Substanz von ‚Kultur' — abstellte, befand es sich ganz im Gefolge von Durkheims ‚zwingenden' Kollektivvorstellungen, -gefühlen und -praktiken. Impliziert war immer, daß es bei ‚Kultur' um „shared values"[131], um je *kollektiv* in einer Gesellschaft *geltende* Normen und Werte geht; gerade das artikuliert der Begriff des Kollektivbewußtseins direkter und, wie soeben demonstriert, überdies theoretisch anspruchsvoller. Und auch der Zusatzsinn von ‚cultural integration'[132] — als Konsequenz eben der kollektiv-kulturellen Gleichorientierung der vergemeinschafteten Individuen — ist mit dem ‚Kollektivbewußtsein' intendiert: dieses ist ja gerade auf ‚mechanische Solidarität' hin in Gänze zugeschnitten. Überdies bietet Durkheim der ‚Kulturforschung' gerade in der ‚Arbeitsteilung' eine Fülle von Differenzierungen und bedenkenswerten Anregungen, indem er — zumal in evolutionärer Perspektive — Variationen vorsieht hinsichtlich der ‚Bestimmtheit' der kollektiven Orientierungen, der Reichweite und Detailliertheit der normativen Durchregulierung des Alltagshandelns, des Grades der ‚Intensität' und der Verbindlichkeit der kollektiven Vorstellungen, ferner hinsichtlich des Kontrollniveaus, der affektiven Fundierung von Normen, der Verknüpfung von Normen mit der kollektiven Identität einer Gruppe/Gesellschaft u. a.[133]

Weitgehend indifferent und ‚unsensibel' verhielt sich Durkheim allerdings — sehr im Kontrast etwa zu Max Weber oder zur späteren ‚cultural anthropology' — zur Frage der *Inhalte* des Kollektivbewußtseins[134], genauer: gegenüber Richtung, Stil und Typik der kulturell jeweils prämierten Verhaltensorientierungen und Werte. Der Gedanke, daß es — z.B. ‚agonale' — Werte geben kann, die (was die Richtung des Verhaltens angeht, die aus ihnen folgt) gerade dann, wenn sie ‚kollektiv' von allen geteilt und praktiziert werden, gesellschaftlich eher desintegrative Folgen haben können, lag ihm gänzlich fern. Ihm war es bezüglich des Kollektivbewußtseins und der mechanischen Solidarität primär um die kollektiv-kulturelle ‚Gleichschaltung' der Individuen als solche zu tun. Nur in *einem* Punkt ist die inhaltliche Fokussierung des Kollektivbewußtseins bei Durkheim thematisch und Gegenstand des Interesses; dabei geht es um die evolutionäre ‚Umprogrammierung' des Kollektivbewußtseins von der ‚kollektivistisch-individualitätsnegierenden' Ausrichtung der archaischen Frühzeit hin zum ‚Kult des Individuums', wie ihn die arbeitsteilige Moderne pflegt und pflegen muß; allerdings weist diese, der einzig noch das Individuum ‚heilig' ist, eben nur noch ein residuales Kollektivbewußtsein auf. Darauf wird zurückzukommen sein.

Durkheims Einsicht in die primär kulturelle Integration archaischer Gesellschaften ist gelegentlich arg (und ohne Durkheims Zutun) mißverstanden worden[135]; seine Thesen sind ihrer Überspitzungen und Einseitigkeiten wegen aber auch vielfach zu Recht — zumal von ethnologischer Seite — attackiert worden; so hat insbesondere die Figur von der normativ erzwungenen Gleichheit/Unterschiedslosigkeit der Individuen in primitiven Gesellschaften Kritik erfahren.[136] Gleichwohl: nicht nur der Gedanke der segmentären Gesellschaftsstruktur (ohne ‚Zentralorgan'/Staat) hat seine Gültigkeit behauptet. Wichtiger noch bleibt Durkheims theoretische Option, bei der Frage nach der Integration archaischer Gesellschaften (nicht auf die segmentäre Struktur, sondern) auf Kollektivbewußtsein und Kultur als Quelle des sozialen ‚Zusammenhalts' zu setzen. Mit Habermas kann man guten Gewissens sagen: „Der Typus kleiner vorstaatlicher Gesellschaften, den vor allem englische Sozialanthropologen in Afrika, Südostasien und Australien untersucht haben, unterscheidet sich vom Durkheimschen Idealtypus einer beinahe homogenen und annähernd ultrastabilen Urgesellschaft durch eine schon verhältnismäßig große Komplexität und eine überraschende soziale Dynamik. Gleichwohl ähneln die residualen Stammesgesellschaften ... dem von Durkheim entworfenen Bild segmentärer Gesellschaften mit ausgeprägtem Kollektivbewußtsein."[137]

V.

„Es ist schwer zu sagen, ob es der religiöse Fortschritt war, der den gesellschaftlichen herbeigeführt hat; sicher ist jedoch, daß sie beide zu gleicher Zeit und mit bemerkenswerter Übereinstimmung entstanden sind.

Man muß die außerordentlichen Schwierigkeiten bedenken, die sich den primitiven Bevölkerungen bei der Gründung geordneter Gemeinschaften stellen. Das gesellschaftliche Band läßt sich zwischen solchen menschlichen Wesen, die so verschieden, so unabhängig, so unbeständig sind, nicht so leicht knüpfen. Um ihnen gemeinsame Bräuche zu geben, um Gehorsam und Disziplin einzuführen, um die Leidenschaft zu bannen und der Vernunft die Oberhand zu lassen, um die individuelle Meinung der öffentlichen zu opfern, bedarf es stärkerer Mittel als des Zwangs, höherer als der Selbstsucht, verläßlicherer als einer philosophischen Theorie, beständigerer als einer Übereinkunft, kurz eines Etwas, das die Herzen aller gleichermaßen beherrscht.

Dieses Etwas ist der Glaube. Nichts wirkt mächtiger auf die Seele als dieser. Ein Glaube ist das Werk unseres Geistes, aber es steht uns nicht frei, ihn willkürlich zu ändern. Er ist unsere Schöpfung, aber das wissen wir nicht. Er ist menschlich, und wir halten ihn für göttlich. Er ist das Ergebnis unserer Geisteskraft und dennoch stärker als wir. Er ist in uns, er verläßt uns nicht, er spricht jeden Augenblick zu uns. Wenn er uns zu gehorchen befiehlt, so gehorchen wir; wenn er uns Pflichten vorschreibt, so unterwerfen wir uns diesen. Der Mensch kann zwar die Natur beherrschen, doch seinem Denken vermag er sich nicht zu entziehen.

Ein alter Glaube schon befahl dem Menschen, den Vorfahren zu ehren; dieser Kult hat die Familie um den Altar vereint. Das war der Ursprung der Religion, der ersten Gebete, der ersten Idee der Pflicht und der ersten Moral; aus ihnen erwuchsen das Eigentumsrecht wie die Regelung der Erbfolge und aus ihnen schließlich das Privatrecht und alle Regeln der häuslichen Organisation. Dann wuchs der Glaube und mit ihm zugleich die Gesellschaft. In dem Maße, in dem die Menschen begreifen, daß es für sie gemeinsame Gottheiten gibt, schließen sie sich zu größeren Gruppen zusammen."

Es ist nicht, wie man meinen könnte, Durkheim, der hier spricht, es ist Numa Denis Fustel de Coulanges, sein Lehrer[138]; gesagt ist es in ‚La cité antique', der berühmten, 1864 erstmals erschienenen Monographie über „Kult, Recht und Institutionen Griechenlands und Roms" (so der Untertitel).[139] Dieses eminent ‚idealistische' Buch geht aus von der zwingend-deterministischen Kraft der Religion in archaischer Zeit: ‚Der Glaube' (‚croyance'), nämlich religiöse ‚Zwangsvorstellungen', sind für Fustel die *„erste Ursache"*[140] der (historisch relativen) Spezifik der antiken Institutionen, ja ihrer Genese und Stabilität überhaupt. Am Anfang stehen Totenglaube und häuslicher Totenkult, und von diesem Ausgangsort her ‚deduziert' und rekonstruiert Fustel – mit bestechender Erklärungskraft und Konsequenz – den Entwicklungsgang und die Entwicklungsrichtung der antiken Institutionen – von der Verwandtschaftsstruktur über das Privateigentum bis zur Polis.

Das Buch hat über ganz Europa hin recht schnell große Verbreitung gefunden. Herbert Spencer hat es für die ‚Principles of Sociology' herangezogen – an Stellen übrigens, die (nicht zufällig) nach ‚Kollektivbewußtsein' und ‚mechanischer Solidarität' klingen und von denen die eine explizit vom ‚social bond' handelt.[141] Tief beeindruckt von ‚La cité antique' war auch Max Weber; Fustels Einfluß auf diesen läßt sich vor allem in der Religionssoziologie in ‚Wirtschaft und Gesellschaft' nachweisen, wofür hier nur auf eine Passage verwiesen sei, die bis ins Detail ganz unmittelbar aus ‚La cité antique' geschöpft und entlehnt ist.[142] Ferner darf gesagt werden, daß es sich bei Webers Aussagen über den bis zur Sippe hinabreichenden exklusiven Kult- und Götterpartikularismus der Antike – im Kontrast zum spezifischen religiösen Universalismus des Christentums – um wesentlich durch Fustel de Coulanges vermittelte Einsichten handelt. Und auch darüber hinaus ist er, wie sich leicht zeigen ließe, vielfältig von diesem inspiriert; so hat er die radikal-idealistischen Erklärungsangebote, die Fustel im Hinblick auf die Spezifik der antiken Institutionen machte, in relativierter Form durchaus aufgegriffen.[143]

Doch zurück zu Durkheim, der auf ganz andere Art als Max Weber, aber nicht minder intensiv an Fustel de Coulanges angeschlossen hat. Dieser intensive Einfluß ist in der Literatur zu Durkheim immer wieder hervorgehoben worden; dabei ist man aber nun fast einhellig der Meinung, dieser Einfluß sei vor allem einer auf das Spätwerk Durkheims, also auf den Durkheim des ‚Hyperspiritualismus', der nachhaltig von Ideenkausalität ausgeht und ganz den primitiven Religionen zugewendet ist. Solche „Fortwirkung", wie König[144] sagt, soll hier keineswegs bestritten werden, und auch darf nicht übersehen werden, daß der frühe Durkheim gelegentlich zu einer relativen Geringschätzung der Religion neigt, sie als ‚Epiphänomen' der Gesellschaft behandelt.[145] Dennoch: es kann m.E. kein Zweifel sein, daß der Einfluß Fustels auf Durkheim nirgendwo offensichtlicher ist als im frühen Buch über die ‚Arbeitsteilung' und: daß es wesentlich das Konzept des *Kollektivbewußtseins* ist, das sich Fustel verdankt.

Zunächst: ‚La cité antique' wird in der ‚Arbeitsteilung' wiederholt als Beleg herangezogen – gelegentlich mit kleinen Reklamationen.[146] Weiterhin: ganz sicher ist Durkheim bei seiner unilinearen Klassifikation von Gesellschaften nach „niedrigerem oder höherem" Entwicklungsniveau[147] – neben Spencer – von Fustel bestimmt. Außerdem ist die Entwicklungsreihe, die Durkheim wiederholt (vom antiken Judentum des Pentateuch über das alte Indien, das klassische Griechenland/Athen über Rom bis zu den Germanen) aufmacht, hinsichtlich des Zusammenziehens indischer, griechischer und römischer Phänomene deutlich von Fustel ermutigt[148], und das von Durkheim hier angelegte Fortschrittskriterium, nämlich der Grad der Differenzierung von Recht und Religion[149], ist ebenfalls von diesem her inspiriert. Das führt unmittelbar weiter zu der gemeinsamen Auffassung von Fustel und Durkheim, daß die Religion in der Frühzeit der Menschheit die schlechthin bestimmende, das ganze soziale Leben durchdringende gesellschaftliche Institution war[150], wobei es dem letzteren zunächst vor allem um die ursprüngliche Identität von Religion und Strafrecht zu tun ist.[151] Und die anfängliche Herrschaft der Religion ist von

Durkheim so umfassend veranschlagt, daß die gesamte gesellschaftliche Evolution, alle spätere Differenzierung der menschlichen Gesellschaft (zumal die Genese der Wissenschaft) sich von dort her − negativ − auch beschreiben läßt als ‚Rückbildung der Religion; er spricht diesbezüglich geradezu vom „law of regression"[152].

Es ist dann aber nur noch ein Schritt, daß Durkheim, der ja schon das Kollektivbewußtsein und ‚die Gesellschaft' gleichsetzt, im Weiteren auch das Kollektivbewußtsein in seiner ursprünglichen Gestalt als *Religion* identifiziert. Und so geschieht es denn auch: die Religion ist ihm die Kernzone des Kollektivbewußtseins, Religion ist „the eminent form of the common conscience".[153] Und dabei haben Religion und Kollektivbewußtsein ganz unmittelbar den sachlichen Zuschnitt, wie ihn das eingangs des Abschnitts zitatweise vorgeführte Religionsverständnis Fustels vorgibt.

Kein Zweifel: Dieses Religionsverständnis mitsamt der dahinterstehenden Anthropologie, welcher ‚der (archaische) Mensch' − als egoistisches Triebbündel − für die stabile Vergesellschaftung mit seinesgleichen wenig disponiert schien, hat in Durkheims Konzept des Kollektivbewußtseins ganz unmittelbar Niederschlag und Nachfolge gefunden. Und man kann sagen, daß es − auch darüber hinaus − in *vierfacher* Hinsicht für Durkheim geradezu kanonisch geworden ist. Es ist dies *erstens* in dem weitergeführten Gedanken von der spezifisch religiösen ‚Urstiftung' des sozialen Lebens, des ‚sozialen Bandes' überhaupt: (nur) die Religion, die Kultgemeinschaft stellt die massiven Zwänge bereit, deren es bedarf, um die konstitutiv instabilen Individuen (der Archaik) in feste soziale Bande zu schlagen. Zum *zweiten* hat Durkheim in das Konzept des Kollektivbewußtseins von Fustel übernommen, daß das kollektiv Bindende und Zwingende entscheidend ein *Glaube* (‚croyance') ist, der sich in allen Köpfen festgesetzt hat und im Kult praktiziert und bestätigt wird. ‚Weitere Verwendung' findet bei Durkheim *drittens* die Figur der (allerdings ‚interiorisierten') *Exteriorität* − also der Religion bzw. ‚der Gesellschaft', die außerhalb und über uns stehend ‚befiehlt' und zwingt. Vor allem aber − *viertens* − der Gedanke, der ‚soziale Integration' mit Domestikation, der das ‚soziale Band' mit wesentlich disziplinierender Moral koinzidieren läßt, wird im Kollektivbewußtsein fortgeführt: dieses ist daraufhin bei Durkheim eine genuin moralische Gegebenheit, ja die erste und ursprüngliche moralische Tatsache überhaupt. Überdies findet sich auch die Betonung der Negierung des Individuums in der archaischen Religion bei Fustel − allerdings weniger pointiert als bei Durkheim.[154]

Stellt man dies alles in Rechnung, so wird man jener vielzitierten und dabei typisch ernst genommenen Passage, in der Durkheim Fustel gegenüber explizit auf Distanz geht[155], kaum mehr besonderes Gewicht beimessen können. Der Passus, der jener wichtigen längeren Anmerkung unmittelbar voraufgeht, in der Durkheim besonders klar gegen Spencer die Integriertheit archaischer Gesellschaften geltend macht[156], erweist sich bei näherem Zusehen als ein nicht ganz seriöses Abgrenzungsmanöver.

Ausgangspunkt ist die neuerliche Feststellung des Durchdrungenseins des gesamten archaischen Soziallebens durch die Religion, durch „common beliefs and ... common practices". Dann heißt es weiter: „Retracing by analysis of only classical texts until an epoch completely analogous to that of which we are speaking, Fustel de Coulanges has discovered that the early organization of these societies was of a familial nature, and that, moreover, the primitive family was constituted on a religious base. But he has mistaken the cause for the effect. After setting up the religious idea, without bothering to establish its derivation, he has deduced from it social arrangements, when, on the contrary, it is the latter that explain the power and nature of the religious idea."[157] Es ist deutlich: hier wird die Aussage von ‚La cité antique' nur sehr unzureichend wiedergegeben; vor allem aber: die Durkheimsche Vorliebe fürs Tautologische hatte zuvor längst gleichgesetzt (nämlich: Kollektivbewußtsein gleich Gesellschaft gleich Religion), was hier wieder getrennt und in ein Verhältnis von Determinierendem (Gesellschaft) und Determiniertem (Religion) auseinanderdividiert wird. Das Argument ist weder fair noch plausibel; ihm geht es nur um die Signalisierung von *Differenz* da, wo es dem Leser naheliegt, von Kongruenz oder gar vollständiger Abhängigkeit auszugehen.

VI.

Die gesellschaftliche Evolution, wie sie Durkheim in ‚De la division du travail social' in ihrem Gesamtverlauf und ihrer Entwicklungsrichtung porträtiert, ist ein im Kern *diskontinuierlicher*, zudem zweistellig – und nur zweistellig[158] – konzipierter Prozeß; sie ist sodann ein Prozeß, der vorrangig vom Problem der gesellschaftlichen Integration her entworfen ist: für Durkheim steht an der gesellschaftlichen Evolution im Vordergrund die „Umstellung in den *Grundlagen der Integration* der Gesellschaft"[159], eben der evolutionäre Wechsel von der ‚mechanischen' zur ‚organischen Solidarität', genauer noch: die Verdrängung der ersteren durch die letztere – als tragendes Integrationsprinzip der Gesellschaft. Dieser evolutionäre Wandel ist bei Durkheim entscheidend verknüpft mit ‚Sprüngen' im gesellschaftlichen Größenwachstum: „In kleinen, undifferenzierten und personalschwachen Gesellschaften"[160] stellt sich die gesellschaftliche Solidarität ‚mechanisch' – im Kollektivbewußtsein und über die Gleichheit/Ähnlichkeit der Individuen – her; jenseits eines bestimmten (bei Durkheim aber nicht näher spezifizierten) quantitativen ‚Volumens' der Gesellschaften aber ist deren Integration nur noch ‚organisch', nämlich über arbeitsteilige Ungleichheit möglich.[161] Diskontinuierlich und different verhalten sich die beiden Gesellschaftstypen Durkheims zueinander aber nicht nur hinsichtlich des ‚quantitativ' heterogenen Volumens und des Basierens hier auf Gleichheit und dort auf Ungleichheit; different sind sie vor allem daraufhin, daß es im einen Fall, wie ausgeführt, um *kulturelle* Integration geht, im anderen Fall aber um *morphologisch-strukturell* bewirkte Integration, um Solidarität durch arbeitsteilige Interdependenz.[162]

Auf Durkheims darwinistische Erklärung des entscheidenden Umbruchs in der Evolution, mithin der Genese der ‚sozialen Arbeitsteilung', soll hier nicht näher eingegangen werden.[163] Festgehalten sei lediglich: Diese Erklärung setzt strikt und nur auf die morphologischen Faktoren (Volumen und Dichte) und leitet aus diesen – im Sinne eines ‚mechanisch' wirkenden Zwanges – die progressive Umstellung der Gesellschaftsstruktur auf Arbeitsteilung und (daraus folgend) auf ‚organische Solidarität' ab. Allerdings – und das wird fast immer übersehen – relativiert Durkheim diese Position ‚starker Kausalität' dann auch wieder und weist den *kulturellen* Faktoren den Status von ‚secondary factors' in der

Evolution zu. Und er tut dies auf theoretisch recht überzeugende Weise, indem er für das residuale Kollektivbewußtsein — im Verhältnis zu dem durch die morphologischen Faktoren ‚mechanisch' in Gang gesetzten Differenzierungsprozeß — einen teils blockierend-verzögernden, teils beschleunigenden Part vorsieht.[164] Die Analogien zur marxistischen Konzeption Basis und Überbau[165] sind evident: Auch Durkheim geht davon aus, daß die auf Differenzierung drängende morphologische Mechanik sich ‚letztlich' durchsetzt; aber er demonstriert — mit Kompatibilitäts- bzw. Inkompatibilitätsargumenten, wie man heute sagen würde —, zugleich eindrucksvoll, ein wie starkes Stör- bzw. Begünstigungspotential auf diesen Prozeß hin die ernst genommenen kulturellen ‚Sekundärfaktoren' darstellen. Hierher gehört auch das Argument, daß sich das residuale und transformierte Kollektivbewußtsein ‚letztlich' dann der differenzierten Gesellschaftsstruktur der Moderne akkommodiert und, was seine inhaltliche Neufokussierung angeht, nunmehr die Individualisierung der Einzelpersönlichkeit und deren berufliche Spezialisierung kulturell gerade positiv wertet, mithin stützt und prämiert. Und es darf noch hinzugefügt werden: Nirgendwo sonst ist Durkheim dem Weberschen Rationalisierungs- und Entzauberungsprozeß so unmittelbar nahegekommen wie bei seiner Analyse der Transformationen von Weltbild und Kollektivbewußtsein, wie also in jenen Abschnitten der ‚Arbeitsteilung', die von der ‚wachsenden Unbestimmtheit', der Abstraktionserhöhung und epochalen Regression des Kollektivbewußtseins in seinen rigide-kollektivistischen Zügen handeln.[166]

Noch ein weiterer Blick auf Durkheims Konzeptualisierung des evolutionären Gesamtprozesses ist nötig — nunmehr von den beiden *Strukturtypen* der Gesellschaft her, die (erst) im sechsten Kapitel des ersten Buches korrespondierend zu den Solidaritätstypen (und nach diesen) begrifflich eingeführt werden. Unterschieden werden der ‚segmentäre' und der ‚organisierte' Gesellschaftstyp, wobei der letztere, wenngleich mit der Organismusanalogie verknüpft, durchaus dem entspricht, was heute ‚funktional differenziert' heißt.[167] Von diesen beiden Typen her stellt sich nun der Gesamtverlauf der gesellschaftlichen Evolution in besonderer Weise *diskontinuierlich* dar.[168] Auch wenn Durkheims Aussagen hier (einmal mehr) nicht völlig eindeutig sind, so stellt die Hauptlinie seiner Argumentation doch darauf ab, daß im Zuge der Evolution der (erst spät auftretende, jedenfalls nicht ursprüngliche) organisierte Gesellschaftstyp den segmentären mehr und mehr *verdrängt*. Durkheim sieht deutlich: Die segmentäre und die organisierte Gesellschaftsstruktur verhalten sich zueinander ‚unverträglich'[169], sie sind inkompatibel; ‚voll entwickelt' können sie längerfristig nicht gleichzeitig unter demselben gesellschaftlichen Dach koexistieren. Dafür sind schon ihre Elemente — hier ‚Segmente' und dort ‚Organe' — zu heterogen verfaßt; diese sind vor allem auf jeweils ganz heterogene Weise eingeflochten ins gesellschaftliche Ganze; geht es im einen Fall um additive Reihung, so im anderen Fall um funktionale Interdependenz.[170] Auf die organisierte Gesellschaft der Moderne hin heißt es dementsprechend bei Durkheim: „This social type rests on principles so different from the preceding that it can develop only in proportion to the effacement of that preceding type."[171] Teilweise geht er noch weiter und nennt die intakte segmentäre Verfassung ein ‚unüberwindliches Hindernis' für die Entstehung von Arbeitsteilung, womit zugleich gesagt ist: die vorab einsetzende Schwächung und Regression des Segmentären[172] ist die Bedingung der Möglichkeit des Entstehens von Arbeitsteilung; kommt allerdings der Prozeß fortschreitender Arbeitsteilung einmal in Gang, so beschleunigt dies die Regression der segmentären Struktur. Im übrigen geht Durkheim gesellschaftsstrukturell von deren epochalem Bedeutungsschwund in der Evolution aus, nicht aber von ihrem ‚vollständigen Verschwinden' in der Moderne.[173]

Die beiden Strukturtypen der Gesellschaft verhalten sich zueinander in dem Sinne strukturell inkompatibel, daß der Fortschritt und der Primat des organisierten Typs als möglich gedacht werden nur um den Preis der Regression des segmentären Typs, und dieser tritt *nicht* gewissermaßen ‚ins zweite Glied‘, er tendiert vielmehr gegen Null. Und analog steht es nun mit der *Relation von mechanischer und organischer Solidarität*: die erstere blüht, solange es Ansätze zur zweiten strukturell nicht oder kaum gibt, und sie regrediert und wird in dem Maße verzichtbar, wie die zweite progrediert und prosperiert. Durkheim hebt diesen Prozeßverlauf explizit in den Status eines ‚historischen Gesetzes‘[174]: im Zuge der Evolution wird das eine Integrationsprinzip der Gesellschaft nahezu vollständig durch das andere substituiert.

Die beiden Solidaritätstypen, wie sie Durkheim schon in der Besprechung von Tönnies' ‚Gemeinschaft und Gesellschaft‘ noch mit vertauschten Titeln herausgearbeitet hatte, haben in der ‚Arbeitsteilung‘ ihre endgültige Fassung erhalten.[175] Dabei wird die Begriffswahl für die ‚mechanische‘ wie für die ‚organische‘ Solidarität mit naturwissenschaftlichen Analogien gerechtfertigt – im ersteren Fall mit parallelisierendem Verweis auf anorganische Körper, im zweiten mit explizitem Bezug auf die Organismusanalogie.[176] Beide Typen sieht Durkheim überdies, wie gesagt, in zwei Typen des Rechts, dem ‚repressiven‘ und dem ‚restitutiven‘ – als ‚visible symbol‘ –, ‚verkörpert‘ und darin der (indirekten) wissenschaftlichen Behandlung zugänglich.[177]

Allerdings sind die beiden Solidaritätsbegriffe noch mit einer zusätzlichen Pointe versehen, denn sie werden als Fälle *positiver* Solidarität abgehandelt und gegen Phänomene der ‚negativen Solidarität‘ deutlich abgegrenzt. Was meint ‚negative Solidarität‘? Der Begriff wird eingeführt im Kontext der Behandlung des restitutiven Rechts, also des ‚modernen‘ Rechtstypus, der mit der organischen Solidarität korreliert. In diesem Kontext wird die negative Solidarität verhandelt am Beispiel des Sachenrechts, vor allem des Eigentumsrechts.[178] Das Eigentum, betont Durkheim, schafft ‚ein Band‘ (im positiven Sinne) zwischen Personen und Sachen, es hat aber auf jeweils andere Personen einen bloß *negativen* Bezug, indem es diese von der freien Nutzung des betreffenden Gutes explizit ausschließt. Auf soziale Beziehungen dieses Typs, deren primärer Sinn (etwa als Respektierung fremden Privateigentums oder der fremden Privatsphäre) ein *Nicht*interagieren ist, will nun Durkheim Kohäsion und Zusammenhalt arbeitsteiliger Gesellschaften nicht gebaut wissen[179], womit er vorschnell hochgradig integrationsrelevante Strukturen (zumal der Moderne) aus seinen Überlegungen ausschließt. Er setzt statt dessen, was das soziale Band angeht, auf *aktiv-positives* Zusammenhandeln, auf Kooperation und Konsensus, wie sie die Kehrseite der Arbeitsteilung sind und vor allem im Vertragsrecht verkörpert sind.[180] Hier, in positiv-verbindenden Sozialbeziehungen soll das Fundament der organischen Solidarität liegen, die für Durkheim (u.a.) wesentlich ‚Vertragssolidarität‘ war. An dieser Stelle ist im übrigen die gleiche Denkfigur wirksam, die ihn – in der Theorie – hindert, die Solidarität moderner Gesellschaften auf das ‚individualistisch umprogrammierte‘ moderne Kollektivbewußtsein (mit seinem ‚Kult des Individuums‘) zu stützen: Der ‚Individualismus‘ schafft kein soziales Band, er bindet das Individuum von sich aus nicht positiv an andere, und er bindet es schon gar nicht an ‚die Gesellschaft‘.[181] Die Integration der Gesellschaft kann aus dieser Quelle nicht fließen. Es bedarf dazu eines positiven sozialen Bandes, das die Individuen interaktiv aneinander verweist, sie ‚attrahiert‘ und sie im Kollektiv

‚der Gesellschaft' zusammenbindet, und das leisten „only two kinds of positive solidarity": eben die mechanische und die organische Solidarität.[182]

„Social life comes from a double source, the likeness of consciences and the division of labor"[183], und es manifestiert sich als mechanische und organische Solidarität. Wichtig ist daran: es gibt für Durkheim zwei und nur zwei Gestalten der Solidarität, tertium non datur; überdies: es gibt sie nur alternativ: Gesellschaften können (primär) nur auf die eine oder die andere Art integriert sein, Mischformen sind nicht vorgesehen und werden bei Durkheim auch nirgendwo als Möglichkeit thematisiert. Aber die These ist noch schärfer zugespitzt: beiden Solidaritätstypen wird jeweils nur eine ‚Quelle' — hier das Kollektivbewußtsein, dort die Arbeitsteilung — zugeordnet und damit die Frage nach dritten und anderen ‚Verursachern' von Kohäsion von vornherein abgeschnitten. Wieder zeigt sich: Durkheim neigt — ohne Not — zu starken und exponierten Thesen, zur Annahme ganz massiv-eindeutiger kausaler Relationen, die dann eher den Charakter von theoretischen Postulaten haben, als daß sie Resultate der empirischen Bearbeitung der mannigfaltigen gesellschaftlich-historischen Wirklichkeit darstellen.

Die Rede muß nun von den Differenzen sowie den funktionalen Äquivalenzen zwischen den beiden Solidaritätstypen sein. Zunächst zu den *Differenzen*: Hier ist eine der wichtigsten, daß die mechanische Solidarität der Solidaritätsmodus *kleiner*, personalschwacher (mit Tönnies) ‚Gemeinschaften' ist, während „das Leben von großen sozialen Zusammenballungen" nur als arbeitsteiliges möglich, also ‚organisch solidarisiert' ist.[184] Daß der eine Typus auf *kulturell* bewirkte Gleichheit, der andere auf arbeitsteilige Ungleichheit und die daraus resultierende funktionale Interdependenz setzt, sollte hinreichend deutlich geworden sein; damit ist aber auch gesagt: der eine Typ ist gebunden an den ‚intakten' Bestand des Kollektivbewußtseins in der archaischen Frühzeit, der andere an eine Gesellschafts*struktur*, die primär durch fortgeschrittene Arbeitsteiligkeit gekennzeichnet ist. Das heißt im Blick auf die Individuen weiterhin: mechanische Solidarität bedeutet die *unmittelbare* Anbindung und Inregienahme des Individuums durch die Gesellschaft — via Partizipation am Kollektivbewußtsein; im anderen, organischen Fall gilt (allerdings nicht einheitlich): „he depends upon society, because he depends upon the parts of which it is composed"[185]; hier ist die Bindung des einzelnen ans gesellschaftliche Ganze also eine indirekte. Und noch einmal sei gesagt: Die beiden Typen verhalten sich — nach der Hauptlinie von Durkheims Konstruktion — zueinander exklusiv, sie können dauerhaft nicht koexistieren und ihren Segen nicht gleichzeitig spenden; indem die Gesellschaft sich intern umstrukturiert, muß sie sich auch auf ein *neues* Integrationsprinzip umstellen, muß das soziale Band neu und *anders* geknüpft werden. Aus dem Kollektivbewußtsein kann die Kohäsion immer weniger bezogen werden, denn es gilt eben, „that all social links which result from likeness progressively slacken. ... In sum, since mechanical solidarity progressively becomes enfeebled, life properly social must decrease or another solidarity must slowly come in to take the place of that which has gone"[186]. Daß das genuine ‚soziale Leben' für die Moderne ‚ersatzlos' verloren sein solle, diese Vorstellung war dem frühen Durkheim sichtlich unerträglich, und so sieht er sich genötigt, mit der ‚organischen' eine zweite, alternative Solidaritätsart zu postulieren, deren alleinige Quelle die Arbeitsteilung ist[187], und dementsprechend soll dann im Blick auf die Moderne gelten, „that social solidarity tends to become exlcusively organic"[188].

Zwar geht Durkheim, wie wir gesehen haben, nicht von der ‚Gleichursprünglichkeit' der beiden Solidaritätstypen aus, wohl aber mit allem Nachdruck von ihrer ‚Gleichnatürlichkeit'[189], vor allem aber von ihrer unbedingten *funktionalen Äquivalenz*. Für beide wird geltend gemacht, daß sie eine ‚Solidarität sui generis' darstellen.[190] Beiden kommt — unter heterogenen Bedingungen — eine identische Funktion zu: „They both correspond to the same social need, but satisfy the need differently, because the conditions of existence in the societies themselves differ."[191] Und weil beide Solidaritäten dieselbe Funktion der „general integration of society" und der positiv-attrahierenden Zusammenbindung der Individuen haben, sind sie auch gleichrangig *moralisch*, und das impliziert: „We can induce the moral value of one from the moral value of the other."[192] Und um der funktionalen Äquivalenz der beiden Solidaritäten willen gilt dann schließlich auch, daß die eine die andere *substituieren* kann; genauer noch (in Durkheims evolutionistischer Sicht): die organische Solidarität verdrängt nach und nach die mechanische, aber ersetzt sie auch ‚auf der ganzen Linie' und in voller Ebenbürtigkeit.[193]

Allerdings schwächt Durkheim die Aussage der unbedingten Leistungsäquivalenz der beiden Solidaritäten und ihrer jeweiligen Quellen teilweise auch wieder ab: Vorne im Buch wird (Spencerisch) die integrative und Attraktionsleistung des Kollektivbewußtseins schwächer veranschlagt als die der organischen Solidarität; hinten im Buch bei der Behandlung der pathologischen Formen der Arbeitsteilung hat Durkheim gegen Comte Mühe, die Ebenbürtigkeit der organischen gegenüber der mechanischen Solidarität plausibel zu machen[194]; hier macht er aus der Not eine Tugend und bietet theoretische Postulate, wo empirische Beweisführung geboten wäre. Und da eben stößt man auf eine der entscheidenden Schwächen der ganzen Konstruktion: die beiden Solidaritätstypen stehen in einem *zu engen* Verweisungszusammenhang; vor allem: die organische Solidarität ist zu nah an die mechanische gebaut; indem ihr dieselbe Funktion, dieselbe Qualität als ‚soziales Band' und die gleiche moralische Dignität zugesprochen wird wie der mechanischen Solidarität, ist sie hoffnungslos überfordert. Man kann auch sagen, daß Durkheims Solidaritätsverständnis generell zu sehr vom Kollektivbewußtsein und dessen Funktionen her bestimmt war und daß er deshalb für die Arbeitsteilung in der Theorie — aus Symmetrie- und Äquivalenzgründen — ganz unrealistische Solidaritätswirkungen postulieren mußte.[195]

Und noch von einem anderen, von Durkheim immer wieder überspielten Defekt seiner Konstruktion muß hier die Rede sein, der die Quelle vielfältiger Mißverständnisse seines Buches gewesen ist. Es sollte aus dem Vorangegangenen deutlich geworden sein, daß — in Durkheims Konstruktion — dem evolutionären Wandel von der mechanischen zur organischen Solidarität auf der einen Seite der Umbau der Gesellschafts*struktur* von der segmentären zur arbeitsteilig-organisierten Form korrespondiert; begleitend wandelt sich auf der anderen Seite das Kollektivbewußtsein und damit das Verhältnis von Individuen und Gesellschaft: das Kollektivbewußtsein regrediert kontinuierlich, büßt seine antiindividualistische Tendenz mehr und mehr ein und entläßt die Individuen damit aus dem unmittelbaren Zugriff ‚der

Gesellschaft'. Sieht man nun genau hin, so ergeben sich entscheidende Asymmetrien zwischen diesen beiden Begleitprozessen, und es ergeben sich differente Akzentsetzungen, je nachdem, ob der Wandel der Solidarität eher an den einen oder eher an den anderen Begleitprozeß angelehnt gesehen wird.

Hinsichtlich des Strukturwandels von ‚segmentär' nach ‚organisiert' stellt Durkheim, wie gesagt, primär auf *Diskontinuität* ab; der eine Strukturtyp verdrängt, nachdem er einmal aufgetreten ist, den anderen − bis nahe an dessen Auslöschung. Das Kollektivbewußtsein dagegen regrediert *kontinuierlich*, aber es verschwindet keineswegs; im Gegenteil: es wird letzthin gewissermaßen ‚individualistisch umfunktioniert', und es erhält − anders als die anachronistischen segmentären Reste − als solches bei Durkheim die respektable Rolle zugewiesen, den strukturell ‚erzwungenen' Individualismus der Moderne kulturell-legitimatorisch zu decken. Die Kohäsion des gesellschaftlichen Ganzen zu bewirken, diese Funktion ist ihm allerdings − aus schon genannten Gründen − nicht mehr überantwortet; es gibt zwar noch eine Art Kollektivbewußtsein, aber keine (von dort her bewirkte) mechanische Solidarität mehr.[196] Man sieht deutlich: es gibt keine Parallelität zwischen der diskontinuierlichen *Struktur*entwicklung der Gesellschaft und dem evolutionären Wandel, der sich auf der Dimension des Verhältnisses von Kollektivbewußtsein und Individuum abspielt.

Das führt auf eine zweite Asymmetrie im gleichen Kontext. Es ist hinreichend oft gesagt worden: Die mechanische Solidarität setzt auf *Gleichheit*, aber auf Gleichheit der *Individuen* − im und durch das Kollektivbewußtsein; sie setzt dagegen weniger oder gar nicht auf die Strukturgleichheit der (familial-verwandtschaftlichen) *Segmente* archaischer Gesellschaften; die segmentäre Struktur als solche wird bei Durkheim nicht als integrationsrelevant behandelt. Anders dagegen die organische Solidarität, die auf Ungleichheit setzt, und zwar auf Ungleichheit sowohl der funktional spezialisierten *Organe* wie auch der beruflich spezialisierten *Individuen*. An entscheidender Stelle − bei der begrifflichen Einführung des Typs der organischen Solidarität − springt Durkheim[197] zwischen den Individuen und Organen als Elementen des gesellschaftlichen Ganzen hin und her; hier und auch andernorts bleibt es offen, ob die arbeitsteilig-organische Interdependenz als eine zwischen den individuierten Individuen oder den funktional spezialisierten Organen gedacht ist; die vielerorts gesuchte Organismusanalogie legt aber eher das letztere nahe. An späterer Stelle aber legt Durkheim[198] überzeugend und unbestreitbar gültig dar, es sei ein klares Indiz für evolutionäre Höherrangigkeit, wenn Gesellschaften ihr Personal nicht mehr ständisch-kastenförmig (via soziale Vererbung von Positionen) auf bestimmte Funktionen fixieren; hier wird stark für Inter- und Intragenerationenmobilität plädiert und die Abkoppelung der Individuen von der Festlegung auf spezifische Organe als entscheidende evolutionäre Errungenschaft dargestellt. Zwischen Individuen (bzw. Zellen im Organismus) und Organen des gesellschaftlichen Organismus wird hier klar geschieden. Entscheidend ist aber nun: die strukturelle Integration differenzierter Gesellschaften als Folge der funktionalen Interdependenz ihrer ‚*Organe*' mag − angelehnt an die Organismusanalogie − noch leidlich plausibilisierbar sein. Aber damit kann sich Durkheim seiner moralischen Ambitionen wegen eben nicht begnügen; ihm ist es ja vorrangig um das ‚soziale Band' unter den *Individuen* zu tun − und zwar eben analog und äquivalent zur mechanischen Solidarität. Damit sind wir inmitten des Dilemmas der organischen Solidarität.

VII.

Das Konzept der ‚organischen Solidarität' ist das schwächste Glied in der komplexen Argumentationskette von Durkheims ‚De la division du travail social'. Es ist das apologetische Kernanliegen zu demonstrieren, daß ‚die Arbeitsteilung' für und in modernen Gesellschaften die gleiche segensreiche Rolle spielt wie das Kollektivbewußtsein in primitiven Gesellschaften, daß sie nämlich eine genuine Quelle des sozialen Lebens und Zusammenhalts darstellt[199], daß sie und nur sie für die (quantitativ) großen sozialen Aggregate der Moderne das integrierende Band ‚wirkt'. Und dabei ist es seine bis heute ‚provozierende' These, daß die so verstandene Solidarität arbeitsteilig-komplexer Gesellschaften *nicht mehr kultureller Natur* ist, nicht mehr aus dem kollektiv geteilten psychisch-mentalen Habitus aller Gesellschaftsmitglieder stammt und stammen kann.

Wie aber ist die organische Solidarität dann beschaffen? Wie sieht das so starke soziale Band aus, das sie darstellen soll? Auf diese Frage gibt Durkheim über Hunderte von Druckseiten hinweg nirgendwo eine klare Antwort; das Profil der organischen Solidarität bleibt weitgehend unscharf. Man kann jetzt genauer sagen: ‚die organische Solidarität' ist nicht, was der Begriff suggeriert, sie ist kein homogenes Phänomen, noch weniger ein einheitliches Prinzip; was Durkheim in dieser Sache statt dessen bietet, sind teilweise höchst anregende Variationen über ein vielschichtiges Thema – Variationen, die aber nur begrenzt miteinander harmonieren und kompatibel sind, die im einzelnen nicht systematisch deduziert, sondern wiederholt eher ad hoc importiert werden und eher ‚Improvisationen' darstellen. Schon gar nicht gelingt Durkheim die systematische Ableitung der organischen Solidarität aus der Arbeitsteilung, als deren entscheidende Funktion und notwendige Folge sie ja behauptet wird, und am allerwenigsten bietet er Belege für die empirische Gegebenheit von organischer Solidarität in der Moderne; das meiste, was dazu gesagt wird, bleibt teils bloßes Postulat, teils utopische Zukunftsmusik. Der hier waltende Konstruktionsfehler ist vor allem der, daß der Solidaritätsbegriff insgesamt zu kompakt angelegt, daß die organische Solidarität zu eng an die mechanische angelehnt wird und daß ihr daher zuviel und kaum Plausibilisierbares abverlangt wird; das Problem ist insbesondere, daß die Frage der ‚allgemeinen', nämlich strukturellen Integration *der Gesellschaft* ungeschieden zusammengeworfen wird mit der moralischen Frage des ‚sozialen Bandes', also der Kohäsion und Bindung *zwischen den Individuen*. Mit anderen Worten: das Konzept der organischen Solidarität, wie es Durkheim in der ‚Arbeitsteilung' präsentiert, erweist sich bei näherem Zusehen als ein im höchsten Maße vieldeutiges, schillerndes überfrachtetes und in sich widersprüchliches Konzept, dem Homogenität und klare Konturen, keineswegs aber Ideenreichtum und theoretische Inspiration fehlen.

Dies näher zu zeigen, ist die Aufgabe der folgenden Darlegungen, die das Dilemma der organischen Solidarität nun vollends offenlegen sollen. Ich gehe dabei so vor, daß ich in neun verschiedenen Richtungen die Bedeutungsvarianten und heterogenen Akzentsetzungen des Konzepts vorführen werde. Dabei wird sich zeigen, daß in Durkheims Buch fast jeder Versuch, der organischen Solidarität Profil zu geben, an anderer Stelle wieder zurückgenommen und entwertet wird; auch wird sich zeigen, daß gerade vielversprechende Ansätze zur Lösung der theoretischen Frage nach der Integrationsweise moderner Gesellschaften nicht hinreichend weit getrieben werden und schnell an bestimmten Denksperren Durkheims scheitern. Andererseits bleibt es nach wie vor faszinierend und anregend, den immensen theoretischen Anstrengungen Durkheims im Detail nachzugehen; es bleibt eines der großen und aktuellen Probleme der Gesellschaftstheorie, wie man sich Integration und ‚Zusammenhalt' moderner hochdifferenzierter Gesellschaften mit Millionenpopulationen zu denken hat bzw. ob man von dergleichen überhaupt ausgehen soll. Durkheim hat hier Beträchtliches ‚vorgeleistet' und vorgedacht und wenigstens in Ansätzen die Vielfalt der Fragen erschlossen, die es zu stellen gilt, wenn man die Integrationsfrage adäquat angehen will. Zu lernen ist hier gerade aus der ‚Varietät' der Zugriffe Durkheims auf sein Problem, aber auch aus den Einsichten, die ihn später veranlaßt haben, das so kompakt angelegte und zu ‚anspruchsvolle' Konzept der organischen Solidarität aufzugeben. Nicht zuletzt ist hier zu lernen, wie man die Integration moderner, funktional differenzierter Gesellschaften nicht zu konzipieren hat.

1. Eine der Schlüsseleinsichten des Durkheimschen Buches, die entscheidend dessen Glauben an die solidarischen Früchte der Arbeitsteilung beflügelt hat, steckt in der These, *daß quantitativ größere, komplexe Gesellschaften evolutionär bestandsfest nur stabilisierbar sind über Arbeitsteilung und funktionale Spezialisierung* – eine These, die ihr Profil insbesondere im Kontext von Durkheims darwinistischer Theorie der Ursachen der Arbeitsteilung gewinnt.[200] Die Korrelation von gesellschaftlichem Wachstum und Differenzierung, von der schon Comte ausgeht, wird bei Spencer und noch differenzierter bei Simmel im Sinne von wechselseitiger Ermöglichung und wechselseitiger Steigerung gedacht[201]; Durkheim dagegen denkt sie im Sinne eines kausalen Abfolgeverhältnisses: Größenwachstum und interne Verdichtung der Gesellschaft ‚erzwingen' – ‚ganz mechanisch' und notwendig – deren forcierte Arbeitsteiligkeit, wobei es auch hier wieder einen und nur einen Verursachungsmechanismus und folglich auch nur einen Ablauftypus des gesellschaftlichen Strukturwandels geben soll.[202]

Wichtiger ist es noch zu fragen, welche Gründe Durkheim dafür geltend macht, daß Arbeitsteiligkeit die unumgänglich *notwendige* Bestandsprämisse für soziale Aggregate größeren Volumens darstellen soll. Die These wirkt zu allererst von sich aus evident, und sie erhält denn auch ihre verschiedenartigen Akzentuierungen bei Durkheim eher implizit als explizit. Der auffälligste Akzent, den Durkheim hier setzt, bezieht sich auf den *Pazifizierungseffekt*, den Differenzierung und heterogene Spezialisierung zur Folge haben: nur mit jeweils heterogener Spezialisierung können angewachsene und ‚kondensierte' Menschenmengen auf relativ engem Raum, ohne daß man sich allenthalben ‚in die Quere kommt' oder stört, koexistieren. Arbeitsteilung ist nicht nur ein Mittel, der Dispersion und dem Auseinanderlaufen der quantitativ vermehrten Individuen zu wehren, indem sie schwer lösliche Interdependenzen zwischen vielen schafft[203]; sie ist ebenso sehr das entscheidende Abhilfemittel gegen einen Kampf aller mit allen (oder doch vieler mit vielen) um die knappen Chancen der Lebensfristung: die zumal beruflich-dauerhafte Konzentration auf die eigenen Spezialitäten lenkt strukturell ab von der feindselig-räuberischen Fixierung auf andere Personen und fremdes Hab und Gut, sie macht zwangsläufig ‚interessiert' am Weiterleben und Weiterproduzieren der Mitmenschen. Durkheim illustriert diese pazifizierende, konfliktreduzierende Implikation der Arbeitsteilung zusätzlich mit biologischen Beispielen, die, wie die Kritik zu Recht moniert hat, aber nur von begrenzter Tauglichkeit sind.[204] Wichtiger ist aber, daß die These, daß *viele* nur in mehr oder minder weit getriebener Heterogenität ‚friedlich koexistieren' können, bei ihm eng verknüpft ist mit der Einsicht in das, was Simmel reflektierter — im Blick auf Wachstum und Differenzierung — das ‚Prinzip der Kraftersparnis' nennt[205]: Durkheim sieht, daß Differenzierung nicht nur ein konfliktarmes Nebeneinander des Heterogenen ermöglicht, er sieht auch die relativ ungestörte Energieabfuhr, mithin die entlastet-reibungsarme Steigerbarkeit der jeweils spezialisierten Leistungen; im Hinblick auf die Vielfalt der Berufe in der modernen Großstadt sagt er: „Each of them can attain his end without preventing the others from attaining theirs ... Since they perform different services, they can perform them parallelly."[206]

Auch wenn dies eher nach ‚negativer' Solidarität klingt — der systematische Zusammenhang von Arbeitsteilung und Solidarität, ja sogar von ‚sozialem Band' und Moral leuchtet tendenziell ein, wenn man Arbeitsteilung als ein *problemlösendes*, nämlich (begrenzt) *befriedendes* Prinzip nimmt. Dank der Arbeitsteilung gilt: „opponents are not obliged to fight to a finish, but can exist one beside the other"[207]. Und in der Tat: in Durkheims Theorie des evolutionären Wandels fungiert die Arbeitsteilung geradezu als ein konfliktlösender ‚deus ex machina', der den verschärften Kampf ums Dasein innerhalb der gewachsenen und verdichteten Population überleitet in eine Phase der friedlichen Koexistenz und reduzierten Konkurrenz zwischen den nunmehr in die Spezialisierung gezwungenen Individuen[208]: diese können so unter dem Dach derselben Gesellschaft zusammenbleiben; wer sich spezialisiert, der kann überleben und koexistieren, er braucht das Zusammenleben nicht zu quittieren, nicht auszuwandern oder Selbstmord zu begehen.[209] Allerdings: es geht bei Durkheim hier primär um die Prozeß*mechanik*, die in seinen Augen die arbeitsteilige Strukturierung der Gesellschaft ‚herbeizwingt', aber nicht um die organische Solidarität als deren Folge. Auch ist hier zu sehr auf Kampf und Konkurrenz abgestellt und liegt die Figur der ‚negativen Solidarität' zu nahe, als daß Durkheim diese Überlegungen unmittelbar für die Plausibilisierung der organischen Solidarität arbeitsteilig verfaßter Gesellschaften hätte nutzen können.

So bleibt es dabei: mit der Akzentuierung der pazifizierenden und gleichzeitig ‚kraftsparenden' Strukturimplikationen der Arbeitsteilung sind zwar m.E. bleibend wichtige differenzierungs- und integrationstheoretische Einsichten (oder doch Fragestellungen) gewonnen — etwa die, daß man sich die Beziehungen ‚der Organe' oder Subsysteme des funktional differenzierten Gesellschaftssystems nicht primär als Konfliktverhältnis zu denken hat.[210] Aber Durkheim baut diese Einsichten weder aus, noch bezieht er sie explizit und direkt auf sein Problem der organischen Solidarität. Und entsprechend auch bleibt die auf den ersten Blick so evidente These, daß Differenzierung die notwendige Bestandsbedingung für ‚Massengesellschaften' darstellt, uns heute eher als Formulierung eines *Problems* erhalten, für das man Lösungsansätze am ehesten noch bei Simmel findet.

2. Keines der begrifflichen Hauptstücke in ‚De la division du travail social' bleibt ähnlich unscharf wie das der ‚dynamischen' und/oder ‚moralischen Dichte', das Durkheim zuvor schon verwendet hatte und das er in den

‚Regeln' wie im ‚Selbstmord' in leicht modifizierter Form dann weiterverwendete.[211] Die moralische Dichte steht als teils abhängige, teils unabhängige Variable in engster Korrespondenz mit dem gesellschaftlichen ‚Volumen'; sie bezeichnet über die ‚materielle', die Bevölkerungsdichte hinaus den Grad der interaktiven Vernetzung und der Intensität der Wechselwirkungen zwischen den Mitgliedern einer Gesellschaft. Gemeinsam und ebenbürtig sind Volumen und moralische Dichte die Letztverursacher der Arbeitsteilung: „There remains no other variable factor than the number of individuals in relation and their material and moral proximity, that is to say, the volume and density of society. The more numerous they are and the more they act upon one another, the more they react with force and rapidity; consequently, the more intense social life becomes."[212] Durkheim spricht hier geradezu vom ‚Gravitationsgesetz der sozialen Welt'[213], und er schließt hier höchst eindrucksvolle evolutionstheoretische Überlegungen an, die zweierlei demonstrieren: einerseits, daß für den durch seine höhere Sozialität evolutionär ausgezeichneten Menschen die primär relevante Umwelt – zunehmend – seine *soziale Umwelt* ist, welche ihrerseits wesentlich von Volumen und Dichte der Gesellschaft her bestimmt ist; und andererseits, daß darin die zunehmende Abkoppelung der soziokulturellen von der bloß organischen Evolution liegt: „In man ... and particularly in higher societies, social causes substitute themselves for organic causes."[214]

Angesichts dieser bedeutsamen Argumente erstaunt die Blässe und Konturlosigkeit des Konzepts der ‚moralischen Dichte'. Nicht, daß es nicht quantitativ operationalisiert wird[215], ist dabei das Problem, sondern das völlige Fehlen eines differenzierten Kommunikations- und/oder Interaktionsbegriffs bei Durkheim. Er spricht lediglich von ‚Kontakten' und ‚Beziehungen' und von deren Häufigkeit und Intensität, aber wir erfahren nichts irgendwie Spezifizierendes über Art, Inhalt, Stil oder sozialen Ort der Kontaktverdichtung.[216] Gesagt wird – morphologisch – nur, daß Wachstum und interne Verdichtung einer Gesellschaft ablesbar seien am Grad des Verschwindens der segmentären Struktur[217], wofür dann u.a. auf Verstädterung sowie die Vermehrung der Verkehrswege und der Verkehrsdichte verwiesen wird. Hinzu kommt, um es mit Luhmann[218] zu sagen, die Vorstellung, „daß Kontakte Moral generieren", und zwar je dichter sie sind, desto mehr; aber auch diese Figur, wie sie schon in der Rede von der ‚moralischen Dichte' impliziert ist, erfährt keinerlei Spezifikation; weder wird sie begründet, noch wird irgendwie verdeutlicht, wie denn die bloße Kontaktintensivierung, die ja auch feindseliger Art sein könnte, ‚moralisierend' wirkt. Gemeint ist aber, wie im ‚Selbstmord' dann vollends deutlich wird: die Verdichtung der sozialen Beziehungen macht für die einzelnen Individuen das ‚soziale Band' immer weniger aufkündbar, sie domestiziert und verstrickt ins Zusammenleben, sie bindet mithin ans Leben, indem sie das Individuum an andere bindet; das ist in Durkheims Augen der moralische Ursachverhalt.

Wenn dem nun so ist und wenn überdies gelten soll, daß arbeitsteiligkomplexe Gesellschaften ihr Personal besonders stark und vielfältig an sich binden[219], warum baut Durkheim dann die organische Solidarität nicht direkt auf das Fundament der so gesteigerten moralischen Dichte der modernen Gesellschaft? Ansätze dazu gibt es; so heißt es an früher Stelle in der ‚Arbeitsteilung': ,,The more solidary the members of a society are, the more they sustain diverse relations, one with another, or with the group taken collectively, for, if their meetings were rare, they would depend upon one another only at rare intervals, and then tenuously."[220] Gleichwohl: Durkheim verfährt im weiteren ansonsten *nicht* so, daß er moralische Dichte und organische Solidarität — wie soeben zitiert — eng aufeinander bezieht oder gar die zweite aus der ersteren ableitet. Das hat zwei deutlich identifizierbare Gründe, deren erster ein primär konstruktionstechnischer Grund ist: das Buch ist in der apologetischen Absicht geschrieben zu demonstrieren, daß die organische Solidarität eine *direkte* Frucht der *Arbeitsteilung* und nur dieser ist; diese aber wird ihrerseits als das zwingende Resultat von Volumen und moralischer Dichte behandelt und befindet sich damit in der Kausalkette eben als ein besonderes Glied *zwischen* moralischer Dichte und organischer Solidarität; der Konstruktion zufolge kann die Beziehung der beiden letzteren mithin nur eine von *indirekter* Natur sein. Daß die tautologische Beschaffenheit der Durkheimschen Begrifflichkeit auch hier im Grunde die drei unterschiedlichen Kettenglieder doch wieder koinzidieren läßt, steht auf einem anderen Blatt.

Gravierender ist der andere Grund: einer direkten Ableitung der organischen Solidarität der Moderne aus der moralischen und ‚Verkehrsdichte' stand ein für Durkheim unüberwindliches Hindernis im Wege, auf das er spätestens durch Tönnies' ‚Gesellschaftstheorie'[221] in aller Deutlichkeit hingewiesen worden war: *das Geld*. Daß die Kontaktverdichtung der modernen Gesellschaft ganz entscheidend eine mittels des ‚zirkulierenden' Geldes ist, ist evident. In dieser Richtung aber konnte und wollte Durkheim die ‚moralische' Dichte nicht verstanden und profiliert wissen: das Geld ist eben, wie Durkheim[222] im Hinblick auf ‚die Zivilisation' sagt, ein zu sehr ‚moralisch indifferenter' Sachverhalt, als daß es in seinen Augen taugen konnte, die eigentliche Substanz der moralischen Dichte oder gar das Fundament der organischen Solidarität darzustellen. Das völlige ,,Übergehen der strukturellen Auswirkungen des Geldwesens" in einem Buche über die Arbeitsteilung, das auch Luhmann[223] feststellt, hat hier seinen Grund, und zweifellos hat es Methode, was anhand der ‚Regeln' leicht demonstrabel ist. Denn dort trennt Durkheim — bei der Behandlung der ‚dynamischen Dichte' — explizit zwischen ‚moralischen' und ‚kommerziellen' Kontakten und schließt er — durchaus analog zu Tönnies — die ,,rein wirtschaftlichen" aus den ‚eigentlich' gemeinschaftlich-sozialen Beziehungen direkt aus.[224] Das moralisch-soziale Band — es konnte durch das Geld nicht gewirkt sein, und ebenso lag es Durkheim fern, die Frage von Arbeitsteilung und Differenzierung vom Gelde her anzugehen, wie es dann Simmel tat.[225]

Und es ist genau diese Stelle (und Achillesferse) der Durkheimschen Konstruktion, auf die Célestin Bouglé in seiner Auseinandersetzung mit dem Arbeitsteilungsbuch den giftigsten Pfeil abgeschossen hat, und er hat diesen Pfeil bezogen aus der Lektüre von Simmels ‚Philosophie des Geldes'[226]. Explizit spielt er Simmel gegen Durkheim aus — auf nahezu tödliche Art für den letzteren. Bouglé geht davon aus, es sei (unter anderem) unerläßliche Bedingung der Möglichkeit von organischer Solidarität: ‚eine gewisse moralische Atmosphäre', ja eine mechanische Solidarität, die der organischen das Terrain bereitet. Die Kritik an Durkheim, die schon darin steckt, braucht hier noch nicht zu interessieren; wichtiger ist, daß Bouglé mit Fragen nach der Realisierbarkeit solcher Solidarität in der Moderne fortfährt: „Mais quand ces relations se distendent, quand on travaille les uns pour les autres sans se toucher et sans se voir, l'effet moral peut-il être le même? N'est-ce pas, comme l'a montré M. Simmel, une des conséquences du rôle de l'argent dans nos sociétés que de remplacer un peu partout les rapports concrets, vivants et humains, par des rapports impersonnels et comme abstraits? Le grand instermédiaire est aussi le grand isolateur. Par son omniprésence les âmes se refroidissent et se contractent. Et ainsi, dans la mesure où la division du travail est responsable du développement de tout le système commercial, on peut dire qu'elle nous habitue à ne plus voir les hommes derrière les choses, à traiter les hommes comme des choses."[227] So gesehen hat die Arbeitsteilung geradezu unmoralische und in keiner Weise solidarisierende Folgen.

3. Einen nicht geringen Teil der Plausibilität für seine These von der organischen Solidarität der Moderne beschafft Durkheim durch den *Gebrauch der Organismusanalogie*; ja man kann sagen, daß der Integrationsoptimismus des Arbeitsteilungsbuches wesentlich von dort gespeist ist. Vom Durkheimschen Umgang mit der Organismusanalogie war wiederholt die Rede. Verwiesen sei hier nur noch einmal darauf, daß der Begriff der ‚organischen Solidarität‘ gewählt und eingeführt wird „because of this analogy", und Entsprechendes gilt für den Strukturtypus der ‚organisierten Gesellschaft‘ mit Zentralorgan.[228]

Ich bin, was die Organismusanalogie angeht, weit davon entfernt, diese für einen törichten Irrweg der frühen Soziologie anzusehen; im Gegenteil: mir scheint gerade im Blick auf Spencer, daß für den ‚Take-off‘ der Soziologie die Organismusanalogie zumindest in zweierlei Hinsicht ein wertvoller Anstoß und ein fast unverzichtbares Denkmittel – im Sinne einer ‚rudimentären Systemtheorie‘[229] – war. Sie drängt nämlich *einerseits* dazu, in Arbeitsteilung bzw. funktionaler Differenzierung die Kernstruktur moderner Gesellschaften zu sehen, und sie schärft dabei den Sinn für die damit verbundenen (gesellschaftsinternen) komplexen Interdependenzen.[230] Sie ermutigt *andererseits*, die soziologische Analyse als Analyse ‚ganzer Gesellschaften‘ anzugehen, sie ermutigt, Soziologie als ‚Makrosoziologie‘ zu betreiben. Allerdings hat nun das letztere durchaus seine prekäre Kehrseite, denn gerade die Organismusanalogie suggeriert ein Denken und Reden über ‚die Gesellschaft‘ (im Singular) das diese unbesehen als kompakt-homogene Entität mit klaren Konturen und Außengrenzen nimmt; dies und die damit verbundenen Reifizierungstendenzen hat Tenbruck[231] jüngst gerade an Durkheim lebhaft getadelt. Wichtiger ist hier aber noch, daß die Organismusanalogie auch dazu verführt, ganze Gesellschaften nach innen hin zwar als komplex-interdependent strukturiert zu denken, sie von daher dann aber sogleich auch – organismusähnlich – für intern kohärent und wohlintegriert zu erklären; mit anderen Worten: die Organismusanalogie verführt bei ‚unkontrolliertem Gebrauch‘ leicht zur Überschätzung des Integrationsniveaus funktional differenzierter Gesellschaften, und dieser Verführung ist Durkheim zweifellos stärker noch erlegen als der ‚individualistischere‘ Spener.[232] Überdies: anders als Spencer nutzt Durkheim schon in der ‚Arbeitsteilung‘ die Organismusanalogie auch zur Plausibilisierung einer

Theorie von Gesundheit und Krankheit, von ‚Normalität' und ‚Pathologie' der Gesellschaft[233].

Es ist schon angedeutet worden, daß Durkheim es, was seine Aussagen über den interdependenten Zusammenhalt des Heterogenen, also die organische Solidarität angeht, über weite Strecken offenläßt, ob er dabei auf die individuiert-differenzierten Individuen oder die funktional spezialisierten ‚Organe' als ‚Systemelemente' Bezug nimmt; es war dabei auch gezeigt worden, daß er gelegentlich die Individuen den Zellen des Organismus analog setzt und sie so von den Organen/Funktionen des ‚sozialen Organismus' trennt. Sieht man nun genauer hin, so sind es drei Ebenen, auf denen Durkheim „the society-wide division of labor"[234] ansetzt – drei Ebenen, die sich für die Aktivierung der Organismusanalogie unterschiedlich gut eignen. Es ist dies erstens die Ebene der heterogen spezialisierten *Individuen* als Anbieter auf dem Markt; für deren stabilen Zusammenhalt sieht Durkheim die ‚Vertragssolidarität' vor. Davon wird noch die Rede sein; es ist einsichtig, daß zur Plausibilisierung solcher Solidarität die Organismusanalogie kaum taugt, und sie wird zu diesem Zweck von Durkheim auch nicht bemüht. Die gesellschaftliche Arbeitsteilung wird von ihm zweitens auf *berufliche Spezialisierung*, mithin die heterogene Vielfalt der modernen Berufswelt bezogen; allenthalben steht dies bei Durkheim im Vordergrund[235]; soweit er nun aber die Solidaritätsfrage hierauf bezieht, tut er dies *nicht* im Blick auf die vielschichtige Interdependenz und innere Verflechtung der modernen Berufswelt, wie die Organismusanalogie es nahelegen würde, sondern, wie schon der pathologische Fall der ‚erzwungenen Arbeitsteilung' lehrt, im Hinblick auf die freien, gleichen und gerechten *Zugangschancen* zu den Berufen, und auch dabei bleibt die Organismusanalogie ungenutzt.[236]

Anwendung findet diese dagegen auf einer dritten Ebene – im Kontext von Durkheims Konzeption der modernen Gesellschafts*struktur*, nämlich der spezialisierten gesellschaftlichen Funktionen und *Organe*, wie sie an die Stelle der Segmente treten, und ihres Zusammenspiels. Wo Durkheim auf dieser Argumentationslinie operiert, betont er vorwiegend die wechselseitige Beeinflussung und den verdichteten Austausch zwischen den Organen sowie dessen häufige rechtliche Untermauerung; dem korrespondiert – im Sinne der Pathologie – der Fall der *anomischen* Arbeitsteilung, wo der Kontakt zwischen den heterogenen Organen gestört, unregelmäßig oder unterentwickelt, überdies unzureichend ‚verrechtlicht' ist.[237] Wo Durkheim solcher Art mit der Organismusanalogie argumentiert, kann er für die organische Solidarität einigermaßen plausibel machen, daß er diese nur in der Arbeitsteilung als *Struktur* moderner Gesellschaft verankert wird und daß es für sie mithin einer (auch nur flankierenden) Fundierung in Kultur und Kollektivbewußtsein nicht (mehr) bedarf. Und dieser für Parsons so anstößige Gedanke der gänzlichen Verzichtbarkeit kultureller Integration in der Moderne wird von Durkheim gelegentlich auch mit Stoßrichtung gegen die Individuen vorgetragen; wo es um die arbeitsteilige Struktur und ‚Systemintegration' der Gesellschaft geht, sind sie und ihre Beziehungen nur von nachrangiger Bedeutung: „The division of labor does not present individuals to one another, but social functions. And society is interested in the play of the latter; in so far as they regularly concur, or do not concur, it will be healthy or ill. Its existence thus depends upon them, and the more they are divided the greater its dependence."[238] Daß das mit anderen Verlautbarungen in der ‚Arbeitsteilung' schwerlich harmoniert, versteht sich.

So nähert sich Durkheims Theorie der Organe und Funktionen teilweise dem, was heute als Systemdifferenzierung der Gesellschaft und Zusammenhang ihrer Subsysteme thematisiert wird; leitend sind dabei für ihn sein Strukturkonzept der Gesellschaft und die Organismusanalogie. In deren Kontext kann er ganz explizit von der relativen Autonomie der Organe/Systemteile ausgehen[239], und, was die inhaltlichen Bestimmungen angeht, so ist vor allem vom Staat als ‚Zentralorgan' immer wieder die Rede.[240] Daß die politischen, die administrativen, die rechtlichen Funktionen wie die ökonomischen in der Evolution

‚wachsen' und sich immer mehr spezialisieren, ist hier ein gängiges Argument, und „it is the same with the aesthetic and scientific functions"[241]. Von dem Argument der zunehmenden Differenzierung von Recht und Religion war schon die Rede, und eindringlich organismusanalog heißt es im Hinblick auf das ‚kooperative Recht mit restitutiven Sanktionen': „This law definitively plays a role in society analogous to that played by the nervous system in the organism. The latter has as its task, in effect, the regulation of the different functions of the body in such a way as to make them harmonize."[242]

Gleichwohl: alle diese Überlegungen Durkheims kommen über Ansätze nicht hinaus, sie bleiben im Metaphorischen stecken und werfen für die Strukturanalyse moderner Gesellschaften und ihrer Integrationsweise wenig ab. Einerseits: er schüttelt die Organismusanalogie nicht ab[243] und kann auf sie für die Plausibilisierung der organischen Solidarität auch wohl nicht verzichten. Andererseits verzichtet Durkheim aber auch darauf, nach Organizistenart die Organismusanalogie in dem Sinne zu perfektionieren, daß man allen Funktionssystemen der Gesellschaft ihren (organismusanalogen) Platz im sozialen Organismus zuweist — das politische System als Gehirn, das Recht als Nervensystem usw. Das war sicher kein Fehler, hat aber doch zur Konsequenz, daß infolge des halbherzigen Umgangs mit der Organismusanalogie Durkheims *Struktur*theorie der modernen Gesellschaft dürftig bleibt. Hier wird theoretisch und systematisch nur schwach investiert: das Konzept der Organe, die die Segmente nach und nach substituieren sollen, bleibt blaß. Und im Blick auf die durch Interdependenz getragene ‚organische Solidarität' ist zu sagen: das interdependente Zusammenspiel der Organe und Funktionen, auf das es integrationstheoretisch ja entscheidend ankommt, wird organismusanalog wiederholt beschworen; in der Sache aber, für die Analyse der komplexen Abhängigkeiten und Verflechtungen, um die es hier geht, bietet Durkheim über die Betonung der Notwendigkeit von Kontaktdichte, gegenseitiger Beeinflussung und (rechtlicher) Normierung hinaus kaum etwas; gerade hier, wo vom Theoriebau her eigentlich der Schwerpunkt der Analyse zu liegen hätte, bleibt das meiste unanschaulich, metaphorisch und soziologisch substanzarm. Durkheims Gebrauch der Organismusanalogie ist deutlich weniger produktiv als der Spencers; seine wesentlichen soziologischen Anliegen lagen eben doch an anderer Stelle.

4. Mit der bloßen funktionalen Interdependenz der Organe — oberhalb der Individuen — aber konnte sich Durkheim seiner moralischen Ambitionen wegen schwerlich zufriedengeben. Die ‚organische Solidarität' mußte mehr sein als der bloße Sachverhalt eines Geflechts von stabilen Abhängigkeiten zwischen spezialisierten gesellschaftlichen Funktionen; ein moralisches Superadditum war ihr abzuverlangen. Da lag es — nach alter Denktradition — nahe, die Organismusanalogie auch auf *die Individuen* und ihre Positionen im gesellschaftlichen Ganzen auszudehnen und sie dem ‚sozialen Organismus' direkt zu inkorporieren. Diesen Schritt hat Durkheim immer wieder getan[244], denn im Kern ging es ihm eben um die Sozialbindung der Individuen, hier genauer: um ihre Einbindung ins arbeitsteilig-interdependente gesellschaftliche Ganze. Aber auch die Abhängigmachung der spezialisierten Individuen vom Kollektiv als solche genügte Durkheims moralischen Ansprüchen noch nicht. Ihm kommt es auf das an, was daraus erst erwachsen soll: „the sentiment of common solidarity"[245].

Was hier als organische Solidarität auftritt, ist die kollektive Zusammengehörigkeit der einander durch Abhängigkeit verbundenen Individuen, aber als Zusammengehörigkeit, wie sie jedermann an seinem Platz fühlen und bewußt erleben soll. Es sind Kleingruppenkohäsion und ‚gefühlte' Gemeinschaft, die hier angereichert um die Organismusanalogie das Modell der organischen Solidarität abgeben — allerdings von Durkheim hochprojiziert auf die Ebene der arbeitsteilig strukturierten Gesellschaft als ganzer. Daß die Systemreferenz der Gruppenebene damit überfordert wird[246], versteht sich. Für Durkheim aber haben hier keine Irritationen gelegen; er geht bisweilen soweit zu behaupten, die höheren, arbeitsteiligen Gesellschaften entwickelten „the sentiment of self and unity" in weit stärkerem Maße als die primitiven, aufs Kollektivbewußtsein gebauten Gesellschaften.[247]

Daß es Durkheim um eine Solidarität innerhalb des ‚sozialen Organismus' zu tun ist, die ins Bewußtsein und Gefühl der arbeitsteilig verbundenen Individuen gehoben ist, hat er schon sehr früh in seiner Bordelaiser Antrittsvorlesung von 1888 explizit gemacht — als Zukunftsprojekt und als Aufgabe der Soziologie. Es geht im Geiste Comtes um die Rückgewinnung des ‚Gemeinsinns' und jedermanns Bewußtwerdung, „that he is ... the organ of an organism"[248]. Offenkundig ist dergleichen Moral und Solidarität aber etwas, was die Arbeitsteilung nicht von selbst und zwangsläufig hervorbringt, sondern dem nachgeholfen werden muß, vor allem aber ist es etwas, das, wie Durkheim in der ‚Arbeitsteilung'[249] eingesteht, „in contemporary societies ... has not yet reached the high development which would now be necessary to it". Organische Solidarität — so verstanden — ist etwas, das wir brauchen, das wir aber *noch nicht* haben. Hier geht es nur um Zukunftsmusik.

5. Das damit umrissene Verständnis von organischer Solidarität wird von Durkheim nun auch mit *dem Staat* und seiner gesellschaftlichen Funktion in Zusammenhang gebracht; allerdings ist er hier besonders widersprüchlich. Die systematische Frage dabei ist in der Tradition Comtes die: Darf die gesellschaftliche Integration vom Staat als funktionsspezifische Leistung erwartet werden? Taugt der Staat als ‚gesellschaftliches Zentrum' und Bezugspunkt der organischen Solidarität?

In dieser Frage äußert sich Durkheim[250] schon früh — in die deutsche Richtung, zu Tönnies hin — eher negativ. In der ‚Arbeitsteilung' aber schlägt er teilweise andere Töne an: hier fungiert *der Staat* der Frühzeit nicht (wie bei Spencer) als militärischer Erzwinger der gesellschaftlichen Integration, sondern als Repräsentant der Einheit der Gesellschaft, ja als ‚Organ des Kollektivbewußtseins.'[251] Und, wo es gegen Spencers These vom Absterben des Staates in den ‚industrial societies' geht, beharrt Durkheim nicht nur — historisch zu Recht — darauf, es gelte gerade ein Wachstum der Staatsfunktionen zu konstatieren; schließlich sei der Staat das Zentralorgan, „the cerebro-spinal system of the social organism"[252]. Und gegen Spencer wird auch geltend gemacht, der Staat diene als ‚regulatives System' nicht allein der Kontrolle der externen Umwelt, sondern auch der Regulierung der Gesellschaft im Innern.[253] Und wenig später wird dann auch der Staat der Moderne von Durkheim[254] zur Instanz erhoben, die das gesellschaftliche Ganze verkörpert: „There is, above all, an organ upon which we are tending to depend more and more; this is the

State. The points at which we are in contact with it multiply as do the occasions when it is entrusted with the duty of reminding us of the sentiment of common solidarity." Das ist sehr nahe an Comte, der an späterer Stelle mit der Formel von „the spirit of the whole and the sentiment of common solidarity" von Durkheim[255] explizit zitiert wird. Dessen Programm war ja: der Staat als spezialisiertes Organ des Gemeinsinns und der Einheit der Gesellschaft, das deren arbeitsteilige Zersplitterung kompensiert.

Gegen genau diese Position Comtes macht Durkheim, wie erwähnt, an späterer Stelle dann massiv Front; sein Argument: gerade das wirtschaftliche Geschehen mit seiner überwältigenden Bedeutung für die alltägliche Lebensführung liege weitgehend außerhalb der Reichweite des Staates, es sei zu komplex und über staatliche Regulierung nicht steuerbar.[256] Entsprechend differenziert Durkheim[257] dann: „Thus the brain does not make the unity of the organism, but is expresses and completes it": die Koordination zwischen den heterogenen Teilen sei primär Sache von deren Zusammenspiel und erst sekundär der staatlich-rechtlichen Regulierung. Hier nun finden wir geradezu das Modell einer Gesellschaft ‚ohne Zentrum und ohne Spitze'[258], und ganz analog wird die moderne Wissenschaft als eine Pluralität der Disziplinen thematisiert, die ohne ein integratives Zentrum (die Philosophie) auszukommen habe.[259] Das sind höchst produktive und aktuelle Ideen, die allerdings mit anderen Überlegungen Durkheims schlecht zusammenpassen.

Auf die Frage des integrativen Parts des Staates in der Gesellschaft ist Durkheim später, vor allem im ‚Selbstmord'[260], zurückgekommen; sie ist dort explizit als Frage nach der Potenz des modernen Nationalstaates gestellt, die Individuen ‚sozialintegrativ' einzubinden. Durkheims sehr einleuchtende Antwort darauf war die: die kollektiven Gefühle, die der Staat mobilisieren könne (Nationalgefühl, Patriotismus), seien nur temporär und intermittierend – etwa in Krisenzeiten – aktivierbar, sie seien konstitutiv labil und nicht zu veralltäglichen. Die Kohäsion der Gesellschaft, das ‚soziale Band' zwischen den Individuen sei als stabiles von dort her nicht zu beziehen.

6. Eine wiederum ganz andere Bedeutungsvariante – eher ad hoc eingeführt – ergibt sich für die Solidaritätsthematik dort, wo Durkheim sich in der ‚Arbeitsteilung' der *Schichtproblematik* und insbesondere der Frage des Klassenkampfs zuwendet.[261] Allerdings ist es nicht die moderne Gestalt des Klassenkonflikts (im Marxschen Sinne), die Durkheim dabei primär im Blick hat. Unter dem Titel der ‚erzwungenen Arbeitsteilung' wird – als pathologische Form – vorzugsweise eine *ständisch-kastenförmig* institutionalisierte Verteilung der beruflichen Arbeit behandelt, welche den freien Zugang zu und die Konkurrenz um Berufspositionen unterbindet, welche mithin Begabungen und Talente unterdrückt und auf die Art zur Quelle von sozialen Konflikten wird. „For the division of labor to produce solidarity, it is not sufficient, then, that each have his task; it is still necessary that this task be fitting to him."[262]

Dies nun wird für die moderne Gesellschaft als notwendige Bedingung ihrer Solidarität benannt. Für Durkheim folgt daraus das lebhafte Plädoyer für eine offene Schicht- und Berufsstruktur, das positiv auf die *Konkurrenz* unter den Individuen der jeweils nachwachsenden Generation setzt und dafür mit Nachdruck *Chancengleichheit und -gerechtigkeit* propagiert: „equality in the external conditions of conflict"[263]. Vehement argumentiert Durkheim für den durch ständische Schranken nicht behinderten Zugang zu Berufspositionen und gegen alle Berufsvererbung[264]; inspiriert ist er bei alledem durch die „Vision einer bürgerlichen Idealgesellschaft, die auf Chancengleichheit und Meritokratie, Abwesenheit von Zwang, beruflichen Zusammenschlüssen sowie auf der Verwirklichung individueller Anlagen, dem individualistischen Persönlichkeitsideal und gerechten Regelungen von Zusammenarbeit und Austausch aufgebaut ist"[265]. Solidaritätsrelevant ist dabei die ungehinderte Gleichheit der Startchancen für den von jeder Generation neu auszutragenden Konkurrenzkampf: organische Solidarität erscheint Durkheim einzig möglich, wo die Verteilung der Arbeit auf das gesellschaftliche Personal sich dem ‚Ideal der Spontaneität' annähert, wo für die gesellschaftliche Verteilung der Arbeit gilt, „that social inequalities exactly express natural inequalities"[266], also pure Meritokratie herrscht.

Eingestandenermaßen aber handelt es sich dabei um eine Zukunftsvision.[267] Überdies: inwieweit dies die — so ja der Anspruch — notwendige Folge spezifisch der zunehmenden Arbeitsteiligkeit der Gesellschaft sein soll und (u.a.) nicht auch die eines gesellschaftspolitischen Reformprogramms, bleibt offen. Ferner: die starke Akzentuierung von Konkurrenz und Konflikt unter den Individuen paßt nicht umstandslos zu den andernorts wiederholt so betonten konfliktdämpfenden Segenswirkungen ‚der Gesellschaft'[268]. Ansonsten plädiert Durkheim ja ‚antiindividualistisch' eher dafür, ‚die Gesellschaft' dürfe die Individuen nicht sich selbst und ihren Egoismen überlassen. Immerhin heißt es gelegentlich: „The role of solidarity is not to suppress competition, but to moderate it."[269] Und schließlich paßt die Anbindung der organischen Solidarität an offene Konkurrenz schlecht zu der anderwärts so herausgestrichenen Koinzidenz von Sozialität, Solidarität und Altruismus.[270]

7. Der Abstand dieser auf die Schichtungsproblematik gemünzten Überlegungen (mit ihrer starken Herausstreichung der individuellen Konkurrenz) zu der *zentralen Bedeutungsschicht von Solidarität, der des ‚lien social', des sozialen Bandes* ist beträchtlich. Man bedenke, wie ‚abstrakt' und losgelöst aus ihren sozialen Bezügen die generationsweise immer neu in die Begabungskonkurrenz geschickten Individuen bei Durkheim genommen sind. Wie anders dagegen der Gedanke des sozialen Bandes und seiner moralischen Funktion! Hier geht Durkheim davon aus, daß es starker, ja zu Beginn der gesellschaftlichen Evolution stärkster Bindemittel bedarf, um den Menschen auf seinen Socius zu fixieren und in das stabile Zusammenleben mit seinesgleichen zu zwingen; das isolierte, ungebundene Individuum ist ihm so gesehen — seines Egoismus, seiner Triebhaftigkeit und anthropologisch defizitären Sozialität wegen — immer Gegenstand der Besorgnis. Es ist ‚die Gesellschaft', die diese Defizite zu kompensieren hat: nur durch sie, durch den heilsamen Druck, den sie ausübt, haben die Individuen moralischen Halt, ist ihnen die für den sozialen Zusammenhalt notwendige Disziplin aufgenötigt und ist ihr Lebens- und Zusammenlebenswille zureichend gestützt. Und folglich entziehen sie sich dem sozialen Leben nicht — nicht vagabundierend, nicht durch Rückzug und Isolation, nicht durch Selbstmord.

Durkheims fundamentale These im Buch über die ‚Arbeitsteilung' war nun, daß es zwei Quellen des sozialen Lebens und der sozialen Solidarität gebe und daß die eine davon (und evolutionär jüngere) die Arbeitsteilung sei[271]. Nicht nur, daß damit die ‚soziale Arbeitsteilung' in die genannte anthropologisch-moralische Problematik verwickelt wird, viel mehr noch: sie kann nun als ein genuin moralischer Gegenstand traktiert werden, und das erst erklärt die großen moralischen Ambitionen des Buches und auch die Leidenschaftlichkeit des apologetischen Bemühens. Was die Arbeitsteilung als ‚natürliche' Quelle des sozialen Lebens ‚sui generis' leistet, ist eben die stabile Auferlegung von Zusammenleben auf der Basis von Ungleichheit und wechselseitiger Abhängigkeit. Das soziale Band, das damit geknüpft ist, heißt organische Solidarität.[272] Und immer wieder beteuert uns Durkheim, daß dieses Band dem der mechanischen Solidarität in nichts nachsteht, daß auch von ihm der segensreich-disziplinierende Druck der Gesellschaft ausgeht, dessen die Individuen so sehr bedürfen, und daß es von daher unbedingt moralischer Natur sei.[273]

Weitere Belege dafür, daß hier der Kern des Durkheimschen Anliegens und das maßgebliche Motiv seiner Euphorie in Sachen Arbeitsteilung liegt, brauchen nicht angehäuft zu werden. Was zählt, ist die Frage, wie denn Durkheim über Beteuerungen hinaus dieses sein zentrales Theorem von der (gesellschaftlichen) Arbeitsteilung als sozialem Band einlöst. Die Antwort muß lauten: sieht man von der gleich zu behandelnden Thematik der Vertragssolidarität ab, so bleibt in der Sache fast nichts. Daß die Individuen im Zuge der Evolution gleichzeitig „more individual and more solidary" werden sollen[274], leuchtet, was das zweite angeht, auf keine Weise ein, wenn man bedenkt, daß Durkheim mit der größeren Solidarität ja nicht nur ein Mehr an gesellschaftlicher Abhängigkeit meint, sondern damit ebenso ein Plus an verdichteten Sozialbeziehungen, folglich ein Plus an Sozialmoral und Disziplin, auch an Bewußtheit der Einbindung ins Kollektiv, ferner an Altruismus usw. verbinden mußte. Mit anderen Worten: Durkheims These von der (gesamtgesellschaftlich) solidarisierenden Potenz der Arbeitsteilung ist im eigentlichen Kern soziologisch unglaubwürdig und unhaltbar. Daß die Arbeitsteilung als wesentliches Strukturmerkmal moderner Gesellschaften die Individuen – äquivalent dem Kollektivbewußtsein – ‚sozialintegrativ' und moralisch bindet (und zusammenbindet), dies ist eine Behauptung, deren Entkräftung kaum Mühe macht.

Man braucht sich dabei nur an Durkheim selbst zu halten. Guten Gewissens kann man nämlich sagen, daß er mit seinen empirisch-statistischen Untersuchungen zum Selbstmord seinem zentralen Anliegen treu geblieben ist und die These des Arbeitsteilungsbuches ganz konsequent zum Gegenstand einer aufwendigen empirischen Überprüfung gemacht hat. Seine Leitfrage dabei war: Taugen die arbeitsteilig-komplexen Gesellschaften der Moderne als moralisches Band, das ‚soziales Leben' stiftet? Die pessimistische Antwort, die Durkheims Buch über den Selbstmord darauf gibt, ist bekannt: die dramatische Zunahme der Selbstmorde (als je individuelle Negierungen des sozialen und Zusammenlebens) im 19. Jahrhundert war ihm ein überwältigendes Symptom für die moralische Krise seiner Zeit, für das Unvermögen der hochentwickelten Gesellschaften, die Individuen angemessen zu integrieren und moralisch zu binden.²⁷⁵ Dieses Resultat bedeutet für Durkheim zugleich aber den Kollaps seines Glaubens an jene Solidarität sui generis, die die Folge der Arbeitsteilung sein soll; es bedeutete das völlige Scheitern des zentralen theoretischen Anliegens des Buches über die Arbeitsteilung.

8. Wo aber läßt sich in den hochentwickelten Gesellschaften überhaupt ein mit der Arbeitsteilung zusammenhängendes, strukturwichtiges Band identifizieren, das die Individuen bindend miteinander verflicht? Durkheims vorrangige Antwort darauf ist: im *Vertrag*. Die ‚Vertragssolidarität' nennt er „one of the important varieties of organic solidarity"²⁷⁶, ihr ist das wohl berühmteste Kapitel der ‚Arbeitsteilung' gewidmet. Auf den Vertrag als Zentrum der Solidarität moderner Gesellschaften zu setzen, hieß, an individualistisch-utilitaristische Denktraditionen anzuschließen; Durkheim tat dies ganz explizit und wählte Spencers Theorie der ‚industrial society' als Ausgangspunkt — und zwar als Theorie einer zwanglos-spontan, nur über den Markt integrierten Gesellschaft: „Under these conditions the only remaining link (,lien', H.T.) between men would be that of an absolutely free exchange"²⁷⁷, und darüber wird die Beziehung des Vertrages zu einer nahezu universellen.²⁷⁸

Durkheim stimmt dem zu: in der arbeitsteiligen Marktgesellschaft ist der Vertrag zum wesentlichen Band, zum entscheidenden Bindemittel zwischen den Individuen geworden; er ist ein Kernstück der organischen Solidarität. Aber schon damit verschieben sich bei Durkheim die Akzente von der utilitaristisch-austauschtheoretischen Position weg und gegen sie, und drei Punkte sind es, in denen er ganz anders will als diese.

Deren erster geht unverkennbar, aber nicht explizit gegen Tönnies, gegen dessen ‚gesellschaftliche' Sozialbeziehungen. Denn aufgrund ihres *vertraglichen* Charakters handelt es sich bei den ‚gesellschaftlich-industriellen' Beziehungen nach Durkheims Ansprüchen um stabile, mit Kohäsion angereicherte Bindungen; es geht hier um weit mehr als den gelegentlichen punktuellen Austausch, der über die Erfüllung der wechselseitigen Interessen hinaus sozial folgenlos bleibt. „Consequently, even where society relies most completely upon the division of labor, it does not become a jumble of juxtaposed atoms, between which it can establish only external, transient contacts. Rather the members are united by ties which extend deeper, and far beyond the short moments during which the exchange is made."²⁷⁹

Woher dieses Zutrauen in die Vertragssolidarität als soziales Band? Das führt auf den zweiten (und dritten) Punkt von Durkheims Anstoßnahme an der utilitaristischen Position: er mißbilligte, daß diese nur auf die Individuen, nicht aber auf die Gesellschaft setzte; um dies angemessen zu verstehen, muß man sich aber klarmachen, daß Durkheim hier die variable Relation des Individuellen und des Gesellschaftlichen (auch des Privaten und Öffentlichen) nach Art einer Nullsummenrelation dachte: nimmt das eine zu, so verliert entsprechend das andere; im Hinblick auf den marktförmig-frei getätigten Austausch (nur) der Individuen mußte das heißen: „the sphere of social action would thus grow narrower and narrower"²⁸⁰. Diese Schlußfolgerung, daß mithin ‚das Gesellschaftliche' unter den ‚industriellen' Bedingungen mehr und mehr an Boden verlieren müsse, weil die Individuen ihre Beziehungen in Verträgen zunehmend selbst und autonom regeln, war für Durkheim unerträglich; die Vorstellung einer instanzartig über den Individuen angesiedelten, sie kontrollierenden Gesellschaft war für ihn, wie man sagen darf, anthropologisch unverzichtbar (und auch für sein Soziologieverständnis unaufgebbar). Es galt also im Hinblick auf die Vertragssolidarität zu beweisen, daß auch im privaten Vertrag ‚die Gesellschaft' regulierend präsent ist, und Durkheim tat dies, indem er zeigte, daß die im Vertrag hergestellte *Verbindlichkeit* nicht etwas ist, das sich (nur) dem Wollen der vertragsschließenden Individuen verdankt, sondern (ebenso sehr) aus den rechtlich-staatlichen (bei Durkheim ‚gesellschaftlich' genannten) Hintergrundsgarantien bezogen ist.[281] Diese Einsicht überstrapaziert Durkheim, wenn er dann pathetisch sagt: „But wherever a contract exists, it is submitted to regulation which is the work of society and not that of individuals, and which becomes more and more voluminous and more complicated."[282]

Soziologisch gehaltvoller ist der dritte Punkt: Durkheim hatte — systematisch — die größten Zweifel an der Stabilitätsfähigkeit eines rein ‚egoistisch'-interessengeleiteten Handelns und an der Verpflichtungsqualität nur interessengebundener (vertraglicher) Sozialbeziehungen, „for there is nothing less constant than interest"[283]. Schon das nötige Vertrauen für das Eingehen von Verträgen ist rein aus der ‚Interessenlage' (Max Weber) schwerlich zu beziehen. Es bedarf, damit das vertraglich-solidarische soziale Band Stabilität, Verpflichtungsqualität und moralischen Gehalt gewinnt, eines Superadditum, der vielzitierten ‚non-contractual elements in contract'[284]: das Tun der Vertragspartner ist keine Urschöpfung, es ist ein vorab immer schon rechtlich strukturiertes und mit der futurischen Rückendeckung des Rechts versehenes Tun, wobei aber Durkheim das Recht gleich mit ‚der Gesellschaft' identifiziert. Und so operierend glaubt er, die eigentliche Substanz der organischen Solidarität zum Vorschein gebracht zu haben.

Aber die Sache hat auch hier ihre ‚Pferdefüße'. Durkheim nimmt nämlich am Ende des Buches — bei der Ableitung der Notwendigkeit ‚gerechter Verträge'[285] — seine These auf eigentümlich individualistische Art wieder zurück: hier reicht ihm für den Schutz der Vertragssolidarität die ‚öffentliche Autorität' nicht, es bedarf dazu zusätzlich seitens der Individuen der spontanen, willentlichen Einhaltung der Verträge und überdies gerechter Tauschbedingungen.[286] Hinzu kommt aber systematisch, daß der Zusammenhang von Kontrakt und Arbeitsteilung nicht zwingend ist; Verträge können ebensogut unter Gleichen wie unter Ungleichen geschlossen werden.[287] Vor allem aber: die bindende Substanz der Vertragssolidarität stammt bei näherem Zusehen nicht (oder bestenfalls indirekt) aus der Arbeitsteilung, nicht aus der arbeitsteiligen Interdependenz zwischen den Vertragspartnern, sie stammt von ‚der Gesellschaft'. Diese ‚Gesellschaft' aber ist nicht im Sinne des arbeitsteiligen Strukturzusammenhangs, sondern als regulierende Instanz nach Art des Kollektivbewußtseins gedacht. Hier muß man dann aber nicht nur mit Parsons und Giddens[288] fragen: wo „kommt dieses ‚nicht-vertragliche Element' her, wenn der Fortschritt der organischen Solidarität ... das Verschwinden kollektiver Werte beinhaltet?" Darüber hinaus muß die Frage lauten: scheitert nicht gerade im Bereich der Vertragssolidarität Durkheims Anspruch, die organische Solidarität rein aus der arbeitsteiligen *Struktur* der höherentwickelten Gesellschaften ableiten zu wollen? Muß er bei seiner Denkungsart nicht letztlich doch auf Kollektivbewußtsein und Kultur setzen?

9. Dieser Verdacht, daß es bezüglich der organischen Solidarität *nicht* ohne ein wenigstens *stützendes Kollektivbewußtsein* geht, verstärkt sich in der ‚Arbeitsteilung' noch, wenn man die moralischen Beteuerungen der Schlußbemerkungen liest. Dort heißt es vor dem Hintergrund der beiden Solidaritätstypen: „We can thus say that, in general, the characteristic of moral rules is that they enunciate the fundamental conditions of social solidarity. Law and morality are the totality of ties which bind each of us to society, which make a unitary, coherent aggregate of the mass of individuals"[289]. Und kurz darauf heißt es mit Bezug auf die Korrespondenz von individuellen Pflichten und ‚gewissen kollektiven Gefühlen': „Today, for example, there is in all healthy consciences a very lively sense of respect for human dignity ..., and this constitutes the essential quality of what is called individual morality"[290]. In diesem Satz ist die Richtung angedeutet, in der Durkheim wenige Jahre später das Kollektivbewußtsein, ‚die Religion' nämlich, konzipierte, der die moderne Gesellschaft, wie er dann meinte, so dringend bedarf.

Wir sind damit aber schon bei Durkheims Absetzbewegung von den zentralen Thesen des Arbeitsteilungsbuches.

VIII.

Durkheim hat das Scheitern seines apologetischen Versuchs über ‚Arbeitsteilung und Moral' offen, soweit ich sehe, nie eingestanden. Dennoch ist seine ‚Abstandnahme' dem Buch gegenüber schon wenige Jahre nach dessen Erscheinen unverkennbar. Das Buch über den ‚Selbstmord' (1897) schlägt gänzlich andere Töne an, und vollends im Vorwort zur 2. Auflage der ‚Arbeitsteilung' (1902), das von dem auf die Berufsgruppen setzenden gesellschaftlichen Reformprogramm handelt, wird das Abrücken deutlich. Hier ist gleich zu Beginn mit großen Worten von der moralischen Krise und Anomie der Zeit die Rede, und dann sagt Durkheim: „In the body of this work, we have expecially insisted upon showing that the division of labor cannot be held responsible, as is sometimes unjustly charged; that it does not necessarily produce dispersion and incoherence"[291]; in Wahrheit war es die These des Buches gewesen, daß die Arbeitsteilung ‚von sich aus' und notwendigerweise Solidarität und Kohärenz erzeuge. Der Positionswechsel zu einer nun gänzlich pessimistischen Sicht der Dinge ist schon daran klar ablesbar. Daß Durkheim den Begriffsapparat der ‚Arbeitsteilung' nahezu vollständig hat fallen lassen, ist schon gesagt worden. Und von Interesse ist in diesem Zusammenhang auch die 1903 in l'Année sociologique erschienene Abhandlung über die ‚Theorien der Arbeitsteilung' von Célestin Bouglé, dem Schüler, die sich ausgiebig und kritisch (auch) mit Durkheim auseinandersetzt. Das Scheitern der Durkheimschen Apologie wird hier offen beim Namen genannt: das Buch biete keine Tatsachenbeschreibung der Arbeitsteilung und ihrer Wirkungen in der Moderne, es biete ein ‚Ideal'.[292] Zugleich aber meint Bouglé, im Sinne Durkheims drei notwendige Bedingungen identifizieren zu können, unter denen die moralisch-solidarischen Funktionen der Arbeitsteilung in der Zukunft gesellschaftlich doch zum Tragen kommen könnten; dies sind: eine ökonomische Struktur, die Chancengleichheit garantiert, die Konstitution der Berufsgruppen und „une certaine atmosphère morale", nämlich eine ‚mechanische Solidarität', die die Voraussetzung dafür sei, daß die ‚organische' blühen könne. Angemerkt sei dazu nur, daß alle drei Bedingungen *außerhalb* des Wirkungskreises ‚der Arbeitsteilung' liegen.[293]

Es lohnt sich nun gerade auch angesichts der aktuellen integrationstheoretischen Debatte, einen genaueren Blick auf die Konsequenzen zu werfen, die Durkheim für die Theoriebildung aus dem Scheitern seines Unternehmens gezogen hat. Dies soll hier abschließend ganz skizzenhaft in sechs Punkten geschehen.

1. Die moralische Krise der Moderne, die Durkheim im ‚Selbstmord' beklagt[294], besteht darin, „daß die Gesellschaft nicht ... soviel inneren Zusammenhang aufweist, um alle ihre Glieder in Abhängigkeit zu erhalten ..., daß die gestörte und geschwächte Gesellschaft es zulassen muß, daß eine große Zahl ihrer Mitglieder zu weitgehend ihrem Einfluß entgeht". Das soziale Band — es ist nicht mehr intakt, und aus dieser Sicht gerät der in der ‚Arbeitsteilung' so positiv genommene moderne Individualismus ins Zwielicht und in die nächste Nachbarschaft des ‚Egoismus'; von nun an ist Durkheim in seiner Einschätzung des ‚Kults des Individuums' gänzlich zwiespältig.[295]

2. Was als theoretische Leitfrage seit dem ‚Selbstmord' vollends in den Vordergrund tritt, ist — angesichts des dramatischen diesbezüglichen Defizits der Moderne — (allein) die nach der sozialen Integration des *Individuums*. Dagegen tritt die *strukturelle* Problematik der gesellschaftlichen Integration, also die Frage nach der Interdependenz und der Interaktionsdichte zwischen den Organen/Funktionen des ‚sozialen Organismus' absolut in den Hintergrund; an Durkheims Umbesetzung des Anomiebegriffs läßt sich das unschwer ablesen.[296] Hinter diesen Umdispositionen aber steht eine systematisch höchst wichtige Einsicht (und Lehre aus dem Scheitern der ‚Arbeitsteilung'): Durkheim weiß nun, daß die Frage der strukturellen Integration der Gesellschaft strikt *zu trennen* ist von der ihn erregenden Frage des sozialen Bandes, der Integration der Individuen, daß man also beides nicht ‚koinzident' behandeln kann. Für das erstere verliert er alles Interesse.

3. Auffällig ist weiterhin, daß Durkheim seit Mitte der 90er Jahre den Glauben an die solidaritätsstiftende Funktion von Ungleichheit/Heterogenität weitgehend verloren hat, und es steht zu vermuten, daß auch das ihn den Fragen von Arbeitsteilung und Differenzierung gegenüber hat mehr und mehr desinteressiert werden lassen. Nur zwei Indizien: Ist in der ‚Arbeitsteilung' die Ehe wegen der Geschlechterheterogenität der mikrosoziologische Modellfall der organischen Solidarität, so gerät sie im ‚Selbstmord' — wegen der zu großen Distanz zwischen den Lebenswelten, wegen zu großer Heterogenität von Mann und Frau — unter das Verdikt der Anomie.[297] Und ferner: Durkheims Therapievorschlag für die moralische Misere der Moderne, das Berufsgruppenkonzept, setzt zum Zwecke der Sozialbindung der Individuen nur auf *Gleichheit*, auf, wenn man so will, mechanische Solidarität — allerdings nicht mehr ‚der Gesellschaft', sondern nun der beruflichen Korporation als ‚intermediärer Grup-

pe'.²⁹⁸ Von nun an zählt nur Gleichheit, und die Defizite der modernen Gesellschaft sind vorrangig Gleichheitsdefizite.

4. Maßgeblich für die theoretische Plausibilisierung von Durkheims sozialpolitischem Reformprogramm war weiterhin die Einsicht, daß die auf die Individuen bezogene Frage der sozialen Integration sich für die Moderne von der Ebene der Gesellschaft und ihrer Teilsysteme her angemessen nicht mehr angehen läßt. Hier liegt der systematische Grund für sein Plädoyer für *intermediäre Gruppen*, die den Individuen näher sind und sie unmittelbar ‚in die Pflicht' nehmen können.²⁹⁹ Zugleich demonstriert Durkheim in überzeugenden Analysen, daß für solche Integration das Rechts- und Erziehungssystem, Familie, Politik und Religion weder als Makro- noch als Mikrokontext in Frage kommen³⁰⁰; diese Analysen kommen überdies ohne größeren Gebrauch der Organismusanalogie aus.

5. Es kommt hinzu, daß Durkheim hier nun in gewisser Hinsicht auch seine ‚Berührungsängste' der Ökonomie gegenüber abstreift. Seine Position ist jetzt eindeutig die eines gesellschaftsstrukturellen Primats des Wirtschaftssystems — Primat zumal in dem Sinne, daß im Wirtschaftssystem die maßgeblichen Quellen der gesellschaftlichen Anomie zu suchen sind. Dafür ist als Rahmenbedingung entscheidend, daß in das Arbeits- und Erwerbsleben tendenziell die gesamte Population ‚inkludiert' ist und zugleich das Alltagsleben aller von dort entscheidend bestimmt wird.³⁰¹ Und hier liegt dann auch der zwingende Grund für den spezifisch ökonomischen Kontext, in dem Durkheim die — intermediären — Berufsgruppen angesiedelt wissen will.

6. Die Frage der gesellschaftlichen Integration hat Durkheim nach dem Scheitern des Arbeitsteilungsbuches nicht aufgegeben, aber er hat sie *nur noch* auf kulturelle und Wertintegration hin behandelt; der Versuch, die Solidaritätsproblematik der Moderne gesellschafts*strukturell* zu denken, ist — vorschnell — fast völlig preisgegeben. Festgehalten hat Durkheim in diesem Kontext zugleich an einer *positiven* Wertung des modernen Individualismus — allerdings in modifizierter Deutung und ihn nun doch mit Solidaritätsfunktionen versehend.

Zu gehen hat es um ‚L'Individualisme et les intellectuels' (1898) und auch den fast gleichzeitigen Strafrechtsaufsatz.³⁰² Hier findet sich einerseits die starke Betonung der Notwendigkeit und Unverzichtbarkeit eines Kollektivbewußtseins, einer gemeinsamen bindenden ‚Religion' für die moderne Gesellschaft; die Notwendigkeit ist eine kompensatorische: die Arbeitsteilung hat in der Gesellschaft solche Heterogenität geschaffen, daß es mit Bouglé³⁰³ einer hier gegensteuernden ‚mechanischen Solidarität' zwingend bedarf; die Arbeitsteilung schafft folglich ein Problem, ein Ähnlichkeitsdefizit, auf das die neue Religion mit der Akzentuierung kollektiver Gleichheit reagieren muß. Andererseits findet man in den beiden genannten Artikeln eine (neue) Theorie des modernen Kollektivbewußtseins. War in der ‚Arbeitsteilung' das individualistisch umprogrammierte Kollektivbewußtsein der Moderne der ‚negativen Solidarität' nahe und deshalb für die Stiftung der organischen Solidarität untauglich³⁰⁴, so ist das Argument nun (unter Berufung auf Kant): Die Individuen sind so heterogen, so vielfältig, daß ihnen nur noch ein Gemeinsames — als solidarisierendes Band — bleibt: die Gemeinsamkeit, die darin besteht, daß sie alle und alle gleichermaßen Individuen und individuiert sind. Die moderne Religion des Individualismus bekommt damit eine universalistisch-egalitäre Wendung, die es Durkheim dann auch erlaubt, hier die so erwünschte Superiorität des Gesellschaftlich-Kollektiven gegenüber dem Individuellen geltend zu machen; es gilt eben für das Individuum: „he receives this dignity from a higher source, one which he shares with all men. If he has the right to this religious respect, it is because he has in him something of humanity. It is humanity that is sacred and worthy of respect"[305]. Aber dies ist ein theoretischer Kunstgriff und nicht soziologische Analyse.

Anmerkungen

* Christian Gülich-Charlin bin ich sehr verpflichtet für die Zugänglichmachung der Texte von Célestin Bouglé; Rudolf Stichweh habe ich für seine kritische Lektüre der ersten Fassung des Beitrags und vielerlei Anregungen zu danken. Den größten Dank schulde ich abermals meiner Mutter fürs gründliche Gegenlesen.

1 Die bedeutendste ist Georg Simmel (insbes.: Über sociale Differenzierung: Sociologische und psychologische Untersuchungen. Leipzig 1890), der genuin an sozialer Differenzierung, zu deutsch ‚Sonderung' interessiert war und der sich an die Begleitthematik von Integration kaum gebunden gefühlt hat.

2 Die erste Position findet sich bei Spencer, die zweite bei Durkheim, wovon noch ausgiebig die Rede sein wird. Die dritte Position verficht Parsons; vgl. etwa: Some Considerations on the Theory of Social Change. in: Rural Sociology 26, 1961, S. 219–239. Leider fehlt es ganz an einer theoriegeschichtlichen Aufarbeitung dieser hier nur angedeuteten Zusammenhänge.

3 Vgl. namentlich ders., Durkheim's Contribution to the Theory of Integration of Social Systems. in: K. H. Wolf, Hrsg., Emile Durkheim, 1858–1917. Columbus 1960, S. 118–153.

4 Ich benutze dieses Buch im Weiteren in der englischen Übersetzung von George Simpson: E. Durkheim, The Division of Labor in Society. New York u. London 1964 (zuerst 1933); zu dieser etwas biederen Übersetzung R. K. Merton, Durkheim's Division of Labor in Society. in: AJS 40, 1934, S. 319–328. Ich zitiere das Buch im Weiteren als ‚Division'; alle Zitate sind am französischen Original (De la Division du Travail Social. 5. Aufl., Paris 1926) überprüft. Die deutsche Übersetzung (über die Teilung der sozialen Arbeit. Frankfurt/M. 1977) hat so arge Defekte, daß sie unbedingt revidiert werden sollte; vgl. dazu auch J. Alber, Durkheims Arbeitsteilung auf deutsch: Anmerkungen zur mißratenen Vorstellung eines soziologischen Klassikers. in: KZfSS 33, 1981, S. 166–173.

5 Zur Werkgeschichte der Durkheimschen Dissertation näher St. Lukes, Emile Durkheim: His Life and Work (A Historical and Critical Study), Harmondsworth 1975, S. 66 f.; zu Durkheims mündlicher Verteidigung der Dissertation an der Sorbonne (1893) ebd., S. 196 ff.; vgl. jetzt auch H. P. Müller, Wertkrise und Gesellschaftsreform: Emile Durkheims Schriften zur Politik. Stuttgart 1983, S. 117 f., der zurecht auch auf den ursprünglichen (von der 2. Aufl. an fallengelassenen) Untertitel von Durkheims Buch aufmerksam macht: „Etude sur l'organisation des sociétés supérieures" (auch S. 213, Anm. 7).

6 ‚De la division du travail social' ist denn auch keineswegs nur ein Buch über die Arbeitsteilung, es ist ebensosehr eines über die mechanische Solidarität und das Kollek-

tivbewußtsein, über die Evolution des Rechts und evolutionäre Verschiebungen im Verhältnis von Individuum und Gesellschaft; zum letzteren etwa A. Giddens, The ‚Individual' in the Writings of Émile Durkheim. in: Europ. Archiv für Soziologie 12, 1974, S. 210—228, ferner M. Mitchell. The Individual and Individualism in Durkheim. in: Sociological Analysis and Theory 6, 1976, S. 257—277.

7 N. Luhmann, Arbeitsteilung und Moral: Durkheims Theorie. in: Durkheim, Über die Teilung der sozialen Arbeit. a.a.O., S. 17—35.

8 Zum Begriff des ‚vinculum sociale' etwa Paul Janet, den Durkheim, Division, a.a.O., S. 411 f., hier 413, in der ursprünglichen (später weitgehend weggelassenen) Einleitung des Buches wiederholt zitiert. Auf das ‚soziale Band' (‚lien social') werden wir im weiteren immer wieder stoßen. Zur Begriffsgeschichte von ‚Solidarität' J. E. S. Hayward, Solidarity: The Social History of an Idea in Nineteenth Century France. in: International Review of Social History 4, 1959, S. 261—284; mit Blick auf Durkheim auch Müller, Wertkrise und Gesellschaftsreform. a.a.O., S. 118. Für Durkheim war das „Anfangsproblem der Soziologie" die Frage, „welche Bindungen es sind, die Menschen untereinander haben, d.h. wodurch die Bildung sozialer Aggregate bestimmt wird"; es ist dies die Frage der ‚sozialen Solidarität' — so schon 1888 in der Einführungsvorlesung in die Familiensoziologie; vgl. Durkheim, Frühe Schriften zur Begründung der Sozialwissenschaft. Darmstadt 1981 (im Weiteren zitiert als ‚Frühe Schriften'), S. 54.

9 Arbeitsteilung und Moral. a.a.O., S. 22.

10 Daß dies der Zugang Durkheims zur Selbstmordthematik ist, die schon in ‚Division' anklingt, sieht auch Müller, Wertkrise und Gesellschaftsreform. a.a.O., S. 139.

10a Durkheim, Division, a.a.O., S. 173.

11 E. Durkheim, Der Selbstmord. Neuwied u. Berlin 1973.

12 Diese Einschätzung teilen zwei jüngst erschienene Arbeiten über Durkheim: W. Pope u. B. D. Johnson, Inside Organic Solidarity. in: ASR 48, 1983, S. 681—692, ferner Müller, Wertkrise und Gesellschaftsreform. a.a.O., S. 128 ff.; in der Sache aber liegen bei beiden die Akzente sehr anders als hier im Weiteren entwickelt.

13 Ich verweise hier nur auf J. Habermas, Können komplexe Gesellschaften eine vernünftige Identität ausbilden? in: ders., Zur Rekonstruktion des historischen Materialismus. Frankfurt/M. 1976, S. 92—126, H. Willke, Zum Problem der Integration komplexer Sozialsysteme: Ein theoretisches Konzept. in: KZfSS 30, 1978, S. 228—252, ders., Systemtheorie: Eine Einführung in die Grundprobleme. Stuttgart u. New York 1982, S. 132 ff., ferner — von Durkheim her auf ‚institutionelle Integration' zielend — abermals: Müller, Wertkrise und Gesellschaftsreform. a.a.O.; verweisen ließe sich ebensogut auf die Arbeiten von Richard Münch.

14 Einen vortrefflichen Überblick — vom Spätwerk der ‚Formes élémentaires de la vie religieuse' her — bietet R. A. Jones, Einen soziologischen Klassiker verstehen. in: W. Lepenies, Hrsg., Geschichte der Soziologie: Studien zur kognitiven, sozialen und historischen Identität einer Disziplin. Band 1. Frankfurt/M. 1981, S. 137—197.

15 Ähnlich Mitchell, The Individual and Individualism in Durkheim. a.a.O., S. 260, 262 f., auch Müller, Wertkrise und Gesellschaftsreform. a.a.O., S. 45 f.

16 H. Spencer, The Principles of Sociology, Vol. I. Reprint of the edition 1904. Osnabrück 1966 (im Weiteren zitiert als: Principles I), ders., The Principles of Sociology, Vol. II. Reprint of the edition 1902. Osnabrück 1966 (im Weiteren: Principles II); ders., The Principles of Sociology, Vol. III. Reprint of the edition 1897. Osnabrück 1966 (im Weiteren: Principles III). Die drei Bände sind erschienen als Bände VI, VII, VIII der Werkausgabe ‚The Works of Herbert Spencer' (Nachdruck. Osnabrück 1966).

17 Zur Organismusanalogie siehe vor allem Spencer, Principles I, a.a.O., S. 436 ff., 576 ff., wo die Analogie durchgespielt, aber auch ihre Grenzen aufgewiesen werden. Es geht bei Spencer deutlich nur um Analogisierung, er war nie ein ‚Organizist'; vgl. in diesem Sinne auch J. Ritsert, Organismusanalogie und politische Ökonomie: Zum Gesellschaftsbegriff bei Herbert Spencer. in: Soziale Welt 17, 1966, S. 55–65, insb. J. D. Y. Peel, Herbert Spencer: The Evolution of a Sociologist. London 1971, S. 166 ff., und jüngst noch M. Kunczik, Elemente der modernen Systemtheorie im soziologischen Werk von Herbert Spencer, in: KZfSS 35, 1983, S. 438–461, hier 444 f.
18 Arbeitsteilung und Moral, a.a.O., S. 20 f.
19 Man verwendet die Begriffe gelegentlich nahezu im selben Atemzug. Verwiesen sei dafür nur auf ein (willkürlich gewähltes) Beispiel, das auf die Übernahme des nationalökonomischen Arbeitsteilungskonzeptes durch die Biologie im 19. Jahrhundert Bezug nimmt: „Am meisten ersichtlich ist dieser Einfluß wohl bei dem Begriff der Differenzierung und Arbeitsteilung in der Physiologie ... Die ‚physiologische Arbeitsteilung' und die mit ihr zusammenhängende histologische Differenzierung ist nicht etwa eine gelegentliche Redewendung, sondern ein ‚Entwicklungsprinzip von fundamentalster Bedeutung'. Auch dieser Begriff ist also ganz der ökonomischen Wissenschaft entlehnt, in der er ja seit Adam Smith Bürgerrecht erlangt hat" (so F. Eulenburg, Gesellschaft und Natur: Akademische Antrittsrede. in: Archiv für Sozialwissenschaft und Sozialpolitik 3, 1905, S. 519–555, hier 521). Siehe mit teilweisem Bezug auf die gleichen Dinge und aus der unmittelbaren Umgebung Durkheims kommend C. Bouglé, Note sur la différenciation et le progrès. in: Revue de synthèse historique 1902, S. 129–146 (im Weiteren: Note), ferner ders., Théories sur la division du travail. in: ders., Qu'est-ce que la Sociologie? Paris 1925, S. 98–161 (ursprünglich 1903; im Weiteren: Théories).
20 Vgl. etwa Merton, Durkheim's Division of Labor in Society, a.a.O., S. 325 ff., L. F. Schnore, Social Morphology and Human Ecology, in: AJS 63, 1958, S. 620–634, R. N. Bellah, Durkheim and History. in: ASR 24, 1959, S. 447–461, vor allem aber natürlich T. Parsons, The Structure of Social Action: A Study in Social Theory with Special Reference to a Group of Recent European Writers. 5. Aufl., New York u. London 1967 (ursprünglich 1937), S. 308 ff., auch ders., Durkheim's Contribution to the Theory of Integration of Social Systems, a.a.O.
21 Was das Fallenlassen angeht, so hat Durkheim bekanntlich zentrale Kategorien von Division (wie ‚Kollektivbewußtsein', ‚mechanische und organische Solidarität') seit der Mitte der 90er Jahre nicht mehr verwendet; das hat Gründe, von denen noch die Rede sein wird, es hat aber auch Methode.
22 Vgl. Durkheim, Frühe Schriften, a.a.O., S. 77–84, W. J. Cahnman, Tönnies und Durkheim: Eine dokumentarische Gegenüberstellung. in: ARSP 56, 1970, S. 189–208, hier 191–197; ich komme auf diese Auseinandersetzung wiederholt noch zurück.
23 Durkheim, Division. a.a.O., S. 39; hier wird zugleich auf Adam Smith als den ersten Theoretiker der Arbeitsteilung verwiesen.
24 Ebd., S. 56 ff. Schon hier wird deutlich, daß es Durkheim entscheidend um Komplementarität und Kohäsion (zunächst in der Ehe) geht.
25 Bei Durkheim, Division, a.a.O., S. 124, findet sich einmal immerhin die Unterscheidung von ‚einfacher' (auch ‚ersten Grades') und ‚zusammengesetzter Arbeitsteilung' („specialization properly called"); die erste basiert auf der Verteilung gleicher, die zweite auf der Verteilung ungleicher Aufgaben; die Unterscheidung, auf die auch Müller, Wertkrise und Gesellschaftsreform, a.a.O., S. 131, hinweist, bleibt aber ohne weitere Bedeutung. Wichtiger ist Bouglé; dessen meist übersehener Aufsatz zu den ‚Theorien über die Arbeitsteilung' ist 1903 in den Années sociologiques erschienen; er steht offenkundig im Zusammenhang mit der 2. Aufl. von ‚De la division du travail

social' (1902), auf die ausgiebig Bezug genommen wird. Der Aufsatz wird mit einem längeren Abschnitt über die ‚Formen der Arbeitsteilung' eröffnet, der, was die vorgeschlagene Klassifikation angeht, vor allem auf die (zitierten) einschlägigen Arbeiten von Bücher und Schmoller Bezug hat; siehe Bouglé, Théories, a.a.O., insbes. S. 107 ff.

26 Durkheim, Division, a.a.O., S. 40 f.
27 Leider fehlt es gänzlich an einer Begriffsgeschichte von Arbeitsteilung und Differenzierung; hilfreich ist immer noch R. König, Hrsg., Fischer Lexikon Soziologie. Frankfurt/M. 1958, S. 25 ff.
28 Durkheim, Division, a.a.O., etwa S. 61. Die ‚Entökonomisierung' des Arbeitsteilungskonzepts wäre natürlich auch zu haben gewesen über eine explizite Ausweitung des Arbeitsbegriffs, die dessen ökonomisch eingeschränkten Sinn durchbricht, ihn etwa dem Handlungsbegriff annähert. Diesen Schritt hat Durkheim nicht explizit und programmatisch getan, in gewisser Hinsicht aber faktisch, ‚unter der Hand'; vgl. auch Luhmann, Arbeitsteilung und Moral, a.a.O., S. 21.
29 Allerdings spricht Durkheim im Text des Buches überwiegend nur von ‚Arbeitsteilung' (unter Weglassung des ‚sozial'), worauf mich Rudolf Stichweh zurecht hingewiesen hat.
30 Insbes. in den allerdings erst 1897 erschienenen ‚Industrial Institutions'; siehe Principles III, S. 334 ff.
31 Vgl. zum ersteren J. A. Barnes, Durkheim's Division of Labour in Society, in: Man 1, 1966, S. 158–175, hier 165; zum zweiten Pope u. Johnson, Inside Organic Solidarity, a.a.O., S. 682 f.; sie beklagen insbes. das Schwanken Durkheims zwischen einer Arbeitsteilung unter spezialisierten Funktionen/Systemteilen hier und einer solchen zwischen Individuen dort.
32 Kritik in dieser Richtung äußert schon Gustav Schmoller in seiner Besprechung des Durkheimschen Buchs (in: Jahrbuch für Gesetzgebung, Verwaltung und Volkswirtschaft im Deutschen Reich 18, 1894, S. 286–289); ihm kam bei Durkheim „die reale Wirklichkeit ... das wirtschaftliche, psychologische, gesellschaftliche Detail der Arbeitsteilung" zu kurz. Vgl. jüngst vor allem Dietrich Rueschemeyer, On Durkheim's Explanation of Division of Labor. in: AJS 88, 1982, S. 579–589, hier 588 – mit einem (lobenden) kontrastiven Seitenblick auf Marx; er hätte aber auch Spencer, Principles III, a.a.O., S. 334 ff., für seine Bemühungen um eine realitätsgerechte Differenzierung des Arbeitsteilungskonzeptes loben können. Ich habe schon darauf hingewiesen, daß Bouglé, Théories, a.a.O., S. 99 ff., diese ‚Arbeit am Begriff' für Durkheim ‚nachgeholt hat'. Interessant ist bezüglich der Ebenendifferenzierung ein Blick auf die ‚pathologischen Formen' der Arbeitsteilung im Dritten Buch (Durkheim, Division, a.a.O., S. 353 ff.): hier ist die erste, die ‚anomische' Form innerhalb (modern gesprochen) spezifischer Teilsysteme der Gesellschaft angesiedelt (Arbeitsmarkt, Wissenschaft), die zweite, die ‚erzwungene' Form bezieht sich auf berufliche Spezialisierung und Klassenbildung, während die dritte (namenlose) Form anormaler Arbeitsteilung sich in Organisationen abspielt. Vgl. hierzu auch Müller, Wertkrise und Gesellschaftsreform, a.a.O., S. 103 f., 131 f.
33 Vgl. Division, a.a.O., S. 46, 187 ff., 308.
34 ebd., S. 62 f., 173.
35 Zu dieser ‚Liaison' siehe etwa Spencer, Principles I, a.a.O., S. 437 ff. und A. Schäffle, Bau und Leben des socialen Körpers. 2 Bde., 2. Aufl., Tübingen 1896, hier Bd. I, S. VI ff., 8 ff., insbes. 18 ff. Zum ‚principe de la différenciation' in diesem Kontext Bouglé, Différenciation, a.a.O., S. 133.
36 Und wo Durkheim die Organismusanalogie stärker bemüht, taucht dann (‚zwangsläufig') gelegentlich auch der Differenzierungsbegriff auf; vgl. Division, a.a.O., S. 181; ebenso auch in der Familienvorlesung von 1888 (Frühe Schriften, a.a.O., S. 54).

Vgl. im übrigen auch Durkheims Rezension der 1. Aufl. von Schäffles ‚Bau und Leben', seiner ersten Veröffentlichung überhaupt (1885), in: E. Durkheim, On Institutional Analysis. Chicago u. London 1978, S. 93 ff.; dazu auch A. Giddens, Durkheim as a Review Critic. in: The Sociological Review 18, 1970, S. 171–196, hier 172 ff., W. Gephart, Soziologie im Aufbruch: Zur Wechselwirkung von Durkheim, Schäffle, Tönnies und Simmel. in: KZfSS 34, 1982, S. 1–25, hier 2 ff.

37 Principles I, a.a.O., S. 451 ff. Zu ‚Differenzierung' als Prozeßkategorie, die eng liiert ist mit ‚Entwicklung' und ‚Fortschritt', auch Schäffle, Bau und Leben des sozialen Körpers, Bd. I, a.a.O., S. 306 ff., wo abermals Differenzierung zusammengedacht ist mit ‚Reintegrierung', bzw. ‚Integrierung' (311, 325 ff.); ferner etwa Bouglé, Différenciation, a.a.O.

38 Division, a.a.O., S. 233 ff., 256 ff.

39 Vgl. A. Comte, Die Soziologie: Die positive Philosophie im Auszug. 2. Aufl., Stuttgart 1974, S. 118 ff., 130 ff.

40 Division, a.a.O., S. 61 f., 62.

41 Vgl. dazu auch Lukes, Emile Durkheim, a.a.O., S. 138 ff., 140 ff. Zur Leitfrage („What holds a society together?") auch E. A. Krause, Division of Labor: A Political Perspective. Westport/Conn. 1982, S. 68.

42 So auch R. A. Jones, Durkheim's Response to Spencer: An Essay Toward Historicism in the Historiography of Sociology. in: The Sociological Quarterly 15, 1974, S. 341–358, hier 344 ff.; auch ders., Durkheim's Critique of Spencer's ‚Ecclesiastical Institutions'. in: Sociological Inquiry 44, 1974, S. 205–214.

43 Gleichwohl hat man ihn immer wieder und kaum zufällig in die (unerwünschte) Nähe zu Spencer gerückt, – so hat schon Tönnies in seiner Besprechung von Durkheims Buch gemeint: „Die ganze Soziologie Durkheims ist eine Modifikation der Spencerschen" (Cahnman, Tönnies und Durkheim, a.a.O., S. 207; vgl. auch Barnes, Durkheim's Division of Labour in Society, a.a.O., S. 166. Auch sonst ist der „essentially Spencerian tone" des Arbeitsteilungsbuches von Kritikern und Interpreten wiederholt hervorgehoben worden (Jones, Durkheim's Response to Spencer, a.a.O., S. 345). Auch bei Schäffle stößt man im übrigen auf die Reklamierung von Eigenständigkeiten gegenüber Comte und Spencer und ferner auch bei Spencer selbst auf starke Abgrenzungsanstrengungen gegenüber Comte; vgl. zum letzteren S. Eisen, Herbert Spencer and the Spectre of Comte. in: Journal of British Studies 7, 1967, S. 48–67.

44 Durkheim's Response to Spencer, a.a.O., S. 346.

45 Rückendeckung für die Verwendung des Arbeitsteilungskonzepts erhielt Durkheim sicherlich aber auch durch die ja stark auf Arbeitsteilung setzenden ‚Kathedersozialisten' in Deutschland, mit deren Arbeiten er bestens vertraut war; vgl. schon Durkheim, Frühe Schriften, a.a.O., S. 42 f. (1887/88); diese ihrerseits (zumal Schmoller) waren ebenfalls stark von Spencer beeinflußt. Schmoller selbst hat in der Besprechung des Arbeitsteilungsbuches trotz Dissens den ‚jüngeren Mann' „freudig als einen Mitstrebenden" begrüßt (a.a.O., S. 289).

46 Hier sei darauf verwiesen, daß für Spencer ‚Differenzierung' ein ‚supradisziplinäres' Konzept war, das in Biologie, Psychologie, Soziologie u.s.w. sein gleich hervorragendes Recht hatte. Für die primär naturwissenschaftlich-biologische Besetzung des Differenzierungskonzeptes um die Jahrhundertwende – zumindest in den Augen der Durkheimschule – nur ein Indiz: unter dem Titel ‚Note sur la différenciation et le progrès' setzt sich Bouglé, a.a.O., (1902) mit biologischer Evolutionstheorie, Embryologie, Physiologie und schließlich Biosoziologie auseinander, seine ‚Théories sur la division du travail' (a.a.O.) von 1903 dagegen sind ganz auf die sozialwissenschaftliche Debatte (u.a. Bücher, Schmoller, Durkheim, Simmel, Spencer, Marx, Veblen) konzen-

triert; explizit auf das „Prinzip der Differenzierung" geht er hier (103 f.) bei einem Seitenblick auf die Naturwissenschaften, die Organismustheorie und -analogie ein.

47 So Durkheim in der Schäffle-Rezension, a.a.O., S. 95; auch ders., Frühe Schriften, a.a.O., S. 36 ff. Wichtig in diesem Zusammenhang P. Q. Hirst, Morphology and Pathology: Biological Analogies and Metaphors in Durkheim's ‚The Rules of Sociological Method'. in: Economy and Society 2, 1973, S. 1–34.

48 Vgl. etwa R. L. Geiger, Die Institutionalisierung soziologischer Paradigmen: Drei Beispiele aus der Frühzeit der französischen Soziologie. in: W. Lepenies, Hrsg., Geschichte der Soziologie, Bd. 2, Frankfurt/M. 1981, S. 137–156.

49 Zur Reserviertheit des frühen Durkheim gegenüber der von Comte initiierten Organismusanalogie vgl. die Schäffle-Rezension (a.a.O., S. 93 ff.) und die Eröffnungsvorlesung von 1887 (Frühe Schriften, a.a.O., S. 36 ff.); in beiden Fällen geht es um die Konstituierung der Soziologie als wissenschaftliche Disziplin und um deren Abstand zur Biologie, und in beiden Fällen wird Schäffle – im Unterschied zu Spencer – gelobt, weil er von einer fundamentalen Gegensätzlichkeit zwischen Organismus und Gesellschaft ausgehe; vgl. auch Müller, Wertkrise und Gesellschaftsreform, a.a.O., S. 36 ff., 48 f. Daß Durkheim, Division, a.a.O., etwa S. 190 ff., dann in gewissem Kontrast dazu allenthalben und ohne Bedenken Gebrauch von biologischen Analogien macht, ist auch Giddens (Durkheim as a Review Critic, a.a.O., S. 179) aufgefallen. Auf zwei Passagen sei noch gesondert hingewiesen: einerseits auf Durkheim, Division, a.a.O., S. 217 ff. 219 ff., wo Spencer im Analogisieren nahezu noch überboten wird (auch Jones, Durkheim's Response to Spencer, a.a.O., S. 349 f.), andererseits auf einen Passus, der ganz explizit Vergleiche zwischen physiologischer und sozialer Arbeitsteilung anstellt, der dabei deutlich auch die Grenzen der Analogie identifiziert und diese hier vor allem darin sieht, daß die fortgeschrittene gesellschaftliche Arbeitsteilung (anders als bei Zellen, Organen des Organismus) zu einer Auflösung der (ständisch-kastenförmigen) Fixierung von bestimmten Menschengruppen auf bestimmte Funktionen (Berufe) führt (Division, a.a.O., S. 329 ff.); das verweist vor auf die pathologische Form der ‚erzwungenen Arbeitsteilung' (S. 374 ff.) und auch auf das spätere Argument von Bouglé (Théories, a.a.O., S. 103 f.), die Kastengesellschaft sei der einzige legitime Fall für die Praktizierung der Organismusanalogie.

50 Zu den Ausnahmen, wo dann doch ‚Differenzierung' verwendet wird, siehe Division, a.a.O., S. 60, 181, 269, 276; vgl. auch oben Anm. 36.

51 ebd., etwa 61 ff.

52 ebd., S. 353 f.; auf die Stelle haben auch Luhmann, Arbeitsteilung und Moral, a.a.O., S. 21, u. H. Jarring, A Rational Reconstruction of Durkheim's Thesis Concerning the Division of Labour in Society. in: Mens en Maatschappij 54, 1979, S. 171–210, hier 182 f., hingewiesen.

53 Division, a.a.O., S. 353.

54 ebd., S. 353 f.

55 ebd., S. 353, Anm. 1.

56 ebd., S. 353 – Hervorhebung von mir.

57 Allerdings: der pathologische Fall der ‚anomischen Arbeitsteilung' (ebd., S. 354 ff.) ist direkt auf Koordinationsstörungen zwischen heterogenen Funktionen gemünzt.

58 Division, a.a.O., S. 63. Hier, in der primär moralischen Orientierung von Durkheims Buch liegt auch der Grund dafür, daß es organisations- und industriesoziologisch so außerordentlich dürftig bleibt – so schon G. Friedmann, Emile Durkheim und die modernen Formen der Arbeitsteilung. in: KZfSS 8, 1956, S. 12–25.

59 Auf Adam Smith verweist Durkheim, ebd., S. 61, selbst; natürlich ist ihm dessen auf Tausch und Arbeitsteilung setzendes Programm aber zu sehr ökonomisch und zu wenig ‚moralisch'.

60 Division, a.a.O., S. 353, Anm. 1.
61 Allerdings: die Teilungskomponente des Begriffs hinterläßt doch einen Rest an Unbehagen an diesem; es ist sicher ganz im Sinne Durkheims, wenn Bouglé, Théories, a.a.O., S. 108 sagt: „L'expression de division du travail est mal faite si elle nous fait penser à la séparation et à l'isolement des individus: l'essentiel du phénomène, c'est la connexion qu'il établit entre leurs efforts". Vgl. auch Durkheim, Division, a.a.O., S. 276.
62 Siehe Bouglé, Théories, a.a.O., S. 142. Bouglés Charakterisierung des Buches als Apologie macht sich auch Friedman, Emile Durkheim und die modernen Formen der Arbeitsteilung, a.a.O., S. 24 f., zueigen; zuvor schon G. E. Marica, Emile Durkheim: Soziologie und Soziologismus, Jena 1932, S. 43.
63 Was die Relation von Arbeitsteilung und Moral angeht, so liegt hier eine perfekte Mischung jener Durkheimschen Argumentationsfiguren von ‚petitio principii' und ‚argument by elimination' (Lukes, Emile Durkheim, a.a.O., S. 30 ff.) vor; klassisch dafür Durkheim, Division, a.a.O., S. 53 f., wo ‚Zivilisation' als Funktion und Folge der Arbeitsteilung deshalb abgewiesen wird, weil sie ‚moralisch indifferent' ist. Es geht dann weiter: „if the division of labor does not fill any other role, not only does it not have a moral character, but it is difficult to see what reason for existence it can have". Also: die Arbeitsteilung *muß* eine moralische Funktion haben, sie hätte ansonsten gar keine ‚Existenzberechtigung'; die moralische Qualität ist Seinsgrund, Prämisse und Folge der Arbeitsteilung in einem.
64 Théories, a.a.O., S. 120 ff.
65 Zum ersteren Division, a.a.O., etwa S. 43 f., 371 ff., zum zweiten ebd., S. 45, 371 ff.
66 Durkheims genuine Probleme, die der Solidarität, waren zu andersartig, um hier große Anstrengungen zu unternehmen; vgl. auch Müller, Wertkrise und Gesellschaftsreform, a.a.O., S. 119. Immerhin findet sich dann eine Auseinandersetzung mit den Sozialisten bei Bouglé, Théories, a.a.O., S. 124 ff. Auf den Konflikt zwischen Kapital und Arbeit kommt Durkheim, Division, a.a.O., S. 354 ff., als anomische, defizitär regulierte Beziehung zu sprechen. Zu seiner späteren Befassung mit dem Sozialismus vgl. Lukes, Emile Durkheim, a.a.O., S. 320 ff.; zu einer neomarxistischen Auseinandersetzung mit ‚De la division du travail social' (von heute) etwa Krause, Division of Labor, a.a.O., S. 68 ff.
67 Division, a.a.O., S. 50 ff., 233 ff.
68 Dies ist deutlich der Tenor schon der (zu weiten Teilen später beiseitegelassenen) Einführung zur ersten Aufl. der ‚Arbeitsteilung'; vgl. Division, a.a.O., S. 411 ff.
69 ebd., S. 400 f.
70 Dies ist, wie gesagt, primär Spencer; zurecht verweist Müller, Wertkrise und Gesellschaftsreform, a.a.O., S. 116 f., 118 f., neben diesem hier aber auf Tönnies; vgl. auch Marica, Emile Durkheim, a.a.O., S. 44 ff., ferner Cahnman, Tönnies und Durkheim, a.a.O.; Lukes, Emile Durkheim, a.a.O., S. 143 f., 146 f.; Gephart, Soziologie im Aufbruch, a.a.O., S. 6 ff. Gelegentlich scheint Durkheim, Division, a.a.O., etwa S. 61, 227, gegen Tönnies zu argumentieren, allerdings ohne ihn zu nennen. Was an dieser Stelle bereits interessiert, ist Durkheims Rezension von ‚Gemeinschaft und Gesellschaft' von 1889, genauer seine Auseinandersetzung mit Tönnies' eigentümlich pessimistisch-utilitaristischem Konzept der ‚Gesellschaft'. Kein Zweifel: Durkheim, Frühe Schriften, a.a.O., S. 77 ff., war tief beeindruckt von Tönnies' Konstruktion, nur in einem Punkt ging er auf Distanz: „das ist seine Theorie von der ‚Gesellschaft' ... Ich glaube dagegen, daß das Leben von großen sozialen Zusammenballungen genauso natürlich ist wie das von kleinen Aggregaten. Es ist nicht weniger organisch und auch nicht weniger lebendig im Innern" (S. 83 f.). Nachhaltig beschwört dieser wichtige Gedanke der ‚Gleichnatürlichkeit' einfacher und komplexer Gesellschaften das Solidaritätspotential der letzteren.

71 Vgl. Comte, Die Soziologie, a.a.O., S. 127 ff., ferner folgenden bei Durkheim, Division, a.a.O., S. 63, zitierten Passus von Comte: „It is this the continuous repartition of different human endeavors which especially constitutes social solidarity and which becomes the elementary cause of the extension and growing complication of the social organism". Zur Auseinandersetzung mit Comte auch Lukes, Emile Durkheim, a.a.O., S. 141 f., 144 f.
72 Division, a.a.O., S. 62 f.
73 So die Kapitelüberschrift ebd., S. 49, bestimmt werden soll insbesondere, „in what degree the solidarity that it (die Arbeitsteilung, H.T.) produces contributes to the general integration of society, for it is only then that we shall know how far necessary it is, whether it is an essential factor of social cohesion, or whether, on the contrary, it is only an accessory and secondary condition" (ebd., 64). Aber das sind doch eher rhetorische Fragen; funktionale Alternativen zur Arbeitsteilung sind bei Durkheim nirgendwo thematisiert.
74 Vgl. dazu Comte, Die Soziologie, a.a.O., S. 131 ff.
75 Division, a.a.O., S. 37.
76 Comte, Die Soziologie, a.a.O., S. 133, 132. „Wenn auf der einen Seite die Arbeitsteilung dem Sinn für das Individuelle eine Entfaltung gibt, die ohne sie unmöglich wäre, so erstickt sie doch auf der anderen Seite den Gemeingeist ... Ebenso ist vom moralischen Gesichtspunkt aus ein jeder zwar unter eine enge Abhängigkeit von den Massen gestellt, aber gleichzeitig wieder durch seine besondere Beschäftigung, die ihn immer an sein Privatinteresse erinnert, von der Masse abgewendet. Nach beiden Richtungen wachsen die Nachteile der Arbeitsteilung mit ihren Vorteilen" (ebd., S. 131). Der Passus ist bei Durkheim, Division, a.a.O., S. 357 f., zitiert.
77 ebd., S. 37.
78 Bezüglich der organischen Solidarität, wie sie die Arbeitsteilung produziert, meint Durkheim, ebd., S. 131, sie sei möglich, „only if each one has a sphere of action which is peculiar to him; that is, a personality ... Here, then, the individuality of all grows at the same time as that of its parts. Society becomes more capable of collective movement, at the same time that each of its elements has more freedom of movement".
79 ebd., insbes. S. 357 ff.
80 ebd., S. 364 f.
81 So fast wörtlich ebd., S. 371.
82 ebd., S. 371 ff.
83 ebd., S. 372.
84 ebd., S. 45, 353.
85 ebd., S. 365.
86 „Though normally the division of labor produces social solidarity, it sometimes happens that it has different, and even contrary results. Now, it is important to find out what makes it deviate from its natural course, for if we do not prove that these cases are exceptional, the division of labor might be accused of logically implying them" (ebd., S. 353).
87 ebd., S. 372 f.
88 Die empirischen Defizite tadeln auch Pope u. Johnson, Inside Organic Solidarity, a.a.O., S. 687 f., auch Müller, Wertkrise und Gesellschaftsreform, a.a.O., S. 131 f. Die Festlegung der Normalitätsstandards, was die ‚natürlichen' und ‚notwendigen' Wirkungen der Arbeitsteilung angeht, klagt D. Rüschemeyer, Sollen wir heute noch Durkheim lesen? Überlegungen zu Durkheims Division du travail, in: Soziologische Revue 4, 1981, S. 237–242, 241, ein.
89 Division, a.a.O., S. 396 ff.

90 Vgl. hilfreich im Hinblick auf ‚cultural integration', aber ohne Bezugnahme auf Durkheims ‚Kollektivbewußtsein', D. L. Levine, Cultural Integration, in: International Encyclopedia of the Social Sciences, Bd. 7, New York 1968, S. 372–380.
91 First Principles. Reprint of the edition 1904. Osnabrück 1966 (The Works of Herbert Spencer, Vol. I), S. 291; vgl. auch Peel, Herbert Spencer, a.a.O., S. 131 ff.
92 Vgl. zur Theorie des ‚primitive man' Spencer, Principles I, a.a.O., S. 40 ff.; zitiert sei nur Spencer, ebd., S. 436, wo der Titel ‚Gesellschaft' explizit ferngehalten wird „from an ever-changing cluster such as primitive men form". Auf die primitiven Horden als Nullpunkt der gesellschaftlichen Evolution stößt man dort im weiteren allenthalben; vgl. auch Peel, Herbert Spencer, a.a.O., S. 198 ff.
93 Vgl. Spencer, Principles II, a.a.O., u.a. S. 244 ff., 265 ff. (‚Political Organization', ‚Political Integration'), S. 568 ff., 643 ff. Siehe auch Peel, Herbert Spencer, a.a.O., S. 192 ff.
94 Wichtig ist hier insbes. Fustels berühmte, erstmals 1864 erschienene Monographie ‚La cité antique', die für Durkheim von immenser Bedeutung ist, worauf im kommenden Abschnitt gesondert einzugehen sein wird. Ich zitiere das Buch im weiteren in der deutschen Übersetzung: Der antike Staat: Kult, Recht und Institutionen Griechenlands und Roms, Stuttgart 1981.
95 Vgl. oben Anm. 70. In Durkheims Besprechung von ‚Gemeinschaft und Gesellschaft' von 1889 ist die Zustimmung zu Tönnies' Gemeinschaftskonzept eine auf der ganzen Linie, sie ist zudem klar zugeschnitten auf den später dann ‚mechanisch' genannten, hier dagegen noch (in Anpassung an Tönnies' Sprachgebrauch) ‚organisch' titulierten Solidaritätstypus; vgl. Durkheim, Frühe Schriften, a.a.O., S. 78 ff.
96 Vgl. im Hinblick auf die Begriffe ‚Gruppe und Zusammengehörigkeit' H. Tyrell, Zwischen Interaktion und Organisation I: Gruppe als Systemtyp, in: F. Neidhardt, Hrsg., Gruppensoziologie: Perspektiven und Materialien, Sonderhaft 25/1983 der KZfSS, S. 75–87.
97 Siehe als wichtigste Passagen zum ‚Kollektivbewußtsein' Durkheim, Division, a.a.O., S. 80, 105 ff. – dort immer im Zusammenhang mit dem ‚repressiven Recht'; zur Unmittelbarkeit des kollektiv-gesellschaftlichen Zugriffs auf die Individuen ebd., insbes. S. 115, 129. Der Begriff des Kollektivbewußtseins ist bei Durkheim verbunden mit der Rede von einem ‚doppelten Bewußtsein': „There are in us two consciences: one contains states which are personal to each of us and which characterize us, while the states which comprehend the other are common to all society. The first represent only our individual personality and constitute it; the second represent the collective type and, consequently, society." (ebd., S. 105 f., auch S. 129 f.); ich komme darauf zurück. Wichtig sodann zur evolutionären Schwächung und Lockerung des Kollektivbewußtseins: ebd., S. 152 ff., 283 ff. Zur Negierung der Individualität durch das Kollektivbewußtsein bes. deutlich ebd., S. 180, 226; ganz analog etwa auch Durkheims späterer Artikel zur Strafrechtsevolution von 1899/1900 hinsichtlich des ‚religiös' genannten Kriminalitätstypus; vgl. Two Laws of Penal Evolution, in: Economy and Society 2, 1973, S. 285–308, hier 300 ff.
98 Wertkrise und Gesellschaftsreform, a.a.O., S. 102 f. Vgl. Durkheim, Division, a.a.O., S. 129: „In the first (bezüglich des mechanischen Solidaritätstypus, H.T.), what we call society is a more or less organized totality of beliefs and sentiments common to all the members of the group: this is the collective type."
99 Ebd., S. 179, Anm. 12; vgl. Jones, Durkheim's Response to Spencer, a.a.O., S. 346 f.
100 Division, a.a.O., S. 179, Anm. 12.
101 Ebd., S. 221. „Indeed, the traditions, prejudices, the collective usages of all sorts, are not any the less burdensome to him (dem Individuum, H.T.) than would be a constituted authority." (ebd., S. 194); vgl. ganz analog auch Durkheim, Die Regeln der soziolo-

gischen Methode, hrsg. u. eingel. v. R. König, Neuwied und Berlin 1961 (im weiteren: ‚Regeln'), S. 201 ff., gegen Hobbes.
102 Division, a.a.O., S. 179, Anm. 12. Der Gedanke, die soziale Welt der Primitiven solle über Tausch und Vertrag zusammengehalten (gewesen) sein, war für Durkheim inakzeptabel; schlechthin unerträglich aber war ihm die utilitaristische Denkfigur, „truck, barter and exchange" seien die Urgegebenheit des sozialen Lebens – systematisch wie evolutionär; für ihn haben kulturelle Integration, die Phänomene des Kollektivbewußtseins den unbedingten Vorrang; davon gleich mehr. Zur kritischen Auseinandersetzung mit Durkheim in diesem Punkt Th. Kemper, Emile Durkheim and the Divison of Labor, in: The Sociological Quarterly 16, 1975, S. 190–206.
103 Siehe Division, a.a.O., S. 194 f. Die Durkheimschen Formeln hier sind die vom ‚Kollektivdespotismus', vom ‚Gruppenzwang' u.a. „In fact, if in lower societies so small a place is given to individual personality, that is not because it has been restrained or artificially suppressed. It is simply because, at that moment of history, it did not exist" (S. 194).
104 Und Durkheim (ebd., S. 194) insistiert explizit auf geradlinigem Wachstum des Individualismus in der Evolution, denn: träfe Spencers Ansicht zu, „would not the movement of history then be circular and would progress consist in anything but a return to the past?"
105 ebd., S. 279 ff.
106 ebd., S. 279.
107 ebd., S. 278.
108 ebd., S. 277.
109 Es ist gerade dieser Punkt, in dem Durkheim sich von Tönnies aufs Stärkste bestätigt fühlte; euphorisch heißt es in der Besprechung von ‚Gemeinschaft und Gesellschaft': „Wie er nehme ich an, daß die ‚Gemeinschaft' die erste Tatsache und die ‚Gesellschaft' das daraus abgeleitete Ziel ist"; der letztere Typus des sozialen Lebens ist „aus dem ersteren hervorgegangen, die ‚Gesellschaft' aus der ‚Gemeinschaft'"(Durkheim, Frühe Schriften, a.a.O., S. 83, 81). Vgl. im Kontrast die unendlich viel größere Behutsamkeit von Simmel, Über sociale Differenzierung, a.a.O., S. 13 f., in diesem Punkt.
110 Division, a.a.O., S. 277.
111 ebd., S. 275. Man darf aber den Ort, an dem diese Passage sich in Durkheims Buch befindet, nicht unberücksichtigt lassen, wie dies Kemper, Emile Durkheim and the Division of Labor, a.a.O., S. 190 f., 192 ff., tut: Die Passage befindet sich am Ende des ganz ‚sozialdarwinistisch' geratenen und allein auf den Konkurrenzmechanismus setzenden Erklärungsversuchs, den Durkheim, Division, a.a.O., S. 256 ff., für die Genese der Arbeitsteilung anbietet; sie dient ersichtlich der Abschwächung und ‚kollektivistischen' Korrektur dieses – trotz der behaupteten ‚Mechanik' des Prozesses – *individualistisch* auslegbaren Arguments. Es geht dagegen um die neuerliche Reklamierung des Primats des Kollektiven vor dem Individuellen: die Genese der Arbeitsteilung soll nicht von den Individuen herkommen, sie soll „an already constituted society" zur Voraussetzung haben – quod est demonstrandum (ebd., S. 275 ff.).
112 ebd., S. 277.
113 Etwa Kemper, Emile Durkheim and the Division of Labor, a.a.O.; H. G. Schütte, Durkheim vs. Bentham, Anmerkungen zu zwei soziologischen Programmen, in: Mens en Maatschappij 51, 1976, S. 382–397; V. Vanberg, Die zwei Soziologien: Individualismus und Kollektivismus in der Sozialtheorie, Tübingen 1976; sowie S. Lindenberg, Zur Kritik an Durkheims Programm für die Soziologie, in: ZfS 12, 1983, S. 139–151.
114 Sollen wir heute noch Durkheim lesen? a.a.O., S. 239 ff.

114a Division, a.a.O., etwa S. 129 f; vgl. auch Müller, Wertkrise und Gesellschaftsreform, a.a.O., S. 124. ‚Théorieoffiziell' stehen Kollektivbewußtsein und mechanische Solidarität aber in einem Kausalverhältnis: Die letztere ist durch das erstere bewirkt.
115 Vgl. zum ‚repressiven' im Unterschied zum ‚restitutiven Recht' Durkheim, Division, a.a.O., S. 70 ff.; daß es dabei um hochmoralische Dinge geht, versteht sich (ebd., insbes. S. 396 ff.). Zur späteren Modifizierung der Theorie von Funktion und Evolution des Strafrechts siehe Durkheim, Two Laws of Penal Evolution, a.a.O.; auch E. A. Tiryakian, Durkheim's ‚Two Laws of Penal Evolution', in: Journal for the Scientific Study of Religion 3, 1964, S. 261–266; Durkheim ist von ethnologischer Seite wegen der Überbetonung der repressiven Komponente im ‚archaischen Recht' wohl zu Recht stark kritisiert worden; vgl. Barnes, Durkheim's Division of Labor in Society, a.a.O., S. 168 f.; L. Shaskolsky Sheleff, From Restitutive Law to Repressive Law: Durkheim's Division of Labor in Society re-visited, in: Europäisches Archiv für Soziologie 16, 1975, S. 16–45; St. Lukes, Emile Durkheim, a.a.O., S. 159 f. Siehe zu Durkheims Kriminalitätstheorie, zu ihrer Rezeption und zu Versuchen der empirischen Fortführung bzw. Überprüfung zusammenfassend G. Albrecht, Zwerge auf den Schultern eines Riesen? Neuere Beiträge der Theorien abweichenden Verhaltens und sozialer Kontrolle in der Tradition Emile Durkheims, in: H. von Alemann u. H. P. Thurn, Hrsg., Soziologie in weltbürgerlicher Absicht: Festschrift für René König zum 75. Geburtstag, Opladen 1981, S. 323–358.
116 Es geht um „segmental societies with a clan-base"; die Urform ist die Horde: „the veritable social protoplasm, the germ whence would arise all social types" (Division, a.a.O., S. 175, 174). Die Sache wird von Durkheim in den ‚Regeln' im Kontext der ‚sozialen Morphologie' dann fortgeführt (a.a.O., S. 174 ff.); sie ist unbedingt von Spencer inspiriert: dieser (etwa Principles I, a.a.O., S. 476 f.) hat den Gedanken des Segmentären, auch die dazugehörigen biologischen Analogien (vom Ringelwurm), aber noch nicht den Begriff. Vgl. auch J. Stagl, Die Morphologie segmentärer Gesellschaften: Dargestellt am Beispiel des Hochlands von Neuguinea, Meisenheim/Glan 1974, S. 3 ff.; P. Q. Hirst, Morphology and Pathology: Biological Analogies and Metaphors in Durkheim's ‚The Rules of Sociological Method, in: Economy and Society 2, 1973, S. 1–34, hier 11 ff. Das Konzept der ‚segmentären Gesellschaftsstruktur' ist (im Gefolge von Parsons) gesellschaftstheoretisch nach wie vor in Geltung; vgl. etwa Luhmann, Differentiation of Society, in: Canadian Journal of Sociology 2, 1977, S. 29–53. Es ist aber nicht ohne Probleme – dazu H. Tyrell, Anfragen an die Theorie der gesellschaftlichen Differenzierung, in: ZfS 7, 1978, S. 175–193, hier 177 ff.
117 So auch Müller, Wertkrise und Gesellschaftsreform, a.a.O., S. 102 f.; eine vehemente Kritik an Durkheims Gesellschaftsbegriff bei F. H. Tenbruck, Emile Durkheim oder die Geburt der Gesellschaft aus dem Geist der Soziologie, in: ZfS 10, 1981, S. 333–350.
118 Vgl. Division, a.a.O., S. 148 ff.; der Widerspruch ist herausgestellt auch bei Lukes, Emile Durkheim, a.a.O., S. 159; Kemper, Emile Durkheim and the Division of Labor, a.a.O., S. 192 f.; und Pope und Johnson, Inside Organic Solidarity, a.a.O., S. 683, 686 f.
119 Vgl. oben Anm. 97. Allerdings sagt Durkheim – zur Freude aller Verfechter von ‚Interpenetration' – auch: „These two consciences are not in regions geographically distinct from us, but penetrate from all sides." (Division, a.a.O., S. 130, Anm. 14).
120 a.a.O., S. 187 f.
121 Zur Auseinandersetzung mit Tarde: R. König, Einleitung, in: E. Durkheim, Die Regeln der soziologischen Methode, a.a.O., S. 21–82; auch Lukes, Emile Durkheim, a.a.O., S. 301, 302 ff. Lukes, ebd., S. 5 f., meint überdies, was nicht ganz unproblematisch ist, das Konzept des Kollektivbewußtseins sei Durkheim in der Fassung, die es in

der ‚Arbeitsteilung' erhalten habe, zu eng verbunden gewesen mit dem Solidaritätsproblem speziell von einfachen (nicht aber komplexen) Gesellschaften und es sei ihm überdies ein zu unspezifisches Konzept gewesen.

122 Durkheim hat im Jahre 1895 eine Art ‚religionssoziologisches Turmerlebnis' gehabt, dessen Einzelheiten unklar sind, das aber unmittelbar mit der Lektüre von Robertson Smith und seiner Hinwendung zur angelsächsischen Ethnologie, insbes. Religionsanthropologie zu tun hatte; vgl. Lukes, ebd., S. 237 ff.; ferner Jones, Durkheim's Critique of Spencer's ‚Ecclesiastical Institutions', a.a.O., S. 207 ff.; auch V. Karady, Strategien und Vorgehensweisen der Durkheim-Schule im Bemühen um die Anerkennung der Soziologie, in: W. Lepenies, Hrsg., Geschichte der Soziologie, Bd. 2, Frankfurt/M. 1981, S. 206–262. Von nun ist die Religion für Durkheim das Paradigma des Kollektiven.

123 Bouglé, zit. nach W. P. Vogt, Über den Nutzen des Studiums primitiver Gesellschaften: Eine Anmerkung zur Durkheim-Schule 1890–1940, in: W. Lepenies, Hrsg., Geschichte der Soziologie, Bd. 3, Frankfurt/M. 1981, S. 276–297, hier 282, 287.

124 Vgl. den 1898 publizierten Aufsatz über ‚Individuelle und kollektive Vorstellungen' in: Durkheim, Soziologie und Philosophie, Frankfurt/M. 1976, S. 45 ff.; ferner die Auseinandersetzung mit Tarde in: Der Selbstmord, a.a.O., S. 356 ff., wo es neuerlich um die systematische Differenz von individuellen und kollektiven Vorstellungen geht. Zur Identität von Kollektivbewußtsein und Gesellschaft vgl. nur den ‚Moral'-Aufsatz von 1906: „Die Gesellschaft ... ist vor allem eine Gesamtheit von Ideen, Überzeugungen und Gefühlen aller Art, die durch die Individuen Wirklichkeit werden"; auch: „Die Gesellschaft gebietet uns, weil sie außerhalb von uns und über uns steht; die moralische Distanz, die zwischen ihr und uns liegt, macht sie zu einer Autorität, vor der unser Wille sich beugt." (Durkheim, Soziologie und Philosophie, a.a.O., S. 113, 111).

125 Die Identifizierung von Recht, Religion und Gesellschaft als Kollektivbewußtsein, ja die ‚Deifizierung' und Sakralisierung der so verstandenen Gesellschaft finden sich schon in der ‚Arbeitsteilung' (Division, a.a.O., S. 92 f., 100) – dahinter steht Fustel de Coulanges. Dennoch ist, wie Jones, Durkheim's Critique of Spencer's ‚Ecclesiastical Institutions', a.a.O., S. 207 ff., zeigt, der frühe Durkheim in Sachen Religion noch recht reserviert, sie steht ihm *neben* dem Recht, der Moral usw. Die Dinge ändern sich nach 1895; ‚Religion' wird nun zum umfassenden Begriff fürs Normative und Kollektive; greifbar wird dies beispielsweise schon im Strafrechtsaufsatz, wo für den archaischen Kontext nicht mehr vom ‚repressiven Recht', sondern von ‚religious criminality' die Rede ist (Two Laws of Penal Evolution, a.a.O., S. 300 ff.). Die zunehmende Hinwendung Durkheims und seiner Schule zu den Primitiven war primär eine zu den primitiven *Religionen* (Vogt, Über den Nutzen des Studiums primitiver Gesellschaften, a.a.O., S. 277 ff.); die so ausgerichtete Religionssoziologie rückte „in den Mittelpunkt der Année" und wurde „zur Hauptstütze der Theorie der Gesellschaft" (Karady, Strategien und Vorgehensweisen der Durkheim-Schule im Bemühen um die Anerkennung der Soziologie). Vgl. im übrigen zur Vorgeschichte der ‚Formes élémentaires de la vie religieuse' Jones, Einen soziologischen Klassiker verstehen, a.a.O., S. 137 ff.

126 Lockern müßte man sicherlich die „Begriffskette Gesellschaft – Kollektivbewußtsein – Solidarität – Moral – Recht" (Luhmann, Arbeitsteilung und Moral, a.a.O., S. 22), der noch ‚Altruismus' anzufügen wäre; nicht minder die zu unmittelbare Fixierung auf den Alternativbegriff des Individualbewußtseins.

127 Zum Lebensweltbegriff jüngst W. Bergmann, Lebenswelt, Lebenswelt des Alltags oder Alltagswelt? Ein grundbegriffliches Problem ‚alltagstheoretischer Ansätze', in: KZfSS 33, 1981, S. 50–72; Jürgen Habermas, Theorie des kommunikativen Handelns, Bd. 2: Zur Kritik der funktionalistischen Vernunft, Frankfurt/M. 1981, S. 233

ff., bringt Durkheims ‚Kollektivbewußtsein' fast umstandslos zusammen mit der „Lebensweltkonzeption der Gesellschaft".
128 Bei Durkheim, Two Laws of Penal Evolution, a.a.O., S. 300, heißt es: „The collective sentiments ... are collective ... in a double sense. Not only have they the collectivity as their subject, so that they are found in the majority of individual consciences, but more than that they have collective things as their object. By definition, these things are outside of our private interests." Vgl. zur ‚Ehrenrettung' des Kollektivbewußtseins auch Luhmann, Arbeitsteilung und Moral, a.a.O., S. 22, insbes. Anm. 11.
129 Worum es hier soziologisch letztlich geht, sagt Simmel, Über sociale Differenzierung, a.a.O., S. 89: „Es scheint mir unbezweifelbar, daß das subjektive Gefühl der Sicherheit in theoretischer und ethischer Beziehung zusammenfalle mit dem mehr oder minder klaren Bewußtsein der Übereinstimmung mit einer Gesamtheit."
130 P. Bohannan, Conscience Collective and Culture, in: K. H. Wolff, Hrsg., Emile Durkheim, 1858–1917: A Collection of Essays, with Translations and a Bibliography, Columbus (Ohio) 1960, S. 77–96; Parsons, aber auch Bellah, Durkheim and History, a.a.O., S. 457 f., konzedieren Durkheim die Entdeckung von ‚Kultur', sie monieren aber die unzureichende analytische Differenzierung von ‚sozialem' und ‚kulturellem System'; so jüngst auch noch Müller, Wertkrise und Gesellschaftsreform, a.a.O., S. 88 f.
131 Vgl. D. F. Aberle, Shared Values in Complex Societies, in: ASR 15, 1950, S. 495–502.
132 Levine, Cultural Integration, a.a.O.
133 Vgl. Division, a.a.O., S. 152 ff., 283 ff., wo es jeweils schon um den evolutionären Verfall des Kollektivbewußtseins geht; vgl. viel weniger differenziert Barnes, Durkheim's Division of Labor in Society, a.a.O., S. 164 f. Durkheims Analysen führen hier über die bloße Beschwörung von ‚shared values', wie später im Hinblick auf Kultur so häufig, weit hinaus; bedenkenswert ist z.B. der Hinweis auf die Bedeutung von *Sprichwörtern* – als Indikatoren und ‚Behältern' kollektiven Wissens – in archaischen Kulturen (Division, a.a.O., S. 170 f.).
134 Zu dieser Frage auch Pope und Johnson, Inside Organic Solidarity, a.a.O., S. 689.
135 Vgl. etwa G. Elwert, Die Elemente der traditionellen Solidarität: Eine Fallstudie in Westafrika, in: KZfSS 32, 1980, S. 681–704, der Durkheims Solidaritätskonzept, das er ‚falsifizieren' will, zunächst mißversteht, in seiner Fallstudie dann aber glänzende Belege für den (zerfallenden) Zusammenhalt einer Gesellschaft ‚kraft Kollektivbewußtsein' erbringt.
136 Daß die vermeintlich fehlende Differenzierung der Individuen „bei einem fremden Volksstamme" eine optische Täuschung des ersten Blicks ist, hat schon Simmel, Über sociale Differenzierung, a.a.O., S. 66, betont; gegen die behauptete Abwesenheit persönlicher Individualisierung in archaischen Gesellschaften etwa E. Wallwork, Durkheim: Morality and Milieu, Cambridge, Mass., 1972, S. 112; auch Jarring, A Rational Reconstruction of Durkheim's Thesis concerning the Division of Labour in Society, a.a.O., S. 195 f. Damit hängt eng der berechtigte Vorwurf zusammen, daß Durkheim die interne Komplexität dieser Gesellschaften zu gering veranschlagt; in diesem Sinne (und mit dem Vorwurf des ethnologischen Dilettantismus angereichert) vor allem Barnes, Durkheim's Division of Labour in Society, a.a.O., S. 161, 171. Dies wiederum korreliert eng mit dem Argument, Durkheims Analyse übersehe andere integrative Mechanismen, insbes. die, welche aus Schenk-, Tausch- und Gegenseitigkeitsrelationen resultieren, wie sie ja der eigene Schüler Marcel Mauss bestens untersucht habe; so Barnes, ebd., S. 171, und Lukes, Emile Durkheim, a.a.O., S. 159; noch weiter geht bezüglich des Insistierens auf interner Differenzierung, Austausch und Interdependenz in archaischen Gesellschaften Kemper, Emile Durkheim and the Division of Labor, a.a.O., S. 190 ff.; so wie Parsons, Durkheim's Contribution to the Theory

of Integration of Social Systems, a.a.O., gegen Durkheim für die Moderne nicht nur organische, sondern auch mechanische Solidarität reklamiert, macht er umgekehrt geltend, archaische Gesellschaften wiesen ebenso eine *organische* (wie mechanische) Solidarität auf.

137 Habermas, Theorie des kommunikativen Handelns, Bd. 2, a.a.O., S. 233.
138 Dazu und zur Einschätzung von Fustels nachhaltigem Einfluß auf Durkheim siehe Lukes, Emile Durkheim, a.a.O., S. 58 ff.; ferner René König, Emile Durkheim: Der Soziologe als Moralist, in: D. Käsler, Hrsg., Klassiker des soziologischen Denkens, Bd. I: Von Comte bis Durkheim, München 1976, S. 312–364, hier 318. Durkheims Dissertation über Montesquieu von 1892 ist Fustel de Coulanges gewidmet (Frühe Schriften, a.a.O., S. 85).
139 Der antike Staat, a.a.O., S. 176.
140 ebd., S. 62.
141 Zur raschen Verbreitung und Übersetzung des Buches vgl. M. J. Finley, The Ancient City: From Fustel de Coulanges to Max Weber and Beyond, in: CSSH 19, 1977, S. 305–327, hier 310 f. Die beiden Passagen bei Spencer handeln von einer Art ‚prä-politischen‘ sozialen Integration; sie illustrieren dies schwerpunktmäßig an antiken Beispielen und nehmen dabei Bezug u.a. auch auf ‚La cité antique‘; vgl. Spencer, Principles II, a.a.O., S. 272 ff., 675 (§ 450); ferner Principles III, a.a.O., S. 95 ff. (§§ 622 ff.; Kapitelüberschrift: ‚An Ecclesiastical System as a Social Bond‘). Durkheim (A Review of Herbert Spencer's Ecclesiastical Institutions, in: Sociological Inquiry 44, 1974, S. 209–214, hier 212) hat in seiner 1886 erschienenen Besprechung von Spencers ‚Ecclesiastical Institutions‘ das letztgenannte Kapitel ausdrücklich hervorgehoben, die Affinität also durchaus bemerkt; vgl. auch Jones, Durkheim's Critique of Herbert Spencer's ‚Ecclesiastical Institutions‘, a.a.O., S. 206 f.
142 Vgl. miteinander Fustel de Coulanges, Der antike Staat, a.a.O., S. 200–204, und Max Weber, Wirtschaft und Gesellschaft, 5. rev. Aufl. Tübingen 1972, S. 253 f. Der Zusammenhang ist Finley, The Ancient City, a.a.O., der wenig verstanden hat, ganz entgangen und auch sonst, soweit ich sehe, unbekannt. Vgl. im übrigen auch Max Weber, Agrarverhältnisse im Altertum, in: ders., Gesammelte Aufsätze zur Sozial- und Wirtschaftsgeschichte, Tübingen 1924, S. 1–288, 279; hier heißt es im Literaturanhang: „Für die soziale Seite der antiken Staatslehre Fustel de Coulanges' geistvolle Arbeiten (speziell: ‚La cité antique‘: sehr – aber mit Vorsicht – lesenswert)". Zu Jakob Burckhardts ‚Griechischer Kulturgeschichte‘ äußert sich Weber (ebd., S. 285) in ähnlicher Weise; auch von diesem hat er wesentliche, allerdings in eine andere Richtung weisende Gesichtspunkte für seine ‚Soziologie der Antike‘ (aber auch darüber hinaus) bezogen.
143 Zum antiken Kult- und Götterpartikularismus siehe bei Weber: Wirtschaft und Gesellschaft, a.a.O., u.a. S. 252 ff.; auch Agrarverhältnisse im Altertum, a.a.O., S. 125 ff. Zitiert sei noch ein wesentlich von Fustel inspirierter Passus, der auf „den Hauskult und das Hauspriestertum des Familienhauptes" gemünzt ist: „Wo deren Macht ... ungebrochen dasteht, bildet sie natürlich ein außerordentlich starkes, die Familie ... nach außen streng exklusiv zusammenschließendes und auch die inneren ökonomischen Verhältnisse der Hausgemeinschaften auf das tiefste beeinflussendes, streng persönliches Band. Alle rechtlichen Beziehungen der Familie, die Legitimität der Ehefrau und des Erben ... sind dann von hier aus mit determiniert und stereotypiert. Die religiöse Bedenklichkeit des Ehebruchs vom Standpunkt der Familie und Sippe aus liegt darin, daß dadurch ein nicht Blutsverwandter in die Lage kommt, den Ahnen der Sippe zu opfern und dadurch deren Zorn zu erregen. Denn die Götter und numina eines streng persönlichen Verbandes verschmähen die Opfer, welche von Unberechtigten dargebracht werden. Die starre Durchführung des Agnatenprinzips hängt sicher

hiermit sehr stark zusammen, wo sie besteht. ... Vor allem ... im Okzident die römische Hausgemeinschaft und Sippe verdanken die Erhaltung ihrer patriarchalischen Struktur unter allem Wandel der ökonomischen Bedingungen ganz vornehmlich dieser sakralen Grundlage." (Weber, Wirtschaft und Gesellschaft, a.a.O., S. 252 f.). Was Weber hier vorträgt, entstammt durchweg dem ‚Zweiten Buch: Die Familie' in Fustels ‚Der antike Staat', a.a.O., S. 61 ff.; der Unterschied ist nur: Fustel sieht die Religion und nur die Religion als determinierenden Faktor der Spezifik der antiken (hier primär römischen) Familienstruktur an, während Weber von ‚Mitbestimmung' ausgeht.

144 Emile Durkheim, a.a.O., S. 316; in diesem Sinne auch Lukes, Emile Durkheim, a.a.O., S. 62 f.; und zuvor schon B. S. Turner, Sociological Founders and Precursors: The Theories of Religion of Emile Durkheim, Fustel de Coulanges and Ibu Khaldun, in: Religion 1, 1971, S. 32–48, der Fustel (positiv) gegen Durkheim ausspielt, aber ebenfalls nur auf das Spätwerk des letzteren Bezug nimmt. Zu diesem und seiner Vorgeschichte auch Jones, Durkheim's Critique of Spencer's ‚Ecclesiastical Institutions', a.a.O., S. 207 ff., und ders., Einen soziologischen Klassiker verstehen, a.a.O.

145 Vgl. ders., Durkheim's Critique of Spencer's ‚Ecclesiastical Institutions', a.a.O., S. 208.

146 Etwa Division, a.a.O., S. 161, wo es um die Höherentwicklung Roms gegenüber Athen geht.

147 Ebd., S. 141 f., insbes. Anm. 21.

148 Vgl. ebd., 138 ff., 181 ff. Was das Zusammennehmen des jeweils frühen Indien, Griechenland und Rom angeht, so steht Fustel, wie K. Christ (Eine Einleitung, in: N. D. Fustel de Coulanges, Der antike Staat, a.a.O., S. 9–20, hier 12) sagt, „im Banne der frühen ‚Arier'-Vorstellungen des 19. Jahrhunderts"; stark mißbilligend dazu Finley, The Ancient City, a.a.O., S. 312 f. Die Durkheimsche Entwicklungsreihe kritisiert als unilinear etwa Barnes, Durkheim's Division of Labour in Society, a.a.O., S. 161; diese hierarchische Aufreihung findet sich bei Fustel allerdings nicht.

149 „That is why, in general fashion, repression dominates all law in lower societies. It is because religion completely pervades juridical life, as it does, indeed, all social life ... This more or less complete state of dissociation which we find between law and religion is one of the best signs by which we can recognize whether a society is more or less developed than another." (Durkheim, Division, a.a.O., S. 141, 142).

150 Dieser Ansicht war Durkheim so nachdrücklich, daß er in einer Besprechung von 1897 daraus ein systematisches Argument gegen den historischen Materialismus machte: „Sociologists and historians tend more and more to agree in the common view that religion is the most primitive of all social phenomena. It was the source, through successive transformations, of all other manifestations of collective activity: law, morality, art, science, political forms, etc. In the beginning, all is religious." (zit. nach Lukes, Emile Durkheim, a.a.O., S. 232). Hier fungiert die Religion und nur sie (und nicht die Ökonomie) als die ‚gesellschaftliche Basis'.

151 Durkheim, Division, a.a.O., S. 92, 100.

152 ebd., S. 170, insgesamt S. 168 ff., 285 f.

153 ebd., S. 285; vgl. auch S. 84, 92 f.

154 „Das Wort Religion bedeutete ... bei den Alten ... Riten, Zeremonien, Handlungen des äußeren Kults. Die Lehre galt nur wenig; das Wichtigste waren die Bräuche; sie waren obligatorisch und *banden (ligare, religio)*. Die Religion war ein materielles Band, eine Kette, die den Menschen versklavte ... Götter, Heroen und Tote forderten von ihm einen sichtbaren Kult, und er zahlte ihnen seine Schuld, um sie sich zu Freunden zu machen, mehr noch, um sich vor ihrer Feindschaft zu hüten." (Fustel de Coulanges, Der antike Staat, a.a.O., S. 226). Was das Individuum angeht, heißt es bei Fustel lakonisch: „Die persönliche Freiheit war bei den Alten unbekannt" (ebd.,

S. 304). Bei Durkheim selbst findet man das ganze Syndrom der einschlägigen Argumente (kollektive Gefühle gleich Religion; Transzendenz und Exteriorität von Religion/Recht/Moral; Deifizierung der Gesellschaft usw.) besonders ausgeprägt im Strafrechtsaufsatz von 1899.
155 Vgl. etwa Lukes, Emile Durkheim, a.a.O., S. 61, 230 f., und Jones, Durkheim's Critique of Spencer's ‚Ecclesiastical Institutions', a.a.O., S. 208, die beide meinen: während Durkheim sich hier noch in Distanz zu Fustel befinde, sei er diesem später theoretisch immer nähergerückt. Es geht um die Stelle bei Durkheim, Division, a.a.O., S. 178 f.
156 ebd., S. 179, Anm. 12.
157 ebd., S. 178 f.
158 So auch Jarring, A Rational Reconstruction of Durkheim's Thesis concerning the Division of Labour in Society, a.a.O., S. 188 f.
159 Habermas, Theorie des kommunikativen Handelns, Bd. II, a.a.O., S. 175.
160 Stagl., Die Morphologie segmentärer Gesellschaften, a.a.O., S. 5.
161 Vgl. Division, a.a.O., insbes. S. 256 ff.
162 „In the first, what we call society is a more or less organized totality of beliefs and sentiments common to all the members of the group: this is the collective type. On the other hand, the society in which we are solidary in the second instance is a system of different, special functions which definite relations unite." (ebd., S. 129). Man kann also in der Lockwood-Habermasschen Diktion nicht ohne Recht sagen, es gehe bei Durkheim um die evolutionäre Umstellung der Gesellschaft von ‚Sozial'- auf ‚Systemintegration'.
163 Bouglé, Théories, a.a.O., S. 148 ff., feierte Durkheims ‚starke' kausale Erklärung als Entdeckung des ‚primum movens' der Evolution und relativierte sie dann doch. Durkheims These ist heute bevorzugt Gegenstand kritischer Auseinandersetzungen; vgl. jüngst Hirst, Morphology and Pathology, a.a.O., S. 19 ff.; Rueschemeyer, On Durkheim's Explanation of Division of Labor, a.a.O.; Lindenberg, Zur Kritik an Durkheims Programm für die Soziologie, a.a.O., S. 144 f.
164 Vgl. Durkheim, Division, a.a.O., S. 283 ff. Was die kulturelle Blockierung der fortschreitenden Differenzierung angeht, so ist es Durkheim dabei darum zu tun, daß das Kollektivbewußtsein bestimmte berufliche Spezialisierungen sowie den strukturell notwendigen Grad an ‚individueller Variabilität' und Mobilität *normativ* (noch) nicht zuläßt; es geht um „this neutralizing influence of the common conscience on the division of labor". „It can thus be seen that the progress of the division of labor will be as much more difficult and slow as the common conscience is vital and precise. Inversely, it will be as much more rapid as the individual is enabled to put himself in harmony with his personal environment" (ebd., S. 284).
165 Vgl. dazu aus differenzierungstheoretischer Sicht A. Hahn, Basis und Überbau und das Problem der begrenzten Eigenständigkeit der Ideen, in: KZfSS 31, 1979, S. 485–506.
166 Insbes. Durkheim, Division, a.a.O., S. 287 ff., wo von der Abstraktionserhöhung der Gottesidee, der Universalisierung und Rationalisierung von Religion und Recht (explizit), der Brechung der Autorität der Tradition u.a. die Rede ist. Es geht also genau um die Dinge, die in dem evolutionstheoretischen Kategorienapparat von Talcott Parsons, The Evolution of Societies, Englewood Cliffs, N. J., 1977, etwa S. 193 f., als ‚value generalization' behandelt werden.
167 Vgl. Durkheim, Division, a.a.O., S. 174 ff., 181 ff. Zum Konzept der funktionalen Differenzierung heute etwa Luhmann, Differentiation of Society, a.a.O.; Tyrell, Anfragen an die Theorie der gesellschaftlichen Differenzierung, a.a.O.; vgl. auch Müller, Wertkrise und Gesellschaftsreform, a.a.O., S. 95 ff.; Müller, ebd., S. 90 ff., bezeich-

net nicht ohne Recht die Organismusanalogie als „rudimentäre Systemtheorie".
168 R. C. Hinkle, Durkheim's Evolutionary Conception of Social Change, in: The Sociological Quarterly 17, 1976, S. 336–346, hier S. 338 ff., macht zu Recht aufmerksam auf Anklänge an die ‚organismic-growth analogy' bei Durkheim; er unterstellt diesem dabei dann aber viel zu sehr eine Konzeption des evolutionären Wandels, die diesen als natürlich, notwendig, kontinuierlich u.a. nehme. Zwar behauptet Durkheim wiederholt ein ‚regelmäßiges' Fortschreiten der Arbeitsteilung in der Geschichte (Division, a.a.O., etwa S. 233) – aber dies erst mit und nach dem Bruch mit der ‚Alleinherrschaft' des Segmentären.
169 ebd., S. 182.
170 Ganz Spencerisch und sogar unter Verwendung des Differenzierungsbegriffs heißt es zu den ‚organized societies': „They are constituted, not by repetition of similar, homogenous segments, but by a system of different organs each of which has a special role, and which are themselves formed of differentiated parts" (ebd., S. 181). Zur Parallelität und Differenz von Segment und Organ vgl. u.a. ebd., S. 182, 301 ff.
171 ebd., S. 182.
172 Es geht dabei darum, daß die Segmente – infolge von angenommenem Wachstum und Verdichtung der Populationen – in dichtere Verflechtung miteinander geraten, ihre Grenzen gegeneinander durchlässiger werden und von daher die morphologischen Faktoren nunmehr in ihre evolutionäre Rolle eintreten können. „In short, a coalescence takes place which makes new combinations possible in the social substance" (ebd., S. 256).
173 Zur Zurückdrängung der segmentären Struktur etwa ebd., S. 256; in diesem Prozeß kommt dem ‚Zentralorgan', dem *Staat*, eine wesentliche Rolle zu; er vor allem ‚penetriert' die partikularistischen Segmente (ebd., S. 222 f.). Aber diese werden nicht gänzlich ausgelöscht: „Indeed, the segmental structure is more and more covered by the other, but without ever completely disappearing" (ebd., S. 229). Durkheim bietet darüber hinaus, hinsichtlich des Überlebens des Segmentären, auch Überlegungen an, die auf ‚Ungleichzeitigkeiten' oder ‚partielle Modernisierung' abstellen; Paradebeispiel dafür ist ihm im zeitgenössischen Europa England, das er zwar als ‚rein ökonomisch' hochentwickelt akzeptiert, aber zugleich durch die „Fortdauer des Lokalgeistes und des regionalen Lebens" gekennzeichnet sieht (Regeln, a.a.O., S. 195 f.; auch Division, a.a.O., S. 282, Anm. 30); die ‚modernsten' Gesellschaften im Europa seiner Zeit waren ihm Deutschland und Frankreich (ebd., S. 247).
174 „Thus, it is an historical law that mechanical solidarity which first stands alone, or nearly so, progressively loses ground, and that organic solidarity becomes, little by little, preponderant" (ebd., S. 174). Vgl. auch Pope und Johnson, Inside Organic Solidarity, a.a.O., S. 688 f.
175 Frühe Schriften, a.a.O., S. 77 ff. Die zunächst euphorisch erklärte Nähe zu Tönnies, dann aber die Vermeidung jeder Bezugnahme auf diesen in der ‚Arbeitsteilung' und schließlich, wie man nicht ohne Recht gesagt hat, die „Verdoppelung und Umkehrung der Tönniesschen Formel" (Marica, Emile Durkheim, a.a.O., S. 44) haben Verdächtigungen gegen Durkheim ausgelöst. Tönnies selbst hat sich über die Begriffsumstellung ‚überrascht' gezeigt (Cahnman, Tönnies und Durkheim, a.a.O., S. 203 f.) und sich später über die Nichterwähnung in der ‚Arbeitsteilung' beklagt; und Sorokin hat Durkheim gar böse Absichten unterstellt; vgl. zu alle dem Marica, Emile Durkheim, a.a.O., S. 44 ff.; auch Müller, Wertkrise und Gesellschaftsreform, a.a.O., S. 116 f., 212 f., Anm. 4.
176 Durkheim, Division, a.a.O., S. 130 f.
177 Vgl. ebd., S. 64 f.
178 ebd., S. 115 ff.

179 Für das Eigentum gilt: „It directly links things to persons, but not persons among themselves ... Consequently, since it is only through the medium of persons that things are integrated in society, the solidarity resulting from this integration is wholly negative ... Such solidarity does not make the elements that it relates at all capable of acting together; it contributes nothing to the unity of the social body" (ebd., 116 f.). Folglich ist dann die ‚negative Solidarität' auch keine eigentliche Solidarität (S. 119 f.).
180 ebd., S. 122 ff., dann vor allem S. 200 ff.
181 Sondern nur an es selbst. Vom ‚Kult des Individuums' heißt es dementsprechend: „If it is common in so far as the community partakes of it, it is individual in its object. If it turns all wills towards the same end, this end is not social ... It is still from society that it takes all its force, but it is not to society that it attaches us; it is to ourselves. Hence, it does not constitute a true social link" (ebd., S. 172). Das französische Original spricht hier abermals vom ‚lien social'.
182 ebd., S. 105, 129.
183 ebd., S. 226.
184 Durkheim, Frühe Schriften, a.a.O., S. 84.
185 Ders., Division, a.a.O., S. 129; auf die Unklarheiten im Verhältnis von Individuen und ‚Organen' komme ich zurück.
186 ebd., S. 173.
187 „There must, then, be some other social link (immer: ‚lien social', H.T.) which produces this result; this cannot be any other than that which comes from the division of labor" (ebd.).
188 ebd.; bekanntlich hat Parsons, etwa Durkheim's Contribution to the Theory of Integration of Social Systems, a.a.O., diese ‚Exklusivstellung' der organischen Solidarität stark mißbilligt und für die Integration der Moderne *auch* mechanische Solidaritätsanteile geltend gemacht. ‚Gut gemeint', aber völlig konträr zu des frühen Durkheims Auffassungen, interpretiert Wallwork, Durkheim, a.a.O., S. 142: „These two types are ... ideal types representing two extremities on the tree of societal evolution. Strictly speaking, there are no societies in which both types of integration are not present." Dergleichen ließe sich mit mehr Recht im Blick auf Tönnies' Gemeinschaft und Gesellschaft sagen; für die Relation von Durkheims mechanischer und organischer Solidarität und das evolutionäre Abfolgeverhältnis, in dem beide stehen, gilt es eindeutig nicht.
189 Frühe Schriften, a.a.O., S. 83 f.
190 Division, a.a.O., S. 105 f., 364 f.
191 ebd., S. 397.
192 ebd.
193 ebd., S. 364. Gleiches gilt natürlich für die Solidaritätsquellen: „It is the division of labor which, more and more, fills the role that was formerly filled by the common conscience" (ebd., S. 173).
194 Vgl. einerseits ebd., S. 147 ff., 173, andererseits S. 357 ff. Zur Frage „Which form of solidarity is stronger?": Pope und Johnson, Inside Organic Solidarity, a.a.O., S. 686 f.; hier sind die Widersprüche deutlich gemacht, aber die Autoren sehen nicht, daß es Durkheim im wesentlichem um funktionale Äquivalenz geht.
195 Frühe Schriften, a.a.O., S. 83 f., gegen Tönnies.
196 Zu der immer noch herrschenden Unklarheit in der vieldiskutierten Frage des Schicksals des Kollektivbewußtseins in der Moderne: Müller, Wertkrise und Gesellschaftsreform, a.a.O., S. 127 f., 129 f.; auch Pope und Johnson, Inside Organic Solidarity, a.a.O., S. 689.
197 Division, a.a.O., S. 131; vgl. zu diesem Punkt auch Pope und Johnson, Inside Organic Solidarity, a.a.O., S. 682.

198 Siehe Durkheim, Division, a.a.O., S. 329 ff. Dabei geht es ihm sowohl um die Superiorität der sozio-kulturellen gegenüber der organischen Evolution wie auch um die der höherentwickelten Gesellschaften gegenüber den ‚niederen'. Die Begründung ist ‚umweltorientiert' und höchst modern: „Thus a rigid specialization is not necessarily a mark of superiority ... Of course, where the environment itself is fixed, even a very great fixity is useful ... But it is quite otherwise when the circumstances upon which the organ depends change often ... To remain adapted, the function must always be ready to change. But of all existing environments, there is none more complex than the social" (ebd., S. 332 f.).

199 Nochmals: „Social life comes from a double source, the likeness of consciences and the division of labor" (Division, a.a.O., S. 226).

200 Vgl. Division, a.a.O., S. 256 ff.; knapp zusammengefaßt lautet das Argument so: „But we know that greater societies cannot be formed except through the development of the division of labor, for not only could they not maintain themselves in equilibrium without a greater specialization of functions, but even the increase in the number of those competing would suffice to produce this result mechanically; and that, so much the more, since the growth of the volume is generally accompanied by a growth in density" (ebd., S. 406).

201 Durkheim selbst (ebd., S. 262 f., Anm. 14) verweist in dieser Sache auf ‚die Autorität von Comte'. Bei Spencer, Principles I, a.a.O., S. 11, heißt es sehr verwandt: „Another secondary factor is the increasing size of the social aggregate, accompanied, generally, by increasing density. ... Mass is both a condition to, and a result of, organization. It is clear that heterogeneity of structure is made possible only by multiplicity of units. Division of labour cannot be carried far where there are but few to divide the labour among them"; er geht nicht nur hier von einem Primat von Größe und Wachstum (gegenüber Differenzierung) aus. Das Argument, daß Wachstum auf Differenzierung drängt, dann aber auch umgekehrt Differenzierung auf Wachstum, findet sich immer wieder bei Simmel, etwa: Soziologie: Untersuchungen über die Formen der Vergesellschaftung, Leipzig 1908, S. 47 f., 710 f.; ebenso ders., Über sociale Differenzierung, a.a.O., S. 64 f., wo es mit dem Gedanken der ‚Kraftersparnis' kombiniert ist. Rueschemeyer, On Durkheim's Explanation of the Division of Labor, a.a.O., S. 580, verweist auf Analoges bei Adam Smith und Karl Marx.

202 Division, a.a.O., S. 262 ff., auch 233; kritisch speziell in diesem Punkt Hinkle, Durkheim's Evolutionary Conception of Social Change, a.a.O.; Rueschemeyer, On Durkheim's Explanation of the Division of Labor, a.a.O., S. 580, 588.

203 Division, a.a.O., S. 266 f.; so auch Simmel, Soziologie, a.a.O., S. 48.

204 Durkheim, Division, a.a.O., S. 266 f., zitiert Darwin und Haeckel und deren Nachweis, daß die vielfältigsten Tierarten auf engstem Raum koexistieren können, wenn sie nur hinreichend heterogen spezialisiert sind, und er überträgt dies umstandslos auf das moderne Großstadtleben mit seiner Berufsvielfalt. Dagegen ist von Kemper, Emile Durkheim and the Division of Labor, a.a.O., S. 201, eingewandt worden, die unterschiedlichen tierischen Species befänden sich nicht in einem Konkurrenzkampf um letztlich dieselbe Nahrungsbasis. Weiterhin: Durkheim hat hier nur, wenngleich nicht explizit, die ‚negative Solidarität' im Auge (man koexistiert mit differenten Spezialitäten und ‚tut sich nichts'), aber er läßt beiseite, was ihn sonst gerade interessiert: die ‚*Verteilungs*interaktionen' als Kehrseite der Arbeitsteilung, also Tausch, Kooperation, Redistribution, ‚gegenseitige Gaben' (Mauss) usw.. Rueschemeyer, On Durkheim's Explanation of the Division of Labor, a.a.O., S. 582 ff., der das Durkheimsche Argument m.E. zu sehr auf Konkurrenz am Markt verengt, moniert hinsichtlich der Spezialisierungen die fehlende Trennung der Produktions- und Angebotsseite

einerseits und der (beiseite gelassenen) Konsum- und Nachfrageseite andererseits. Ich lasse hier im übrigen Durkheims Auseinandersetzung mit den ökonomischen Erklärungsversuchen der Steigerung der Arbeitsteilung (durch die Steigerung von Befriedigung und ‚Glück') ganz beiseite; kritisch dazu Rueschemeyer, ebd., S. 581, 585 ff.; vgl. Durkheim, Division, a.a.O., S. 233 ff.

205 „Wo ein großes Ganzes sich bildet, da finden sich soviele Tendenzen, Triebe, Interessen zusammen, daß die Einheit des Ganzen, sein Bestand als solcher, verloren gehen würde, wenn nicht die Differenzierung das sachlich Verschiedene auch auf verschiedene Personen, Institutionen oder Gruppen verteilte. Das undifferenzierte Zusammensein erzeugt feindselig werdende Ansprüche auf das gleiche Objekt, während bei völliger Getrenntheit ein Nebeneinanderhergehen und Befaßtsein in dem gleichen Rahmen viel eher möglich ist" (Simmel, Über sociale Differenzierung, a.a.O., S. 64).

206 Division, a.a.O., S. 267. Auch dazu lohnt es sich, die parallelen, aber differenzierteren Aussagen von Simmel, Die Großstädte und das Geistesleben, in: ders., Brücke und Tür: Essays des Philosophen zur Geschichte, Religion, Kunst und Gesellschaft, Stuttgart 1957, S. 227–242, hier 239, zu hören: „Genau im Maße ihrer Ausdehnung bietet die Stadt immer mehr die entscheidenden Bedingungen der Arbeitsteilung: einen Kreis, der durch seine Größe für eine höchst mannigfaltige Vielheit von Leistungen aufnahmefähig ist, während zugleich die Zusammendrängung der Individuen und ihr Kampf um den Abnehmer den Einzelnen zu einer Spezialisierung der Leistung zwingt, in der er nicht so leicht durch einen anderen verdrängt werden kann." Hier sind Nachfrage- *und* Angebotsseite im Blick.

207 Durkheim, Division, a.a.O., S. 270; vgl. auch Schnore, Social Morphology and Human Ecology, a.a.O., S. 623 f.

208 Bei Bouglé, Théories, a.a.O., S. 151 ff., 156 f., bekommt man bestätigt, daß es Durkheim hier primär um den Pazifizierungseffekt zu tun war; dort wird aber auch skeptisch weiter gefragt: dies ist zwar die humanste, vernünftigste und angenehmste Lösung des forcierten Konkurrenzkampfes, aber ist es wirklich die einzig mögliche?

209 Division, a.a.O., u.a. S. 276; vgl. auch Bouglé, Théories, a.a.O., S. 157.

210 Vgl. auch Tyrell, Anfragen an die Theorie der gesellschaftlichen Differenzierung, a.a.O., S. 190.

211 Siehe Durkheim, Frühe Schriften, a.a.O., S. 55, 111 f.; sodann ders., Regeln, a.a.O., S. 194 ff., insbes. S. 196, Anm., wo die materielle und die dynamische Dichte etwas auseinandergerückt werden; dazu auch Lukes, Emile Durkheim, a.a.O., S. 230. Weiter auch Durkheim, Selbstmord, a.a.O., S. 222 ff., 231 ff., im Hinblick auf variable Integrationsgrade bei Kirche, Familie und Staat. Hier heißt es: „In einer hinreichend dichten Gesellschaft wird dieser Kreislauf nie unterbrochen, denn immer sind irgendwelche Menschen miteinander in Kontakt, während bei geringerer Stärke nur sporadische Beziehungen möglich sind, und es dann Augenblicke gibt, in denen das Gemeinschaftsleben ganz stockt" (ebd., S. 224; auch Anm. 35).

212 Ders., Division, a.a.O., S. 239; vgl. auch ebd., S. 257 ff.

213 ebd., S. 339, Anm. 8.

214 ebd., S. 346.

215 Lange vor Einführung des Begriffs der ‚moralischen Dichte' bezeichnet Durkheim, ebd., S. 64 f., das Recht, genauer: die *Zahl* der Rechtsregeln als ‚notwendig proportional' zur Kontaktdichte und internen Komplexität einer Gesellschaft: „We can thus be certain of finding reflected in law all the essential varieties of social solidarity" (ebd., S. 65). Das führt dann zu Durkheims Nutzung der Rechtsformen als maßgebliche Indikatoren für die Gestalt der gesellschaftlichen Solidarität.

216 Man findet bei Durkheim auch nicht jene auf eine Kommunikationstheorie zielenden Folgerungen, die sich für Spencer, Principles I, a.a.O., S. 445, 447 f., aus der Organis-

musanalogie (bzw. ihren Schranken) ergeben: dadurch, daß sich Gesellschaften anders als Organismen aus ‚diskreten' und frei beweglichen Individuen zusammensetzen, bedarf es zwischen diesen vermittelnder Medien, die über einen bloß mechanischen Zusammenhang oder die physische Berührung weit hinausreichen, vor allem eben der Sprache. Spencer spricht von ‚internuntial functions', dies ist sein Kommunikationsbegriff. Ähnliches findet sich bei Schäffle. Zur Kontaktverdichtung zwischen den spezialisierten Organen der höher entwickelten Gesellschaften, vor allem zur Beschleunigung des Informationsaustauschs zwischen ihnen immerhin Durkheim, Division, a.a.O., S. 224.

217 ebd., S. 256 ff.; ferner Regeln, a.a.O., S. 196.
218 Arbeitsteilung und Moral, a.a.O., S. 31.
219 So, wie schon angesprochen, mit Bezugnahme auf Spencer Durkheim, Division, a.a.O., S. 147 ff.
220 ebd., S. 64.
221 Vgl. Tönnies, Gemeinschaft und Gesellschaft: Grundbegriffe der reinen Soziologie, 8. verb. Aufl., Leipzig 1935, S. 46 ff.
222 Division, a.a.O., S. 53.
223 Arbeitsteilung und Moral, a.a.O., S. 32.
224 Vgl. Regeln, a.a.O., S. 195 f.; dort heißt es: „Die dynamische Dichte kann ebenso wie das Volumen durch die Zahl der Individuen definiert werden, die nicht nur in kommerziellen, sondern auch in moralischen Beziehungen zueinander stehen; das heißt, die nicht nur Leistungen austauschen oder miteinander konkurrieren, sondern ein gemeinschaftliches Leben führen. Denn da die rein wirtschaftlichen Beziehungen den Menschen äußerlich bleiben, kann man wirtschaftliche Beziehungen unterhalten, ohne darum an derselben sozialen Existenz teil zu haben. Die wirtschaftlichen Beziehungen, die sich über die die Völker trennenden Grenzen knüpfen, bewirken nicht, daß diese Grenzen zu existieren aufhören. Das soziale Leben kann also nur durch die Zahl derjenigen beeinflußt werden, die wirklich daran teilnehmen."
225 In der 1900 erschienenen ‚Philosophie des Geldes'; hier zitiert nach der 7. Aufl., Berlin 1977; vgl. insbes. S. 297 ff. Durkheim selbst hat 1902 die ‚Philosophie des Geldes' – eher ungnädig – rezensiert; vgl. Giddens, Durkheim as a Review Critic, a.a.O., S. 184 f., sowie Gephart, Soziologie im Aufbruch, a.a.O., S. 11.
226 Théories, a.a.O., S. 140 ff.
227 ebd., S. 141 f.
228 ebd., S. 131, ferner 181 ff., 190 ff.
229 So die Formel von Müller, Wertkrise und Gesellschaftsreform, a.a.O., S. 90 ff.; allerdings ist die Kennzeichnung der Position von Spencer und Durkheim als ‚ontologische Systemtheorie' (ebd.,) falsch; wie schon die Verwendung des Anpassungsbegriffs zeigt, verfügen beide sehr wohl über ein Umweltkonzept.
230 Vgl. etwa Durkheim, Division, a.a.O., S. 223 f.: „Thus it happens that in a colony of polyps one of the individuals can be sick without the others feeling it. This is no longer true when society is made up of a system of organs. According to their mutual dependence, what strikes one strikes the others, and thus every change, even slightly significant, takes on a general interest ... The more divided labor is, the less each organ consists of distinct parts."
231 Emile Durkheim oder die Geburt der Gesellschaft aus dem Geist der Soziologie, a.a.O.; ebenso Müller, Wertkrise und Gesellschaftsreform, a.a.O., S. 91.
232 Allerdings ist auf den Widerspruch zwischen Spencers System- und Organismuskonzept der Gesellschaft einerseits und seinem liberalen Individualismus andererseits immer wieder hingewiesen worden; vgl. Ritsert, Organismusanalogie und politische Ökonomie,

a.a.O., S. 60; Peel, Herbert Spencer, a.a.O., S. 185 ff.; Vanberg, Die zwei Soziologien, a.a.O., S. 144 ff.
233 Vgl. dazu Hirst, Morphology and Pathology, a.a.O., S. 22 ff.
234 Krause, Division of Labor, a.a.O., S. 87.
235 Das betonen auch Bouglé, Théories, a.a.O., S. 110 ff., und Krause, Division of Labor, a.a.O., S. 68 ff.
236 Zugleich stößt Durkheim, Division, a.a.O., S. 374, hier auch auf eine besonders wichtige Schranke der Organismusanalogie: Konkurrenz, vor allem Klassenkampf ist in deren Kontext nicht denkmöglich.
237 Vgl. ebd., S. 222 ff., zur *Anomie*: S. 364 ff. Siehe dazu auch Pope und Johnson, Inside Organic Solidarity, a.a.O., S. 687; Müller, Wertkrise und Gesellschaftsreform, a.a.O., S. 126, 132 f. Durkheim bezieht sich hier primär auf das Verhältnis von Kapital und Arbeit sowie die ‚innere Zersplitterung' der Wissenschaft.
238 Division, a.a.O., S. 407.
239 ebd., S. 223.
240 etwa ebd., S. 180 f., 222 ff.
241 ebd., S. 40.
242 ebd., S. 128.
243 Wie dann später in den so ergiebigen gesellschaftstheoretischen Begründungen, die er seit der Mitte der 90er Jahre seinem Berufsgruppenkonzept mitgegeben hat; darauf komme ich zurück.
244 Vgl. etwa ebd., S. 227, wo von den Individuen gesagt wird: „Each of the functions that they exercise is, in a fixed way, dependent upon others, and with them forms a solidary system."
245 ebd. Oder auch so formuliert: „Thus is formed a very strong sentiment of the state of dependence in which he finds himself. He becomes accustomed to estimating it at its just value, that is to say, in regarding himself as part of a whole, the organ of an organism" (ebd., S. 228).
246 Dazu Tyrell, Zwischen Interaktion und Organisation I, a.a.O.; auch Müller, Wertkrise und Gesellschaftsreform, a.a.O., S. 101 ff.
247 Durkheim, Division, a.a.O., S. 173.
248 Zit. nach Lukes, Emile Durkheim, a.a.O., S. 102; vgl. auch Müller, Wertkrise und Gesellschaftsreform, a.a.O., S. 63 f.
249 Division, a.a.O., S. 288.
250 Frühe Schriften, a.a.O., S. 83.
251 Division, a.a.O., S. 195.
252 Vgl. ebd., S. 219 ff., hier 219.
253 ebd., S. 225 f.
254 ebd., S. 227.
255 ebd., S. 360 f.
256 ebd.; zuvor schon hatte Durkheim, ebd., S. 223, betont, daß die staatliche Regulierungsfunktion die relative Autonomie der Wirtschaft nicht ausschließt. Zu Durkheims politischer Soziologie generell jetzt Müller, Wertkrise und Gesellschaftsreform, a.a.O., insbes. S. 146 ff.
257 Division, a.a.O., S. 360.
258 So die integrationsskeptische Formel von Luhmann, Politische Theorie im Wohlfahrtsstaat, München und Wien 1981, S. 22. Bei Durkheim, Division, a.a.O., S. 360, heißt es: „What gives unity to organized societies, however, ... is the spontaneous consensus of parts."
259 ebd., S. 363 f. Die von Durkheim attackierte These Comtes hieß: „What government is to society in its totality, philosophy ought to be to the sciences" (ebd., S. 359).

260 Ders., Selbstmord, a.a.O., etwa S. 231, 463 f.; vgl. auch im Vorwort zur 2. Aufl. in Division, a.a.O., S. 5.
261 ebd., S. 374 ff.
262 ebd., S. 375.
263 ebd., S. 379.
264 So schon im Kapitel IV des Zweiten Buches ('L'hérédité'); vgl. ebd., S. 304 ff.
265 So Rüschemeyer, Sollen wir heute noch Durkheim lesen?, a.a.O., S. 241; zur Sache ausgiebig auch Bouglé, Théories, S. 137 ff.; ferner jetzt Krause, Division of Labor, a.a.O., S. 72 ff., vor allem Müller, Wertkrise und Gesellschaftsreform, a.a.O., u.a. S. 134 f.
266 Division, a.a.O., S. 377, auch 380.
267 ebd., S. 381.
268 Dazu ebd., S. 196 ff., 275 ff., wo es aber um den „struggle for existence" geht.
269 ebd., S. 365.
270 „Where there are societies, there is altruism, because there is solidarity." (ebd., S. 197).
271 Division, a.a.O., etwa S. 129 ff., 226, 229.
272 ebd., etwa S. 61 ff., 129 ff.
273 Vgl. etwa ebd., S. 131, wo von den „two social links" („les deux liens sociaux") und ihren analogen Wirkungen die Rede ist; ebenso S. 397. Siehe weiter S. 400 f., wo Durkheim die Notwendigkeit neuer und anderer moralischer Sozialbindungen dort postuliert, wo die segmentäre Gesellschaftsstruktur zurücktritt: „Man would no longer be sufficiently obligated; he would no longer feel about and above him this salutary pressure of society which moderates his egoism and makes him a moral being. This is what gives moral value to the division of labor. Through it, the individual becomes cognizant of his dependence upon society; from it come the forces which keep him in check and restrain him. In short, since the division of labor becomes the chief source of social solidarity, it becomes, at the same time, the foundation of the moral order."
274 ebd., S. 37.
275 Selbstmord, a.a.O., insbes. S. 426 ff.
276 Division, a.a.O., S. 381; zum weiteren S. 200 ff.
277 ebd., S. 201.
278 ebd.
279 ebd., S. 227, ebenso 61.
280 ebd., S. 200.
281 „In sum, a contract is not sufficient unto itself, but is possible only thanks to a regulation of the contract which is originally social" (ebd., S. 215).
282 ebd., S. 211.
283 ebd., S. 204.
284 ebd., S. 211. Parsons, The Structure of Social Action, a.a.O., S. 311 ff., ist es gewesen, der die Debatte darüber in Gang gebracht hat. Vgl. zur Auseinandersetzung mit Durkheim in diesem Punkt (im Kontrast zur Weberschen Rechtssoziologie) jüngst noch Rueschemeyer, On Durkheim's Explanation of Division of Labor, a.a.O., S. 584 f.
285 Division, a.a.O., S. 381 ff.
286 ebd., S. 382. Hier wird dann einmal die ‚*spontane* Ordnung' des sozialen Lebens propagiert und ‚die Ökonomen' für deren Entdeckung gelobt (ebd., S. 386).
287 Immerhin aber kann Durkheim, ebd., S. 381, im Gefolge von Adam Smith sagen: „Contractual relations necessarily develop with the division of labor, since the latter is not possible without exchange, and the contract is the juridical form of exchange."
288 A. Giddens, Die klassische Gesellschaftstheorie und der Ursprung der modernen Soziologie, in: W. Lepenies, Hrsg., Geschichte der Soziologie, Bd. 1, Frankfurt/M. 1981, S. 96–136, hier 102.

289 Durkheim, Division, a.a.O., S. 398.
290 ebd., S. 400.
291 ebd., S. 4. Durkheim, ebd., fährt fort: „but that functions, when they are sufficiently in contact with one another, tend to stabilize and regulate themselves. But this explanation is incomplete". An die bei hinreichender Kontaktdichte spontan sich einstellende Ordnung zumal im Wirtschaftsleben vermag er nicht mehr zu glauben; es bedarf zusätzlich einer moralischen und kollektiven Instanz *über* dem Geschehen.
292 Bouglé, Théories, a.a.O., S. 142 f.
293 ebd., S. 137 ff.; explizit kritisiert Bouglé, ebd., S. 142 f. Durkheims Auffassung, die Früchte der organischen Solidarität stellten sich ‚automatisch' als Folge der Arbeitsteilung ein; er reduziert die letztere auf den Status einer notwendigen Bedingung, zu der andere, aber unabhängige Variablen (als hinreichende) erst noch hinzutreten müßten. Siehe auch Müller, Wertkrise und Gesellschaftsreform, a.a.O., S. 103., richtig, aber zu behutsam.
294 a.a.O., S. 442. Vgl. zu Durkheims Krisendiagnose und ihrem zeitgeschichtlich-französischen Hintergrund jüngst Müller, Wertkrise und Gesellschaftsreform, a.a.O., S. 11 ff., 138 ff.
295 „Natürlich ist der Individualismus nicht notwendig gleichbedeutend mit Egoismus, aber er kommt ihm nahe" (Durkheim, Selbstmord, a.a.O., S. 430). Zur Problematik sehr hilfreich Mitchell, The Individual and Individualism in Durkheim, a.a.O.
296 ‚Anomie' ist in Division, a.a.O., S. 354 ff., ein Regelungsdefizit zwischen den heterogenen Systemteilen/Organen; sie bedeutet im ‚Selbstmord', a.a.O., S. 273 ff., die normative Unterdeterminiertheit der Individuen. Im übrigen figuriert Anomie bei Durkheim mehr und mehr als allgemeine Krisenformel.
297 Die ‚eheliche Anomie' rührt daher, „daß die beiden Geschlechter nicht im gleichen Maße am Leben der Gesellschaft teilnehmen. Der Mann ist stark integriert, während die Frau fast nur von ferne zuschaut" (Selbstmord, a.a.O., S. 457). Hier wird dann folglich für eine Wiederannäherung und -angleichung der Geschlechter plädiert. Vgl. zur Krise der Ehe auch schon die Familienvorlesung von 1892: Durkheim, The Conjugal Family, in: AJS 70, 1965, S. 527–536, hier 535.
298 Vgl. Selbstmord, a.a.O., S. 449 ff. „Da sie sich aus Individuen zusammensetzt, die die gleiche Arbeit auf sich genommen haben und deren Interessen in ein und derselben Richtung laufen ..., gibt es kein geeigneteres Feld für die Bildung sozialer Vorstellungen und Gefühlswerte" (ebd., S. 449). Vgl. auch Pope und Johnson, Inside Organic Solidarity, a.a.O., S. 684.
299 Zu den Berufsgruppen als intermediären Gruppen besonders deutlich Division, a.a.O., S. 28. Vgl. auch Müller, Wertkrise und Gesellschaftsreform, a.a.O., S. 104 f., 151 ff., und euphorisch im Durkheimschen Gefolge P. L. Berger, In Praise of Particularity: The Concept of Mediating Structures, in: The Review of Politics 38, 1976, S. 399–410. Zur Ebenenproblematik schon Durkheim, Division, a.a.O., S. 227, auch Pope und Johnson, Inside Organic Solidarity, a.a.O., S. 682 f.
300 Selbstmord, a.a.O., S. 438 ff., Division, a.a.O., S. 23 ff. Zur Problematik von der Familie hier schon Durkheim, The Conjugal Family, a.a.O., S. 533 ff.; die moderne Familie (als ‚sich auflösende' Zweigenerationenfamilie) ist ihm zu klein und zu kurzlebig, um als Solidaritätsbasis zu dienen; auch die Funktion der Stützung der Arbeitsmotivation soll sich von der Familie auf die Berufsgruppe verlagern (ebd.). Vgl. auch Müller, Wertkrise und Gesellschaftsreform, a.a.O., S. 144 f.
301 Vgl. insbes. Division, a.a.O., S. 1 ff.; es ist dort die Rede von: „the heretofore unknown development that economic functions have experienced for about two centuries. Whereas formerly they played only a secondary role, they are now of the first importance. We are far from the time when they were disdainfully abandoned to the inferior

classes. In the face of the economic, the administrative, military, and religious functions become steadily less important" (ebd., S. 3). Zum Primat der Ökonomie bei Durkheim auch Müller, Wertkrise und Gesellschaftsreform, a.a.O., u.a. S. 87 f.
302 Durkheim, Individualism and the Intellectuals, in: Political Studies 17, 1969, S. 14–30; ders., Two Laws of Penal Evolution, a.a.O., insbes. S. 302 f.
303 Théories, a.a.O., S. 140 f.
304 Siehe nur Durkheim, Division, a.a.O., S. 400.
305 Ders., Individualism and the Intellectuals, a.a.O., S. 23.

Verzeichnis der Mitarbeiter

Persio *Arida*, Departamento de Economia, Pontificia Universidade Católica do Rio de Janeiro, São Vicente 225, Gávea, Rio de Janeiro, Brasilien

Jon *Elster*, Historik Institutt, University of Oslo, Blindern, Postboks 1008, Oslo, Norwegen

Horst *Folkers*, Forschungsstätte der evangelischen Studiengemeinschaft, Schneilweg 5, 6900 Heidelberg

Stephen *Holmes*, Department of Government, Littauer M-22, Harvard University, Cambridge, Ma. 02138

Niklas *Luhmann*, Fakultät für Soziologie, Universität Bielefeld, Postfach 8640, 4800 Bielefeld 1

Dietrich *Rüschemeyer*, Department of Sociology, Brown University, Providence, Rhode Island 02912, USA

Hartmann *Tyrell*, Fakultät für Soziologie, Universität Bielefeld, Postfach 8640, 4800 Bielefeld 1

Niklas Luhmann
Soziologische Aufklärung I
Aufsätze zur Theorie sozialer Systeme
5. Auflage 1984. 268 S. 15,5 X 22,6 cm. Br.

Inhalt: Funktion und Kausalität / Funktionale Methode und Systemtheorie / Wahrheit und Ideologie / Vorschläge zur Wiederaufnahme der Diskussion / Soziale Aufklärung / Reflexive Mechanismen / Soziologie als Theorie sozialer Systeme / Gesellschaft / Soziologie des politischen Systems / Positives Recht und Ideologie / Wirtschaft als soziales System / Selbststeuerung der Wissenschaft / Die Praxis der Theorie.

Niklas Luhmann
Soziologische Aufklärung II
Aufsätze zur Theorie der Gesellschaft
2. Auflage 1982. 224 S. 15,5 X 22,6 cm. Br.

Inhalt: Interaktion, Organisation, Gesellschaft / Einfache Sozialsysteme / Allgemeine Theorie organisierter Sozialsysteme / Die Weltgesellschaft / Selbst-Thematisierungen des Gesellschaftssystems / Weltzeit und Systemgeschichte / Formen des Helfens im Wandel gesellschaftlicher Bedingungen / Evolution und Geschichte / Einführende Bemerkungen zu einer Theorie symbolisch generalisierter Kommunikationsmedien / Systemtheorie, Evolutionstheorie und Kommunikationstheorie / Komplexität.

Niklas Luhmann
Soziologische Aufklärung III
Soziales System, Gesellschaft, Organisation
1981. 415 S. 15,5 X 22,6 cm. Br.

Der Band enthält insgesamt 21 Aufsätze aus den letzten Jahren, von denen einige hier erstmals publiziert werden. Das Buch setzt die mit den Bänden 1 und 2 „Soziologische Aufklärung" sowie „Politische Planung" begonnenen Aufsatzsammlungen des Autors fort.

Niklas Luhmann
Rechtssoziologie
2., erw. Aufl. 1983. VII, 385 S. 12,5 X 19 cm. (WV studium, Bd. 1/2.) Pb.

Grundlegung der soziologischen Theorie des Rechts als Normensystem und strukturelle Ordnung.

Inhalt: Klassische Ansätze zur Rechtssoziologie / Rechtsbildung: Grundlagen einer soziologischen Theorie / Recht als Struktur der Gesellschaft / Positives Recht / Sozialer Wandel durch positives Recht / Fragen an die Rechtssoziologie.

Westdeutscher Verlag

MIX
Papier aus verantwortungsvollen Quellen
Paper from responsible sources
FSC® C105338

If you have any concerns about our products,
you can contact us on
ProductSafety@springernature.com

In case Publisher is established outside the EU,
the EU authorized representative is:
**Springer Nature Customer Service Center GmbH
Europaplatz 3, 69115 Heidelberg, Germany**

Printed by Libri Plureos GmbH
in Hamburg, Germany